大人のための近現代史
19世紀編

三谷 博／並木頼寿／月脚達彦［編］

東京大学出版会

A MODERN HISTORY FOR EAST ASIAN PEOPLE
Hiroshi MITANI, Yorihisa NAMIKI, and
Tatsuhiko TSUKIASHI, editors
University of Tokyo Press, 2009
ISBN 978-4-13-023058-2

はしがき

　近代の東アジアには何が起きたのだろうか．どんな社会があり，それらは互いにどんな歴史的関係を結んだのだろうか．この『大人のための近現代史』のシリーズは，そのような基本的な問いに答えるために編まれたものである．
　ここで取りあつかう「東アジア」とは，19世紀で言えば，主に日本・朝鮮・清の三国からなる地域である．東南アジアを含めたり，ロシアを含めたり，別のくくり方も可能だが，このシリーズでは，この三国を中心に記述し，それにロシア・イギリス・アメリカなど西洋諸国の動きをからめることとした．おそらくは，日本で刊行される最初の東アジア全体をカバーする近現代地域史になるのではなかろうか．
　この企画が立てられたのは2005年のことである．その春，韓国，ついで中国の街頭で若者たちが日本に対する激しい抗議行動を展開した．それは現在の日本人が20世紀の前半に先祖が行ったことに無反省なのではないかという懸念から生じたことであった．その背後には各国それぞれの国内事情もあったが，しかし，この懸念に根拠がなかったわけではない．確かに，多くの日本人は過去の同胞が近隣の民に戦争をしかけ，支配したことを憶えている．それをくり返してはならないとも信じている．しかし，具体的な史実となると知識はあやふやで，学校教育を通じて日本の侵略と支配について詳しく学んでいる近隣の民のレヴェルとは，比較にならない．東アジアの近代に何が生じたのか，それらはいかにして起きたのか，人々はその中で何を経験したのか．自国の民の経験は別として，東アジア全体の歴史について確かな知識を持っている人は極めて少ない．このシリーズは，そのような「記憶の空白」を埋めるために企画されたものである．
　いま，世界はグローバリゼーションの強力な潮流のなかにある．東アジアも

その一部を構成し，人々の交流は日々に密接となっている．個人のレヴェルでも，日本のビジネスマンや学生たち，広く言えば市民が，中国や韓国と一層深く関わりながら暮らしていくことが必至となっている．その際には「歴史」が必須の教養とならざるをえない．なぜ「歴史」が問題となるのか．日本人の観点と中国人や韓国人の観点はどこが違うのか．いざ歴史についてコメントを求められた時，どう答えれば良いのか．その時にただ自国の観点のみを提示するのでなく，相手の視点も理解し，その上でどう対話を進めてゆくのか．直ちに共通の歴史認識を得るのは無理としても，そういった賢明かつ上手な知的態度が，東アジアに生きる人々すべての，言わば「人間力」の一部として，求められる時代になっているのである．

　この本が企画されたのは先に触れた2005年の事件の直後であった．近代の東アジアで日本と近隣の民が経験した歴史の全体像を把握しようとして，日本・朝鮮・中国を研究している歴史家たちが集まり，研究会を始めた．そのとき我々はすぐ，自分たちが専門に研究している国以外については無知だという事実に気がついた．日本史や中国史の専門家で朝鮮史について確かな知識を持っている人は僅かであったし，朝鮮史家や中国史家の日本史の知識は学生時代に学んだ域をさほど越えるものではなかった．恥ずかしいことであるが，これは事実である．しかし，だからこそ，我々は合同の研究会を大いに楽しんだ．隣接領域の新たな研究成果に接し，自分の専門と比較しつつ差異と共通性を発見してゆくのは，実にエキサイティングな経験であった．研究会を繰り返すうちに，我々の頭の中には，個別社会を越えた東アジア全体の地域史像が生成していったのである．

　このエキサイティングな経験を，ぜひとも読者と分かち合いたい．我々はそう願った．原稿の執筆は難航し，はや4年が経ったが，ようやくいま，その最初の巻，近世から日清戦争までの東アジア史を扱った書を読者のもとに届けられることとなった．「20世紀編」も間もなく続刊の予定である．東アジアの近代に何が起きたのか．大人として，自分なりの判断を下す拠りどころを得たいと願っている人々に，このやや詳しい通史をぜひ読んでいただきたい．全巻を頭から通読していただくのが理想であるが，気になる章を拾い読みするだけでも，今までとかなり違った日本と東アジアの近現代史像がえられるだろう．

本書の題名にわざわざ「大人のための」という語を冠したのは，東アジアの近現代史を論ずる場合，とかく子供のための歴史教科書ばかりが注目されることに不満を感じていたからである．小さな学校教科書からはとうてい具体的な歴史状況を思い浮かべることはできない．我々は，ぜひ日本の大人に，人生経験に富む人々の手元に，読み応えのある本を届けたいと願った．しかし，この本は，日本の大人ばかりではなく，大学生，授業準備をしている高校・中学の先生たち，さらに向学心あつい高校生たちにも役に立つはずである．くどいほどルビを振り，カッコもつけて，そこにできるだけ現地音に近い読みを記したのはそのためである．それは同時に，日本人が近隣の人々と出会ったとき，人名や地名を彼らと共有するにも役立つことだろう．歴史対話は無論，日常的なコミュニケーションも，こうした基礎的な努力から始まるのではないだろうか．

　この書は最初の試みであるだけに，完璧には程遠いかも知れない．これと異なった解釈も，各章末尾に寄せていただいたコメントに明らかなように，十分に可能であろう．我々としては，本書の刊行が呼び水となり，これらの問題点を補い，修正するような書物が，日本の内外を問わず，次々と刊行されるようになってほしいと願っている．そうなって初めて，このシリーズはその意味を全うできると言って良いだろう．

　願わくは，この本が記す基礎的事実が日本の大人だけでなく，未来を担う世代，そして隣国の人々にも共有され，歴史を考える共通の知的基盤とならんことを．そして，とかく史料研究に没頭するあまり，すぐ隣にある事実にも無関心となりがちな歴史専門家の間でも共有されんことを．

2009 年 8 月

三　谷　　　博
並　木　頼　寿
月　脚　達　彦

目　次

| はしがき

第❶章 | 日本開国への決断……………………………………1
　　　自主開国の方針／条約とその特徴

第❷章 | 東アジア近世の世界秩序………………………………9
　　　朝貢と冊封による秩序／東アジア世界の交流作法と鎖国日本／
　　　近代との遭遇──南シナ海から南中国そして日本へ

第❸章 | 日本社会の近世…………………………………………19
　　　複合国家／大名の「国家」と庶民／中心──「公儀」と「禁裏」／
　　　全国市場と知的ネットワークの形成

第❹章 | 琉球社会の近世…………………………………………30
　　　グスクの時代と古琉球／近世琉球／近世の琉球社会／日本化・中国化・琉球化

第❺章 | 朝鮮社会の近世…………………………………………39
　　　統治制度と両班／朝鮮後期の秩序の変化／丁若鏞にみる朝鮮後期社会

第❻章 | 中国社会の近世…………………………………………47
　　　清朝の「盛世」／社会の変化と官僚知識人の経世学／曾国藩と「名教」秩序

第7章　ロシアの東方進出 …… 56
ロシアと中国／ロシアと日本

第8章　日本の対西洋危機認識 …… 63
藤田幽谷の上書／老中松平定信の長期政策／危機意識の減退と復活

第9章　イギリスの東アジア進出と中国 …… 71
イギリスの東アジア拠点建設／中国のアヘン問題と対英戦争／開港後の清末社会

第10章　アメリカの北太平洋進出 …… 82
中国貿易の魅惑／捕鯨船の時代／海軍の展開／
太平洋への進出をうながす文明観／蒸気船海運の未来

第11章　日本外交政策の転換 …… 94
阿部正弘──鎖国維持と海防の同時追求／ペリー来航前後の政策転換

第12章　日本世論の二重反転 …… 102
条約反対論の席巻／攘夷論の性格／攘夷論から国内改革へ／
横井小楠の「世界の世話やき」論

第13章　ロシアの東方政策と中国・日本 …… 114
ロシアのアムールへの南下／ムラヴィヨーフとプチャーチン／ロシアと日本

第14章　東アジア国際秩序の再編 …… 122
冊封・朝貢と互市の世界／西洋という新規参入者／不平等条約の締結／
不平等だったのか？／条約体制と冊封朝貢体制のダブル・スタンダード／
冊封・朝貢体制の調整──属国・自主の論理／条約改正と日本／
近代東アジアにおける相互イメージ

第15章　朝鮮の改革と攘夷戦争 ……………………………… 132
近世朝鮮と西洋／大院君政権／攘夷戦争

第16章　日朝国交更新の紛糾 ………………………………… 143
日本書翰の文面／妥協の試みとその失敗／政府直交の試みと関係悪化

第17章　アヘン戦争後の中国 ………………………………… 152
「夷務」から「洋務」へ／内乱と地方大官／軍事技術から民生産業へ／体制変革の可否

第18章　日清国交の開始と台湾出兵 ………………………… 163
近代日中関係の幕開け／日清修好条規締結の背景／日清修好条規の内容／
日清修好条規批准と台湾出兵／琉球帰属問題

第19章　征韓論争と江華条約 ………………………………… 173
日本――征韓論政変・台湾出兵・江華島事件／
朝鮮――閔氏政権の政策転換・交渉の難航・江華島事件

第20章　日本の近代的領土確定 ……………………………… 185
近世日本と琉球・蝦夷地／征韓論政変前の日本と琉球・樺太問題／
征韓論政変後の日本と琉球・樺太問題

第21章　中国の版図・華人再編と東アジア ………………… 196
新疆統治危機と「海防・塞防」論争／辺境への省の設置／「棄民」から「保護」へ／
華人積極的保護への転換／近代国家としての中国と東アジア

第22章　ロシア・日本・中国の近代化 ……………………… 205
日本・ロシア・中国の近代化／ロシア・中国と中央アジア／ロシアと日本／
ロシア正教・ロシア語教育・ロシア文学／千島樺太交換条約

第23章 1880年代の朝鮮と国際政治　215

壬午事変／開化派の形成と甲申政変／清の宗主権強化と朝鮮の反清政策

第24章 日中の軍備拡張と世界政治　227

日本における陸海軍の創設と外交政策／中国における近代的陸海軍の建設

第25章 日清戦争の勃発と展開　241

日本の軍備拡張／朝鮮の東学農民反乱と中国・日本の派兵／
朝鮮内政改革問題と日清開戦／日清戦争の展開／下関条約の締結と三国干渉

第26章 日清戦争後の東アジア世界　256

日清条約の更新／日本社会の変化／朝鮮から大韓帝国へ／
その後の中国──露清密約と「瓜分の危機」

第27章 国際公共財の形成　271

アヘン貿易と自由貿易──ロンドンシティを中心とする決済網とアメリカ手形／
開港場ネットワークと「標準」の共有／19世紀後半のグローバリゼーション／
共通体験と規範形成──歴史叙述の第三の道

注　　　285
年　表　　296
事項索引　　302
人名索引　　314
執筆者紹介　　319

凡 例

一，年月日は原則としてグレゴリオ暦に統一した．
一，漢字で表記された朝鮮・中国の人名と地名に関しては，各章の初出の箇所で，できるだけ現地音をカタカナで示すこととした．慣例と釣り合いを取るため，朝鮮関係はルビ，中国関係は漢字表記の後に（　）に包む形で付記したが，地名を列記する場合など，この原則に従わない場合もある．中国語については北京の発音を標準化したピンインを基準としたが，ペキン・シャンハイ・タイワンなど，日本での慣用に近い発音が現地でも使われている場合には，それに従い，ルビに表記した．

東アジア要図

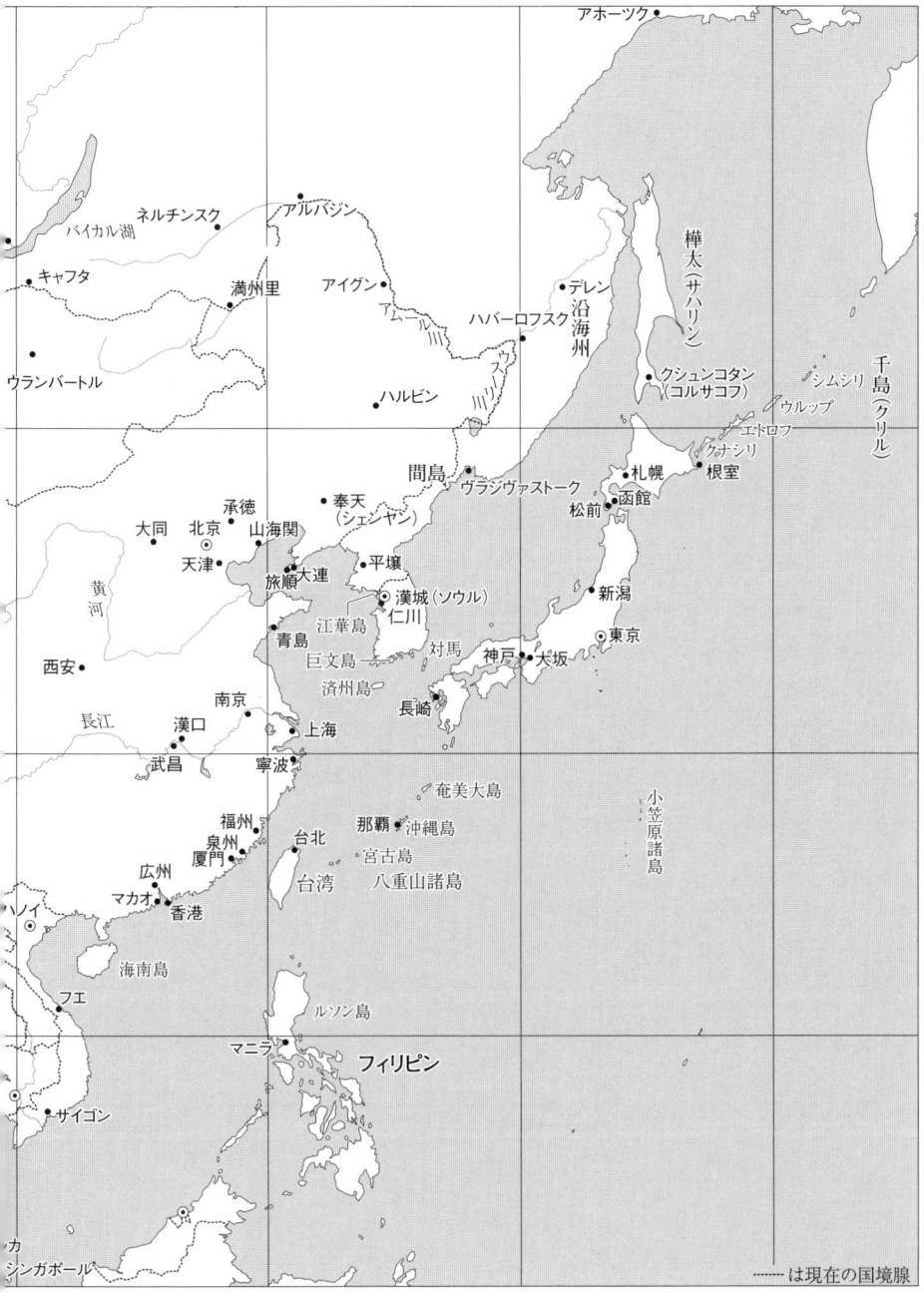

日本開国への決断

19世紀の半ばすぎ，ながくユーラシア大陸の東海中に孤立していた日本は，突然，緊密な国際関係の中に呼び出された．西洋のパワーズが，アヘン戦争をきっかけに東アジア・北太平洋地域に初めて貿易と軍事の拠点を築き，日本にも国交と貿易を要求してきたのである．

日本は，歴史はじまって以来，中国を中心とする世界秩序のなかにあり，その中では周辺に位置していた．朝鮮や琉球と異なって，中国と朝貢・冊封関係を結ぶことは稀で，江戸時代には長崎に来航する中国商人を通じて貿易だけをしていた．また，朝鮮とは正式の国交があったが，対馬を介して貿易していたのを除くと，徳川将軍の代替りごとに朝鮮から通信使を迎えるだけであり，それも1811年に実行された後には放置された．琉球は，中国に朝貢しながら，実際は薩摩藩によって支配されていたが，日本国内では従属的な外国と見なされていた．西洋を含むその他の国々とは，長崎で関係を持っていただけで，18世紀の後半からは出島に商館を経営するオランダと貿易関係を維持するのみであった．

この閉鎖的な体制にあっても，世界との関係がなかったわけではない．コレラなどの感染症は世界中に拡がり，日本もペストを除いてそれを免れることはできなかった．徳川公儀[i]は日本史上初めて通貨を大量発行し，宋銭や明銭への依存を絶ったが，それでも以前に輸入された銅銭は国内で通用した．日本産の金・銀・銅は大量に海外に輸出され，その見返りには絹製品や朝鮮人参などの薬剤，そして同時代中国やオランダで刊行された書物が大量に輸入された．知的な面では海外との関係をむしろ深めていたのである．

---

i) 江戸時代の日本人は，いま「幕府」と呼んでいるものを「公儀」と呼んでいた．

しかしながら，徳川公儀が課した人的往来の制限は，世界史的にも厳格な部類に属した．日本人の意図的な出入国は許されず，潜入した外国人宣教師は直ちに逮捕された．そのような束縛は閉鎖的なメンタリティを育て，人々は，東アジアの一角で，その中心を遠い異郷と見なしつつ，小さな世界に閉じこもって安らかな生活を続けようとしていた．それが19世紀半ばまでの日本人が生きていた世界であった．

しかし，西洋からの関係要求は，日本を激変させた．日本は，大規模な国内改革を行い，西洋近代文明を全面的に取り入れながら，絶えず変貌をとげてゆく社会に変わった．のみならず，蝦夷地を北海道，琉球王国を沖縄県として，西洋国際法上の領土として組み込み，のちには日清・日露両戦争をへて，台湾，および朝鮮半島と大陸の一角に属領を領有するようになったのである．

東アジアの国際環境は，アヘン戦争を機とする西洋の進出によって転機を迎えたが，その後の激変には，日本が大きな役割を果した．近代西洋の国際法がよって立つ主権の原理（排他的な領土と国民の設定，国家同士の対等交際など）を採用し，これによって東アジアに新たな国際関係を創ったこと，隣接の国家や地域の一部を属領・植民地化したこと，近代工業を導入し，綿糸の製造・販売を中心にアジアに新たな通商関係を造りだしたこと，近代西洋思想が創った概念を漢字熟語に翻訳し，近隣に提供したことなどである．良きにつけ，悪しきにつけ，19世紀後半以後の東アジア・太平洋地域は，日本人の活動をぬきに考えることができない．江戸時代の，安らかな閉じこもり状態から見ると，信じがたいほどの変化であった．

この章では，その変化の発端にあった日本政府の決断を見ることにしよう．

自主開国の方針

日本の開国，正確にいえば，西洋諸国との国交と貿易の開始は，1853年の米使 M. C. ペリーの来訪によって端緒が開かれた．ペリーの軍事的威嚇の前に，日本政府は，戦争をして敗北するか，それとも戦争を回避するため要求を呑むかという，二者択一を迫られたのである．どうしてそうなったかは，後の章で詳しく見ることにするが，ここでの問題は，日米和親条約を翌年に結んだとき，日本側がいわゆる「鎖国」政策[ii]をまだ捨てていなかったことである．アメリ

カ使節の圧力を回避するため，しぶしぶ下田と箱館の2港を開港したが，しかし，国交と通商の開始は回避した，この線で何とか国の閉鎖性を維持し続けよう．これが当時の方針だったのである．

しかし，その4年後，1857年に，日本政府は自ら進んで開国への決断を行った．鎖国政策を放棄し，日本の将来を西洋をはじめ世界の諸国と国交・通商を結ぶことに託そうと決めたのである．この決定は，今まで，アメリカから初代の総領事として到来したタウンゼント・ハリ

図1 堀田正睦肖像
(『堀田正睦』昭和堂，1921年より)

スの要求と説得によると，理解されてきた．しかし，次の史料は，それが，日本政府の自主的な判断によるものだったことを示している．ハリスがその要求を日本側に示す前，日本の首相兼外相，堀田正睦(図1)は，次のメモを政府中枢の役人たちに示し，開国の準備を始める方針を打ち出したのである（西暦1857年4月）[1]．それを現代語訳して読もう．

- 一，外国の処置について，その基本方針を立てねばならないが，隣国に交わる道によって国交をもつべきだろうか，それとも，夷狄に処する道によってすべきだろうか．この基本について，掛りの人々の見込みが一様でなくては，決定に何かと行違いが生ずるので，とくと討論し，決定しておきたい．
- 一，貿易の開始については，イギリスの動静に関係なく，日本側でこれを決め，国内へも公式に発表するのが適切ではないだろうか．
- 一，右を発表すると，〔現在，日本に使節を置いているオランダ・アメリカ2国だけでなく〕，必ず複数の国から貿易を出願することであろう．その場合，願いがあるごとに，個別に許可すべきだろうか．またはこちらから，前

---

ii) 幕末に政治問題化した「鎖国」とは，外国船が日本の港に入港することを認めるか否かという問題で，日本人が外国に出かけるのを認めるか否かという問題はほとんど議論されなかった．後者は江戸時代初期から厳禁されていたが，前者が明確に定められたのは，第8章に見るように，18世紀末の松平定信の時代からであった．

もって一律に貿易許可を示すべきだろうか.

一,貿易を始めたら,徳川家の国益を図るのはもちろんだが,大名諸侯も同じく利益を得て,長年の財政困難を補えるようにしたい.かつ貿易の利権が商売人の手に落ちないようにもしたい.そのように制度を立てるべきこと.

一,貿易の品々には,天造と人造と種類があるが,それぞれに大小の定額を決めたい.また,製造や貿易港への集荷の方法も考えねばならない.

一,開港する3港に外国の商館を取り立てて良いだろうか.

一,貿易専用の紙幣や輸出入の関税をどう定めるべきか.

一,オランダと正式の国交を結ぶ件.

一,オランダの出島商館長とアメリカの領事について,江戸へ出て将軍に拝謁するのを許すべきか.

一,アメリカ領事から差出された三月三日づけの書翰にある諸要求への対応,および返翰をどうすべきかの問題.

一,下田の替りの港を与えるべきか否かの問題.

一,ロシア・イギリス・アメリカ・オランダ,この4カ国について,取扱いに軽重をつけるか否かの問題.

　この堀田提案の主眼は,これから西洋と「隣国と交わる道」に基づいて関係を開こうということであった.これと相対する「夷狄を処する道」とは従来の政策で,西洋人を一段と劣った「夷狄」と見なし,できるだけ遠ざけておくことである.汚らわしい存在だから接触を最小限に抑え,できるだけ日本の人民と隔離しておく.その要求にはまともに取り合わず,目前のトラブルを回避するには姑息な手段を用いても構わない.「嘘も方便」である.そうすると,西洋人はイライラし,時に怒りを爆発させるかもしれないが,それで退去してくれれば,願ったりかなったりである.これが和親条約後の日本政府の態度であって,アメリカの総領事として下田に着任したタウンゼント・ハリスの日記を見ると,それがよくわかる.

　しかし,堀田はここで,それを「隣国と交わる道」に改めようと主張した.江戸時代の隣国でこれに当るのは朝鮮である.中国とは国交がないし,琉球は薩摩領でもあって外国とは言いきれない.朝鮮との国交を標準とするとは,対

等な関係を結ぶことを意味する．豊臣秀吉の朝鮮出兵後，17世紀に国交を回復したのち，日本の徳川将軍は「大君」の称号を用いて，朝鮮国王と対等な書簡を交してきた．両国の間には，互いに相手を見下す傾向があったが，にもかかわらず，隣国との国交は大事にして，形式上は対等な関係を維持するよう努力してきた．そのやり方を，西洋諸国にも適用しよう．堀田はそう提案したのである．

次の2カ条は，通商に焦点を当てながら，開始の決定を，国内外に一律に公表・宣言してはどうかと提案をしている．ここで，「イギリスの動静」といっているのは，当時，中国で闘われていた第二次アヘン戦争（いわゆるアロー戦争）を指す．オランダを通じて，英仏連合軍が中国に勝った後，日本に通商使節を送って来るだろうとの情報が伝えられ，幕府内部にかなりの勢力を持っていた開国消極論者も，それを知って通商を受け容れざるをえないという判断に傾きつつあった．堀田は，1年半前に老中となり，翌年に財政と外交の全権を握ってから，開国への政策転換を狙ってきたが，この機会をとらえて，いわゆる「外圧」を待たず，日本が自らの情勢判断と意志に基づいて，主体的に国交と通商の断行に踏み切ろうと提案したのである．

さて，堀田の諮問書の最後には，主に国交にかかわる検討事項が列挙されている．最初にオランダとの「通信」の樹立を挙げているが，これは江戸時代を通じてオランダと正式の国交がなかったのを更めようという提案である．「通信」とは，「よしみをかよわす」，すなわち国が友好関係を結ぶことで，具体的には君主同士が信書（手紙）を交換することでそれが表現される．当時の日本とオランダはいずれも，相互の関係を「通商」があっただけだと考えていた．アヘン戦争後，オランダ国王は親身になって日本に開国を勧告したことがあったが，幕府はオランダとは「通信」をしていないという口実を設けて門前払いしていた．また，日米和親条約の翌年にオランダとも条約を結んだが，それはアメリカやイギリスとの条約とは異なって，江戸時代の初めから続いていた貿易制度を文章化しただけのものであった．堀田はそれを改め，「通信」すなわち正式の国交も結ぼうと提案したのである．長崎のオランダ商館長と，下田に着任していたタウンゼント・ハリスを「出府」，つまり江戸に出て来させようという提案もこれとかかわる．国交を結ぶには，まず各国の代表者が将軍に謁

見せねばならないからである．さらに，この文書の末尾には，国交締結の相手候補を列挙しているが，それに「軽重」をつけるべきか否か，つける場合には，どんな優先順位をつけるかを聞いている．簡単な文面だが，次のように解せるのではないかと思われる．

　まず，将軍への謁見は，江戸時代を通じて「通航」関係があったオランダを最初の国とする．従来，長崎のオランダ商館長は定期的に江戸に出，将軍に拝謁していたが，それは通商を許されていることに臣下として御礼するという意味であった．これからの謁見は対等交際をしている国の代表という意味に変えられるはずである．次には，前年秋以来，江戸への「出府」を要求していたアメリカ使節を迎える．オランダよりは後である．儀礼的には，先着順ないし従来の関係の有無が優先されるのである．これに対し，外交政策上の配慮の軽重はパワー，つまり日本にとっての危険度によって判断される．隣国でしかも陸軍大国のロシアが第一，海洋勢力としてナンバー・ワンのイギリスが第二，その次がアメリカで，弱小国オランダは最後に来る．

　翌1858年に修好通商条約を結んだとき，日本政府は，アメリカとの条約に，軍艦・兵器の購入や教師などの招聘に関する特別な条項を書き込ませた（第10条）．また，オランダからは，かつて追放し，「国禁」を言い渡していた日本通，フランツ・フォン・ジーボルトが再来日したのを幸いに，外交顧問に招いた．当時の日本は，近隣に友好国がなく，単独で西洋のパワーズに対応せねばならなかったので，パワーズを分断し，その国の性格に応じて操作することによって，国の存続を図ったように見える．この諮問書における堀田のメモにもそれが見て取れるのではないだろうか．

条約とその特徴

　さて，この堀田の諮問の後，公儀はおよそこのメモにしたがって，開国への政策転換を図った．まず計画したのは，従来の和親条約に通商を追加することで，長崎に高官を送り，オランダ商館長と貿易の方式について協議し，モデルとなるべき草案を作った．たまたまロシア使節が長崎に来たため，10月にオランダ，ロシアと最初の通商条約を結んでいる．また，各国使臣の将軍謁見については，堀田の予定と異なり，まずハリスを江戸に招くこととなったが，そ

れをきっかけに，より開放的な，通信と通商の両方を含む条約を結ぶこととなった．その際には，日本側からの提案で，日米修好通商条約の批准書交換を，アメリカの首都ワシントンで行うことが合意されている．幕府首脳は，鎖国政策の放棄を機に，自ら海外の形勢を視察し，将来の対策を講じようとしたのである．

ただし，この条約は，官吏でない庶民一般の海外渡航を想定していなかった．それが，のちになって問題化する．この日米修好通商条約をモデルにしたいわゆる安政の五カ国条約は，西洋諸国の日本における領事裁判権を規定したからである．外国人が日本人に罪を犯した場合，その国の領事が母国の法律に基づいて裁判するという規定である．これは，従来の解釈では，不平等の最たるものと解釈されてきた．しかし，この規定は反面で，日本人が危害を外国人に加えた場合，日本の裁判所が日本の国内法に基づいて裁判すると定めている．すなわち，領事裁判権は，互いに相手国の制度や政府を信用できない場合，自国民を自国の制度下において保護しようというものなのである．実際，幕末にはしばしば尊攘主義者が外国人を襲撃し，殺傷をしたが，そのとき日本政府は犯人を逮捕する能力を持たなかった．外国側は逮捕と処罰を求めても，実現できなかった．領事裁判権は，明治以降の日本人が信じたのとは逆に，外国側に不利となったのである．ただし，この条約は，日本領での外国の裁判権を定めたものの，外国における日本の領事裁判権は規定していなかった．そのため，1866年に日本人の海外渡航が解禁され，日本人が海外に出て，外国の裁判にかけられる可能性が生ずると，不平等が表面化することとなる．日本人が海外で逮捕された際，日本は領事裁判権で日本人を保護できなかったからである．

さて，日本政府は，以上のように，堀田正睦の指導下に，伝来の「鎖国」政策を放棄し，世界との通交関係のなかに日本の未来を築こうと図った．しかし，この政策転換は，周知のように，国内からの反対という大きな障害にぶつかる．徳川幕府は，条約自体の維持に最後までこだわり，それに成功したのであるが，その代償として，権力を失うこととなった．

しかし，この点は，のちの章で述べることにしたい．むしろ，以下では，なぜ19世紀半ばの時期に日本が対外関係の大きな転換を余儀なくされたのか，また，政府のレベルに関する限り，なぜ円滑にそれができたのか，これらの

問題を，まず東アジアにあった伝統的な世界秩序と各国の内情を見，それらを背景として日本国内の動きを 18 世紀の末までに遡って考えることにしよう．

(三谷　博)

コメント｜朝鮮の開国との比較

　朝鮮は日本との「通信」関係とともに，中国と朝貢・冊封関係をもっており，そのために，朝鮮の開国は日本のそれと異なる意味を持つことになった．第 16, 19 章に見るように，朝鮮は曲折の末，1876 年に日本と条約を結んだが，この日朝修好条規については徳川幕府との通信の関係を明治政府と結び直したものと捉え，自国の国際的な位置に変更をもたらすものとは認識しなかった．そのため西洋の国と通信・通商を行わないという方針は堅持したのである．朝鮮が最初に西洋の国と結んだ条約は 1882 年の朝米通商修好条約であるが，その締結交渉は清の李鴻章（リー・ホンジャン）が主導し，それまでは不介入だった朝鮮外交に清が介入するきっかけとなった．つまり，朝鮮の西洋に対する開国は，清との朝貢・冊封関係（宗属関係）が再編・強化される契機ともなったのである．日本の開国はこれに比べると，いかにも単純に済まされたと言えよう．

(月脚達彦)

●より深く知るために

タウンゼント・ハリス『日本滞在記』全 3 冊，岩波文庫，1953-54 年
土居良三『幕末五人の外国奉行』中央公論社，1997 年
三谷博『ペリー来航』吉川弘文館，2003 年

第2章 近世東アジアの世界秩序

　日本の近代を東アジアという場，周辺諸国との関係のなかで描こうとする場合，その前提として，それ以前，近世の東アジアにあったゆるやかな秩序について，簡単に整理しておくことが有益だろう．19世紀後半以降の東アジア情勢のダイナミックな変動は，この秩序をどう継承するか，あるいはどう改めるかをめぐる対立や連携の結果でもあったからである．

朝貢と冊封による秩序

　東アジアにあった秩序は，中国（ジョングオ）王朝と周辺の国や地域，社会集団との関係を，華夷思想や儒教の徳治や礼治の理念などによって，朝貢と冊封の関係として結びつけた秩序であった．周辺の首長が中国皇帝の徳を慕い，臣従して，その地の産物を貢物としてやって来る（朝貢）と，皇帝は返礼として回賜を与え，これに中国王朝の官職・爵位を授けて中国の官制に組み込みながら，国王に任命し（冊封），その地に居住する民の統治を委ねるわけである．

　これは，中国皇帝とそれぞれの国王とを君臣関係として結びつけるもので，その意味では，皇帝を頂点とする上下の関係であった．ただし，中国は，冊封された国が「正朔」と呼ばれる，皇帝が与える暦を使用したり，定められた時期やルート，人員，貢物，定型の文書によって朝貢したりするなど，両国の関係を律する儀礼の手続きを履みさえすれば，朝貢国の自主は認め，実質的な支配を及ぼそうとはしなかった．

　したがって，この関係を維持することは，周辺諸国にとって，圧倒的な大国である中国の直接の影響にさらされることなしに，物産や文化の移入など，必要な範囲で中国との交流を確保しつつ，自立の途を歩む方法でもあった．

　中国王朝との間で個別にはりめぐらされた一対一の君臣関係は，中国皇帝の

権威を介することによって，相互に接続される．その結果，一つの交流圏が成立し，機能することになる．こうして東アジア世界ともいえるような，交流の場が成立することとなった．このような東アジア世界は，古くは6-8世紀，隋唐帝国がつくりあげ，それによって漢字文化圏が成立し，儒教思想や漢訳仏典，律令制などの文物制度が共有されたと考えられている．中国古代史家，西嶋定生はこれを冊封体制と呼んだ．

　唐の衰退後，このような東アジアの秩序は崩壊したが，明（ミン）朝は成立して間もない14世紀末，周辺に積極的に朝貢を促すことで，秩序の再構築に動いた．その結果，朝鮮，琉球，安南（ベトナム）などとの間に朝貢・冊封関係が築かれた．日本も明との貿易を目的として，足利義満が朝貢し，皇帝から日本国王に冊封され，一時期この秩序に加わっている．明代，さらにはその後の清（チン）代には，この地域ではヒトやモノの動きがますます活発になっていった．それを反映して，明清時代については，むしろ朝貢に伴って行われる，いわゆる朝貢貿易など経済的側面に着目して，東アジア世界の秩序を朝貢体制と呼ぶことが多い．このようなとらえ方によって，南シナ海に展開した中国人の活動も含めて理解することが可能になった[1]．

　この朝貢体制においても，リンガ・フランカ（共通語）として漢字・漢語が機能し，南宋時代に創りだされた新たな儒教思想である朱子（ジューズ）学が伝播するなど，東アジアの一体性が育まれた．同時に，周辺国は中国の文物制度を各々に適したように改変しつつ受けいれ，中国王朝に対峙しつつ独自性を形成していった．こうして朝鮮，日本，ベトナムなどの伝統社会，伝統文化が形成されたのである．

　たとえば朝鮮は，明の滅亡後に中国を支配した満洲（マンジュ）族の王朝清に対して朝貢し，冊封を受けることで臣従したが，しかし自らの社会において朱子学を徹底させることによって，もとは蛮族と見下していた満洲族の清朝に対し，明の中華（ジョンホア）を正統に受け継ぐ小中華と自負しようとした．江戸時代の日本では，漢意（中国風のものの考え方）を排することで国民的な独自性をうち立てようとした国学が成立した．皇統の万世一系が強調されたのも，王朝交代によって皇統が変わる中国に対峙して自己を語ろうとしたからであろう．

　このように，直接・間接に中国が介在して営まれた交流は，東アジアという

場や，そこで流通する言語や思想などといった作法が共有されることにより，一つの世界としての一体性をつくったが，同時に，介在する大国中国と向き合うことによって，それぞれが独自性を鍛え上げていくという両面があったことに注意する必要があるだろう．

東アジア世界の交流作法と鎖国日本

　豊臣秀吉が朝鮮に出兵し，朝鮮および援軍を出した明と戦った文禄・慶長の役（壬辰・丁酉の倭乱）は，明がつくりあげた東アジア世界の秩序に対する挑戦であった．その後，政権についた徳川氏は対明・対朝鮮関係の修復を試みた．ただ，明との国交修復には失敗し，その結果，中国大陸とは長崎に来航する中国商人との民間貿易のみの関係となった．一方，日本に拘留されていた捕虜の送還や日本情勢の探索をねらう朝鮮とは，両国の思惑が一致して修復がなされた．朝鮮海峡にあって両国間の貿易を仲介して生計を立てていた対馬藩の宗氏は，熱心に国交修復にとりくみ，それに成功した結果，朝鮮から釜山草梁（チョリャン）に公館を与えられ，そこを足場に貿易を行った[2]．また，長崎での民間貿易に限定されていた中国との交流は，薩摩藩が江戸時代初めに実質的に支配するに至った琉球が保持していた中国との朝貢・冊封関係を介することによって補完された．この琉球を介する関係は中国における明から清への王朝交代後も継続した．

　幕府のこのような対外政策は，後世「鎖国」と呼ばれるようになったが，海外との出入り口を限定し，民の海外渡航を厳格に管理するとともに，キリスト教を禁止するという点で，これは同時代の近世東アジアにおいて広くとられていた「海禁」政策の一類型と考えられる．

　もちろん管理や禁止の程度や内容には各国で差異があった．たとえば，キリスト教に対しては，日本が徹底した禁令を布いたのに対し，中国では中国風の名前や服制など中国的な典礼にしたがうかぎり，カトリック宣教師は居住を許され，皇帝が保護する範囲内で，天文観測や暦の作製などを担当した．さらに，「坤輿万国全図」（1602 年，マッテオ・リッチ作）の作成や欧風庭園の円明園（ユエンミンユエン）の造営などにも従事した．

　しかし国家間の交流については，中国から琉球に与えられた福州（フージョ

ウ）琉球館と朝鮮から対馬に与えられた草梁倭館とは類似した施設で，民間貿易についても，マカオや広州（グアンジョウ）における清代の西洋商人との貿易は長崎における貿易と類似していた．東アジアにおいて，交流の作法が共有されていたといってよいだろう．新たにこの地域に登場したイギリスやオランダは，このような東アジアという場の作法をふまえた上で参入していた．

また，人の交流を容易にする東アジアの作法としては，中国古典の素養が共鳴装置となっており，知識人どうしは漢詩文や儒教によって交流していた[3]．将軍の慶事や代替わりに朝鮮から送られた通信使は，日本各地で学者や文人，僧侶，医者，画家などと，漢詩の筆談唱和などを行った．明治になっても，1870年代末に東京におかれた清の公使館では，しばらくの間，日本の学者文人，政論家らが，公使館の士大夫と呼ばれる伝統的知識人と筆談による交流を続けていた[4]．ただし，この地域の交流は，19世紀末から20世紀になると，西洋概念や西洋言語を介した交流へと大きく変化し，東アジア独自の共鳴装置は廃れてしまうこととなる．

とはいえ，そこには大きな問題も潜んでいた．中国と対峙しつつ自己形成した各国は，琉球のように小国として自らの位置づけをする場合は別として，中国との対等性を求める場合，中国のように階層的な世界を構想する，すなわち朝貢国を保有する必要が生じてくる．世界を階層的構造で認識することも，東アジアにおける世界認識の作法として共有されることとなった．日本は琉球や蝦夷を朝貢国になぞらえて，いわゆる日本型華夷秩序を構想したし，またベトナムの阮朝は清に朝貢しつつも，国内的文脈では大南皇帝を自称して清以外を朝貢国とみなしていた[5]．清に対して国内的文脈では小中華を自称した朝鮮も，対馬に対する草梁倭館の供与や朝鮮王朝の官職の授与などにみられるように，対馬を従属的存在とみなしていた．その意味では，対馬藩は徳川公儀の統治下にありながら，朝鮮からは属島とみなされる，いわば「両属」的な存在であった．

つまり，今まで対馬の宗氏を介して対等のやりとりをしたと見なされてきた日本と朝鮮との，いわゆる抗礼関係（儀礼での対等関係）は，自らを相手より上位に置き，互いには直接に向き合おうとしない日本と朝鮮を，両属の対馬が双方に従うことによって，結果として対等なかたちで両国をつなぐ関係だった．

豊臣秀吉の侵略を念頭に「文によって報いる」意識を持って日本に来ていた通信使は，その見聞録で，婿養子（むこ）や未亡人の再婚，あるいは女性のお歯黒（はぐろ）や男性の月代（さかやき）など，日本の風俗を朱子学の観点から夷狄視した記述をしている[6]．

　日本でも，日本からは使節を派遣しないのに，朝鮮から通信使がやって来ることを朝貢と考える傾向が現れてきた．たとえば，頼山陽（らいさんよう）(1780-1832) の『日本外史』(1827 年) には，江戸初期の朝鮮との復交について，宗氏の仲介により朝鮮国王が使者を遣わして入貢（にゅうこう）してきた．

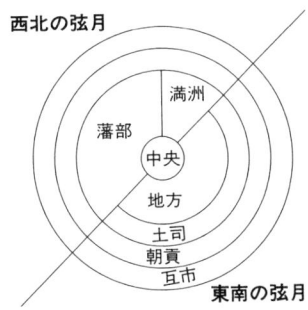

図1　清の二元的構造
（清は，明を継承した中国文化圏（東南の弦月）と内陸の非中国文化圏との二元的構造で，モンゴル，新疆，チベットは藩部と呼ばれていた）

以後，将軍の代替わりごとに来るようになり，朝鮮は長くわが属国となった．その功により，宗氏を十万石格とした，などと述べている（巻21「徳川正記」）[7]．『日本外史』は，幕末・明治日本のベストセラーの一つで，このような見解は多くの人々に流布し，やがて「常識」となっていった．双方の思惑の違いは，明治維新後に顕（あら）わになり，多くの問題を引き起こすことになる．

　また，朝鮮の代表的実学者，李瀷（イイク）(1681-1763) は，江戸とは別に京都に「倭皇」（天皇）がいることに注目し，今は将軍と対等に交際しているが，将来天皇による統一が実現した場合，朝鮮国王は天皇に対してどう対応すべきか，と明治維新とその際に生じた問題を百年前に予見している[8]．

　ところで，しばしば使われているアジアあるいは東アジアという言葉であるが，実は，そこでイメージされる空間は日本人と中国人とでかなり異なっている．それぞれの眼差（まなざ）しがとらえる視界の違いにも注意する必要があるだろう．日本のいう中国や東アジアは，主に沿海地域であり，東シナ海や南シナ海に面する，いわば海の中国が想定されている．これに対し，歴代の中国王朝にとって，脅威はむしろ内陸にあった．特に，満洲王朝である清は中国文化圏と内陸の非中国文化圏との統合をはかった王朝であった（図1）．彼らの世界イメージは，モンゴル，トルキスタン（イスラム教を信ずるトルコ系の人々が多く居住する地帯，清朝にとっての新領土，すなわち新疆（しんきょう）〔シンジアン〕），チベット，さらにそれと連なるロシア，イスラム圏へと広がるもので，日本人が想定する海域の東ア

ジア世界はそれらの広大な関係のなかの一つにすぎなかった．日中それぞれの地域イメージの相違は，今日にも通ずるように思われる．地域イメージの相違自体は，必ずしも問題ではないが，その違いに鈍感であるとしたら，それはかなり問題である．

近代との遭遇（そうぐう）——南シナ海から南中国そして日本へ

近代西洋と東アジアの関係に目を転じよう．西洋諸国のなかでは，18世紀末までに，イギリス東インド会社がインドを拠点にして他の西洋諸国との競争に勝ち，茶や陶磁器をヨーロッパに輸入する中国貿易で優位にたつようになった．この時期，イギリス本国では，産業革命が進むなかで自由貿易による自国産綿織物の市場拡大を求める声が強まり，イギリスは中国に対して，広州1港に限定された管理貿易体制の改変と，条約にもとづいた近代的な国家間関係とを要求するようになった．イギリスは1793年にマカートニーを，1816年にアマーストを派遣し交渉を試みたが，清が伝統的秩序の枠組みで対処しようとしたため，この試みは失敗に終わった．

マカートニーは北京（ペキン）から広州に戻る帰路，琉球からの朝貢使節に出会っている．彼は琉球について，「地理的位置からいうと，この諸島は当然，中国人か日本人のいずれかに所属すべきものであるが，彼らは前者の方の保護を受けることを選んだ」と記している[9]．次のアマースト使節も琉球については悩んだようで，随行したヘンリー・エリスは，「言語は日本語の方言であり，日本語の文法体系を借りている．……日本と中国とが古来から，この国の宗主権をめぐって競い合ってきたようであるが，現在のところその支配権を確保しているのは中国である」と述べている[10]．この頃からこの海域に頻繁（ひんぱん）に現れるようになった西洋諸国は，琉球は中国に属すのか，日本に属すのか，その解釈について戸惑いをみせていた．

「両属」の理解に悩んだ西洋諸国は結局，直接琉球に接近をはかり，1850年代に，アメリカ，フランス，オランダは直接条約を結ぶにいたった．「両属」が不正常とされるような，近代世界の側が提起した琉球に関する「問題」は，幕末の日本においても，この頃から問題視されるようになっていった．中国に近代的な関係を求める西洋諸国の動きは，東シナ海という場を共有する日本に

も連動し，日本は，主権や領土などといった近代西洋が設定した国家や国際関係に関するルールに，こうして出合うことになった．

また，インドから中国にいたる海域で西洋人の活動が活発化するのにともない，19世紀になると，プロテスタント宣教師たちが中国への布教活動を組織的に試みるようになった．

その活動の中心となったロバート・モリソンはロンドン伝道会（The London Missionary Society）から派遣されて，1807年にマカオに到着して以来，東インド会社商館の通訳を務めながら，中英辞書の編纂と聖書の中国語訳，中国語による教義解説書の執筆にあたった．その協力者として派遣されたウィリアム・ミルンやメドハーストらは，東南アジアの華人社会に注目して，まずマラッカ，バタヴィアに，次いでシンガポールに拠点を置いて，中国語によるキリスト教関係書籍や世界の地理歴史，西洋の科学技術に関する書籍の出版活動を行った．清朝がキリスト教の布教を禁止していたためにとった迂回的手段であった．また，マラッカに英華書院（The Anglo-Chinese College）を設立するなど，華人の教育活動も進めている．1830年代以降，南シナ海の南辺で印刷された中国語文献は，東南アジアの華人社会に配布されると同時に，南シナ海の北辺に位置する広東にも流布し，西洋人の発する中国語による西洋情報・世界情報が共有される空間がこの地域から徐々にたち現れていった[11]．

アヘン戦争の時に広東で指揮をとった林則徐（リン・ズェシュイ）が収集した西洋情報や，それを引き継いで魏源（ウェイ・ユエン）が編纂した『海国図志』（50巻本＝1844年，100巻本＝1853年）などは，こうした情報の蓄積の上に成立していたのである．

日本は江戸時代を通じて，オランダ経由で世界情報に接していた．そうした世界情報もあって対外的危機意識を深めつつあった幕末日本には，これら西洋人によって編纂された漢訳書やその影響下に中国で刊行された書籍が輸入され，各地で一部が出版されて読まれることとなった．南シナ海に広がる，世界情報が集積された空間に，幕末の日本も一面では連なっていたわけである．近年の研究では，これらの漢訳書に使用された漢語が，明治日本で西洋概念の訳語を考えるときに与えた影響も指摘されている．東アジアの，その海域に成立していたネットワークを通じても，日本は近代に接したといえるだろう．

これに比べて，北京は，南シナ海北辺に位置して近代に接触していた広東からは遠かった．広大な内陸をも含めた中国全体を統治する北京の視野が，すでに広東に蓄積されていた近代をとらえるのは，さらにいくつかの危機を経てからであった．同様に，陸路で北京に通じる朝鮮が近代に出合う道のりもまた遠かった．

（茂木敏夫）

コメント・1 ｜ 視座による「交流圏」の多様性

　本章では「日本の近代を東アジアという場，周辺諸国との関係のなかで」とらえる際の「前提」として，「近世の東アジア」に存在した「ゆるやかな〔地域世界〕秩序」に関して論じている．執筆者は，「東アジア世界」を歴史的に形成され，「流通する言語や思想などといった作法が共有」されてきた「交流圏」と規定し，そこに「一体性」を見出している．このような視点は，識者により「伝統的東アジア（あるいは中華世界）秩序論」として受け入れられている．筆者（中見）は，この見解を否定するわけではなく，むしろ共感するところが多い．だがいくつかの疑問点を提起してみたい．

　まず，ある種の「作法」を共有する「交流圏」として「東アジア世界」を想定するが，「東アジア」という「地域」は，ヨーロッパ人が名づけた空間であって，「東アジア」に生きた人々のあいだで，もともと地理的・文化的一体感など存在したか，あるとすれば，どの範囲内であったのだろうか．さらに，そこで機能していたとされる「秩序」が明瞭に認識されていたのであろうか．文献にしるされる「朝貢」とは，「朝貢」する側からみれば，おおむね実利をもとめた交易活動にすぎず，中国諸王朝の側は支配権を正統化するために，漢文記録上で用いた修辞にすぎないことが多い．

　最期の「中華帝国」といわれる清朝は，「満・蒙・蔵・回・漢」（満洲・モンゴル・チベット・トルコ・漢）の五大集団により構成される，ヨーロッパ人によれば「タタール人の帝国」であった．執筆者が説く「流通する言語や思想」の共有とは，書面語としての「漢文」と「儒教」をさすのであろう．モンゴル人，チベット人，トルコ人さらにロシア人との交渉は，儒教的「礼」が通じないことを清朝は熟知していたがゆえに，「礼部」ではなく「理藩院」が管轄してい

た．清朝は，その支配影響下にある諸集団の「文化」を巧みに識別し，複数の原理をもって対応していた．

　執筆者は，日本人と「中国人」がイメージする「東アジア」の空間が，異なることを指摘している．だが清朝末期に至って，清朝が「漢化」し，かつ日本が新興対抗勢力として大陸への進出をめざしたとき，はじめて「東アジア」つまり「東亜」と呼ばれる地域は，日本人により注目された．時代が下って，いま再び「東アジア」地域は関心をひいているが，朝鮮半島，ベトナムは，もはや「漢字文化圏」ではない． 　　　　　　　　　　　　　　　　　（中見立夫）

コメント・2　「共有」をグローバル・ヒストリーから見ると

　近世の東アジアに，朝貢や冊封によるゆるやかな国際秩序が存在したこと，ウェスタン・インパクトを受けてもそれが簡単には崩れず，19世紀後半の東アジア国際秩序の一環でありつづけたことは，グローバル・ヒストリーにとっても大きな論点である．外から見れば共通項の多い，長期の発展径路がこの地域に存在したとするには，そこになんらかの「まとまり」があったことの実証は決定的だからだ．本章は，こうした「まとまり」のうち，「秩序」とそれを支える思想を簡潔に要約している．

　他方，清と鎖国下の日本のあいだの交流で社会経済史的に最も意味があったのは，たとえば宮崎安貞の『農業全書』が宋應星の『天工開物』を参考にしていたり，18世紀になっても中国からもたらされた絹が最高級品として日本の市場や消費構造に影響を与えたりするといった，情報，貿易を通じた経済的・技術的知識の伝播である．その結果，中国の先進地域も，日本も，米，綿，絹，砂糖などを中心とした，特徴のある商品複合を共有するにいたった．

　こうした「技術」の共有に比べると，「制度」の共有は限られていたように思われる．西ヨーロッパの主権国家システムでは，公債市場を通じた国家財政の膨張や利子率の国際的連動など，資本主義の発達にとって決定的な制度の相互学習が進んだが，日中両国は財政，金融といった，国家の基本に関わる制度ではまったく収斂を見せなかった．

　にもかかわらず，ゆるやかな国際秩序が地域的規模で成立していたのである．

それはなぜか，を比較史的に問えば，東アジアという地域における政治と経済，制度と技術の関係づけの特質がさらに浮かび上がってくるのではないだろうか．

（杉原　薫）

●**より深く知るために**
赤嶺守『琉球王国——東アジアのコーナーストーン』講談社，2004年
田代和生『倭館——鎖国時代の日本人町』文春新書，2002年
仲尾宏『朝鮮通信使——江戸日本の誠信外交』岩波新書，2007年
中見立夫『国境を超えて——東アジアの周縁から』（アジア理解講座1）山川出版社，2002年
西嶋定生『古代東アジア世界と日本』岩波現代文庫，2000年
茂木敏夫『変容する近代東アジアの国際秩序』（世界史リブレット41）山川出版社，1997年
吉田光男編『日韓中の交流——ひと・モノ・文化』（アジア理解講座4）山川出版社，2004年
渡辺浩『東アジアの王権と思想』東京大学出版会，1997年

第3章 日本社会の近世

東アジアには，19世紀半ばに西洋諸国との緊密な関係が生まれる以前，世界の他地域とは異なった形の「近世」社会があった．

いま，我々は西洋で生まれた工業文明の中で生活している．それが世界中に普及したのは19世紀のことであり，その時代を「近代」と呼んでいる．しかし，世界のいくつかの地域には，それ以前にも，かなり高い文明を築き，繁栄した社会があった．西洋の場合には，ルネサンスから産業革命以前の社会がそれにあたるが，東アジアには，それと別種の，しかしやはり高い洗練度をもつ文明が存在した．これらは西洋的な「近代」，たとえば経済発展の基盤も提供したので，最近の学界では「近世」あるいは「初期近代」の社会と呼んでいる．

東アジアの「近世」は，宋（960-1279年）の時代に始まった[1]．宋の皇帝は，王朝の創立に貢献した地方の軍事指導者たちを首都に集め，立派な邸宅と豊かな報酬を与えた上で，地元に帰ることを禁じた．広大な中華帝国には，地方に軍事権力がなくなり，皇帝は，科挙という学科試験で選んだ官吏たちを地方に派遣することによって，全国を統治しはじめた．世界史に珍しい世襲貴族が不要な政体が創られたのである．他方，地方に残った有力者は，もっぱら土地所有と交易によって財を築くことに心を傾け，さらに子弟を皇帝の官僚にして栄達を極めるため，科挙の基準とされた朱子学を学ばせた．皇帝と官僚による単純な統治構造と次第に拡大してゆく市場ネットワークを二つの柱とする社会が生まれたのである．

この社会の構造は，中国では，元・明・清と王朝が変わっても，受け継がれていった．また，14世紀末に成立した朝鮮王朝はこのシステムを採用しながら国家を形成した．しかしながら，日本は16世紀末に再統合されたとき，中国・朝鮮とは異なる方法を採った．戦国に成立した大名の「国家」，すなわち

地方の軍事政権を維持し，それらの連合体として日本を再組織したのである．それはまた世襲的な貴族である武士が支配する社会でもあった．しかし，その内部をよく観察すると，中国・朝鮮とあい似た「近世」性が確かに生まれ，さらにそれらにはなかった「近代」につながる要素も形成されたことが見えてくる．以下では，国家の構造を中心に近世の日本を振り返ってみよう．

複合国家

近世の日本には，「公儀」と「禁裏」[i]という二つの中心があり，「公儀」のまわりに260あまりの大名が連合するという複合的な構造をもっていた[2]．その基本単位は大名の政治組織，当時使われた言葉では「国家」であって，その領域は全国石高の約4分の3を占めていた．徳川「公儀」の支配したのはその残りである．大名は「公儀」から「領国」の統治をほとんど全面的に委任され，家臣団の編成，立法，徴税，裁判，民政一般などを自分で処理していた．領内には大名から独立した権力はなく，寺院や神社はその支配を受け入れる限りで存在を許され，領内の住民は大名の「家中」として統治を担う武士たちと被支配者である「地下」（庶民）とに二分されていた（図1）．

大名の「国家」と庶民

大名と「家中」は主従制，つまり「主人」と「従者」の関係で結ばれていた．侍はいざ戦争というときに戦場に出たり，平常は国家の役人として働いて大名に「奉公」することを義務とし，かわりに知行や俸禄などの「御恩」を与えられていた．

大名と家臣の関係は，18世紀には世襲が普通となった．家臣は大名の「御恩」や待遇を自分の「家」についた「家禄」や「家格」と考え，その「身分」の維持を極めて重視した．家中には多くの身分があったが，家臣がその間を移動することは極めて少なかった．福沢諭吉が『福翁自伝』などで回顧しているように，近世の侍は，細かく分かれ，それぞれに応じた振る舞いが求められた身分制の中で一生を送ったのである．

---

i) 幕末以降の日本ではそれぞれ「幕府」「朝廷」と呼ばれるようになったが，江戸時代の人々は長い間「公儀」や「禁裏」と呼んでいた．

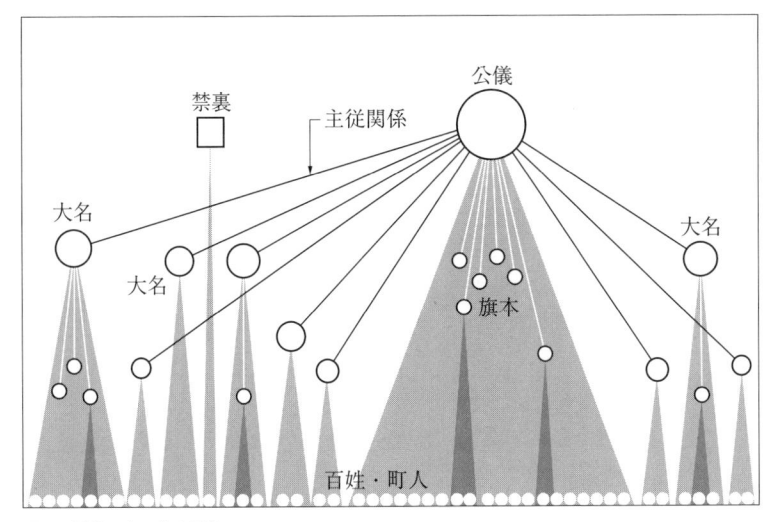

図1 近世日本の複合国家

　近世の武士たちは，中世の先祖たちと違って大名に従属的となり，奉公をやめて他家に仕えたり，野に下ることは稀となった．しかし，大名は家臣に対して専制的に振る舞ったわけではない．むしろ大名は，家臣によって用意された政策をほとんどそのまま裁可し，権威づけるという役割を担うようになった．イギリスには「王は君臨すれども統治せず」という格言があるが，近世日本の大名もそれに近い存在，あるいは中世後期以降の天皇のように，国家の象徴に近い存在になっていたのである．それは，一つには，「国家」という組織を至上の価値とし，家臣は無論，大名もその従属物と見なす考え方が有力となったためであった．これは，有名な上杉鷹山の『伝国の詞』(1785年) に明白に語られている[3]．

　一，国家は先祖より子孫へ伝候国家にして，我私すべき物には無之候．
　一，人民は国家に属したる人民にして，我私すべき物には無之候．
　一，国家人民の為に立てたる君にして，君の為に立てたる国家人民には無之候．

　君主にとっても，「国家」は私物でなく，歴史を超えて永続すべき至上価値であった．統治身分はすべて「御国」あるいは「御家」のために生きねばならない．自身の意思によって統治する「人治」も，長い時間をかけて形成された

慣習，あるいは新たに制定した原則に従って統治する「法治」も，ここでは影が薄い．文字通りの「国家」至上主義が完璧なまでに成立していたのである．

他方，近世後期には，身分の低い侍が実質的な決定権を握るという慣行が生まれた．近世の初期には，下級の侍が顕著な功績をあげ，俸禄や知行を加えられて重臣に列することが珍しくなかったが，18世紀には「家格」と役職の関係が固定し，それはほとんど見られなくなった．秩序の安定していた当時でも，財政や地方行政をあずかる役所にはハードワークや熟練が必要だった．それには家格の制約と行政の技能とを両立させる必要があったが，その一つの方法は，下級の役職に実質的な決定権を与え，役所の長官や重臣や大名の役割をその裁可に限定する決定方式を慣行化することであった．たとえば，解決を要する問題が生ずると，末端の役人がその問題点と解決策を上司に報告し，上司は重要事項と見たらそれを重臣に上げる．重臣は会議を開き，妥当と判断したら大名に上げてその裁可を求める．重臣会議や大名は下からの案を否決したり，再検討を求めることもあったが，多くの場合は原案をそのまま認めるのが通例であった．この中・下級武士に立案権を与えるという慣行は，幕末に彼らが大きな役割を果たす前提条件となった．

では，武士たちと被統治民たちの関係はどのようなものだっただろうか．近世日本には科挙がなかったから，統治者たちと民衆の間に制度的な連続性はなかった．民衆は大名や侍たちと主従関係を結ばず，戦場に出て戦う義務を負わない代わりに，年貢やサーヴィスを納め，それと交換に「国家」から保護と安全を与えられた．宗門人別帳がつくられて以来，「在」（農村部）に住んでその台帳に記載されたものを「百姓」，「町」の人別帳に記載されたものを「町人」と呼ぶ慣習ができた．

大名の「国家」と民衆の関係は，主従関係とは異なったタイプの契約関係であった．そこで，大名や領主の側が保護を怠ったり（飢饉もその一種），勝手に増税したりすると，契約違反として，「地下」は耕作地を捨てて他領へ逃亡したり，領主に対して愁訴や強訴に訴えた．それは好ましくはないが正当な行為と見なされており，したがって，異常事態が除かれると，平穏な秩序が戻ってくるのが普通であった．この循環関係は18世紀以降，一揆や打ち壊しの件数が増えても変わっていない．

中心 ──「公儀」と「禁裏」

近世の日本には中心が二つあった．そのうち，「公儀」とは今日の政府にあたる統治組織を指す言葉で，近世では徳川政権を指す場合が多く，その主は「公方(くぼう)」と呼ばれた．徳川公儀は，それ自体，広大な領地を持つとともに，すべての大名や旗本たちと主従関係を結んで全国統治にあたった．全国への軍事指揮権を背景に，彼らと協力して日本内部の治安と「異国」との平和を維持するのが，その主任務であり，そのためにさまざまな決定機構を持っていた．もう一つの中心である「禁裏」が，実務的な役割とそのための決定機構を持たなかったのと対照的である．

表1 大名の種類と老中人事

	家門	譜代	外様
大大名	×	△	×
小大名	×	○	△

○はしばしば見られるもの
△は稀だがあるもの
×は見られないもの

徳川公儀と大名の間にはさまざまの関係があった．しばしば説かれるように家門(かもん)(徳川の親族)・譜代(ふだい)・外様(とざま)の別が重視されたが，それ以外にも官位による分類も重要であった．この二つを組み合わせ，どのグループが老中になりやすいか否かを見ると，幕末に起きた政治変動が理解しやすくなる（表1）．この表1で興味深いのは，大大名(おお)（四位以上）に老中になった例がほとんどないことである．外様だけでなく，家門の大大名も皆無である．譜代でも18世紀以降では「溜間」の井伊家から5人，酒井家から1人にすぎない．それも老中でなく，名誉職的な大老のみであった[4]．逆に，小大名からは，元来は外様であっても4人の老中が出ている．大大名が公儀の政策決定に関与できないというこの慣行は，幕末に政治改革の口火を切ったのが三家を含む家門と外様の大大名との連合であったことをよく説明する．つまり実力と身分的誇りを持ちながら，彼らは日本全国の運命への発言権を持たないことに強い不満を蓄積していたのである．

近世日本には，公儀の外にもう一つの中心，「禁裏」があった．廷臣の領地を含むその総石高は約10万石余で，やや大きな大名程度であった．天皇・皇族のほかに，幕末には「公家」137家があり，その下に地下の「官人(くじん)」が仕えていた．「公家」の頂点には五摂家(せっけ)があったが，最大の石高を持つ九條(くじょう)家ですら3043石で，上級旗本なみであった．高い官位を独占しながら，政治的にも経済的にも目立たない存在だったのである．

禁裏の近世日本での主な役割は，古代以来の国家祭祀や宮廷儀礼を行ったり，武士その他に官位を与えることであった．「日本」という国家，その統合性と継続性を象徴的に代表する組織だったといってよい．禁裏の人々の関心は，その祭祀や年中行事を手落ちなく行うこと，そして18世紀末以後になると，遠い過去に行われていた盛儀にできるだけ「復古」することに向けられていた．ただ，宮中儀礼は，重ければ重いほど中国風なものが多かったから，彼等の「復古」は必ずしも日本固有の姿への「復古」ではなく，いまある秩序の変革を意図するものでもなかった．

　近世日本の二つの中心，公儀と禁裏の関係は，いずれが上位にあるといえるものではなかった．禁裏は公方に官位を下し，公儀は禁裏に法度を下した．禁裏は公方だけでなく，武家上層に対して官位を与え，日本全国の秩序を想像するための統一的で権威ある枠組を提供した．他方，公儀は日本全体の公共事務を統括し，とくに対外関係を最終的に担った．かつ，公儀は，禁裏に対して「禁中方御条目」を下し，天皇以下，公家のなすべきこと，なすべからざることを規定して，違反した場合には制裁した．このような二つの宮廷が200年以上も平和共存していたことは，世界史に珍しい史実といえよう．

　ただし，二つの宮廷の間に緊張がなかったわけではない．しかし，こうした緊張関係が「王政復古」に結びつくには，宮廷の外部に生まれた思想が重要な役割を果たした．18世紀に成立した国学である．国学は日本は太陽神の子孫が永遠に統治する国であるという想像力を生み出した．それはまた，現実の政治秩序とは異なった秩序像，すなわち真の「朝廷」は京都にあり，「幕府」は統治を一時的に「委任」された存在にすぎないというイメージを創り出し，流布させた．この「大政委任」論は公儀の統治資格を条件つきのものとし，さらに禁裏が「日本」に関わる発言したとき，ただちには拒否できないという枠組を創りだした．そして水戸の徳川家で編み出された名分論や尊王攘夷論はこの秩序像に体系的な説明を与えたのである．この現実の権力をよそに生み出された規範的想像力は，近世後期に発達した学問のネットワークや出版物により武家と庶民を問わず広く浸透し，19世紀半ばの地滑りを用意することになる．

全国市場と知的ネットワークの形成

　近世の日本では全国を結ぶ市場が形成された．大名国家の連合体であったから，大名の領国を越えて旅行するには武士・庶民を問わずパスポートを携帯せねばならなかったが，今日の世界全体と同じく，国境を越える市場が形成され，それが各地を結びつけるようになったのである．徳川公儀が大名の妻子を江戸に住まわせ，大名に江戸と領国を往復させる参勤交代制を敷いたのがそのきっかけとなった．大名は江戸の屋敷を維持するため，領国から当時の経済の中心地であった大坂に米や特産物を送り，そこで換金したり，京都で作られる高級消費財を手に入れて江戸に送った．こうしてまず「三都」と領国とを結ぶ放射状の市場ができ，やがてそれは枝葉を延ばすとともに，領国同士を結ぶ市場も形成したのである．古代に日本が統一されたとき，都の経済はすべて現物を各地の人々が担って運ぶことによって支えられたのであったが，近世には市場が物資流通の主なメディアとなったのである．

　近世の初期には，平和の到来と江戸や城下町の建設に牽引されて，経済と人口とが急成長した．18世紀にはいると米作のための新田開発の勢いは鈍化し，人口も停滞を始めたが，木綿などの繊維産業や酒・味噌・たばこなどの食品工業を中心に，農業を基礎とした商工業がゆっくりと成長していった．人々の生活水準は次第に向上したが，その成果は多くは上層庶民の手に残された．公儀や大名はもともと商工業に課税しておらず，土地にかけた年貢も増税しにくかった．戦乱のない世では増税に正当性が乏しく，武士が共通して学ぶようになった儒教の「仁政」という理想にもかなわなかったからである．武士たちはこのため，一般の消費水準が向上しても清貧に甘んずることになった．その一方，19世紀になると，庶民中の下層の人々は飢饉の際などに土地を手放し，小作や日雇いなどで生きてゆく者が多くなった．その名目賃金はほぼ一定だったから，1820年代以降のように継続的なインフレ（図2）が起きると，富は彼らを雇っていた地主や商工業者の手元に蓄積されることとなった．19世紀の前半に頻発するようになった一揆や打ち壊しが，政府のみならず庶民中の富裕層に向けられたのはそのためであった．ただ，このような民衆騒擾は，増税や借金証文が撤回されるとすぐ終わり，政府の転覆や身分制の廃止といった運動に

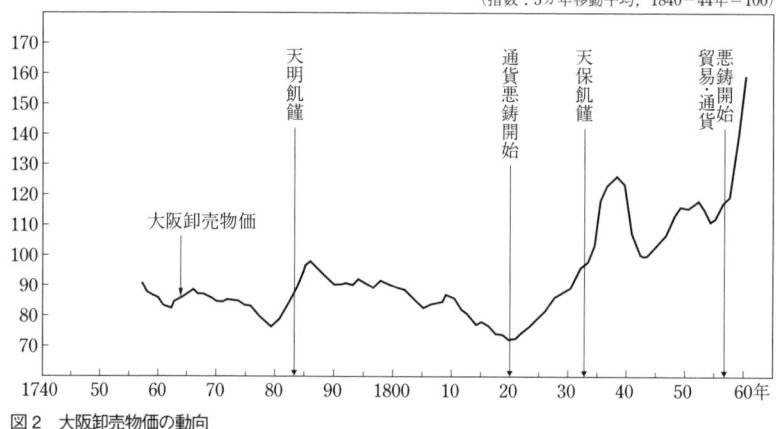

(指数：5カ年移動平均,1840-44年=100)

図2　大阪卸売物価の動向
(新保博『近世の物価と経済発展』東洋経済新報社,1978年より一部修正)

拡がってゆくことはなかった．

　他方，近世後期の日本には，身分を越えた情報交換網，手紙を交わし，情報や書物を交換する知的なネットワークが生まれた．これは庶民の場合は市場ネットワークを基礎に形成された．各地の上層庶民は遠近の商取引の相手と趣味や学問の上でも交際し，しばしば姻戚関係も結んだ．彼らは地元に知的なサークルをつくり，そこに著名な知識人を招いて書画会などを催した．中には塾を建て，各地から学生を集めた者もある．本居宣長が伊勢松阪に建てた鈴屋はその代表例である．

　こうした私塾で最大の規模を誇ったのは広瀬淡窓（1782-1856年）が九州日田に設けた咸宜園であった．淡窓は地元の商家の出で，その漢学塾は最盛期には200人以上の学生を集めており，その半数以上は庶民であった．この塾は「三奪法」で有名であった．学生の間の序列を，年齢を言わず，入学以前の学歴を言わず，身分や家柄を言わず，学力によってのみ定める規則が実行されたのである．それは，福沢諭吉が『福翁自伝』で描いた緒方洪庵の蘭学塾，大坂の適々斎塾でも同じであった．大名が設けた藩学では身分的制限が強かったが，その教官が自宅で開いていた私塾はやはり身分を問わないものが多かった．塾は世間的な身分が消滅する場であり，そこで出会った人々は身分を超えた交際を結ぶようになったのである．

塾はまた地域を超えた交際網と想像空間を創りだした．近世には茶や立花などの遊芸の世界で家元制度が発達したが，学問の世界では逆に複数の師について学ぶのが当然とされ，学生はさまざまの塾を遊歴した．それは漢学や国学，蘭学という学派も超える旅であった．その結果，ある塾で結ばれた身分と地域を超える人的関係は，他の塾で結ばれた関係と互いに絡みつき，複合国家と身分制の支配する秩序のただなかに，水平的で広域的な知的ネットワークを創り出したのである．このネットワークは基本的には文字によって結ばれた関係であり，人々は漢字仮名交じり文という書記法と話題（古典や歴史）を共有するようになった．のみならず，話し言葉でも，それぞれの方言と別に上方や江戸の「中央」の言葉を覚え，二重の言語生活を送るようになった．それは個々の大名国家を超えた「日本」という想像空間が熟してゆく過程でもあった．

（三谷　博）

コメント●1　庶民の信仰と参詣の旅

　近世の日本では宗教組織への所属や宗教活動への参加の仕方が，所属する家，社会集団，地縁集団などにより，本人の意志とは無関係に決定されることが普通だった．しかし不特定多数の信者に開かれた寺社や霊山に自発的に参詣する場合には，参詣対象を比較的自由に選択することができた．このような自発的な参詣のなかには，都市の寺社に祀られていた無名の神仏が霊験をあらわしたとして突然有名になり，そこに都市住民が大挙して参詣する流行神・流行仏という現象もあった．また遠隔地の有名な寺社や霊山への参詣，すなわち伊勢神宮や善光寺などへの寺社参詣，西国観音霊場や四国八十八カ所霊場の巡礼，富士山や立山などの霊山登拝もあった．

　遠隔地への参詣が庶民にまで広まったのは近世後半期である．近世には治安が良くなり街道や宿場などが整備されたので，旅行の危険と困難が減った．また近世前半には領民の移動や旅行を制限していた幕府や大名などの支配者が，後半になると信仰，病気治療，湯治などの旅行を比較的容易に許すようになった．さらに旅行資金を自分ひとりでは調達できないような人々でも，同じ目的地に参詣することを目指す「講」等の組織に加入し，相互扶助や積立金によっ

て参詣できるようになった．この時代には寺社や霊場に祀られる神仏の加護や恩恵に関する情報がさまざまなメディアを通して広範な人々に提供され，参詣の旅行に拍車をかけた．中世的な特権を失った寺社のなかには参詣者の奉納(ほうのう)による収入を重視するところが少なくなく，また参詣者を媒介とする宣伝効果も意識して，誘致に努め，由緒を記した縁起(えんぎ)などの刷り物を頒布(はんぷ)した．この時代には文学や歴史上有名な場所を紹介する名所図絵(ず　ゑ)の類も数多く出版された．参詣者の多くは旅の途中で縁起や名所図会などに取り上げられた名所旧跡(きゅうせき)を訪ねるようになった．それは広範な人々の間に共通の歴史や文化的伝統を持つという認識が形成される一つの要因となった． （宮崎ふみ子）

> **コメント・2** 　中国・朝鮮との比較

　近世の日本は，中国や朝鮮と違って，分権制と世襲身分制を基礎とした統治組織を持っており，最初に述べた「東アジア的近世」というモデルからは大いにずれた存在であった．しかし，その内部からは，大名の領国を越える全国市場と知的ネットワークが徐々に成長し，その点では同時代の中国に近づいていった．同時代の西欧でも同様の現象が起きていたが，日本と異なって，それは世界市場とのつながりのなかで生じていた．

　分権的な国家は，中国・朝鮮のような一元的な組織と比べると，解体が容易であった．その可能性は，近世の間に生じた各種の不整合，とくに実際の制度や慣習からズレた規範的秩序像の登場によって，強化された．19世紀の日本には現存秩序を正面から否定し，破壊しようとする教義は存在しなかった．大塩平八郎は稀な存在である．しかし，権力の規制なしに流布したこの新しい秩序像は，「日本」を大名国家を超える至高の秩序と見なし，二つの中心のうち一方だけ，京都の朝廷を無条件の中心として想定していた．近世国家が容易に解体し，しかも直ちに統合に向かった背景には，このような歴史的に形づくられた条件があったのである．

　他方，近世の日本には，後から振り返ってみると，西洋的な「近代」に直接つながる要素も生まれていた．その代表的なものが蘭学である．中国や朝鮮でも同時代に西洋の学問や思想が流入していたが，それが有力な学派として定着

することはなかった．科挙に不可欠だった朱子学の正統性があまりにも強く，統治者たるべき知識人は他の学問を真面目に受け止めなかったのである．日本では逆に，学問が権力と直結していなかったから，知識人はいろいろな学問に手を染めた．蘭学や国学がその例で，キリシタンや政治に直結すると見なされない限り，西洋学も可能だったのである．完成された「東アジア的近世」の辺境に位置したことが，かえって西洋的近代への参入を助けたといってよいだろうか．
（三谷　博）

●より深く知るために
笠谷和比古『主君「押込」の構造——近世大名と家臣団』講談社学術文庫，2006年
勝俣鎮夫『戦国時代論』岩波書店，1996年
小島毅『中国思想と宗教の奔流　宋朝』（中国の歴史7）講談社，2005年
辻達也編『天皇と将軍』（日本の近世2）中央公論社，1991年
尾藤正英『江戸時代とはなにか——日本史上の近世と近代』岩波現代文庫，2006年
藤井讓治編『支配のしくみ』（日本の近世3）中央公論社，1991年
藤田覚『幕末の天皇』講談社，1994年
吉田伸之『成熟する江戸』（日本の歴史17）講談社，2002年
渡辺浩『東アジアの王権と思想』東京大学出版会，1997年

第4章 琉球社会の近世

　1816年9月，イギリスの軍艦2隻が沖縄本島の那覇港を訪れた．遣清使節アマーストらを天津（ティエンジン）に上陸させたあと，使節団が陸路で広州（グアンジョウ）まで南下してから帰国することになったため，あまった時間を朝鮮と琉球の探検に使うことにしたのである．この2隻はその後1カ月あまり滞在し，琉球の役人と交歓し，琉球の海岸を測量したあと，名残惜しげに立ち去った．

　その1隻のライラ号の艦長ベイジル・ホールは『朝鮮・琉球航海記』（1818年）と題する詳しい探検記を公刊している（図1）．それによると，琉球の役人たちは，イギリス人の上陸や庶民との交際をできるだけ妨げようとし，とくに女性の姿を隠し，国王への謁見を拒みとおしたが，その反面，入れ替わり立ち替わりに船を訪れては愛想良く交際し，食糧の供給などについてはできるだけの便宜を図ったという．争いを回避しつつ，国内の情報はできるだけ隠そうとしたのである．ホールたちが薩摩の役人の存在に気づかなかったように，それはみごとに成功した．

　後の時代と異なり，当時のイギリスは東アジア諸国に対して，武力や威嚇によって自らの意志を押しつけようという態度をとっていなかった．また，ホールが書いているように，琉球には西洋人がどうしても入手したいような産物はなかった．しかし，この琉球の閉鎖政策が成功したことについては，役人たちの洗練された外交センスがものを言ったことも確かである．別れが近づいたころ，イギリス側は主立った役人たちを旗艦アルセストに招き，盛大なディナーを催した．宴たけなわに至ったとき，それまで英語と琉球語の交換教授に熱心に携わってきた真栄平房昭（唐名は柯世栄）は，他の客たちとともにテーブルをめぐりつつ，情感豊かな唄とともに優雅な舞いを披露したが，その後，上甲

板に出て水兵たちの踊りを見たとき，

　……真栄平は，しばらく水兵の踊りに注目していたが，やがて踊りの中に飛び込むと，一人の水兵の肩をつかんで列から押し出し，代わって自分が水兵たちとまったく同じ身ぶり，同じステップで，陽気に踊り始めた．他の者はこれを見て踊るのをやめてしまった．そして船じゅうの者が真栄平の周囲に集まり，踊りが終わるまで，掛け声をかけたり手拍子をとったりした．……彼が水兵たちの独特なステップや身ぶりを真似る様子は，これまで水兵として生活してきたのではないかと思われるほど正確だった．

図1　琉球の王子
(『朝鮮・琉球航海記』岩波文庫より)

つぎに士官たちが，二列に向かい合ってカントリー・ダンスを披露した．すると，求められたわけでもないのに，直観的な律儀さにうながされた〔琉球の〕首長たちは，突然進み出て，ステップを踏みながら後甲板を回ってみせた．これは……もっともこの場にかなった行動であったので，水兵たちもやんやの喝采を送った[1]．

　舞踊は琉球の士族たちにとって，必須の教養であった．もともとは中国の皇帝が派遣する冊封使の接待宴をはじめ，各種の外交的な催しのため発達したものであり，現在古典舞踊として楽しまれている組踊りなども，もともとは士族の男性のみによって演じられたのである．この伝統的に形成された素養が，イギリス人たちから，滞在中の不平不満を忘れさせ，心地よく帰途につかせるために役立ったのであった．

グスクの時代と古琉球

　琉球に政治社会が出現したのは11世紀のころであった．太平洋の西岸をふちどる弧状列島のうち，琉球弧に生きていた人々は，もともとサンゴ礁のつくるラグーンでの漁撈などを主な生業としていたが，中国に宋朝が出現し，その商人たちが日本や東南アジアなどとの海上交易を展開しだすと，この列島に

図2　首里城の図
(赤嶺守『琉球王国』講談社,
2004年より)

も農耕技術が伝わった．交易によってクワや刀などの鉄器を入手した有力者は，シマ（＝村）を組織して農業を奨励し，領域的な支配を始めた．アジと呼ばれた彼らは各地にグスクを建造し，その石造りの城塞を根拠として互いに武力抗争し，対外交易を活発に展開するようになった．

東アジア的近世を背景に出現した琉球の政治社会は，14世紀後半に明朝が成立したころには三つの王権に統合され，15世紀初期にはさらに中山王尚氏によって統一された．首里に都したこの王朝は沖縄本島だけでなく，北は奄美，西南は先島（宮古と八重山）も支配するようになり，初期に同じ尚氏を名のる家系と交代したものの，19世紀後半に至るまで安定した統治を続けた．中山王は臣下を首里（図2）に集住させ，地方は各シマを間切という行政区画にまとめて，これを首里から官吏を派遣して統治した．官吏には冠位の制度を設けて序列を整理し，各シマなどにいた神女ノロたちも首里の聞得大君を頂点とする組織にまとめあげ，さらに王陵と仏教寺院も建立した．

琉球国は中国・日本・東南アジアなどとの海上交易を国家存立の基本とした点に特徴があった（図3）．成立期には明への朝貢を基軸とする東南アジアや日本との中継貿易が決定的な役割を果たしている．明は倭寇を禁圧するため，自国民に海外交易を厳禁したが，東南アジア産の香木や香料などの必要物資は確保せねばならなかった．そこで，琉球に交易船を船員や通訳もろともに下賜し，東南アジアに居留する中国人らとの交易に当たらせたのである．琉球王府は渡来した中国人を重く用い，彼らの乗った船を朝貢の窓口の泉州（チュエンジョウ，後に福州）だけでなく，北は朝鮮・日本から南はマラッカなどにも派遣して[2]，

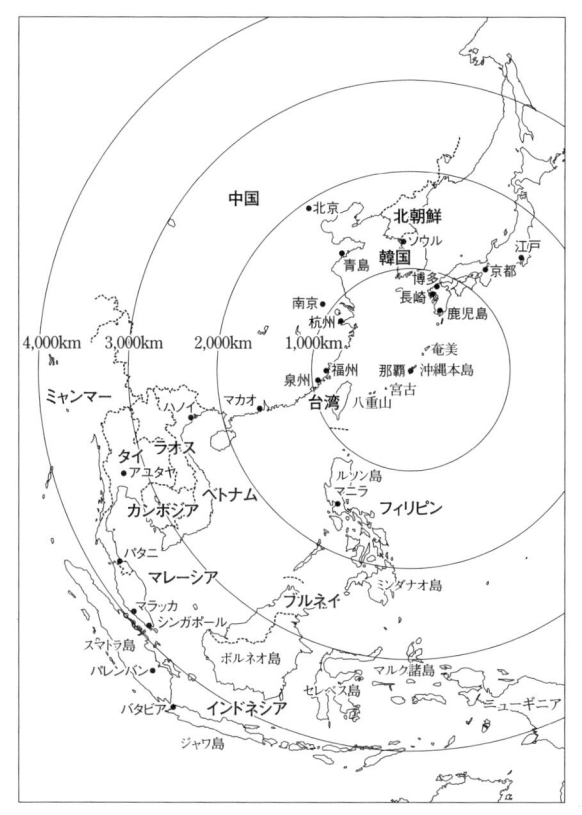

図3　那覇を中心とした地図
（村井章介『海から見た戦国日本』ちくま新書，1997年より）

空前の繁栄を享受した．当時鋳造された鐘には「琉球国は南海の勝地にして，……舟楫を以て万国の津梁となし，異産至宝は十方刹に充満せり」という銘が刻まれている．しかしながら，16世紀には琉球の交易活動は衰退した．明の海禁がゆるんで中国商人が自ら海上交易に乗りだす一方，ポルトガル人が東南アジア海域に登場して中国と日本を結ぶ中継貿易に携わるようになり，さらに日本人商人もこの海域に進出して，競争相手が急増したからである．このため，東南アジアへの貿易船の派遣も1570年を最後に断絶した．

近世琉球

　16世紀の末以降，琉球はさらに深い危機を迎えた．日本に統一政権が登場し，その秩序に強制的に編入されたのである．豊臣秀吉が「唐入り」を企て，朝鮮に出兵したとき，琉球は薩摩を通じて大量の兵糧を供給させられた．秀吉の死によりそれは終わったが，しかし薩摩は戦後の財政逼迫に直面して奄美諸島の奪取を企てた．徳川家康は，琉球に明との貿易再開の仲介を期待していたが，その進展の遅さにいらだってこれを容認し，1609年薩摩は3000の大軍を送って琉球を攻略した．いま学界では以後の琉球を近世琉球，以前の琉球を古琉球と呼んでいる．

　薩摩は奄美諸島を琉球から奪っただけでなく，琉球の残りの部分も王府を通じて間接的に支配した．検地を行って総石高8万9086石をはじき出し，いったん捕虜とした尚寧王にその知行目録と掟を交付し，薩摩の法度を守る旨の起請文をあげさせた．琉球王は島津家の家臣扱いとなったのである．薩摩は当初，年貢を芭蕉布などで徴収したが，のちには銀納，さらに米納に置きかえた．

　薩摩は，1630年代になると，琉球の朝貢を藩財政の富源として位置づけ，重臣を琉球に在番奉行として駐在させて，日本産の銀と中国産の高級絹糸の交易を企て，琉球の交易に厳しい統制を課すようになった．おりから，徳川政権はポルトガルを締め出すため，琉球を朝鮮と並ぶ中国との貿易ルートとして確保しようとしていた．1634年，薩摩藩主は琉球国王の使節を将軍家光のもとに同伴して御目見させ，その後，将軍の代替わりの際には慶賀使，国王の代替わりの際には謝恩使を江戸に派遣することが慣例化した．これらの「江戸立」は計17回に及んだ．

　琉球は秀吉の朝鮮侵攻後，明への朝貢が10年1貢に減らされたことに苦しんでいたが，この頃には以前のように2年1貢に復された．ついで中国に満洲族が侵入し，清朝を立てると，朝貢相手の選択に困惑することとなったが，明朝の遺臣の反抗が終わったのち，1663年には清朝の冊封を受けた．その後，中国との関係は安定し，朝貢船（図4）のほかに別船の派遣も認められるようになった．かつてと異なって東南アジアとの関係はなくなり，その役割は中国と薩摩・日本との中継貿易に限定されるようになったが，この二重の従属関係

のなかで琉球はそれなりに安定した外交・通商関係を築いたのである[3].

近世の琉球社会

近世琉球の中央政府は，国王のもとに摂政と三司官をおき，その下に各種の役所が職務を分担していた[4]．その長・次官から構成される「表十五人」という評議機関が合議を行い，その結論を摂政・三司官に上申し，さらに国王の裁可を仰ぐという仕組みであった．官吏は，上から親方・親雲上・里之子・筑登之と呼ばれ，その下に無位の子，

図4　進貢船の図(「沖縄県船図　唐船」東京国立博物館蔵，
Image: TNM Image Archives
Source: http://TnmArchives.jp/)

そして農民身分の仁屋があって，おのおのの地位は冠の織りや色，また簪によって識別されていた．また，17世紀末以後，2度にわたって臣下に家譜の提出を命じ，王府がそれを認定した者を「系持ち」＝士族とし，「無系」の百姓と区別することにした．日本と異なって，士族はすべて文官で，官職の世襲が保証されたわけでなく，のちには商工業につくことが奨励されることもあった．

　地方行政は日常の生活圏であるシマを村と改称し，古琉球と同じく，それらをいくつかまとめて間切という行政区画をおいた．間切には総地頭，村には脇地頭が首里と那覇の士族から選任されて支配したが，先島には別の体制が敷かれ，中央から派遣される在番・在番筆者の下で地元の役人が実質的な統治に当たった．

　18世紀の第2四半期に三司官として活躍した蔡温によると，当時の琉球の人口は約20万人ほどであった．前世紀から比べてかなり人口が増えていたが，その増加の多くは「町方」（王宮のある首里とその外港の那覇，およびこれに隣接す

る久米村・泊村)で生じていた．また，約3万4000人の町方人口のうち，士族は43%にも上った．町方は中国の福州(フージョウ)，薩摩，奄美，本島各地，先島などとの海運を基礎として栄え，士族のほかさまざまの商人・職人・芸能者がつどう一大消費空間となっていた[5]．通貨は日本の寛永通宝や鐚銭の鳩目銭が使用されていた．

一方，人口の大部分は農村部を日常的な生活圏としていた．蔡温の時代の乾隆検地によると，常食のサツマイモや商品作物のサトウキビを作る畑が米を作る田の2.4倍ほどあった．また，百姓地が約3分の2あったほか，神女を含む役人の土地が約23%あった[6]．百姓地は数年から10年ほどで定期的に耕作地を割り代える地割制になっていて，売買ができなかったが，士族や百姓などによる開墾地は売買可能であった．百姓たちは年貢を納めるほか夫役にも駆り出されたので生活は楽でなく，町方などへ移って公役を回避する者も少なくなかった．1771年の大地震と津波によって先島などの人口は激減し，その後も疱瘡やはしかなどの流行のせいもあって，琉球の人口は減少していった．

日本化・中国化・琉球化

薩摩による支配は，たとえば，中国との外交以外に使われた行政文書がすべて漢字仮名交じりの和文で表記されはじめたように，統治組織にかなりの日本化をもたらした．しかし，清や日本との関係が安定したのち，18世紀になると儀礼や習俗の中国化も進行した[7]．これは，徳川政権が薩摩の提案に従って，朝鮮とともに琉球にもできるだけ異国風に振る舞うように求め，それによって小中華の王権としての権威を日本国内に示そうとしたためである．薩摩藩主に伴われて江戸に上る，公式には「江戸立」と称した慶賀使や謝恩使は，中国風にドラや太鼓・ラッパを奏しながら行進していた．旧来の学説ではこれらは薩摩藩から異国風を強制されたことによるものと意義づけられていたが，近年の見解では琉球自身が積極的に中国風俗を導入したことの反映と位置づけられるようになってきた．王府は，たとえば中国の風水などの習俗を王国内に積極的に導入していたのである．朝貢が安定に向かうなか，再び来住した中国人とその子孫は，久米村に航海者の神を祭る天妃宮(媽祖廟)や孔子廟に加え，明倫堂という儒学校を設け，清に留学生を送って，中国との文化的関係を深めてい

った．先に見た三司官の蔡温も久米村の出身であった．

　しかしながら，琉球の王府は日本的でも中国的でもない文化も育んでいった．琉球の士族は王府への出仕に備えて，各種の学問や乗馬のほか，唐楽(とうがく)や茶道(さどう)・立花(りっか)などの芸能をたしなみ，これを冊封使の接待など各種の式典で演じた．琉歌をサンシンにのせて歌い，それに合わせてゆったりと舞うことは士族男性の基本的な教養となった[8]．冒頭に見た真栄平たち接待官の舞踊はまさにその産物なのであり，洗練された外交マナー，そして粘り腰の外交交渉こそ，近世の琉球士族が育んだ文化なのであった．　　　　　　　　　（三谷　博）

コメント　久米村

　琉球国の対外交易の拠点であった那覇港に近接して，華人の居留区＝久米村（唐栄(とうえい)とも）があった．久米村人らは，中国の閩(びん)（ミン）地方（福建〔フージエン〕省の古名）に出自をもつ者が多く，「閩人三十六姓」とも称されていた．彼らの中には明国皇帝の命によって琉球国へ派遣され，明国への朝貢活動を支援する人物もいたが，大半は福州と那覇を私的に往来する民間商人や船員らであった．琉球王府は彼らを対外関係の実務を担う集団に組織化し，明国や東南アジア諸地域との外交や貿易活動を活発に展開した．しかし，1570年を最後にシャム国への貿易船の派遣が途絶え，交易活動が縮小すると久米村の人口も減少し，1607年にはわずか6姓にまで衰退した．1609年の薩摩藩島津氏による琉球侵略後，対明貿易の立て直しとともに久米村の再建策がはかられた．中国語に堪能な首里・那覇人や琉球へ漂着した中国人らを久米村へ編入したり，久米村人の子弟に限って経済的な援助策が採られた．その結果，1654年には305人，1690年には558人と順調に人口が増加した．1699年には，首里城で久米村の繁栄を祝う宴が催されるほどとなった．久米村を代表する学者として著名な程順則（名護親方，1663-1734年）が活躍したのも久米村の興隆期と重なっていた．彼は琉球での本格的な儒教教育を担う学校所の設立に尽力し，1718年に明倫堂が建立された．久米村は，対中国外交や中国文化を招来する専門集団としての性格をより一層，鮮明にしていった．　　　　　　　　　（豊見山和行）

●**より深く知るために**

赤嶺守『琉球王国——東アジアのコーナーストーン』講談社，2004 年

安里進・高良倉吉・田名真之・豊見山和行・西里喜行・真栄平房昭『沖縄県の歴史』山川出版社，2003 年

高良倉吉『琉球王国』岩波新書，1993 年

豊見山和行『琉球王国の外交と王権』吉川弘文館，2004 年

第5章 朝鮮社会の近世

朝鮮社会の近世は日本より早く，14世紀末，日本では，足利義満が政権を取っていた頃から始まる．いずれも元を滅ぼして漢民族王朝の明が中国に成立した直後のことであった．日本がその後，武士の相争う戦国時代を迎えたのに対し，朝鮮は明にならって文官が統治する政治体制を築いていった．

統治制度と両班

朝鮮王朝は，その前の高麗時代にすでに導入されていた科挙制度を整備して，中央集権的な支配体制をつくっていった．朝鮮社会は，法制上は良人と賤人とからなる身分制社会であった．科挙の受験資格は良人一般に開かれていたが，科挙に合格して官僚になれる人物は，実際には，学問（とくに朱子学）習得のための文化的・経済的な基盤をもった一部の知識人階層に限定されていた．このため，本来は現役官僚である文官（文班）と武官（武班）の総称であった「両班」という用語が，やがて，科挙制度を通じて官僚を輩出することのできる社会階層全体を指す用語として定着していった．

他方，両班ではない，農民など人口の大多数を占める良人は「常民」と呼ばれた．常民は，国家が課す賦役（労働の提供．軍役が主で，後には木綿を代納した）や租税の主な負担者であった．そのほかに，通訳など，専門技術を用いて中央や地方の官庁で実務に当たる社会階層（「中人」）も形成されていった．賤人（賤民）のほとんどは奴婢として官庁あるいは私人に属して各種の労役を行った．

朝鮮王朝成立後には，建国に功績のあった人物の子孫が高級官僚として登用され，中央政界の主導権を握った（勲旧派と呼ばれた）．しかし，16世紀にはいると，士林派と名のる新しい政治勢力が登場した．

士林派は，農村部に居住する両班（在地両班）を出自とする集団である．朝

鮮各地の中小地主は，自家の奴婢や地域の農民を動員して農耕地の開発を行い，水利施設を整えた．また自分たちの知識を生かして新しい農業技術を普及させた．15-16世紀には，田植えや二毛作の普及，綿作の拡大といった農業技術の改良が進んだ．その結果，農業の生産力が高まり，中小地主の経済基盤も安定した．

在地両班たちは，朝鮮の朱子学興隆に功績のあった賢人をまつる書院（私塾）を設立して子弟を教育したり，郷約[i]を普及しつつ自治的な団体を組織したりして，地域ごとに結びつきを深めた．在地両班層の形成は，朝鮮社会の隅々にまで朱子学の規範を浸透させるきっかけとなった．

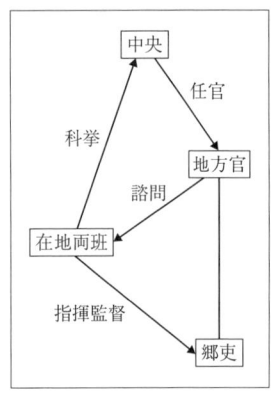

図1 地方統治制度の概念図

　こうして，地方レベルで社会的・政治的な力を蓄えた在地両班層は，16世紀後半には，中央政界でも主導権を確立し，士林派と名のった．16世紀末に豊臣秀吉軍が朝鮮に侵入した際，義兵を組織して対抗したのもこれら在地両班層であった．また，彼らは，戦乱によって荒廃した田土の復旧過程でも主導的な役割をはたした．朝鮮で「東アジア的近世」，すなわち朱子学に基づく統治や習俗が定着しはじめたのは，この頃であったと見ることができる．

　ところで，科挙によって登用された官僚は中央の官庁に勤めるほか，各地に地方官として赴いた．その際には，出身地とは異なる地域が任地として選ばれた．地方官庁では，郷吏と呼ばれる吏員が徴税や戸籍管理などの実務を担当していた．地方官は任地の情勢にはうとかったので，郷吏層が保持する行政実務上の権限に介入することは困難であった．

　他方，地方官の任地には在地両班も居住していた．在地両班は郷吏層を指揮監督し，あるいは地方民を教化するなどの事業を行っていた．地方官は，しばしば彼らに地方統治に関する諮問を行った．朝鮮時代の地方統治は，地方官―郷吏―在地両班という3者のあいだでの力の均衡が基礎となって維持されてい

---

i) 郷約とは中国の地域社会で始まった自治的な取り決めで，16世紀初めに朝鮮に導入された．その後，地域の実情にあわせて規約が改訂され，各地に定着していった．

たのである．

朝鮮後期の秩序の変化

朝鮮王朝は朱子学による文治を統治理念とした．そこでは政治集団間の対立が学問上の解釈論争というかたちをとった．それは，一方では学問の発展にも寄与し，16世紀に士林派が主導権を掌握する過程では，李退渓（イテゲ）や李栗谷（イユルゴク）など，すぐれた朱子学者が輩出した（図2）．

図2　韓国紙幣
（1000ウォン札の李退渓と5000ウォン札の李栗谷）

ただし，学問的な論争がつねに建設的な成果に至るわけではない．在地両班の家門の数が増大したにもかかわらず，官職の数は固定的であったため，やがて，士林派の内部で党争と呼ばれるポスト争奪の権力闘争が繰り広げられるようになった．党争では，政争自体が目的となって，論争の内容が形骸化（けいがい）しただけでなく，政敵の迫害など陰湿な争いをともなうこともあった．

18世紀にはいると，行きすぎた党争を憂慮した英祖（ヨンジョ）（在位1724-76年）・正祖（チョンジョ）（同1776-1800年）の2人の国王の主導によって，党派にこだわらず人材を登用する政策（蕩平策（とうへい））がとられるようになった．また，常民にとって負担となっていた軍役を軽減し，その減収分を土地などへの課税で補って，軍役の負担を公平にしようとする「均役法（きんえき）」も実施された．

一方，党争の陰で，中央権力から疎外（そがい）された在地両班のなかには，政治権力から距離を置き，学問に専念する知識人も現れた．彼らは，朱子学が本来持っていた実践的な性格にあらためて着目し，土地制度などに関する制度改革を提言した．また，清への朝貢使がもたらしたヨーロッパの科学技術を朝鮮に適用することも試みた．18世紀後半には天主教（カトリック）も北京からもたらされ，一部の知識人の間に広まった．こうした新しい学問の試みについては，いま朝鮮における近代思想のさきがけという歴史的評価がなされ，「実学」と総称されている．

ところが正祖が亡くなると，19世紀初めに党争が再燃した．その際，政敵

打倒の口実として天主教の排斥が唱えられ,実際に天主教徒の知識人が弾圧を受けた.やがて,特定の有力家門が官職を独占する勢道政治が常態化し,科挙制度が形骸化して,多くの在地両班は中央権力から疎外されるようになった.他方,農村においては農業生産力の上昇にともなって18世紀ごろから商品経済化が進展した.その過程で,商品経済化の波に乗って富を集積し,両班身分に上昇してゆく常民や奴婢も登場した.こうして,朝鮮の身分秩序は大きく変化していった.

丁若鏞にみる朝鮮後期社会

朝鮮王朝時代の後半期を代表する実学派の知識人に,丁若鏞(チョンヤギョン)(1762-1836年,号は茶山)がいる.彼は,若くして儒学に接するとともに,天主教やヨーロッパの科学技術の影響を受けた.科挙に合格した彼は,蕩平策を採った正祖に重用されて中央政府の重要な官職を歴任した.彼は,18世紀末の水原城(スウォン)(華城)ii)の建築にもかかわっている.その際,挙重器という起重機を採用し,城壁にはレンガ素材を用いるなど,ヨーロッパの工学技術を応用した土木建築事業を試みたことで知られている.

ただし,丁若鏞は,1801年に天主教の弾圧や政争に巻き込まれて失脚し,その後,18年間にわたって流配され,主に朝鮮半島南西部の全羅道康津で閑日月を送った.彼は,その間に中国儒学の古典を精力的に読破し,膨大な量の著作を遺すことになった.

さて,康津に配流されていた時代の丁若鏞を代表する著作に『牧民心書』がある.地方官としての心得を,「赴任」に始まって「解官」に至るあわせて12の段階に分け,それぞれ6条の細説を設けて説明したものである.この著作のなかで丁若鏞は,官吏時代の経験や流配地での見聞にもとづいて,徴税の仕組みや農民の様子に関して,以下のような指摘を行っている[1].

① 戸曹iii)に納めなければならないのが4000石であるのに,この村で民から徴収するのは10000石をはるかに越える.肥えた土地,裕福な家で採れる新米のうち,命令で取り立てることのできるものは,郷吏がみな不正を働

---

ii) 1997年に,ユネスコ世界文化遺産として登録された.
iii) 朝鮮王朝の財務官庁.

いて横領してしまう．隠結^(iv)だといっては取り上げ，〔国王が〕王族に下賜する分だといっては〔官に納めなくてもよいように〕収税帳簿から削ってしまう．あるいは下役人への報酬分だといって取り上げ，災害で免税になった土地だと嘘をついて収税帳簿から削ってしまう．金で受け取ることもあり，米で受け取ることもある．初秋にはもう，雲が押し寄せるように，川が流れるように，取り終えてしまい，騙して掠め取ったものはみな郷吏の懐に入る．国に納める税額4000石は，こうして掠めとった余りの土地の税米をかき集めて満たす．およそ国に納める税に充てられるのは，みな，家族が全員死んでしまったり逃亡してなくなった家，男やもめ，未亡人，父が死んだ息子，息子のない父，老人，病人，使っていない田畑，草が茂り砂利が転がっている土地など，搾り取ろうにも搾り取れないような類のところから取り立てている（「奉公六条 貢納」より）．

②農夫は自分の土地がなく，みな他人の田を耕す．年中苦労しても，8人家族の食料〔に充て〕，〔労働力を貸してくれた〕隣近所への手間賃を支払わなければならない上に，収穫の時になると地主が収穫の半分を持っていくので，600斗を収穫した農夫が自分の取り分として持つものは300斗だけである．〔翌年に植える〕種子を除いて借りを返し，歳末の食べ物を除くと，残るのは100斗に満たない．賦税として奪い取られていくものは，このように極限に至っている．哀しいかな．この貧しい民たちがどうやったら生きていけようか（「戸典六条 税法下」より）．

先に述べたように，出身地と異なる任地に赴いた地方官が郷吏層の権限に介入するのは困難であった．そのため，①にあるように，地税や軍役の徴収の過程で，郷吏層の中間搾取を黙認せざるをえない状況にあった．丁若鏞は不正として批判しているが，郷吏層にとっては，この中間搾取こそが自身の経済的な基盤であった．むしろ，地方官と郷吏とが癒着して常民を収奪することも常態であった．

他方，地方社会のもう一つの権力者であった在地両班は，②に登場する「地主」でもあった．在地両班は，所有する農地を常民あるいは自家の奴婢に貸出

---

iv) 王朝の土地台帳に登録されておらず，徴税を免れている土地．

して得た小作料収入によって生活し，もっぱら学問に日を送る知識人としての生活様式を維持していた．

在地両班にとって学問と科挙を経て官僚として登用されることは，政治権力への接近であるとともに，経済基盤を強固にする機会でもあった．中央官僚や地方官としての権限を背景として，贈答を受けたり常民から収奪したりする「役得」があったからである．19世紀に始まった勢道政治は大多数の在地両班を登用の道から締め出し，このために在地両班は経済的にも没落の危機に直面することになった．

これとは対照的に，前述のように，商品経済化の機会をとらえて富を集積し，官職を買って両班の身分を手に入れる常民や奴婢が登場した．両班身分を手に入れると賦役の負担から逃れることができたからである．長期的にみれば，この動きは，国家による富の収奪を制約して「民間」部門への富の集積を促し，身分制そのものも解体していった．また，この結果，戸籍に登録された常民の戸数は減少し，残された常民への軍役負担はすこぶる重くなった．先に紹介した「均役法」は，この問題に対する対応策であった．しかし，②で丁若鏞が批判しているように，それでもなお，零細農民は高額の小作料を地主にとられるだけでなく，政府への田租や賦役の負担もしわ寄せされた．

丁若鏞は，19世紀前半に朝鮮王朝の統治システムが直面していたこのような矛盾に対し，中国古代の名君であった堯(ヤオ)・舜(シュン)の統治に託して改革の方向を見出そうとした．たとえば，彼の未完の著書『経世遺表』のなかでは，堯舜以来の先王の道としての「井田制」に着目し，徴税制度の改革のため，それを朝鮮に適用することを提唱している．

ところで，丁若鏞の生きた19世紀の朝鮮は「民乱の時代」でもあった．窮状に陥った農民などは，朝鮮各地で地方官や郷吏の収奪に対し，集団的な直接行動によって抗議した．民乱の中では，没落した知識人が主導的な役割を果たすことが多かった．丁若鏞の観念的な理想主義は，地域社会での農民たちの運動によって乗り越えられていくようになった．日清戦争の引金となった1894年の東学農民反乱は，19世紀の「民乱」のうち最大の事件であった．

〔松本武祝・月脚達彦〕

コメント●1 | 経済から見た三国比較

　東アジアの「近世」では，集約的稲作農業の発展の上に家族労働力によって経営を行う，自立した小農層が社会の中核をなすこととなった．彼らは，国家にたいしては中核的租税負担者となり，他方では徐々に進む市場経済化にも対応をする経済主体であった．しかし，この小農層および市場経済と国家との関係は東アジア3国の間で相当に異なっていた．大胆に単純化していえば，農民の租税負担が最も重かったのは日本で，中国と朝鮮の水準を大きく上回り，他方，国家が市場にたいして最も規制的であったのは朝鮮，最も放任的であったのが中国で，日本は両者の中間にあった．国家の規制が弱ければ発展に有利とも，逆に国家の力が強ければ有利ともいえないのである．「近代」になって東アジア3国間に生じた分岐を考える上でも，一歩踏み込んだ3国比較が求められている．
　　　　　　　　　　　　　　　　　　　　　　　　　　　　　（斎藤　修）

コメント●2 | 19世紀前半の朝鮮王権とジェンダー

　田保橋潔は，名著『近代日鮮関係の研究』の冒頭で朝鮮王朝後期の内政を概観しているが，そこには19世紀前半の朝鮮政治について興味深い事実が記されている．官吏の間にしばしば党争が生じたが，以前と違って敗者を殺すことはなくなり，せいぜい島流しに留めるようになったこと．逆に王族の男子が殺されることが増え，王統を実子に嗣がせるのが困難になって，たとえば，江華島（カンファド）で農業を営んでいた人物が見いだされて王位に即いたこと．このような状況で，先王の妃，大王大妃が王室と政府の中心に座り，垂簾聴政をするようになったこと．最後の点は，通説では，勢道政治とか世道政治とか，王妃の一族による政権独占として語られているが，王権の核に女性が位置し，それによって王権が維持されたことは，ジェンダーと権力の観点からみて，はなはだ興味深い事実ではなかろうか．また，世道政治は逸脱現象として語られることが多いが，日本の摂関政治は平安期から幕末まで千年も続いたのであるから，そうとも言いきれないのではなかろうか．これらの現象は内在的に研究する価値があるのではないかと思われる．
　　　　　　　　　　　　　　　　　　　　　　　　　　　　　（三谷　博）

●より深く知るために

李海濬,井上和枝訳『朝鮮村落社会史の研究』法政大学出版局,2006年
岸本美緒・宮嶋博史『明清と李朝の時代』(世界の歴史12) 講談社,1998年
斎藤修『比較経済発展論——歴史的アプローチ』岩波書店,2008年
武田幸男編『朝鮮史』(新版世界各国史2) 山川出版,2000年
中村哲「東北アジア(中国・日本・朝鮮)経済の近世と近代(1600-1900年)」『近代東アジア経済の史的構造』日本評論社,2007年
韓永愚,吉田光男訳『韓国社会の歴史』明石書店,2003年
宮嶋博史『両班——朝鮮社会の特権階層』中公新書,1995年

第6章 中国社会の近世

近代西洋と出合う前の東アジアには第3章でもふれたように，西洋と異なるタイプの近世社会があった．その始まりは10世紀の宋朝であったが，中国（ジョングオ）ではその統治原理はモンゴル族と満洲族の侵入と支配を越えて生き続けた．ここでは主に清朝時代の中国近世社会をみてゆくことにしよう．

清朝の「盛世」

清朝は，女真(じょしん)（ジュシェン）族がうち建てた王朝である．女真族は，明朝の時代には東北辺境の防備を担当した建州衛(けんしゅう)の支配下にあったが，のちに勢力をのばし，みずからの集団を「満洲」（マンジュ）[i]と称するようになった．清朝の支配者は，中国本土を支配するようになっても，満洲語や民族的な社会習慣を彼らの固有の言語や習俗として維持しようと努め，その一方で，前代の明朝から伝えられた官僚支配のしくみや社会制度を受け継ぎ，いっそう充実させた．中央・地方を通じて，明代以来の科挙官僚による統治機構が整備され，そのため，清朝時代の知識人たちは，前代と同様に，科挙(かきょ)に合格して官僚に採用されることをめざし，きびしい受験競争に没頭した．

清朝は満洲族の王朝であったが，明代以来の皇帝と科挙官僚による支配の仕組みには大きな変更はなく，地方の有力者が科挙受験を通じて中央から及んでくる政権の力に呼応し，受験に成功して官僚となることをテコに，任地で支配機構の構成員となるだけでなく，自らの出身地域でも社会的地位や影響力を拡大するという社会的な構造が維持・強化された．こうした点からみれば，明・清時代を一貫した歴史的時期としてとらえることができる．何らかの科挙合格

---

i) 一説には「文殊」と同音で，その首長を文殊菩薩の化身と見立てたためという．

のタイトルを有し，出身地において有力な支配階層を構成するような人々を，「郷紳」と呼ぶことがあるが，明・清時代は郷紳の時代であったともいえるのである．

他方で，少数民族でありながら漢民族の巨大人口を支配するに至った清朝の皇帝は，天意にかなう有徳の支配者こそ「中華」の皇帝でありうると主張して，王朝の正統性の根拠を古来の「中華」の文化的伝統に求めるという戦略を採用した．とくに18世紀はじめに，康熙帝（清聖祖）の長い治世を継承した雍正帝（清世宗）は，自ら「夷狄」の出身であることを認めつつ，天意にかなう徳は，華夷の別を超越すると積極的に主張した．こうして，清朝時代の中国は，満洲族の皇帝を戴きながら，中国の伝統文化の極致を作り出すこととなったのである．

18世紀，乾隆帝（清高宗）の60年におよぶ治世の時期の「盛世」は，中国史上にもまれな大規模な社会的な統合と経済的な繁栄がもたらされた時代であった．清朝は「中華」の地から「夷狄」の領域に及ぶ広大な世界を包摂し，「大清」と自称する大規模な「帝国」の形成に成功した．乾隆帝は空前の版図の拡大をもたらしたたび重なる遠征の武功を誇り，自ら「十全老人」と称するとともに，紫禁城に「中華」の文明を代表するような古来の書画・文物を蒐集し，しばしばそれらに大きく「御覧」の文字を書き込んだ．この乾隆帝の時期の清朝の版図は，その後，中華民国から中華人民共和国の現在に至るまで，中国の国家としての領域的な拡がりを，ほぼ決定することとなった．

社会の変化と官僚知識人の経世学

清代には，17世紀から18世紀にかけて，中国の各地で開発がすすみ，人口が急増した．明末以来の対外戦争や内戦にともなう混乱が収拾され，社会に安定がもたらされたことや，サツマイモ・トウモロコシなどアメリカ起源の新作物の栽培が普及したことなどが，人口が急増したおもな要因であった．概数であるが，清朝の初めには1億人前後であったと推定される人口は，乾隆帝末年の18世紀末には4億人に及んだと考えられている．

こうした人口の急増に促されて，中国本土や周辺地域には大きな社会変化が起こった．明末の戦乱で人口が急減した長江（チャンジアン）上流の四川（スーチ

ュアン）地方には，中流域から多くの人々が移り住み，新たな地域社会の形成を進めた．西南中国の山間地や，満洲族発祥の地として元来は移住に特別な制限が課されていた東北（ドンベイ）などにも，移住と開墾（かいこん）の波が広がった．中国南部の福建（フージエン）省や広東（カントン）省などの沿海地域からは，台湾（タイワン）や東南アジア各地に海を渡って移住する人々が多数あらわれた．清朝政府は，比較的安定した支配体制のもとにあって，内陸の征服に熱心でも，海外との関係の拡大には消極的であり，人民の海外への移住なども公式には認めていなかったが，人々の移動の趨勢（すうせい）は押しとどめられなかった[1]．

　清代社会が乾隆の「盛世」を迎えるにともない，中央・地方の行政に関して，さまざまな具体的問題が検討されるようになった．それは，科挙官僚をめざす知識人たちの社会的な役割意識に由来するとともに，巨大化した王朝支配の仕組みにさまざまな制度的疲労や利害対立が発生し，社会不安が醸成（じょうせい）されつつあることへの危機意識に根ざしていた．人材の確保，行政，経済，財政，開発，地域秩序，軍事体制，対外関係など，検討と議論の課題はあらゆる分野に及び，現実の社会問題に関心を寄せる官僚や知識人が増加した．アヘン戦争で悲劇的な役回りを演ずることとなる林則徐（リン・ズェシュイ）や，太平天国の鎮圧にあたって重大な貢献をした曾国藩（ゾォン・グオファン）などは，こうした知識人官僚にみられた社会秩序の維持と回復に努める傾向を代表する人物であった．

　18世紀の乾隆（チエンロン）年間から19世紀初めの嘉慶（ジアチン）年間には，知識人の間にいわゆる清朝考証学と呼ばれる学問が普及した．これは儒学の古典に関する厳密な考証と分析を特徴とし，現実の政治からの逃避を指摘される場合もあった．しかし，考証学の隆盛と同時に，知識人官僚層には，「経世学」への関心も高まっていた[2]．「経世」とは，「経世済民（けいせいさいみん）」，すなわち儒学の古典にもとづく教養・知識を，社会秩序の維持や王朝政治の実際問題に生かす道を探る態度を指し，科挙官僚層の人脈の形成にも影響を与えたのである．

　清朝の支配体制には，土地税や食塩専売にともなう税収の問題，財政支出，黄河（ホアンホー）・大運河などの治水をはじめとする公共的な大規模事業，科挙を中心にした人材の養成システムなど，さまざまな課題があったが，18世紀後半から19世紀前半にかけては制度的疲労や不正がしばしば指摘されるようになり，改革の議論が強まった．さらに19世紀にはアヘン問題やイギリス

との戦争，開国などの新たな懸案も出現し，支配体制の引き締めや機構改革が避けられない情勢となった．そうしたなかで，対外交易の窓口があり農業生産や経済活動の盛んな東南中国の沿海地方の郷紳層から，清朝後半の官僚知識人に大きな影響をあたえるような新しい問題提起がなされるようになった．たとえば江南（ジアンナン）蘇州（スージョウ）の地主で有力な郷紳であった馮桂芬（フォン・グイフェン）は，文化・学術の面での対外的開放の可能性や，科挙の制度改革，中央に対する地方政府の財政権限の拡大，郷土自衛的な軍事力の編成の可能性などについて議論を行い，曾国藩や李鴻章（リー・ホンジャン）らのいわゆる「洋務派」の地方官僚に大きな示唆を与えている．

馮桂芬は蘇州が太平軍に占領されたとき上海（シャンハイ）に避難し，上海に租界を作っていたイギリスなど西洋人の活動に接する機会があった．清朝側では，曾国藩が率いる軍事力を中心にして上海の回復を図り，曾国藩は腹心の李鴻章に作戦をゆだねた．こうして，馮桂芬のような有力郷紳と曾国藩や李鴻章が協力する関係ができていったのである．彼は1861年の著作で「西学」の採用を提唱して，次のように述べている[3]．

　　いま，西学を採り入れようとするならば，広東，上海に，それぞれ翻訳公所を設け，近在の15歳以下の聡明な文童〔科挙試験準備中の児童〕を選び，給費を倍にし，寄宿舎に住まわせて学習させ，西洋人を招聘（しょうへい）して諸国の言語文字を学ばせ，また国内の高名の師を招聘して，経学，史学などを学ばせ，さらに併せて算学を学習させるべきである．……もし，ここで述べたような論議が実行されるならば，西洋の語言文字を学習するものは，必ずや多くなるであろう．多ければ，必ずや，政治の根本に通達した正人君子がその中から出るであろう．かくしてのち，その要点をつかんで，夷を駁（ぎょ）すことができるのである．

曾国藩と「名教」秩序

　さて，馮桂芬と協力した大官曾国藩（図1）であるが，彼は清末の歴史に大きな足跡を残している．南中国の内陸地域に位置する湖南（フーナン）省の山間農村の出身で，祖先は数世代前からの移住と開墾の努力を重ねて，一族の生活基盤を拡大してきていたが，祖父や父の代までは，一族のなかに科挙に合格し

て官僚となった者はあらわれなかった．19世紀半ばに曾国藩が登場し，科挙の受験に成功して進士となり，北京の中央政府に高位の官職を得るに及んで，曾氏一族の社会的位置は大きく変化した．曾国藩は，文人官僚の有力学派（古文を重視する桐城派）に属する代表的な存在として声望を集めていたが，彼が科挙に成功したことは，彼の個人的な成功にとどまらず，曾氏一族の出身地域社会への影響力をも急速に拡大させた．さらに，彼が科挙官僚として昇進するにともない，その社会的エリートとしての影響力は強

図1 末娘の紀芬に地球儀を見せる曾国藩
（『崇徳老人八十自訂年譜』1933年より）

まり，人脈は拡大した．こうした事情に加えて，曾国藩の場合は，19世紀半ばに発生した太平天国の反乱が，決定的に大きな転機となった．

1850年代の初め，洪秀全（ホン・シウチュエン）の「上帝」信仰を奉ずる「太平天国」軍が清朝の打倒を唱えて反乱を起こした．太平軍が清朝の正規軍を破って広西（グアンシー）の辺境から長江流域へと北上を開始すると，清朝は王朝が全軍事力を掌握する従来の政策に変更を加えて，地方の有力者に郷土防衛の地方軍を編成するよう促さざるをえなくなった．たまたま母の喪に服するために帰郷していた曾国藩にも命令が下り，彼は故郷の湖南省で地方軍の組織化に着手した．こうして，故郷である湖南省の地域名称に由来して，「湘勇」・「湘軍」などと呼ばれる軍隊が登場する．この軍隊は，湖南省の地域性と曾国藩の人格的な影響力に大幅に依拠して成立・拡大した組織であった．清朝の中央政府は未曾有の危機に直面して，軍事的にも漢人有力者の地方的な影響力に依存する政策を採用せざるをえなかったのである．彼の「粤匪を討つの檄」をみよう[4]．

檄文を伝達する．

逆賊洪秀全・楊秀清（ヤン・シウチン）が乱を起こしてから，五年たった．この間数百余万の生霊が殺害され，蹂躙された州県は五千余里〔一里約0.5

キロメートル〕に及ぶ．……

　唐・虞三代ⁱⁱの昔から，代々聖人が名教ⁱⁱⁱを維持し，人の道を篤く秩序だててきた．かくして君臣父子，上下尊卑の秩序は，冠と履き物が上下を逆さまにはできないように，整然と守られてきたのだ．

　ところが粵匪は外夷がもたらしたものをぬすみとって，天主の教えを崇め，「偽」君，「偽」相から下は兵卒や役夫にいたるまで，みな兄弟と称し，ただ天だけを父というべきであって，その他およそ民の父はみな兄弟であり，民の母はみな姉妹だ，という．……中国の数千年の礼儀・人倫，詩・書と掟は，すべて一挙に絶滅させられようとしている．これはただわが大清の非常事態であるのみならず，開闢以来の名教のあり得べからざる大非常事態である．わが孔子（コンズ），孟子（モンズ）もあの世で痛哭されていよう．およそ書を読み文字を識るものは，どうして手をこまねいて座りこんでおられようか．……

　ここに檄を遠近に伝え，以下のことを告知する．

　義戦を呼号して，わが征討の戦いを助けんとする勇気ある男子あらば，本部堂〔礼部侍郎だったので部堂と称した〕は腹心の部下として軍に迎え，軍糧を支給する．

　天主教が中原に横行するを悲しみ，憤然として怒りに燃え，わが道を衛らんとする正道の君子あらば，本部堂は幕僚として招き，賓客として遇する．

　金を寄付して，軍資金を援助しようとする正義の仁人には，寄付額千両以下の者には本部堂の領収書を与え，千両以上の寄付者については，官位の特進を皇帝に奏上する．

　長く賊中に捕らわれている者で，自発的に賊の頭目を殺し，城池を献じて帰順してくる者あらば，本官はこれをわが軍に編入し，官爵を授与されるよう皇帝に奏上する．……

　檄文中にある「ただわが大清の非常事態であるのみならず，開闢以来の名教

---

ii) 中国文明の始源と仰がれた堯・舜2帝と帝禹から始まる夏・殷・周3代の王朝．
iii) 君臣・父子などの人間関係，また仁・義・礼・智・信などの徳の名ごとに決められた儒教の教え．

のあり得べからざる大非常事態である」という危機意識の表現は，清朝の存続よりも「名教」の維持を重んずる気配をうかがわせる．清朝の終末が意識されはじめたといってもよいのかもしれない．しかし曾国藩をはじめ，当時地方軍を率いた人々は，清朝の中央政府に反旗をひるがえそうとはしなかった．西太后（慈禧太后）を頂点とする清朝中央政権は，こうした態度に期待して，あえて地方の有力者に地方の政治・財政の一部を委ねることによって王朝の存続を図ったのである．

　こうして，19世紀後半から20世紀初頭の清朝末期の中国には，それ以前とは大きく異なる政治的，社会的状況が生み出されることとなった．アヘン戦争に始まる対外関係の新たな展開や，沿海各地での対外交易の進行，盛んな人の移動などは，こうした傾向をいっそう促進したと考えられる．

　欧米諸国との間の新たな国際関係に対処する方策を探りながら，太平天国のもたらした清朝空前の社会的な動揺を乗りきることは，極めて困難な課題であった．清朝の中央は，地方の財政や軍事への統制を弱めることによって，地方支配の維持を図るしかなかった．このため，地方では，有力な地方官僚によって相対的に中央から自立した人事や財政政策が行われるようになった．曾国藩はこうした政治情勢のなかで，地方分権的な趨勢を慎重に推進した，ある意味の時代の開拓者であったといってもよい．

　曾国藩自身，長江流域の軍事・財政の運営を担当するなかで，欧米諸国との交渉や，洋務政策の実施にたずさわり，故郷の湖南に帰る暇もない後半生を送ったが，彼の子孫たちの生活や活動の場も，湖南の故郷からひろく国内外に拡散した．その急激な変貌には，中国社会の大きな変容の縮図を見ることができる．長子の曾紀沢（ゾォン・ジーズェ）は父の死後，イギリス，フランスの公使としてヨーロッパに派遣され，1880年代には，ロシアとのイリ条約をめぐる折衝や対仏，対英外交に活躍した．曾国藩の末娘の曾紀芬（ゾォン・ジーフェン）は，上海や江蘇の地方官を歴任し，洋務企業の経営に従事して，著名な官僚資本家の一人となった聶緝槼（ニエ・ジーグイ）と結婚し，清末から民国期の長い社会変容のなかで生涯を過ごした．彼女が書き残した年譜は，近代中国で大家族を率い，晩年には上海でクリスチャンとなった女性の歴史的な証言として興味深い[5]．

19世紀後半には，開国した日本から大陸に渡って，同時代の中国社会を実地に体験する人々が急増した．彼らが目にした中国は，北京の清朝政府が地方を円滑に統御することができず，それぞれの地方で，有力者が独自に開発を進めているという，一種の社会変動の渦中にあった．日本からの観察者には，たとえば内藤湖南が「郷団」に注目したように，曾国藩のような地方有力者の台頭（たいとう）に，清末中国の独自の近代化の可能性を見ようとする見解を発表する者が多数あった．日清戦争前に上海に日清貿易研究所を開いた荒尾精（あらおせい）や，言論界から身を起こして京大東洋学の泰斗となった内藤湖南（ないとうこなん）らは，いずれも曾国藩以来の地方勢力の動きに清末中国社会の新しい趨勢（すうせい）を見ている．そして，こうした見解は，その後の日本人の中国観にも影響を及ぼしたと考えられる．

（並木頼寿）

コメント・1　中国における「近世」と「近代」

　「近世」の重要な指標の一つとして，中央集権的な官僚システムによる統治をあげるならば，中国では戦国時代から秦・漢帝国の時期に，すでにその基礎的枠組は成立していた．宋代に至ると，有力な門閥あるいは軍閥的勢力の衰退に伴って，皇帝を頂点とするその中央集権的な特質はさらに強化され，試験による官僚登用制度が主流となった．また，商業中心としての都市の発展や貨幣経済の発達，人の移動の活発さも宋代以降の中国社会の大きな特色である．これらの特質は清朝にも受け継がれ，中国の「近世」は清代においてその特質を十全に開花させたともいえる．とするならば，中国は，中央集権的に統合された行政制度，世襲的身分制度の解体，発達した市場経済などにおいて，他の地域よりも先んじて近代化の道を歩んでいたといってもよさそうである．しかし，外国の脅威に直面した清末の人々にとって，中央集権的政治制度の発達や社会的流動性の高さといった中国の「伝統」は，必ずしも中国の先進性を示すものとはとらえられず，むしろ国民的な団結力を欠いた「バラバラな砂」のような中国社会の現況をもたらした要因として，しばしば批判の対象となった．彼らの批判が正しかったのか，あるいは間違っていたのか，という点について性急に判断を下すことはできないが，彼らの憂慮（ゆうりょ）は，アジアの国々の直面した「近

代化」の課題が単なる自由化・流動化ではない複雑な内容をもっていたことを示すものであろう． (岸本美緒)

コメント・2 　生活水準の問題

　アヘン戦争および太平天国後の清朝において，地方分権的な趨勢が生まれたという指摘は興味深い．曾国藩のような地方有力者が台頭し，彼らが独自に開発を進めるという社会変動が起きた．それがどのような意味で次の時代を予見させる動きであったのかを見極めるとともに，その社会変動が地域民衆の生活水準にどのような影響をもたらしたか，プラスだけでなくマイナスの影響についても注意を払うべきであろう．近年，1850年代を境に，農村の実質賃金水準が低落し，また人々の体位が低下したという事実発見がなされているからである． (斎藤　修)

●より深く知るために
石橋崇雄『大清帝国』講談社，2000年
菊池秀明『ラストエンペラーと近代中国　清末・中華民国』(中国の歴史10) 講談社，2005年
岸本美緒・宮嶋博史『明清と李朝の時代』(世界の歴史12) 中央公論社，1998年
並木頼寿・井上裕正『中華帝国の危機』(世界の歴史19) 中央公論社，1997年

第7章 ロシアの東方進出

ロシアがその東方に拡がる広大な空間に目を付けたのは16-17世紀の頃であった．ロシアのコサック（ロシア語ではカザーク）兵や冒険家たちは，モスクワ大公国の非公式の援助のもと，広大なユーラシア大陸を東に向けて移動していった．彼らは太平洋に到達し，北米に進出する一方，南方では中華帝国と接触し，やがて海を南下して日本の北方にも現れた．彼らの動きは，19世紀末までは主に中国やヨーロッパ列強との関係で決まり，中国との貿易，北太平洋での毛皮猟，中央アジアへの領土拡大など，時に応じて関心を注ぐ地域が変化した．

ロシアと中国

ロシア人は東方探検でつねに金を探し求め，いくらかは見つけたが，すぐ儲かる品と評価したのは毛皮だった．1660年までにロシアの国庫収入は3分の1もが毛皮に依存するようになっていた．むろん，生き残った動物を探さねばならなかったから，猟場はどんどん東に進んでいった．木造の城砦が，1604年にトムスク，1628年にクラスノヤルスク，1647年にアホータ川のオホーツク海河口に建設された．このオホーツク（ロシア語ではアホーック）港は，その後約2世紀にわたってロシア人の太平洋での航海活動の拠点となった．

一方，ロシア人が太平洋岸に近づくと，明朝がこの地域からやはり毛皮で取り立てていた貢物が減った．朝貢をしていたモンゴルの諸侯やツングースなどの首長たちはロシア側につきはじめ，時によってはモスクワを使って北京を牽制するようになった．しかし，明は末期の苦悶の中にあり，新たに勃興した清朝も明の遺民の抵抗にかかり切りで，康熙帝（清聖祖）が北方に関心を向けたのは反乱鎮圧に成功し，権勢の絶頂に到達した1683年以後のことであった．

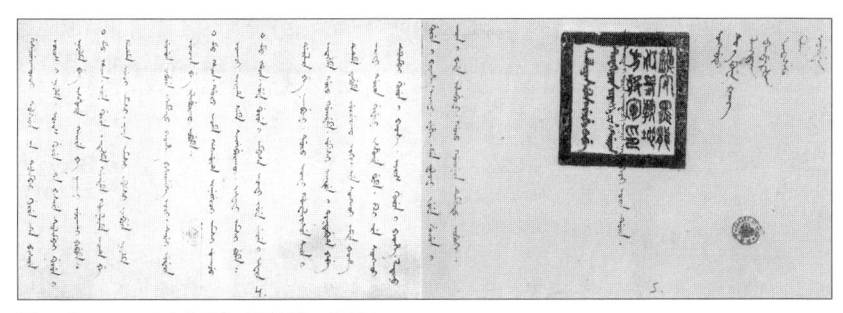

図1 ネルチンスク条約原本（後半部），満洲文
(吉田金一『近代露清関係史』近藤出版社，1974年より)

　1660年代の末期から，アムール川（中国では黒竜江〔ヘンロンジアン〕）とシールカ川の合流点の下流に要塞があり，アルバジンという名の植民村を守っていた．1685年，3000人の満洲（マンジュ）旗人がこの拠点を襲い，降伏させた．一連の地方的な小競り合いや2度目のアルバジンの攻囲と占領などを経て，ロシアと清とは外交交渉に入ったが，その際には，ロシア語と満洲語との間の通訳はフランス・ポルトガルそしてポーランドから来た人々がラテン語で行った．1689年にネルチンスクで調印された条約（図1）はロシア人をその後150年の間アムール流域から排除した[1]．しかし，ロシア人は中国と貿易し，その知識を獲得するという代償も得ている．ロシア人たちはこの条約にさして不満を抱かず，眼をその北東に向けて，カムチャツカやアラスカの開拓に専心した．たまたま，その年，ピョートル大帝が摂政のソフィーを退けて権力を掌握し，改革を始めた．それはやがて19世紀になってロシアがより強い立場から中国と再交渉に入る基礎を据えることになった．

　一方，清はロシアとの関係をもっぱら内陸アジアの文脈において見ていた．1690年，康熙帝は中国に背反したズンガル／オイラトの西モンゴル侯ガルダンの征討に乗り出し，1696年に彼を打ち倒し，翌年には死に追いやった．以前，ガルダンはロシアとハルハ／東モンゴルの諸侯たちから忠誠を取り付けようと張り合っていたのであるが，この情勢変化を見て，ハルハ諸侯たちは大清に臣属を続けるとの意志を明らかにした．18世紀を通じて，清は主にモンゴルや新疆（シンジアン）などの北西部に遠征し，戦争や殺戮，植民地の設定を行った．

ネルチンスク条約には貿易も可能にするような条項があり，ピョートルはこれを使って中国との新たな通交制度をつくった．北京に定期的にキャラヴァンを送り，三跪九叩頭の礼と貢物を捧げる代わりに，ロシア人たちは立派な回賜を受け取り，大きな利益を上げた．屈服させたモンゴル人やツングース人を北京に引き連れてゆくことは，このために大いに役立った．また，ロシア正教会の宣教師たちも北京に10年間ずつ滞在することになった．かつてアルバジンから北京に拉致・移送され，清朝の八旗に編入されたロシア人や商人たちの信仰の必要に応えるためである．宣教師たちは北京で中国語を学び，これらの人々と協力して，翻訳や通訳に当たった．その結果，1720年代には，ラテン語はロシア人と中国人を結ぶ共通語ではなくなった．中国の正教会，そして日本や朝鮮でこれを継承した人々は，ロシアが東方への知識を獲得する上で重要な役割を果たした．言語や地誌の研究はやがて実際上の問題に役立つこととなるのである．

　1727年に補足的な条約がキャフタで結ばれた．この条約は，貿易を国境2カ所で，そしてバーター（商品同士の交換）で行うように取り決め，キャラヴァンの数は減らされたが，商人や官吏は北京までの辛い旅をしないですむようになった．中国側では，モンゴルとの関係を司ったのと同じ官庁，理藩院がこれを管理するようになった．このキャフタ制度は18世紀を通じて維持されたが，中国側がこれをロシアの朝貢と見なし続ける一方，ロシア側は貿易を維持し，収入を確保するため，あらゆる努力を惜しまなかった．しかし，やがてロシア人側は，自尊心が高まるにつれ，たとえ象徴的な行動であっても従属的な態度を取ることには消極的になっていった．

　1803年にアレクサンドル1世がアムール川の航行権について交渉するためゴロヴキンを送ったとき，彼は国境で迎えをうけ，嘉慶帝（清仁宗）の名を記した額に三跪九叩頭をするように求められた．ゴロヴキンはこれを断ったため，サンクトペテルブルクに送り返された．自身の名誉は保ったものの，使命は果たせなかったのである．これは，イギリスのマカートニー卿が経験した失敗を繰り返したものといえよう．イギリスのジョージ3世は，1793年に乾隆帝（清高宗）の80歳を祝うために彼を遣わし，挨拶かたがた貿易の拡大を求めようとして，同様の失敗をしていたのである．ロシアはゴロヴキンとほぼ同時に，

レザーノフを日本に送ったが，ここでも失敗した．19世紀の初頭，中国も日本も「西洋」に対しては閉鎖的だったのである．

ロシアと日本

目をロシアと日本の関係に転じよう．1647年，アホータ川の河口にアホーツク港が建設され，その後約2世紀にわたって，ここはロシア人の太平洋での航海活動の拠点となった．ヴィトゥス・ベーリングは，ここから出帆してまずカムチャッカにペトロパヴロフスクを建設し，さらにアラスカを発見した．彼はこの地域で栄光と幾多の困苦とを経験したのち，1741年にアリューシャン列島の一小島に葬られた．アラスカは文字通りの荒野で極寒の地であった．しかし，それゆえに毛皮がとれる動物，とくに高価なラッコが沢山おり，それは毛皮をヨーロッパに運べる人々には無限の富を約束した．こうしてアラスカ植民地のハンターに食糧をどう供給するかが，ロシアの太平洋政策の最優先課題となったのである．

1783年，日本人の漂流民大黒屋光太夫らがロシア船に救われ，1789年までに東シベリアの商都イルクーツクにたどり着いた．たまたまサンクトペテルブルク大学の教授エリック・ラクスマンがそこで軍務にあった息子を訪ねていたが，彼は日本人に興味を持って，サンクトペテルブルクに帰るとエカテリーナ2世に請願をし，日本訪問への支持を取り付けた．漂流民を送還がてら，日本と良い関係を結び，交易を開こうと提案したのである．1792年，息子のアダム・ラクスマンがアホーツクから出発し，およそ1年後，日本に関する驚異の物語を携えて帰着した（図2）．日本人は親切であると同時に慎重でもあり，彼が携えた地図よりもはるかに詳しい日本北部の地図を持っていた．彼はまた長崎への入港許可証の1片を与えられた．それを携行すれば，非武装のロシア船は長崎にあるもう1片と照合した後に長崎に入港できるはずであった．ロシアの中には漂流民をなぜ江戸へ直接送り返さなかったのかと批判する者もあったが，アダムは長崎へのドアが開かれたのだと答えている．彼とその父は次の日本訪問を計画したが，1796年に教授とエカテリーナ2世が亡くなったため，計画は頓挫した．

他方，日本側では，ロシア人が夷狄の接遇法が確立していた長崎のみにやっ

図2 ロシア使節一行根室越冬図
（右から1人目がラクスマン，4人目が船長ロフツォフ，6人目が大黒屋光太夫．天理大学附属天理図書館蔵）

てくると期待していた．しかし，徳川幕府は万一に備え，1799年に蝦夷地の東半分を松前藩から取り上げ，西半分もやがて収公して，蝦夷地を約20年間直接の統治下に置いた．その同じ年，エカテリーナの息子パーベルは，イギリスの東インド会社をモデルに露米会社（RAC）を設立した．この会社はロシアの日本との関係のすべてを管轄した．ロシアは毎年アラスカとカムチャッカへの食糧供給問題に苦しんでいたので，RACはラクスマンが獲得した長崎入港証を活用することとし，総支配人のニコライ・レザーノフを1804年長崎に送った[2]．彼の交渉はしかし半年かけても実らず，レザーノフはこれに鑑みて外交だけでは日本の開国はできないと判断し，日本の北部を攪乱する計画を立てた．その結果，1806年から翌年にかけて，彼の部下2人はサハリンとエトロフの日本会所や番所を襲った．この行動はサンクトペテルブルクの許可を得たものでなかったため，2人は後に軍法会議にかけられている．また，レザーノフは攪乱を命令した後，サンクトペテルブルクに向けて出発したが，彼らの襲撃が終わる前，冬のシベリア（ロシア語でシビーリ）の旅の最中に病死していた．

　ロシア側はこの企てを失敗と見，世紀半ばまで忘れ去った．しかし，日本側にとってこれは目覚ましい警鐘であった．徳川幕府は再度の襲撃を恐れて蝦夷地に東北地方の大名を動員し，防備を強化したが，何も生じなかったので，後にこれを解散した．1808年から翌年にかけて，かつてエトロフでロシア人に襲われた経験のあった間宮林蔵はアムール下流域に向かい，サハリンが島で

あることを確認し，ロシア・中国・日本の辺境地帯を調査した．また，流血は見なかったものの，仕返しの試みも生じた．1811 年，千島を測量していたロシア船が水と食糧を求めてクナシリを訪れた．艦長の V. M. ゴロヴニーン（海軍士官学校の卒業生で，教養が深く，のちに海軍主計総監となった）は，はじめ用心深く行動していたが，危険の兆候が何も見えなかったので，上陸した．ところが，食事と酒がふんだんに振る舞われた後，

　　それまで柔らかで穏やかな物言いをしていた頭は突然口調を変え，大声で熱っぽく話し始めた．たびたび「レザノト」の名を口にし，何度も刀をがちゃつかせながら，彼は長い演説をしたが，アレクセイ（アイヌの通訳）は恐怖に震え，ただ「頭はもし我々の一人でもこの砦から逃がすなら，彼自身が切腹せねばならないと言っています」と通訳しただけだった[3]．

　ゴロヴニーンはこうして虜とされ，1806-07 年の襲撃とロシアの意図について念入りに尋問された．翌年，彼の友人で副艦長を務めていたリコルドは，千島を再び訪れ，ゴロヴニーンの様子を探り，できれば身柄を交換したいと願って，エトロフ交易に携わっていた商人高田屋嘉兵衛を捕まえた．彼らはその後次第に互いに敬意を抱くようになり，その結果，嘉兵衛はロシア側がレザーノフの攻撃などを否認する意思があることを知り，リコルドはそれを文書にすれば危機を解消し，ゴロヴニーンを解放できるかもしれないと思うようになった．そして，1813 年，リコルドと高田屋嘉兵衛のチームワークによって，嘉兵衛と交換に，ゴロヴニーンは解放されたのである．

　ゴロヴニーンの虜囚は 2 年間続いたが，その間に彼とその仲間は日本人の中にロシアへの関心をかき立てることとなった．彼らが収監されていた箱館には日本の学者が派遣され，ロシア語や世界の状況を学んだ．ロシア人側も日本人の友情を獲得し，戦略上で役に立つ異文化の情報を得た．ゴロヴニーンはその体験を 1816 年に公刊し，それは 1820 年までにはオランダ語・ドイツ語・フランス語そして英語に訳されて，それまで 1 世紀以上も続いてきたオランダによる日本情報の独占を破ることとなった．また，日本人はオランダ語版を手に入れて関係箇所をすぐ翻訳している．「鎖国」下にあったとはいえ，『遭厄日本紀事』と題されたこの体験記は，日本人にロシア側の詳しい内情を知らせることとなったのである[4]．　　　　（デイビッド・ウルフ／三谷　博訳）

コメント・1　幕府の雑説禁止令

　ニコライ・レザーノフの部下がカラフト島・エトロフ島などで番所などを襲った事件は，幕府の「御威光」を大いに傷つけた．幕府の支配正統性が，突き詰めれば「圧倒的な軍事力の優位」に支えられていたからである．その「優位」は，庶民の間では外国に対しても存在していると信じられていた．この事件の噂は全国に流布して，民衆の恐怖や不安をあおり，幕府が異例の「雑説禁止令」を出さねばならなかったほどであった．　　　　　　（松方冬子）

コメント・2　対外論の簇生

　この事件はまた，幕府の役人は無論，知識人の間に対西洋関係への強い関心を呼び起こした．箱館奉行がロシアに対する一時的な交易許可論を上申する一方，攘夷論や積極型の開国論などさまざまの対外論が著されている．これらはのちに『海防彙議』（1849年）などに編集され，ペリー来航前後の外交論議にあたって参照された．　　　　　　　　　　　　　　　　（三谷　博）

●より深く知るために

秋月俊幸『日本北辺の探検と地図の歴史』北海道大学図書刊行会，1999年
ノルベルト・アダミ著，市川伸二訳『遠い隣人——近世日露交渉史』平凡社，1993年
木崎良平『仙台漂民とレザノフ』刀水書房，1997年
小松久男・林俊雄・梅村坦・濱田正美・堀川徹・石濱裕美子・中見立夫『中央ユーラシア史』（新版世界各国史）山川出版社，2000年
ゴロヴニン著，吉田満訳『日本幽囚記』3冊，岩波文庫，1943-45年
S. ズナメンスキー著，秋月俊幸訳『ロシア人の日本発見——北太平洋における航海と地図の歴史』北海道大学図書刊行会，1979年
山下恒夫『大黒屋光太夫——帝政ロシア漂流の物語』岩波新書，2004年
吉田金一『近代露清関係史』近藤出版社，1974年
レザーノフ著，大島幹雄訳『日本滞在日記』岩波文庫，2000年

第8章 日本の対西洋危機意識

18世紀末の日本には，将来，西洋諸国との間に国際的危機が訪れるのではないかと予測し，政治体制の強化を唱える人々が現れた．アメリカの使節ペリーが到来し，この危機予測が現実になる60年も前のことである．はたして，その予感は根拠あってのことだったのだろうか．まぐれ当たりにすぎなかったのだろうか．中国や朝鮮とくらべ，日本人が西洋との危機を予想し，対策を事前に考えていたことは，日本が西洋への対応に成功する大事な前提となった．しかし，そのような危機の訪れは自明ではなかった．また，たとえ予感したところで，いつ訪れるかは誰にもわからなかった．一生を超えるほどの長さの危機を人が意識できるものだろうか．そんなことをくよくよ考え，怯えながら生きるのは「杞憂」ではないか．中国古代の杞の国には，天が落ちるのではないか，地が裂けるのではないかと心配しつづける人があった．それと同じく，愚かなことではないだろうか．しかし，19世紀初頭の日本には，少数ではあったが，そのような目前に見えない危機を憂うる知識人がいた．幕末に絶大な影響力をふるった尊王攘夷論を考え出した水戸徳川家の家臣，藤田幽谷（図1）とその弟子たちである．この章では，彼らの主張を見ながら，長期的危機の問題を考えることにしよう．

藤田幽谷の上書

藤田幽谷（1774-1826年）は，水戸城下の町人の家に生れ，学問のゆえに士分に取り立てられた人物である．水戸にはいわゆる徳川三家の一つがあった．三家のなかで領地は最も少なかったが，江戸に近く，当主が江戸に常駐する慣例があり，それを誇りに思っていた．第2代の徳川光圀以来，大規模な日本史，『大日本史』の編集を始め，そのために彰考館という役所をとくに設けていた．

図1　藤田幽谷の肖像

幽谷は，塾の先生の縁でここに雇われ，その学識と技量を買われて，正式の職員となり，さらに士分に取り立てられたのである．当時の君公，治保は幽谷の才能にいたく感銘を受け，つねに英才の領国からの出現を自慢していたという[1]．

彼は，幕末に強い影響力をもった尊王攘夷論の元祖である．彼は，徳川の政治体制を補強するために尊王を強調する一方，「攘夷」という主張も創始した．18世紀の後半に蝦夷地にときどきロシア人が姿を現しはじめた．そこに世界最大の国の一つロシアが日本を侵略してくる可能性を読み取り，日本人がそれまで200年近く享受してきた泰平に安住してはいけないと警告を発したのである．1797（寛政9）年に君公に奉った「丁巳封事」で，彼は次のように述べている[2]．

いま，徳川家は武によって国を立て，大坂夏の陣で戦争が終わって以来，ほとんど二百年にわたり，海内は安らかさが続き，こそ泥すら稀な世となった．民は老いて死ぬまで戦争を知らず，泰平が盛んなことは，歴史始まって以来なかったほどである．〔そのなかで〕武人・兵士は官職を世襲し，酒肉の池で飽食し，歌や管弦の楽しみに溺れていて，耳目〔心〕はとろけ，筋骨〔身〕はなまってしまっている．天下は，〔身分の上下を問わず〕滔々として酔生夢死し，戦争という危険な事態がありうることを忘れてしまったのも，また歴史はじまって以来である．

しかしながら，北方には〔ロシアという〕悪賢い者がおり，神州[i]を奪おうと狙い，常に南下しようと志している．ああ，嘆かわしいことに，今の人〔日本人〕は小智におごっていて，〔ロシア人の〕大智に及ばない．小鳥の〔狭い〕見識で，大鵬のすることを馬鹿にしている．いわゆる積薪のたとえどおりで，積み重ねた薪の下に火を置き，その上に寝ながら，ま

---

i) 「神州」や「神国」という語は，元来は中国の中原，すなわち歴代王朝の都した黄河中下流域のあたりをさすものであった．幽谷は，日本は太陽神の子孫が統治する国だから，この語は日本に最もふさわしいと考えた．

だ火が燃え上がっていないから心配ないと言っているようなものである．今の日本の有様はまさにこのたとえ通りである．

幽谷の心配は，武士がその本来の職業であった軍事を忘れてしまったことにあった．ロシアの南下を気にしているが，すぐ軍事的危機が訪れると懸念しているわけではない．18世紀なかば以来，千島にときどきロシア人が現れ，北洋で採ったラッコなどの毛皮と引き替えに食糧を求めることがあった．そして，1792年には，ロシア政府が彼らを管轄する露米会社のため，皇帝の使節アダム・ラクスマンを根室に送ってきた．西洋の大国との接触が久しぶりに始まったのであるが，ロシアは通商を求めるだけで，日本がそれを断ったからといって，攻撃してくる気配があったわけではない．日本の蘭学者の幾人かは，北方でのロシア人の動きに気づくと，オランダから輸入していた地理書を読み，ロシアに関係する部分を翻訳していた．幽谷はそれらを読んでロシアの知識を得たものと思われるが，そうした翻訳を見ても，ロシアは確かに領土を拡げているが，その方法は現地民に恩恵を施し，手なづけるというやり方で，武力行使は好まないようだと考える人もあった[3]．そのようななかで，幽谷は，ロシアは世界征服の大計画を持っていて，日本はいずれ根本的な危機にさらされるだろうと解釈したのである．

図2 松平定信自画像（鎮国守国神社蔵）

老中松平定信の長期政策

ロシアからラクスマンが来たころ，公儀は老中松平定信（図2）が主宰していた[4]．彼は，幽谷と同じく，将来，西洋との間に危機が発生する可能性を考えていた．ロシアだけでなく，西洋諸国が，かなり昔から世界のさまざまな地域に姿を現し，アメリカ大陸など地球のかなりを支配するようになっていた事実に注目し，いつかその趨勢が日本にも及ぶのではないかと懸念したのである．彼は，ただちにこの危機が発生するとは考えず，長期的な構えで対処しようと

した．勤倹尚武を指針とする改革を発動する一方，西洋船が訪れる江戸周辺の海岸防備（つづめて「海防」と呼ぶ）のため，自ら伊豆半島の先端まで出かけて調査に当たっている．完成すれば，沼津から九十九里浜に至る海岸線に防備がしかれるはずであった．また，蝦夷地についても，いざというときは，東北地方の有力大名を動員する計画を立てていた．

しかし，定信は，伊豆から帰った直後に老中を解任された．おそらくは，その海防へのこだわりが，他の政府首脳には理解できなかったためではないかと思われる．そして，彼の解任後，ロシアとの衝突はありえないという前提の下に，蝦夷地を日本領として確保する政策が実行された．蝦夷地には大名の松前家があったが，これを内地に移して蝦夷地を幕府の直轄領とし，その上で，アイヌの懐柔のため有利な交易の条件を与え，エトロフ島に守備隊を置くなどの施策を講じたのである．その間，海防は放置されたままであった．先に見た幽谷の怒りと焦りは，このような海防態勢の後退に対する憂慮によるものだったのではないかと思われる．

しかし，このような危機意識は，定信の政策と同様，他の政治家や知識人には理解できないものであった．幽谷はそれをよく知っていて，次のようにも書いている．

　　今，海内は安逸な境遇に溺れている．自分の物差しで他人をはかり，ちょうど夏の虫が世に氷というものがあることを疑うような様子だ．もし兵事を話題にする者があったら，狂者として笑い者にする．〔そうした世人は〕皆こう言う．「自分が生きている間に問題が生じなければ，それで良い．何で死んだ後のことを心配する必要があろうか」と．

問題の認識を回避し，仮に気づいたとしても今の問題ではないとして先送りにする「事なかれ主義」．その無責任さを憤っているのである．幽谷は世人から狂者と見なされていることを自覚していたが，憤りの余り，筆が滑って，この上書のあて先である君公の治保まで怠慢だと批判した．いくら幽谷を買っていた治保でも，君主の権威をあからさまに傷つけられたら放っておけない．幽谷は，家臣の身分までは奪われなかったが，職は奪われて，謹慎の日々を送ることとなった．

危機意識の減退と復活

　その後，この長期的危機の意識は，なお衰えていった．1804年にロシアからの使節レザーノフが再び来訪したとき，日本政府は何も与えずに追い返し，そのために蝦夷地で小規模の武力衝突が起きた．しかし，第7章に見たようにこの紛争は見事に解決され，その結果，西洋諸国が地球の裏側にある日本に戦争をしかけてくることはありえないという認識が，幕府をはじめ，世間に流布したのである．幕府は，ロシアとの衝突の際に設けた蝦夷地と江戸近海の海防体制をゆるめたが，その立案に当たった勘定奉行遠山景晋は，次のように書いている[5]．

　　近年，夷狄〔西洋〕の船がしばしば日本に姿を現すが，それは全く戦争を起こし，日本を併呑しようという志を持ってのことではない．〔あの航海術に長けた〕夷狄と言っても，数万里の大波小波を経て戦闘するということがあるだろうか．万が一にもあり得ない．今の人々が夷船が来るのを恐怖しているのは，詰まるところ，蕃学〔蘭学〕が盛んに行われ，蘭学者たちが振りまく根拠のない噂を聞いて，恐れ怖じているからである．

　　林子平など論ずるに足りないが，この害毒を流した最悪の人間である．今，日本に来ているのは全く海賊に過ぎず，世界各地を遍歴して，海岸地方を襲い，有り合わせの物を掠奪するまでで，恐るに足りないというべきだ．

　林子平は仙台の蘭学者で，18世紀末に『海国兵談』を刊行して処罰された[6]．これは，「江戸の日本橋から唐・オランダまで境なしの水路」だと喝破し，西洋による侵略を防ぐために，西洋式の海軍と火砲の技術を導入せよと主張した書であるが，軍書を公刊すること自体が世を騒がせる行為として処罰されたのである．

　しかし，ここで大事なのは，幕府の中枢にあった遠山が，西洋との戦争が長期的に見てもありえないと断定していることである．これは，ロシアとの武力衝突が無事解決したという実際の経験に基づく判断であった．紛争が発生した後，幕府は，長崎のオランダ商館長ヘンドリック・ドゥフに海外の形勢について質問をしているが，そのなかでは，レザーノフが帰っていったアホーツク海

岸とサンクトペテルブルクの距離を計算した結果，ロシア人の蝦夷地襲撃は往復にかかる日数より早く起きたから，皇帝の命令によるものではないという推測を下している[7]．また，ロシア政府は，蝦夷地襲撃について公式の謝罪をし，それが官憲の仕業ではないという見解を明らかにしていた．いま日本の海岸に姿を現し，時に掠奪を働く西洋船は海賊にすぎず，国家としての西洋との戦争は将来とも起きえないという遠山の断定は，このような経験に基づいていたのである．

こうして，19世紀の初めにロシアと小規模な紛争を経験した結果，日本人の多くは，日本の鎖国孤立と安泰な生活は永遠に続くはずだという確信を深めるに至った．1825年，徳川幕府は沿岸に西洋式の船を見かけたら躊躇なく追い払えという異国船打払令を全国に下したが，それはこのような状況判断に基づいていたのである．

ところが，そのわずか14年後，隣国の清でアヘン戦争が発生した．イギリスが中国のアヘン厳禁政策に抗議し，蒸気船を含む艦船20隻，兵員2000人の大軍を送って，清を降伏させるに至ったのである．徳川官僚の合理的判断は外れ，藤田幽谷たちのイデオロギー的憶測が当たったのである．

この史実は，歴史の長期的予測の難しさを教える．200年以上もの間，日本はほとんど同じ国際環境のもとで，安定した秩序を享受してきた．世の中は永遠に同じであるという予測がそこでは当然であり，幽谷の予想は彼の生前には的はずれで終わった．その前提が知らぬ間に変わっていたのである．大きな構造変動が起きるとき，経験的判断は無効なことが稀でなく，根拠の乏しい憶測がまぐれ当たりすることもあるのである．

しかし，日本政府は経験を重視するゆえに，隣国でアヘン戦争が起きると，態度を変えた．オランダが直前から提出しはじめた別段風説書を重視し，アヘン戦争と西洋に関する情報を積極的に収集しはじめたのである．その成果は，蘭学者箕作省吾が編集した『坤輿図識』の公刊を許したことに見える．これは，オランダ語の最新文献だけをもとに著された世界地理書であって，なかには，世界各国の国旗一覧図もある．付録には，ロシアのピョートル大帝，フランスのボナパルテ（ナポレオン），そしてアメリカの大統領ワシントンの小伝も含まれていた．幕末の知識人は議論のなかで彼らを英雄としてよく引き合いに出

したが，その知識はこの本や後に輸入された魏源（ウェイ・ユエン）の『海国図志』などによるものと思われる．アヘン戦争後の日本人は，その気になれば，世界の最新状況を誰でも参照できるようになっていたのである．

(三谷　博)

コメント●1 ｜ 外国使節来航が稀だった期間

　幕府が19世紀に編集した史料集『通航一覧』によると，1727年にカンボジア王からの使節船が長崎に来航したという．この時，長崎奉行は通商を要求する漢文の書簡を受け取り，入港許可証を与えたが，将軍への献上物は受け取らなかった．その後，外国の使節は姿を現さなくなった．しかし，この年から1792年にアダム・ラクスマンがロシア皇帝の使節として，日本人漂流民の送還と通商要求のため来航するまでは，わずか65年間の間隙にすぎなかった．

(松方冬子)

コメント●2 ｜ 長期危機への対処法

　水戸学者のイデオロギー的な憶測が的中し，幕府官僚の合理的判断が無効だったという歴史的経験は，これからの人類にとって，重要である．たとえば，資源と環境の制約といった問題は，おそらくは確実に訪れるものと思われるが，それがいつ致命的となるかは誰にもわからない．人間の一生を超えるほどの長期問題を，人は真面目に考えることができるだろうか．それは人間の手に負えるだろうか．多くの人は，幽谷が批判したように，これを見過ごし，その日その日を楽しく生きる道を選ぶに違いない．

　しかし，長期的な危機への対応は，それが誰の目にも見えるようになった時には手遅れである．有効か無効かを度外視して，ずっと前から準備しておかねばならない．19世紀の日本には，わずかながらその条件があり，それが西洋との危機回避に役立った．第11章に見るように，数種類の対策があらかじめ用意されており，それらが使えたのである．その際，イデオロギー的憶断が役立ったとは皮肉であるが，これを合理的判断から行うには何が必要だろうか．

環境の変化を敏感に，しかし落ち着いて考える柔軟な判断力を養うのがまず大事であるが，それにくわえ，広く，確かな，そして最新の情報もいる．異国船打払令を出した当時，公儀は，ロシアに関する情報は持っていたが，インドには注意を向けていなかった．イギリスは中国遠征軍の主力をインドで組織したのであり，そのインド領有の状況に注意を払い，実態を知っていたならば，もう少し慎重になったことであろう． （三谷　博）

コメント●3　水戸の修史事業と経験主義

　水戸学の尊王攘夷というと，観念先行の夢想的なものと思われがちである．しかし，藤田幽谷は，松平定信の海防政策を正しく受け継ぎ，「神州」を守るためには軍備が必要と見ていた．その門人会沢正志斎も，『新論』において国土防衛政策を説いている．三谷氏はアヘン戦争をもって，「徳川官僚の合理的判断は外れ，藤田幽谷たちのイデオロギー的憶測が当たった」と評しているが，それは果たして「まぐれ当たり」だったのであろうか．そもそも水戸学は『大日本史』編纂事業のなかで育まれた思想であり，幽谷や正志斎もその経験をふまえている．水戸学＝観念論という図式から自由になって，この修史事業の思想史的意義を検討してみる必要があろう． （小島　毅）

●より深く知るために

井野邊茂雄『新訂増補　維新前史の研究』中文館書店，1942 年
鈴木暎一『藤田東湖』吉川弘文館，1998 年
藤田覚『松平定信』中公新書，1993 年
藤田覚『近世後期政治史と対外関係』東京大学出版会，2005 年
真壁仁『徳川後期の学問と政治——昌平坂学問所儒者と幕末外交変容』名古屋大学出版会，2007 年
松方冬子『オランダ風説書と近世日本』東京大学出版会，2007 年
三谷博『ペリー来航』吉川弘文館，2003 年

第9章 イギリスの東アジア進出と中国

　西洋諸国の東アジアへの進出は，16-17世紀の第一波につづき，19世紀に第二波を迎えた．ロシアは西北方，イギリスは西南方，そしてアメリカは東方から接近したのである．この章では，アヘン戦争によって東アジアの国際環境を決定的に変えたイギリスの動き，そしてそれに対する中国（ジョングオ）社会の反応を見よう．

イギリスの東アジア拠点建設

　18世紀後半にインドの植民地化を始めたイギリスは，さらに東南アジアから東アジアにも関心を注ぐようになった．とくに，本国でアジアから紹介された喫茶の風習が民衆の生活にまで普及し，茶の需要が急増するにつれて，インド以東の地域にも活動の範囲を広げようとする要望は強まった．

　イギリスのアジア交易を担っていたのは独占的な取り引きを認められていた東インド会社であった．東インド会社の最も重要な事業はインドにおける植民地経営であったが，インド以東の地域との交易も会社の業務であり，そこには新興の貿易商人が進出して，東インド会社からのライセンスを得て，茶をはじめとする東アジア物産の取り引きを進めていた．

　マレー半島の先端にあるマラッカは東南アジア海域の中心的な港市として長い繁栄の歴史をもち，ポルトガル人はマラッカを起点に華南のマカオに到達する交易ルートを築いていた．おくれてインド東方に進出してきたイギリスも，このルートに並行して活動領域を拡大し，拠点の建設を進めていった．他方，オランダはジャワやマレー半島など東南アジアに勢力を扶植していたが，ヨーロッパでナポレオン戦争が起きると，本国がフランスに支配されるという危機に瀕した．イギリスはそうした事態に乗じて，マレー半島の先端に勢力を伸ば

し，マラッカやペナンなどの港市を支配下に入れ，さらにシンガポールを建設して中継交易の拠点とした．こうして，いわゆる「海峡植民地」が形成され，さらに華南地方への勢力の拡大が図られることとなった．

　清朝の支配者は，ヨーロッパ人との通商の拡大に必ずしも熱心ではなかった．清初の海禁政策が緩和されたのちも，積極的な交易拡大政策はとらなかった．ヨーロッパやオスマン帝国などでの中国物産への需要の広がりや，盛世を謳歌した清代中国社会の経済的な活況により，実質的な交易の拡大は目覚ましかったが，王朝の基本的な姿勢は朝貢貿易システムの維持にあって，商業活動に積極的な政策的配慮が加えられることはなかった．清代盛世の頂点に君臨した乾隆帝（清高宗）は，欧米の商人がマカオから広州（グアンジョウ）に足を延ばして，広州の特別に許可された居住区域において貿易を行うことを，皇帝が与えた格外の恩恵と考えていた．主権国家相互の対等な関係を前提にした国際交易などといった考え方は，存在していなかった．

　イギリス人商人もマカオにしばらく滞在し，特別に許可された時期に広州の「夷館」に赴いて，中国側の商人と商いを行うことができた．中国側の商人は「行商」と呼ばれ，官憲の監督を受けていたが，外国人商人と清朝官憲が直接に交渉することは許されておらず，窓口は「行商」に委ねられていた．イギリスの対中国貿易が特権的な営業になじみ深い東インド会社によって担われていた時期には，こうした制度の問題もあまり顕在化しなかった．しかし19世紀に入って，東インド会社のライセンスで営業していた商人なども含めて，新興の商業資本が台頭するようになり，彼らが独占的な営業を批判して「自由貿易」を主張するようになると，制度の矛盾は深刻化することとなった．

　すでに，1792年，イギリスは植民地官僚を歴任したG.マカートニー（1737-1806年）を団長とする使節団を中国に派遣し，通商港の増加などを求めたことがあった[1]．使節団の一行は1793年，熱河（ルェーホー，承徳(チェンドー)）に造営されていたチベット仏教寺院を核とする壮麗な避暑山荘に乾隆帝を訪問した．使節団の乾隆帝訪問は，清朝の謁見儀礼に則って，皇帝に対して「三跪九叩」と称される儀礼を行うか否かをめぐって紛糾し，訪問の本来の目的は果たされなかった．清朝側では，イギリスとの通商の拡大には消極的で，マカートニーの要求をほとんどすべて拒絶した．

しかし，マカオ・広州から北京・熱河を訪問してふたたび広州にもどる長途の旅行の間に，マカートニー使節団一行は当時の中国社会に状況について，詳細な観察を行い，多様な情報がヨーロッパにもたらされた．そこに描かれる情景は，かつてイエズス会宣教師が伝えたような中国社会を讃美するものではなく，清朝支配体制の矛盾や問題を暴露(ばくろ)するものであった．新たな情報の増加に反比例するように，ヨーロッパの中国熱は急速に冷めていったが，中国に渡来するヨーロッパ人の数は貿易の拡大とともに増加しており，通商関係や法律問題をめぐって，清朝官憲とヨーロッパ人の間の衝突事件がしばしば発生した．

歴史を振り返ると，ポルトガル人やスペイン人などによってアジアに至る新しい航路が「発見」されたのち，16世紀から17世紀のはじめには，ヨーロッパから東方アジアの地にキリスト教を伝えようとする宣教師がつぎつぎに東アジアに渡来した．宗教改革の波のなかで，カトリック側にはイエズス会やフランチェスコ会など，アジア地域への布教にとくに熱心な団体があらわれていた．

イエズス会の宣教師たちは明代末期から清代初期の中国に滞在して，中国文化に触れ，そこで得た情報をヨーロッパに伝えた．彼らの目には，ヨーロッパが中世から近世にかけて，軍事力を擁する数多(あまた)の地方勢力が凄惨(せいさん)な争いをくり広げていた時期に，中国では巨大な帝国体制のもとに，公開の競争試験制度（科挙）によって官僚が選抜されており，古代以来の哲学の素養を備えた有徳の皇帝が王朝を統治していた．こうした情報が伝わると，ヨーロッパには中国を理想化する言論があらわれ，空前の「中国ブーム」が生じたのである．

しかし，前述のように，18世紀末にマカートニー使節団が乾隆帝を訪問したころ，中国社会に対するヨーロッパからの見方は急速に変化しつつあった．マカートニー使節団の来航にやや遅れて，イギリス人のプロテスタント宣教師による東アジアへのキリスト教布教が始まったが，彼らはキリスト教とともに近代ヨーロッパの「文明」を伝えるという使命を意識していた．1807年，ロンドン伝道協会から派遣されたロバート・モリソン（1782-1834年）は，北米を経由してマカオに到着した．彼は早くから中国伝道を志して中国語の学習やイエズス会士の作成した漢訳聖書などを学び，マカオに来てからは，東インド会社の通訳を務めるかたわら，伝道活動を行った．ただ，中国の対外交易の窓口はなお開かれておらず，モリソンはポルトガルの拠点であるマカオやマレー半

島のマラッカに教会学校（図1）を開設し，華南から訪れる中国人にプロテスタントの教えを伝えた[2]．

1835年には，前年に死去したモリソンを記念して，モリソン教育協会が華南の海港に渡来していた宣教師や商人によって設立された．アメリカ人宣教師S. R. ブラウンはその活動の一環として，1839年，マカオにモリソン学校を開いた．モリソン学校からは容閎(ヨウコウ)（ロン・ホン）という人物が出ている[3]．容閎はブラウンの手引きで1847年にアメリカに留学し，イェール大学を卒業した後に帰国して，清末の中国社会で欧米文明を紹介する活動をした．科挙を経ない人材の社会的活動は苦難に満ちていたが，新しい環境は新しい歴史人物を生みだしつつあったのである．

図1　マラッカに建てた英華書院

中国のアヘン問題と対英戦争

イギリス商人が中国からの茶葉を争って買い求めていたころ，清朝支配下の中国社会は転換期にあった．18世紀後半の乾隆帝治世の時期には，人口の急増により，耕地面積あたりの人口圧力が高まっていた．土地分配の不均衡や税制の不公平などの要因から，社会不安が深刻化し，過剰人口は国の内外に移住の波を起こした．彼らは新たに地域社会や移民社会を作ったり，場合によっては，盗賊・匪賊(ひぞく)となって武装蜂起(ほうき)を引き起こす者もあらわれた．

イギリスは中国から茶葉や絹織物を買い入れ，銀で決済することが多かった．しかし，18世紀にイギリスの茶の需要が拡大するにつれて，決済の手段には銀に加えて，インド産のアヘンが登場するようになった．アヘンは薬剤として利用される場合もあるが，習慣性の麻薬として社会に悪影響をもたらすことが多く，清朝政府はアヘンの輸入を禁止する政策を採用した．イギリス東インド会社のライセンスを得てインド・中国間の貿易に従事していたイギリス人商人のなかには，大量にアヘンを密輸する業者があらわれた．その結果，中国から

イギリスに運ばれる茶の金額よりも，インドから中国に運ばれるアヘンの金額が多くなるに至ると，今度は，中国からアヘンの代価として銀が流出する事態となった．

すでに，18世紀にアヘンをめぐる交易関係はカントン貿易[i]のなかで重要な部分を形成するようになっており，中国国内におけるアヘンの栽培も徐々にみられるようになっていたといわれる．しかし，アヘン貿易の拡大が王朝の財政に影響を与えるような事態は，王朝として看過できるところではなく，清朝中央はアヘン貿易の公認か厳禁かの選択を迫られることとなった．

図2　林則徐

すでにアヘンの供給と吸引は，社会生活に深刻な影響を及ぼしつつあり，単に厳禁しても事態の解決にならないという議論も行われていた．

……結局のところアヘンの吸引者は怠惰で志もない，問題にならない連中であり，また老齢になって嗜む者もあるが，それが人の寿命を縮めているとはいえない．国内の人口は日に日に増加しており，その減少の恐れは断じてないが，しかし年々中国の富が失われることについては，早急に徹底した対策をたてる必要がある．現在，対外交易を断絶することは不可能であり，禁令は実効がない．可能な方策は旧例に照らして，アヘンを薬剤として扱って外国商人に税金を納めさせ，海関を通って行商に渡ったのちは，銀での取引を禁じて物々交換のみを許すことである．外国商人の納税額も，従来の賄賂よりは軽くてすむから，彼らも喜んで従うであろう[4]．

こうした現実主義の議論は，時の皇帝であった道光帝（清宣宗）の採用するところとはならなかったが，しかし，こうした史料から，社会問題としてのアヘン吸引の蔓延がすでにイギリスとのアヘン戦争以前に，清朝官僚によって認識される事態となっていたことは明らかであった．

1830年代の末に至り，道光帝は有能な地方官僚として知られていた林則徐（リン・ズェシュイ，1785-1850年，図2）を広東に派遣して，アヘン密貿易厳禁政策を実行させた．林則徐はアヘン問題を貿易港カントンの特殊な問題として処理

---

i) 清朝と西洋諸国との交易は18世紀半ば以降，中国南東部の広東省の省都広州で行われた．西洋人は広州をカントンと呼んだため，カントンは広州と広東省全体の両方をさすようになった．

するのではなく，清朝の体制に関わる問題としてきびしく処理しようとした．その厳罰主義はイギリスの反発を招き，全面衝突が避けられなくなった．イギリスには，アヘン貿易を擁護(ようご)することについての議会の反対論や派兵慎重論があったが，そうした事情にもかかわらず中国に艦隊を派遣し，通商利益を武力によってでも守る態勢をとった．

1840年，イギリスが派遣した艦隊が中国に到達し，戦端が開かれた．戦いは林則徐が防備をかためていたカントンの沿海に限定されず，中部・北部の沿海各地に拡がった．清朝側はイギリス海軍の装備に対抗できず，各地で戦いに敗れ，苦慮した道光帝は林則徐を罷免(ひめん)して代わりに琦善(キーシャン)を広東に派遣せざるをえなかった．琦善はイギリスの貿易監督官エリオットとの間で停戦を急ぎ，1841年早々に「川鼻(せんび)(チュアンビー)仮条約」を結んだ．「仮条約」は「香港島(ホンコン)を英女王に割譲(かつじょう)する」としていて，ただちにイギリスは海軍の分遣隊(ぶんけんたい)を香港に上陸させ，占領するとともに自由港とすることを宣言した．イギリス領香港の歴史は，すでに開始されたのである．

しかし，大幅に譲歩した「仮条約」は道光帝を激怒させ，イギリス本国でも不評で，まもなく戦闘が再開された．イギリス軍は長江(チャンジアン)下流の港湾都市を攻撃し，1842年8月，南京(ナンキン)(江寧)沖の長江上に停泊していたイギリス軍艦コーンウォーリス号において，南京条約が締結された[5]．清朝側全権代表は欽差大臣耆英(きんさだいじんチーイン)，イギリス側全権代表は初代香港総督となるヘンリー・ポッティンジャー大佐であった．

南京条約は，第3条に「大清大皇帝陛下は大英国君主陛下に香港島を譲与し英国女王陛下およびその後継者は永久にこれを占有す」と規定して，イギリスに香港島を割譲(かつじょう)し，イギリスが香港島で統治権を行使することを認めた．その後，香港植民地は，1860年の北京条約で九竜(ジウロン)半島先端部分を加え，さらに1898年には「展拓香港界址専条」が締結されて，いわゆる「新界(しんかい)」(シンジエ)の地域が99カ年期限の租借地として加わり，イギリスの東アジアにおける拠点として重要な役割を果たすこととなった．1841年の香港の人口は，7450人という推計数字がある．日中戦争の時期，1941年に日本軍が香港を占領する直前には，約160万人であったという．その後，20世紀の後半に香港の人口は急増し，1997年のいわゆる「香港返還」を経て，現在は約700万人

の人々が居住している.

　南京条約では，香港割譲および戦費の賠償(ばいしょう)が認められたほか，「行商」の制度が否定され，さらに広州・厦門(アモイ)・福州・寧波(ニンポー)・上海(シャンハイ)など5つの港が開港されることとなった．開港地にはイギリス人商人に居住が認められたが，イギリスはそのために必要な土地を特別に有利な条件で貸与されるよう謀り，清朝側では彼らを特別な居留地に囲い込もうと考えた．広州では，イギリス人の城内居住をめぐって紛争がつづいたが，長江下流に新たに開かれた上海では，開港後まもなく，上海県城の城壁北方に隣接する黄浦江(こうほこう)(ホアンプージアン)沿いの土地がイギリス人に貸し与えられた．

　イギリスでは，1816年に派遣されたアマースト使節団が中国沿岸を調査した際に，すでに厦門・福州・寧波に加えて，中国国内市場の南北交易の拠点として機能していた上海に注目していた．南京条約が結ばれると，全権代表ポッティンジャーは，翌年に初代上海領事となるG.バルフォア(1809-94年)を上海周辺に派遣し，「上海県城から北および東に位置する土地」に着目した．開港後の上海ではイギリス人居留地について，バルフォアと当地を管轄(かんかつ)する清朝地方官であった蘇松太道(そしょう)(後に「上海道台」と通称される)宮慕久(ゴン・ムージィウ)との間に交渉が行われた．1845年11月，両者の間に第1次「上海租地章程」が結ばれ，イギリス租界が開設された．

　その後，フランスやアメリカも上海に租界を開設し，イギリス・アメリカの租界は1863年に合併して「公共租界」となった．租界には，道路などの公共施設を建設・管理するために「工部局」と呼ばれる機関が作られた．その後，工部局は実質的な「市政府」の機能を有するようになり，上海が近代的な都市として拡大・発展するうえで，重要な役割を果たしたとされる．

　「租界」ははじめ外国人居留地として開設されたが，とくに上海の租界の場合には，1850年代に太平天国の戦乱が発生して，上海に隣接する江南(ジアンナン)の各地から多くの避難民が流入した．このことをきっかけにして，上海の租界は外国商人と中国人住民が共存する特別な空間として，急速な発展をするに至る．上海以外のところでも，漢口，天津，広州，厦門，九江などに租界が設けられたが，これらの都市が中国近代の歴史の重要な舞台となったことは否定できない．

開港後の清末社会

　アヘン戦争の敗北と南京条約による開港によって，清朝の支配体制にすぐに大きな変化がもたらされるということはなかった．国内の政治体制に大きな変更は生じなかったし，対外関係の原則も，1860年の北京条約に至るまで，決定的な変更は加えられなかった．

　しかし，すでにマラッカを拠点とするプロテスタントの布教活動では，梁発（リアン・ファー）という人物がイギリス人宣教師ミルンのもとでキリスト教に改宗し，中国人として最初の布教者となった．梁発は，1832年には聖書の内容をわかりやすくまとめた布教書『勧世良言』を出版していた．

　広東省花県の農家の出身で広州に科挙の受験に来ていた洪秀全（ホン・シウチュエン）は，この『勧世良言』を手に入れ，それを読んで，新しい信仰を創り出す手がかりとした．洪秀全が始めた拝上帝教は，キリスト教の色彩を帯びており，1850年に洪秀全とその信徒らが「太平天国」を建てて北方の清朝政府に対する挑戦を始めると，欧米人には，中国に生まれたキリスト教権力に期待する見方が生じた．

　1850年代の戦乱を通じて，欧米諸国は清軍と太平軍の戦争には中立を装いながら，清朝政府に貿易拡大の圧力をかけた．清朝は南京条約以後も対外関係の拡大に消極的だったため，欧米諸国は事態を変えるきっかけを求めていたのである．1856年にはアロー号事件などをきっかけにして，アロー戦争（第2次アヘン戦争）が発動されるに至る．

　太平天国の反乱は1864年に首都天京（ティエンジン，今の南京）が陥落して失敗に終わるが，この間に欧米諸国はアロー戦争後の北京条約（1860年）で中国内地のキリスト教布教を清朝政府に正式に認めさせ，イギリス人・アメリカ人などのプロテスタント系の伝道会やフランス人などのカトリック宣教師の布教活動が中国各地で広く展開することとなった．

　1863年初めに，江西（ジアンシー）巡撫沈葆楨（シェン・バオジェン）は，宣教師排斥の騒動を起こした江西省の民衆の動向を調査し，その際の民衆との問答を皇帝に報告している．

　　問い：お前たちが皆口々に，フランスの宣教師とは闘うと主張するのは何

故か.

　答え：彼らは我々がここに公に建てた育嬰堂ⁱⁱ)を奪おうとし，我々から多額の銀を賠償としてとろうとする．そのうえ，信者をそそのかして我々の店舗や田地を占拠させようとしている．また聞くところでは，軍艦をこちらに向わせて我々に圧力を掛けようとしているという．こちらが一歩譲れば彼らは一歩入り込んでくる．今後の生活は大変不安であり，彼らと闘わないわけにはいかないのだ[6]．

　民衆のなかには，教会の保護を受けることによって，それまでの低い社会的な地位を好転させようとする者や，官憲の摘発から逃れようとする反乱分子なども存在したが，多くは，教会が郷村社会に異質な信仰や規範をもたらすことに不安を抱き，さらに官僚や郷紳が欧米諸国との融和を優先する清朝政府の対外政策に同調することに不信感を抱いていたのである．

　キリスト教宣教師らは，上海などの開港地に新しい文化を紹介する活動を行い，キリスト教布教と並行して出版活動や報道事業，慈善活動，教育事業などを進めた．こうした都市への布教と並行して，中国内地の農村地域にも熱心な布教が試みられた．しかし，キリスト教の内地布教の拡大にともなって，信者の獲得が進む一方で，中国各地の地域社会に「教民」を排斥する「教案」事件が頻繁に発生し，社会不安が高まることも避けられなかった．1900年に首都北京を主戦場に8カ国連合軍との戦争にまで発展した義和団事件は，最大規模の「教案」事件といってもよいであろう． 　　　　　　　　　　　（並木頼寿）

コメント•1　アヘン厳禁策は現実的な政策であったか

　広州の知識人であり，林則徐のアヘン厳禁策に協力した梁廷枏 (リアン・ティンナン) は，しかし，アヘン厳禁策に苦しむ広東の人々に同情を寄せている[7]．当時の広東では，獄死するアヘン所持者や吸引者は日々多数にのぼった．兵士や警察は人々の持ち物のなかにアヘンを潜ませておいてアヘン所持の現行犯で逮捕した．隣人を告発する風潮も拡がり，「草木皆兵」，人々は不安におののい

ⅱ)　郷村社会が共同でつくった孤児を集めて育てる施設．

ていた．その一方で，アヘン密輸集団の大物たちは，夜襲などのあらゆる方策によっても逮捕できなかった．彼らはいち早く地下道を通って逃げてしまい，もぬけの殻であったという．林則徐が外国人商人からアヘンを没収した後，アヘンの価格が高騰したことを好機として，沿海での密貿易は活況を呈した．

　以上のような当時の人物の記述は，アヘン厳禁策がおよそ非現実的で実行不可能な政策であったことを示唆している．ポラチェクは，なぜ，清朝はおよそ実行不可能であり，しかもイギリスとの戦争につながる危険な方向へ舵を切ったのか，と問題を提起している[8]．ポラチェクによれば，それは，アヘン戦争直前に，観念的な急進集団が清朝政治の主導権を握ったからである．彼は，清朝政治の不安定さこそが急進集団の登場を可能にした，と分析する．

（新村容子）

コメント・2　アヘン戦争への朝鮮の反応

　アヘン戦争は朝鮮・日本にも影響を及ぼした．日本の場合，アヘン戦争の「衝撃」は戦争の当事者である中国よりもむしろ強かった．その日本と比較すると，朝鮮のアヘン戦争に対する反応はかなり異なるものだった．朝鮮が両次のアヘン戦争の時期に最も関心を払ったのは清の動向である．第二次アヘン戦争に際して朝鮮の清に対する信用はいくぶん動揺したが，「恭親王・西太后政権」が安定をみせ，太平天国の乱も鎮静に向かいつつあるという情報がもたらされると，従来の朝貢・冊封関係を堅持するという政策が選択された．日本と朝鮮がアヘン戦争に対してみせた対応の違いは，両国が近世東アジアの世界秩序に占めていた位置に起因するものだったと見ることができる．

（月脚達彦）

コメント・3　アヘン戦争と非公式帝国

　19世紀中葉，イギリスは産業革命によって強化した経済力にものをいわせて自由貿易を推進しつつ，勢力を拡大していった．本章の軸となっているアヘン戦争は，自由貿易帝国主義と呼ばれるこの動きを代表する出来事であった．

アヘン戦争時のイギリス本国の議会や新聞での議論が，アヘン問題そのものよりも自由貿易に焦点をあわせたものであったことは，それをよく示していた．

　イギリスの勢力拡大は，法的・制度的な支配を伴う「公式帝国」と，そのような支配の形はとらなくとも経済面などを通じて実質的な支配がひろがる「非公式帝国」という二つの形をとった．中国の場合，アヘン戦争後イギリスに譲渡された香港島は「公式帝国」の一部となり，長江流域などにおけるその後のイギリスの経済力拡大は「非公式帝国」的性格を強く帯びることになった．この「非公式帝国」という概念は，第二次世界大戦後，植民地が独立していった後の，アメリカ合衆国の世界各地との関係を説明する際に用いられることも多く，近現代世界における支配—従属関係を考えていく上できわめて重要な概念である．　　　　　　　　　　　　　　　　　　　　　　　　　（木畑洋一）

●より深く知るために

菊池秀明『ラストエンペラーと近代中国　清末・中華民国』（中国の歴史 10）講談社，2005 年

佐藤公彦『義和団の起源とその運動——中国民衆ナショナリズムの誕生』研文出版，1999 年

並木頼寿・井上裕正『中華帝国の危機』（世界の歴史 19）中央公論社，1997 年

坂野正高『近代中国政治外交史——ヴァスコ・ダ・ガマから五四運動まで』東京大学出版会，1973 年

村松伸『上海・都市と建築——1842-1949 年』PARCO 出版局，1991 年

容閎『西学東漸記——容閎自伝』平凡社，1969 年

第10章 アメリカの北太平洋進出

19世紀の中ごろまで日本人と太平洋とのかかわりは比較的浅かった．沿岸を航行する和船がその広大な海域に漂出することがあっても，無事帰国した漂流民の行動は政府の手で厳しく管理され，彼らの知識が日本人全般の対外認識を変えることはなかった．ただ，日本を開国させたアメリカの場合も，年月を尺度として測るならば太平洋とのかかわりはけっして深くはなかった．1803年に第3代大統領トマス・ジェファソンがミシシッピ川以西のルイジアナ領土をフランスから購入するまで，アメリカの国土は大西洋沿岸からミシシッピ川以東に限られていたのである．

中国貿易の魅惑

アメリカ人の間に太平洋への関心を最初にかき立てたのは中国貿易の魅惑であった．17世紀半ば以来の英国の航海条例によって，植民地時代のアメリカは対外貿易を厳しく規制されていた．大英帝国の庇護を受ける代償として，本国および英領植民地との交易をアメリカ船は制限されていたのである．しかし英国からの独立（1783年）によってこの桎梏から植民地は解放され，茶や陶器など人々を魅了してやまない中国物産の取引を，イギリス東インド会社の支配を受けずに行えるようになった．独立直後に中国貿易を推進する声が積極的に挙がるのも自然なことであった．たとえばジェイムズ・クックの第三次太平洋探検航海に同行したアメリカ人船員ジョン・ルディヤードが，1789年，故郷のコネティカットで同探検の航海記を刊行し，そのなかで，大西洋，インド洋を経由する東回りではなく，北太平洋を経由する西回りで中国へ達する貿易路の開拓を提案した[1]．ヨーロッパ中心の地政学に慣れ親しんだアメリカ人の世界認識のなかで，中国は常にアメリカの「極東」に位置していた．それを「極

西」にとらえ直す視点を提供した点でルディヤードの提案は画期的といえた．

しかし，太平洋をまたぐ交易路が実際に確立するまでにはもう少し時間が必用であった．ルディヤードが唱えた太平洋を横断する航路をたどってアメリカから広東に初めて船が入ったのは，1789年のことであった．アメリカ北東部のボストンの投資家が資金援助をした2隻の帆船が1787年にボストンを出航，アメリカ大陸南端のホーン岬を回って北米太平洋岸のヌトカに達し，そのうちの1隻，コロンビア号がさらにハワイを経由して広東（カントン）に達したのである．同船はその後，インド洋，喜望峰を経由して1790年にボストンに帰港した．この航海で，アメリカ北東部から積み出した金物や硝子玉（ガラス）が，北太平洋沿岸に住む先住民との間でラッコなどの毛皮と好条件で交換され，それがまた広東で中国商人に高額で引き取られることが明らかとなった．さらにアメリカに帰国する際には茶や絹，陶器などの中国物産が空となった船底に積み込まれ，それらが再びアメリカで破格の値で取り引きされていたのである．航海全体の儲け（もうけ）は莫大（ばくだい）であった．実際，1796年から1812年頃まで，北太平洋航路を用いた中国との毛皮交易でアメリカは他国を圧倒した．1809年には，ニューヨーク州に太平洋毛皮会社を設立したジョン・アストリアが，西海岸北部のコロンビア川河口に交易地アストリアを建設し，太平洋をまたぐ中国貿易の組織化を図っている[2]．

19世紀の前半，アメリカは中国との貿易に常に積極的な姿勢を示しつづけた．問題は，先に述べた茶や絹，陶器などの物産を中国はいくらでも産出できたのに，それと交換する産物をアメリカが準備できないことであった．そこでアメリカは，中国人が興味を示す品々を求めて太平洋を経めぐらねばならなくなった．最初はハワイに自生する白檀（びゃくだん）（サンダルウッド）が輸出品として珍重されたが，じきに乱伐で資源が枯渇（こかつ）すると，この交易は廃（すた）れた．ほかにアメリカ大陸産の朝鮮人参や燕の巣，氷なども太平洋を渡って中国に輸出されたが，どれも息の長い交易品には成長しなかった．結局，毛皮に頼るしか中国貿易を存続させる手だてを当時のアメリカは持たなかったのである．1830年代にラッコやアザラシの乱獲がたたって毛皮交易が衰退しはじめたのと同時に，北太平洋を経由した中国貿易の勢いが落ちたのもやむをえぬことであった．

この趨勢（すうせい）に再び変化が起きるのは，1840年代の後半に入って太平洋岸にア

メリカが次々と領土を獲得してからであった．カリフォルニアを拠点とする太平洋岸から自国産品を輸出する市場としてアメリカは中国に再び熱い視線を向けたのである．折しも 1850 年を境にアメリカでは工業生産高が農業生産高を上回るようになった．北東部の工業生産者も中西部の農業生産者も，自国産品の輸出市場としてこぞって中国に注目を始めたのである．

捕鯨船の時代

　19 世紀前半のアメリカで太平洋に強い関心を寄せる集団がもう一つあった．捕鯨(ほげい)産業に携わった人々である．貿易商人にとって太平洋は交易地への通り道にすぎなかった．しかし，捕鯨産業に携わる人々にとって太平洋は資源豊富な漁場であり，鯨との壮絶な格闘の場でもあった．その意味で，海洋上を縦横に駆けめぐった捕鯨船の乗組員こそが，この時代の太平洋の主役であったと言っても過言ではない[3]．

　17 世紀の植民地時代からアメリカでは捕鯨が盛んであった．しかし初期のそれは沿岸捕鯨を中心とする小規模なものであった．18 世紀の後半に造船技術が発達し船が大型化した結果，外洋捕鯨が可能となり，北東部ニューイングランド地方のナンタケットやニューベッドフォードなどの港を出帆した船が，ブラジル沖やアフリカ沖，さらにはアルゼンチン沖へと南下を始めたのである．ホーン岬を回ってアメリカの捕鯨船が最初に太平洋に入ったのは 1791 年であった．19 世紀転換期には太平洋におけるアメリカ捕鯨の時代が幕を開けたと理解してよい．

　太平洋に入ったアメリカの捕鯨船の多くはホーン岬を迂回(うかい)したのちに最初まっすぐ北上し，南米大陸西岸沖で操業した．それが 1810 年代に入ると貿易風にのって西進し，南太平洋のガラパゴス諸島やマルケサス諸島近海でも操業するようになった．さらに 1812 年から 14 年にかけて戦われた米英戦争中に英国の捕鯨船をアメリカ海軍が駆逐(くちく)してしまうと，アメリカ船は赤道付近からさらに北上し，カリフォルニア沖でも操業するようになった．一方，1820 年代に入り日本の沖合に鯨が豊富に生息する海域が発見されると，この海域にもアメリカの捕鯨船が殺到した．その後 1840 年代から 50 年代半ばにかけ，南太平洋はもとより，カリフォルニアやアラスカの沿岸から，アリューシャン列島，日

本近海までを含めた太平洋のほぼ全域でアメリカの捕鯨船が活動した．アメリカ捕鯨産業の黄金期であった．1835年から55年にかけて世界には約900隻の捕鯨船が操業したといわれるが，その約8割がアメリカ船籍(せんせき)であったといわれる．1830年代以降，日本の東沿岸を航行中に太平洋に漂出する和船の数が増え，

図1　ラゴダ号の模型
(the New Bedford Whaling Museum)

それと同時に，その乗組員が洋上でアメリカの捕鯨船に救助される例が急増した．1841年に土佐から漂出した中浜万次郎が現在の鳥島に漂着したのち，アメリカ船に救助されたのがその代表例であろう．奇跡とも思われる彼の漂流談の背後には，アメリカ捕鯨産業隆盛の歴史があったのである（図1）．

　アメリカの外洋捕鯨船の多くは，アメリカ本土を離れたのち数年を太平洋上で過ごした．その乗組員のもたらす情報は同時代のアメリカ人の太平洋理解を深めるうえできわめて重要な働きをしている．しかし，太平洋進出の前衛として捕鯨船が果たした役割は情報の蓄積に留まらなかった．領土拡張の面でもその働きは小さくなかったのである．一例にハワイが挙げられる[4]．北太平洋に活動範囲をひろげたアメリカの捕鯨船が食糧の供給地，船員の休養地としてハワイの存在に注目しないわけがなかった．1819年には最初のアメリカ捕鯨船がホノルルに入港している．その後ハワイに寄港するアメリカ捕鯨船の数は急増し，1840年代には年平均400隻を越えるまでになった．当時のハワイに偶然居合わせた日本人漂流民次郎吉(じろきち)らが残した漂流記録『蕃談』には，各国の商館が建ち並び貿易船や捕鯨船が出入をするホノルルの様子が活写されている．ただこの活気あふれる港は地政学的価値が高いがゆえに，英仏列強の領土的野心の対象ともなった．すでに1838年イギリスはニュージーランドを領有し，フランスもポリネシアのソサエティ諸島を領有していた．東アジアに目を転じれば，1842年イギリスはアヘン戦争に勝利し，清朝中国を蚕食(さんしょく)する機会をう

かがっていた．ハワイ周辺の両国の動きにアメリカが神経を尖らせたとしても無理はない．実際，1842年，ダニエル・ウェブスターを国務長官に擁した第10代大統領ジョン・タイラーが，いわゆるタイラー宣言と呼ばれる声明を発し，ハワイにおける既得権の死守を言明している．もともと捕鯨産業は，造船，鯨油精製，鯨骨加工，船員の雇用など，複数の産業にまたがる基幹産業の位置を当時のアメリカで占めていた．その捕鯨産業の利益を守るうえでも，ハワイを他国に占有させることはできないとアメリカ人は考えたのである．

海軍の展開

　太平洋を行き交う貿易船，捕鯨船の数が増せば，それらの船と船員の安全を守る必要が高まる．19世紀前半のアメリカでその責を担ったのは，のちに日本開国の任を果たすことになる海軍であった[5]．

　アメリカに正規の海軍が誕生したのは1794年である．貿易や捕鯨に携わる自国船の活動を保護するのが創設の第一の目的であった．ただし，海軍創設時の軍艦総数はわずか6隻にすぎなかった．そのため，各艦とも当初は単独の活動を余儀なくされた．先に述べた米英戦争でも，ホーン岬を迂回し太平洋に入ったフリゲート艦エセックス号は，ペルーやチリの沖合で単艦活動を余儀なくされている．船長のデイヴィッド・ポーターは地政学のセンスに優れ，南太平洋上のマルケサス諸島の領有や日本近海への探査航海の必要を大統領に進言したことで知られる．しかしこの時代，海軍全体の艦数が不足気味だったうえ，太平洋への世間の興味もまだ薄かった．政府はポーターの提案を聞き流し，欧州列強との間で貿易の競合が続く西インド諸島海域の安全の確保に力を注いだのである．

　アメリカ海軍が体系だった艦隊活動を世界に展開しはじめたのは1820年代に入ってからであった．もちろんそれ以前のアメリカ海軍に艦隊が存在しなかったわけではない．地中海沿海との交易路を確保する地中海艦隊が古くから存在した．しかし，艦隊と呼べるものはそれ一つしか存在しなかったのである．そこで，アメリカ船の活動が活発化したカリブ海域で船舶の安全を確保する西インド艦隊が設立された．1821年のことである．その頃から，自国船の経済活動が集中する主要海域に数隻から構成される艦隊を派遣し，同海域を航行す

るアメリカ船を護衛するのが海軍の基本方針となった．1820年代から1830年代にかけては，西インド艦隊に続いて太平洋艦隊，東インド艦隊が創設され，太平洋とインド洋で活動するアメリカ船の安全の確保を命ぜられている．奴隷密貿易の取り締まりに奮闘したブラジル艦隊がこれらに加わることで，南北戦争後にまで継承されるアメリカ海軍の艦隊構想が原型を整えた．

　ただし，1830年代のアメリカ太平洋艦隊の管轄領域が，南北アメリカ大陸の太平洋岸とハワイ諸島を結んだ現在の東太平洋に限られていた点を確認しておく必要がある．アメリカ人による経済活動の密度が低かった西太平洋はまだ太平洋艦隊の管轄に入っていなかった．西太平洋の先にある東アジア諸国や中国との交易はその過半が依然としてインド洋経由で行われ，その安全を確保する任務は東インド艦隊が担っていたのである．当然日本は，その東インド艦隊が管轄する海の東端に位置する国ととらえられた．1853年，ペリーが東インド艦隊司令長官として浦賀に入った理由はそこにあった．

　1830年代以降，アメリカ海軍はその活動を体系化したばかりでなく，任務の内容を拡大していた．新たに加わった任務の一つに，たとえば世界の海に関する科学的情報の収集があった．潮や浅瀬の情報がなくては航海の安全は確保できない．この点，アメリカが最も遅れていたのが太平洋に関する情報の蓄積であった．ある研究によると，19世紀前半を通して太平洋に関する本を最も多く刊行したのはフランスで，その数が80冊を越えていたのに対し，同時期にアメリカで刊行された太平洋に関する著作は10冊にも満たなかったという．アメリカ人自らが太平洋を探検調査し，その成果を体系づけることへの期待は各方面から高まっていた．1838年から42年にかけ，太平洋の探検航海をアメリカ海軍は空前の規模で組織したが，これはそうした期待に応えるものだったのである．自然科学に通暁した技術将校チャールズ・ウィルクスが率いた艦隊の遠征記録は，『合衆国探検航海記——1838年から1842年』と題され1845年に刊行されている[6]．一行が持ち帰った博物学の標本を土台に翌年現在のスミソニアン博物館（ワシントンDC）の原型が設立されたことも特筆に価する．19世紀の半ば，科学の知による海洋秩序の構築とその掌握にアメリカは努めていた．その意味で，ペリー艦隊の日本遠征記録の原文タイトルに科学探検の意味を含む"expedition"という言葉が含まれていた事実は，後世から見てきわ

めて示唆に富む[7]．

　19世紀前半のアメリカ海軍が担ったもう一つの新たな任務は外交であった．すでに述べたとおり，海軍創設の第一の目的は，自国船の安全の確保にあった．しかし19世紀の半ばになると，通商交渉などにおいても海軍が重要な役割を果たすようになった．1830年トルコと合衆国との間で結ばれた和親条約がその良い例であろう．この条約締結の交渉にあたったのは，当時地中海艦隊司令官であったジェイムズ・ビドゥルであり，ビドゥルの搭乗した船の艦長が同じく当時地中海艦隊に勤務したマシュー・ペリーであった．ビドゥルはそののちペリーに先立つ1846年に浦賀を訪れ，幕府に通商を打診した人物である．締結された条約の内容も後の日本との条約と対照すると興味深い．すなわち，治外法権や最恵国待遇，難波船の船員保護などに加え，アメリカ船の黒海における自由航行やトルコ国内交易都市への米領事の滞在を，アメリカは条約で認めさせたのである．日本との和親条約は港を開いただけで，修好通商条約での交易の開放性や治外法権の程度も限られていたが，トルコとの条約は，当時のアメリカが海外に何を求めていたかをよく示している．このほか，1830年代，インド洋や南シナ海沿海諸国との通商条約の締結にもアメリカ海軍は奔走した．貿易船や捕鯨船の護衛にとどまらず，通常条約の交渉にも力を注いだのである．ペリーの来航と日米和親条約の締結は，アメリカ海軍におけるそうした軍務の拡大を象徴する出来事でもあった．

太平洋への進出をうながす文明観

　19世紀の前半，交易や捕鯨を通しアメリカが太平洋とその先にひろがるアジアとのつながりを深めたことは確かである．けれども実のところこの時代のアメリカの第一の課題は依然として北米大陸内の領土の拡張にあった．北太平洋への進出がアメリカの国家的事業となるには，西方への進出を積極的に評価するアメリカ固有の文明観ないしは歴史観の成熟が必要であった．それが見られたのは1840年代のことと思われる[8]．

　少し時代を遡ってアメリカの西部領土拡大の歴史を振り返ってみよう．ミシシッピ川以西への領土の拡張に文明史的な視野から関心を寄せた19世紀の代表的論者の一人に，先に触れた第3代大統領トマス・ジェファソンがいる．

ジェファソンは国務長官としてパリに駐在していた1790年代から太平洋岸の領土獲得に関心を寄せていた．1804年には，メリウェザー・ルイスとウィリアム・クラークにミシシッピ川水域から太平洋岸に至る水路の探索を命じている．両名に率いられた探検隊がロッキー山脈を越え太平洋岸北部のコロンビア川河口に到達したのは1806年のことであった．そのころすでにアメリカと中国との間には広東(カントン)貿易が始まっており，太平洋岸に関心を寄せたジェファソンの視線の先に中国貿易の可能性が見えていたことは想像に難くない．ただ，より興味深いのは，太平洋岸領土の獲得がヨーロッパからのアメリカの自立を促進すると，太平洋岸に関心を寄せる知識人の多くが考えはじめていたことである．ヨーロッパ文明の継承地であった北米の大西洋岸が，経済的にもヨーロッパとの交易に依存せざるをえないのに対し，同じヨーロッパから遠く離れた北太平洋岸は，真にアメリカ的な領土となり，アジア交易と結びついたアメリカ独自の経済システムを形成すると彼らは考えたのである．

ジェファソンと並び称される19世紀西部領土拡張論者であったトマス・ベントンらが，西部領土における河川運河の整備を求める法律を1844年に連邦議会に提案し，太平洋岸と中西部との経済的つながりを促進しようと図った背景には太平洋を視野に入れた新たな文明観が存在した．またニューイングランド出身の商人アーサ・ホイットニーが，中国で貿易業に携わったのち1844年帰国，翌45年に北部五大湖の一つミシガン湖から太平洋岸に通ずる大陸横断鉄道の建設を連邦議会に提案した時にも，同種の文明観を表明している．折しも1845年，テキサス領土の併合問題をめぐり，西部への領土の拡張を神から与えられた使命とみなす「明白なる運命（マニフェスト・デスティニー）」の考えが雑誌『デモクラティック・レビュー』に掲載され，ひろく国民の注目を集めた．翌46年には，現在のオレゴン，ワシントン州一帯が英領カナダから切り離され合衆国の領土となっている．さらに同年メキシコとの間に勃発(ぼっぱつ)したアメリカ・メキシコ戦争に勝利すると，カリフォルニア，ニューメキシコ一帯をも合衆国は領土とし，北太平洋へ進出するための領土的基盤を固めた．1840年代の後半，西部および太平洋への進出は，神から与えられた使命であると同時に，十分に実現可能な事業と国民の目に映りはじめていたのである（図2）．

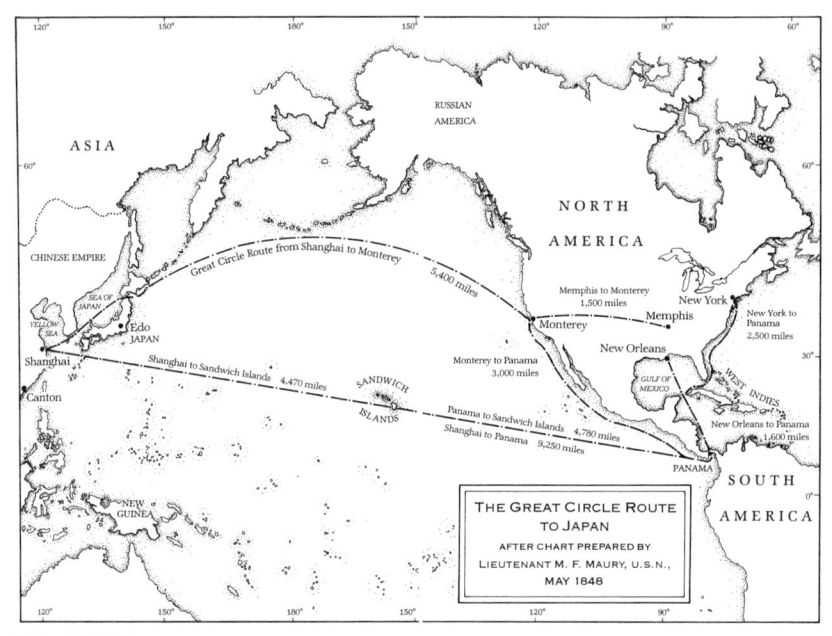

図2　大圏航路
(P. B. Wiley, *Yankees in the Land of the Gods,* Viking, 1990)

蒸気船海運の未来

　1845年，ジェイムズ・ポーク大統領の命を受けたジェイムズ・ビドゥルが2隻の軍艦とともに江戸湾に渡来した．中国との条約の批准書交換を終え，帰国する途中に貿易の可否を幕府に打診しに来たのである．しかし，その要請を断られるとすぐに退去した．続いて1851年，今度はジョン・オールリックがミラード・フィルモア大統領の命を受け日本に向かった．中国への太平洋横断航路の開設と捕鯨船の利便のために日本の港を開くことが目的であった．だが乗組員との不和が原因でオールリックは広東で任を解かれた．代わって日本開国の重責を担ったのがペリー提督であった．当時ペリーは，メキシコ湾艦隊司令長官を辞し，軍人として引退の花道を飾る職務を探していた．そのペリーが，アメリカ国民の間でまだひろく知られていなかった日本の開国を最後の職務に選んだのには特別な理由があった．アメリカ海軍で彼が長年てがけた蒸気船海運の振興と日本開国の企図が密接に絡み合っていたのである[9]．

海軍への蒸気船の導入で19世紀前半のアメリカは英仏両国に大きく遅れをとっていた．1836年の時点で見ればイギリスの21隻，フランスの23隻に比べ，アメリカ海軍が保有する蒸気艦船数はゼロであった．この事態を改善すべくアメリカ海軍で最も積極的に働き続けたのがペリーであった．アメリカ蒸気船海軍の父とペリーが称されるゆえんである．ただ初期の外輪蒸気船は波の影響を受けやすく外洋軍艦には適さなかった．それに代わる存在として考案されたのがスクリュー船であったが，そのスクリュー船も，スクリュー自体の振動が大きすぎ，長期におよぶ外洋での航行に船体が耐えきれないという欠点を抱えていた．鉄鋼製造技術の改善によりアメリカ海軍がこの欠点を克服し，太平洋横断に蒸気軍艦を導入する目安を立てたのが1840年代後半であった．加えて1844年，アヘン戦争で英国に敗れた清朝とアメリカは望厦（モンハ）条約を結んだ．これを画期に，それまでは茶や絹などの仕入れ先とばかり考えていた中国を自国産品の輸出市場とアメリカはとらえるようになった．1840年代の半ば，中国貿易を振興するために太平洋に蒸気船航路を確立すべしとする声が北東部の貿易商人の間に湧き上がったのも自然な流れであった．

　ちなみに，大西洋からアフリカ大陸南端を迂回しインド洋経由で中国に至る貿易航路沿いには，イギリスの商業勢力がすでに強固な根を張っていた．18世紀の末に北米アメリカ植民地を失ったイギリスは，植民地経営の中核をその後インド大陸に移し，1830年代までにはボンベイ，セイロン，シンガポールなどに次々と商業会議所を開設していた．さらに民間蒸気船会社に政府補助金を与えることで，東アジア一帯に強力な郵便汽船網を整備しつつあった．東アジア貿易におけるイギリスの利権を確保するための体制はすでに盤石だったのである．後発のアメリカ蒸気船海運業者がインド洋経由で中国貿易に参入することは，きわめて難しい状況であった．アメリカがアジア貿易へ参入したければ太平洋を渡る蒸気船航路を開設せざるをえず，そのためには薪炭補給地として日本の港を是が非でも確保しなければならなかった．

　ペリー率いる黒船艦隊が浦賀に渡来する背景にはそうした幾筋もの歴史が流れていたのである．

（遠藤泰生）

コメント　マニラ・ガレオン貿易

　本章にもあるように，10世紀ごろから19世紀前半にかけて，王朝名でいえば宋・元・明・清の時代，全世界でいちばん魅力のある工業製品を作っていた国は中国だった．第一に絹織物，次いで陶磁器である．最後の200年はさらに農産物のお茶が加わった．

　ところが困ったことに，そのころの中国人は外国の物産を何一つ欲しがらなかった．だから中国産品を仕入れようと思えば，国の景気を支えるマネーサプライを犠牲にして，血の出るような貴金属を持っていくしかなかった．ところが当時の世界に，民間に貴金属があふれている地域がただ一つあった．スペイン領アメリカ植民地である．

　そこでスペインは，1565年から1815年にかけて，メキシコのアカプルコからフィリピンのマニラへ，年に1回，ガレオン船1隻が行って帰ることを認めた．喜望峰航路が表玄関口とすれば勝手口にあたる太平洋を通るこのもう一つの東洋貿易を「マニラ・ガレオン」貿易と呼ぶ．

　この貿易はいま一つその規模がわからない．一時期マニラの町が急成長を遂げたことからすれば，「年1隻」という制限はどうやら守られていなかったらしい．とすれば無尽蔵の貴金属を集められるメキシコとマニラの商人たちは絶大なビジネス・チャンスを手中にしていたわけだが，結局それを活かせなかった．スペイン当局の規制もさることながら，それよりもまず彼ら自身に異文化間で商売する能力が乏しかったのだと思う．

　マニラはバタヴィアを根拠地とするオランダ東インド会社の急迫をうけ，さらに1757年に清朝が広東一つに貿易港を限ると，もはや中国物産はマニラにもバタビアにも来なくなる．結局「マニラ・ガレオン」は一挿話であり，世界史上，太平洋という舞台はカリフォルニアのゴールドラッシュと日本の開国で幕が上がったとするのがやはり正しいのである．　　　　　（高橋　均）

●**より深く知るために**

遠藤泰生「太平洋世界の相互イメージ——19世紀アメリカと日本における太平洋像の表象」遠藤泰生・油井大三郎編『太平洋世界の中のアメリカ——対立から共生へ』（変貌するアメリカ太平洋世界 1）彩流社，2004 年

木村和男『北太平洋の「発見」——毛皮交易と北太平洋岸の分割』山川出版社，2007 年

小島敦夫『ペリー提督　海洋人の肖像』講談社現代新書，2005 年

サミュエル・E・モリソン『伝記　ペリー提督の日本開国』双葉社，2000 年

ジョン・C・ペリー『西へ！』PHP 研究所，1988 年

園田英弘『世界一周の誕生——グローバリズムの起源』文春新書，2003 年

室賀信夫・矢守一彦編訳『蕃談』平凡社東洋文庫，1965 年

横井勝彦『アジアの海の大英帝国——19 世紀海洋支配の構図』講談社学術文庫，2004 年

第11章 日本外交政策の逆転

　アメリカの太平洋横断航路の開設計画が実現に近づきつつあったころ，日本の政府は，以前よりは閉鎖的な対外政策を取りはじめていた．アヘン戦争で清がイギリスに敗北したという知らせを得た後，老中水野忠邦は，異国船打払令を廃止し，海岸に接近する西洋船と自動的に戦争が始まることを予防したのだったが，その後に政権の座についた老中阿部正弘（図1）は，水戸の攘夷論者徳川斉昭と提携しながら，逆に打払令の再公布を模索しはじめたのである．これは，一見，海外情勢の無知にもとづく無謀な行為のように見えるが，実はそうではない．ペリー来航直前の日本政府や一部の知識人は，世界情勢を正確に認識しようと努め，かつ開国への可能性も念頭に置きながら，なお鎖国政策を維持しようという，極めて困難な道を探っていたのである．

阿部正弘——鎖国維持と海防の同時追求

　アヘン戦争が終わって2年後の1844年，それはペリー来航の9年前であったが，オランダ国王は日本への特使を長崎に送った．その日本大君あての手紙は，アヘン戦争後の世界情勢，とくに世界の交通が緊密になっていることを，蒸気船の発明などに言及しながら説明し，日本が西洋諸国との紛争を回避し，国を保全するには，オランダ以外の各国とも交易を始めた方がよいと勧告した．オランダは，以前は他の西洋諸国が日本と関係を持とうとすると，できるだけ妨害しようとしてきたのであったが，ここに180度，態度を転換したのである．それは自国の利害を超えた親切であった．しかし，幕府は翌年これを門前ばらいをしている．大君から国王への返書は出さず，老中奉書によって，オランダとは外交関係がなかったのだから今後「通信」をよこさぬようにと通告したのである．当時の幕府は，アヘン戦争によって日本の国際環境が激変したことは

百も承知であったが，唯一関係のある西洋国家の親切に対し，わざと冷たい返事をしたのである．これは，水野忠邦の行った異国船打払令の撤廃，すなわち西洋からの漂流船に対する救助の再開を，日本が開国政策に転ずる兆候と誤解されるのを防ぐためだったのではないかと思われる．

　当時，幕閣を主宰していた老中阿部正弘は，オランダ問題が片づいた後，海防を強化しつつ，もう一度異国船打払令を公布しようと図った．それが表面化したのは1846年のことである．薩摩から江戸に，琉球にフランス船が現れ，通信・通商とキリスト教の布教を要求したとの報が届いた．

図1　阿部正弘肖像
（福山誠之館同窓会蔵）

その報せの直後，今度は江戸湾口にアメリカ船2隻が来訪した．これは清に条約の批准書交換に赴いた艦隊で，帰りに日本も通商を始める意志があるかないか確かめようとして来訪したのであった．その兵力はのちのペリー艦隊を上回る規模であったが，指揮官ジェイムズ・ビドゥルには日本と強いて通商を開こうという意志がなく，帰国を急いでいたため，拒絶の回答をうると，ただちに湾口を立ち去った．しかし，阿部は，この艦隊の来訪を機に江戸湾口の防備がまったく無力であることを確認したのである．彼は，アヘン戦争後の国際環境下に鎖国政策を守るため，さまざまな模索をしたが，その一つは，いったんは将軍への不敬を理由に処罰していた水戸の徳川斉昭を赦免し，進んで政治的提携関係も結ぶことであった．阿部は，この年8月29日（西暦），斉昭の打払い復活提案に対し，次のような返事を与えたが，そこには，海防強化と打払令再公布の同時追求をめぐる苦慮のさまを，ありありと見ることができる（現代語訳．番号は引用者）[1]．

　……異船打払いのことについては，文政8〔1825〕年の触れに戻し，二念なく（ためらわず）打払うように触れ出さなくては，実に日本永世のためによろしくないと存じます．(1)〔西洋諸国は〕かれこれと事を設けて近づき，本邦の動静を伺っていますが，そのたびに我国に〔警備のために〕国力を費やさせ，ついには交易にこと寄せて次第次第に蚕食しようと〔領

土を奪おうと〕狙っているのか，あるいは，たびたび渡来して，内々にこちらの越度(おちど)を伺い，それにつけ込んで争端を開き，戦争に持込もうと企てているのか，その二つのいずれかに〔我国が〕陥るのを待っているのだろうと推察しております．(2) そこで早速〔打払令に〕触れ直したいと考えているのですが，一旦触れ出したことを理由もなく打払いに復しては，自分から闘争を迎えることになりかねません．勿論，昨年来，あちこちの海岸に異船が来て測量などをしたこともあり，この度は琉球・浦賀に軍艦を差向け，いろいろと不穏な振舞いがあったので，右を種にすれば，触れ直しの理由が全くないというわけではありませんが，現在，海岸の御備はまだ厳重とは言い難い状態です．すでにこの度の浦賀の件も無事に出帆したので問題なく済みましたが，もし〔先方が〕乱暴に及んだ場合はなかなか打留める見込みはないという事情だったと聞いております．このような状況でこちらから打払いを触れ出し，先方がそれに異議を唱えたならば，必勝の利ははなはだ覚束(おぼつか)なく，そうなったら日本の恥辱は実にこの上もありません．したがって，まず浦賀を始め，諸国の海岸の御備えをいまひときわ厳重にするようにと仰せ出だされ，それぞれ手厚に整い，国内が充実した上で〔打払令への復古を〕取り計らう方がよいと存じます．(3) しかしながら，右を待って触れ出すということでは，なかなか早急の取り計らいはできないでしょうから，まず浦賀を始め，〔江戸〕近海の御備がひときわ行届き，彼の国々の軍艦に対し，かなり戦争できるほどに警衛が整った上で，触れ直すのがよいのではないかと，〔老中たちは〕この問題をもっぱら評議中でございます．(4) もっとも，その間であっても，少しでも先方から乱暴狼藉(ろうぜき)を働くようなことがありましたら，御備え向きの充実を待たず，その越度を口実に即時触れ直す心得でございます．何分，早々御備え向きがひときわ厳重になり，先方の術中に陥らないうちに触れ直しできるようにしたいと，考えているところでございます．

打払令をもう一度公布したいのだが，それは日本に関係を求めて接近を図っている西洋諸国と武力衝突を引き起しかねない．現在の海岸防備（略して海防）はまったく不十分だから，それに備えるには海防を飛躍的に強化せねばならない．こうした認識と主張なのであるが，阿部がその困難をいかに深く認識して

いたかは，論旨が2度も3度も反転していることに如実にあらわれている．

　彼の基本認識は，まず西洋諸国の目的が，貿易を手段とする漸進的な方法か戦争の挑発による急進的な方法か，いずれにせよ日本を奪い取ることにあるという点におかれている．当時の日本には，西洋は貿易の利を求めているだけだから，通商さえ認めれば安全だという議論もあったが，彼は西洋の世界進出は領土拡張が動機だと見ていた．その上で，阿部は打払令再公布による鎖国の強化を提唱する．これは，オランダを通じて世界に通告し，日本がハリネズミのように手を触れられない国になったことを知らせて，西洋諸国の船が日本の海岸に接近しなくなることを期待した政策であった．しかし，アヘン戦争などを見ると，西洋は相手の意志に頓着しない可能性が高く，打払令を再公布すると日本の海岸で紛争が発生することが予測される．したがって，事実上無防備となっていた海防を飛躍的に強化しない限り，阿部も述べているように，打払令の再公布は自殺行為となりかねない．しかし，急速な海防強化はできるのだろうか．そもそもどれほどのレヴェルの海防が必要なのだろうか．

　阿部は同じ手紙で，海防には堅牢な船が不可欠であり，その製造が必要であると述べたが，幕府の内部で財政を司っていた勘定方は，大艦のみならず，海防の強化自体に反対しつづけた．海防の強化には，大名や旗本の軍役への動員と，庶民からの租税増徴が必要である．泰平の続くなか，日本の国際環境に危機感を持っている人々は少数で，海防に関心のある大名も多くは幕府からの財政援助を期待していた．増税が不可能なことは，天保改革の失敗で経験したばかりである．勘定方は，もしこのような状況で海防強化を始めたら，外国との紛争よりも，国内の擾乱が先に起こるだろうと確信していたのである．彼らは，日本の前途は現状維持か衰亡かの二つの道しかないと認識し，衰亡を避けるにはひたすら現状維持を図るほかはないと考えていた．彼らの対外政策は，西洋に対する穏やかな説得のみであり，その先には緊急避難の措置として一時的な通商を考えていたものと思われる．ただし，幕府の内部には，少数ではあったが，この隘路の打開法を考えていた人々がいた．浦賀奉行の浅野長祥や戸田氏栄らであり，財源をほかならぬ西洋との貿易から得ようと考えたのである．貿易，さらに進んで経済開発は，後の日本が証明したように，たしかに有効な打開策であった．しかし，これは鎖国政策の放棄を意味する．西洋船の渡来の

一般的禁止は実は松平定信によって18世紀末に始められた比較的新しい政策であったが，当時の人々は江戸初期からの基本政策と信じ込んでいた．通商による海防強化という主張は，ペリー艦隊が実際に姿を現す前には，まったく説得力を持たなかったのである．

阿部は，幕府の内部で，打払令の再公布と海防強化とを3度にわたって提議したが，ことごとく斥けられた．1850年初頭，全領主に対して触れを出し，いずれ打払令に戻す予定だから，領主・百姓・町人，それぞれの身分に応じて海防を心がけるようにと命じたが，幕府自身の江戸近海の海防はおざなりに終わった．江戸湾に大規模な調査隊を出したが，その結論は，今後訪れる艦隊をビドゥル艦隊と同じ規模と想定し，その江戸湾内侵入を防ぐには，浦賀付近の砲台を若干整備強化する程度で十分だとするもので，「数隻」も渡来する場合は前もってその情報が入るはずだから，大名を動員すれば何とでも対処できると述べていた．事実上，何もすべきではないという提案であり，阿部はこれに従わざるをえなかった．

ペリー来航前後の政策転換

ところで，西洋からの使節渡来の噂(うわさ)は，アヘン戦争が終わったころから間歇(かんけつ)的に日本に伝わっていたが，先方ではイギリスの計画が立ち消えになる一方，アメリカ政府は1851年5月に日本への遣使を決定していた．その目的はアメリカの太平洋岸と中国を結ぶ蒸気郵船(ゆうせん)路を開設するため，日本に荒天時の避泊(ひはく)と石炭などの供給に使う港を求めることにあった．アメリカ政府はオランダにこの挙を日本に事前通告するように求め，その知らせはペリー渡来のちょうど1年前，1852年夏に長崎に到来した．オランダは同時に詳しい別段風説書(ふうせつがき)を提出したが，そこには，使節の名前や目的だけでなく，在清のアメリカ艦隊が総計9隻になるだろうとか，渡来は来年春以降になるだろうとかという内容が記されていた．

この情報を得た阿部正弘はどうしただろうか．もはや打払令の再公布を主張することはなかった．江戸湾口調査団の想定したものより遙(はる)かに大規模な艦隊が来る可能性を知り，まず日本側から紛争を挑発する可能性を摘(つ)んだものと思われる．彼はしかし，この時点で鎖国政策を捨てていなかった．オランダは，

アメリカと日本の衝突を回避するため，まずオランダと続けてきた通商関係を文章化して条約を結び，これをアメリカにも準用してはどうかと提案をしてきたが，彼はこれを黙殺している．一方，使節が到来したときに通信・通商を拒否するには，先方からの圧力を跳ね返すにたる防備がなければならない．しかし，この面でも彼は何もしていない．勘定方は依然海防に反対しており，この時点ではそれを倍加する事情が重なっていた．江戸城の西の丸御殿が焼失し，大名等からの献金などを財源として再建工事を始めた直後だったのである．理由なくそれを中止することは世論を大きく動揺させ，徳川の御威光をいたく傷つけるであろう．海防資金はどこからも調達できなくなったのである．阿部はこのため，使節渡来時の交渉にすべてを賭けざるをえなくなった．かつてビドゥルは日本が通商を断ったらすぐ諦めたし，前年のオランダ風説書は，イギリスとアメリカがタイとの条約交渉に失敗した事実を伝えていたのである．かくて，阿部ができたのは，世論の形成を抑制し，鎖国放棄論も攘夷戦争論も登場しないように気を配ることだけであった．

　1853年7月のペリー渡来後の成り行きは，あまりにも有名なので簡単に述べるに留める．ペリーは予定した大艦隊の編成が間に合わなかったので，4隻で浦賀に来訪し，久里浜で大統領の国書を無言のうちに渡しただけで，いったん，中国に帰航した．日本側はその後，予告された再来時の対策を練ったが，攘夷論や通商容認という極論は少数派で，戦争を回避しつつ鎖国をできるだけ維持したいという虫の良い意見が多数派であった．阿部正弘は，対外政策を大名・旗本に諮問するという前例のない措置によってこれを確認した後，ペリー再来時には諾否の回答を与えないという方針を公表し，他方では，思い切った海防強化策に転換した．武家諸法度の大艦建造の禁を廃止して薩摩や水戸による軍艦建造を認める一方，外圧を利用して勘定方に通貨大増発を認めさせ，それを江戸湾内の台場建造やオランダからの蒸気軍艦の購入費用にあてたのである．翌年冬，ペリーはより大規模な艦隊を率いて来訪したが，日本側は条約を結ばされはしたものの，その内容は最小限の譲歩で済んだ．オランダ国王の勧告以来，西洋側の主眼は通商にあると思い込んでいたが，ペリーは予期に反してこれに固執せず，日米和親条約は下田と箱館の2港をアメリカ船の避泊や必需品供給地として開くだけで終わったのである．徳川大君が大統領に返書しな

かったことで明らかなように,通信すなわち国交も成立しなかった.ペリーは膨大な費用を使って地球の裏側に来たにもかかわらず,最小限の成果しかあげられなかったのである.アメリカはこのため,今後下田に駐在するはずの領事に,関係拡大の期待を託すこととなる.

こうして,阿部正弘は,大艦隊を率いた米国使節を前に,戦争を回避しつつ,鎖国政策の維持にある程度は成功した.しかし,アメリカへの開港は,西洋船の接近を断とうという当初の政策とは正反対の措置であり,心理的には大きな打撃であった.また,この半開政策は,同じ年にイギリスとロシアにも適用され,緊急避難の措置として世に受け入れられたが,それを長期的に維持できる保証はなかった.オランダ以外の西洋数カ国と条約関係に入ったことは,19世紀前半に閉鎖性を強める政策を採ってきただけに,誰の目にも大きな転換と認識された.しかし,その後どうすべきかは,何も決まっていなかったのである.この時,もっとも窮したのは水戸の攘夷論者徳川斉昭だったのではないかと思われる.彼は,一方で世に攘夷論を鼓吹しながら,他方ではそのために戦争を賭すべしとまでは主張しなかった.海防についても阿部正弘以上の政策を提唱したわけではない.阿部は,幕府の内部に「海防局」を創設し,ここに大名の家臣や民間から有数の知識人を登用し,対外関係に日本の総力を挙げて取り組む体制を創ろうと提案したが,斉昭はこれを黙殺している.斉昭がしたのは,その後の条約交渉の際,交渉担当者に日本の体面を守り,関係の深化をできるだけ避けるよう,圧力を加えることだけであった.混迷の中に陥ったというほかはない.

これに対し,阿部正弘は,基本政策の転換に向かって歩を進めた.和親条約の2年半後,1856年9月,幕府内で通商に関する議論を開始したのである.その際,彼が開示した基本方針は「交易互市の利益をもって,富国強兵の基本」とすることであった[2].これは,ペリー渡来以前に浦賀奉行らが提案した政策であったが,この度は,かつて打払令の再公布を提唱した人物が先頭に立って主張することになったのである.これは,海防の財源を確保するという意味もあったが,しかし,むしろ大事だったのは,世界情勢に対する大局観の転換であった.「方今〔現在〕の時勢」は日本の孤立を許さなくなっており,そのなかで生き残るには,むしろ西洋諸国と緊密な関係を結ぶべきである.その

ような認識が幕府内の主流派に浸透したのである．これは，オランダがこの年，蒸気軍艦スンビンを日本に寄贈し，それを使って，長崎で海軍伝習が始まったのをきっかけとしていた．西洋技術の卓越性を体験的に知り，それに付随して西洋文明の全体に目を向けるようになったことが，この大局観の転換を生んだのではないかと思われる．阿部はこの年末，前年に老中首座に迎えていた堀田正睦に対外関係の全権を譲り，自らは財務担当としてその後見に当たることとなった．

阿部正弘の対外政策は，ペリー来航の前後で180度転換した．後世から見ると，打払い復活論は袋小路への迷い込みに見えるが，阿部は当時の国際環境と打払いの難点を十二分に自覚しており，そのためにペリー艦隊渡来の折には緊急避難の策を取り，その後には基本政策を開国に逆転させて，この袋小路から脱出することに成功したのである． （三谷　博）

コメント　徳川将軍の対外称号

徳川将軍は朝鮮との関係で「大君」号を用いていた．朝鮮の国王と違って，中国皇帝から国王に封じられていなかったからである．一方，オランダ人は，通航の初めからずっと彼を"Keizer"（皇帝）と呼んでいた．日米和親条約でも，英文版では将軍は"Emperor"となっている．西洋諸国が彼をタイクーン"Tycoon"と呼ぶのは，国内の政争で京都の天皇が政治的存在となった後，1860年ごろからであった． （松方冬子）

●より深く知るために
鈴木暎一『藤田東湖』吉川弘文館，1998年
ピーター・ブース・ワイリー『黒船が見た幕末日本——徳川慶喜とペリーの時代』
　TBSブリタニカ，1998年
藤井哲博『長崎海軍伝習所——19世紀東西文化の接点』中公新書，1991年
三谷博『ペリー来航』吉川弘文館，2003年

第12章 日本世論の二重反転

　日本政府は1858年，アメリカを皮切りに，オランダ・ロシア・イギリス・フランスと修好通商条約を結んだ．西洋諸国と恒常的な国交と通商を取り決め，鎖国政策を放棄する意志を国内外に表明したのである．しかしながら，日本の世論はこれに強く反発した．この年に発生した大政変をきっかけに，もとは少数意見にすぎなかった攘夷論が国内を席巻したのである．周知のように，それは幕府の崩壊をもたらし，天皇の政府を成立させることとなったが，その新政府は積極型の開国論を基本方針に掲げるようになっていた．なぜ，このような2度の反転が生じたのか，幕末日本の攘夷論の性格，そして攘夷からの脱却の路を見てみよう．

条約反対論の席巻

　幕府[i]は条約の締結にあたり，2度とも大名にその可否を諮問した．かつて和親条約の際には，大名の多数意見は，戦争を回避しつつ，外国交際は拒否したいというものであった．これに対し，修好通商条約の際には，多数派は消極的ながら西洋と恒常的関係を結ぶことを容認した．しかしながら，この数年の間に，国内には，かつてアメリカの軍事的圧力に屈したことへの屈辱感が鬱積していた．その発火性のガスに，たまたまこの年に発生した政変が火を点け，大名のなかでは少数派になっていた条約反対論を支配的な世論に押し上げたのである．

　アメリカとの新条約案をまとめた後，幕府は朝廷に勅許を求めた．近世を通

---

[i] 安政5年政変（1858年）をさかいに，公儀を「幕府」，禁裏を「朝廷」，大名の国家を「藩」と呼ぶことが多くなった．これは日本の正統政府は京都にあり，江戸の政府は覇府（はふ）にすぎず，大名はみな朝廷の臣下だという政治的な意味をもつ用法だった．

じて幕府は政策決定にあたって朝廷の意向を伺うことはなかったが，この際には，国内に基本政策の転換を周知させ，挙国一致の形を整えようとしたものと思われる．しかし，時の孝明天皇と廷臣たちは予期に反して勅許を拒否した．朝廷の私的問題なら妥協の余地はあるが，これは日本全体の問題である，あのけがらわしい夷狄どもを上陸させては国土が穢れ，日本史上取り返しのつかない汚点となるというのがその理由であった．

　これに将軍の跡継ぎ問題が重なった．将軍家定には実子がなく，養子を迎える必要があった．この時，有力大名のなかに，英明な後継者を迎え，それをきっかけに危機克服のための大改革を始めようと考えるものが現れた．大名の介入は前代未聞のことであったが，跡継ぎに一橋慶喜を推そうとした大名たちは，さらに朝廷による指名まで画策した．こうして，今まで政界の外にあった京都で，新条約と将軍後継問題という二大問題が複合したのである[1]．

　その結果は強力な悪循環の発生であった．和歌山の徳川慶福を後継に推そうとした人々は，朝廷でにわかに条約拒絶論が高まった原因を，一橋の実父であった水戸の徳川斉昭が攘夷論を吹き込んだからだと疑った．彼らはこの「水戸の陰謀」を防ぐため，井伊直弼を大老に擁立した．しかし，一橋擁立派はその後も将軍後継への望みを捨てず，たまたま井伊大老が天皇の承認を待たずに修好通商条約に調印すると，違勅を理由として後継候補の入れ替えを画策した．大老はこれを斥け，水戸の徳川斉昭，福井の松平慶永，土佐の山内豊信を強制隠居と幽閉，一橋慶喜を慎みという処分に付した．しかし，ことはそれで終わらなかった．水戸と薩摩の家臣，および京都の公家侍（公家の従者）は，通商条約と将軍後継の二問題で恥ずかしめをうけた天皇とその側近に働きかけ，幕府の頭越しに水戸徳川家に幕政批判の勅掟を下させたが，それは井伊大老の「水戸陰謀」観を確証し，関係した公家や知識人への大弾圧をもたらすこととなったのである．松平慶永の懐刀として活躍した橋本左内が主君の身代わりに処刑されたほか，多くの関係者が処刑や追放・幽閉などの処分に付され，元来は無関係であった長州の尊攘論者吉田松陰もこれに巻き込まれて処刑されたのである．

　この安政五年の政変は，徳川家の内部，幕府と朝廷，幕府と大名，幕府と尊攘知識人の間にいやしがたい対立と敵意の悪循環を生み出した．井伊大老は，

当初は伝統的な「御威光」を背景とする弾圧政策により反抗の抑圧に成功したが，1860年，水戸と薩摩の脱藩浪人によって桜田門外で暗殺された．これを機に徳川の「御威光」は威力を失い，薩摩・長州をはじめ有力な大名は朝廷と幕府の調停を名目に公然たる政治運動を始めた．同時に，全国各地に散在した攘夷派知識人は，この中央政界の動きを見て次々と幕政反対運動に飛び込み，そのなかには王政復古を主張する人物まで混じりはじめた．このような政界大変動のなかにあって，幕府が締結した修好通商条約は，完全に正当性を失ってしまうのである．

攘夷論の性格

幕末を風靡した攘夷論は，その心理的な根を，長い間外界から孤立してきた集団の，異質で強い外敵に対する恐怖と嫌悪に持っていた．しかし，政治運動としてこれを見ると，それは単純な異物排除や鎖国回帰の願望とみることはできない．ほぼ同時代に朝鮮はフランス・アメリカと2度攘夷戦争を戦った．中国ではアヘン戦争と義和団事件の間に民衆によるキリスト教徒の襲撃（教案）が頻々と起きている．日本でも，鹿児島戦争や下関戦争のほか，西洋人や開国論者へのテロルが発生した．しかし，水戸に始まる日本の攘夷思想の主流は，最初から内部に開国論への転換の論理を持っており，とくに内政改革と密接な関係を持って主張された点に特徴があった．

それは長州での尊攘論の元祖，吉田松陰の主張に明確に見ることができる．彼は，ペリーが来たとき，必戦論を主張した．朱子学と洋学を兼学した佐久間象山に学んだ彼は，日本の軍事的劣勢を知りすぎるほど知っていたが，この戦争を機に「天下の事勢，必ず一変するに至るべし」，すなわち国内の根本的変革が始まるだろうと期待したのである．周知のように，彼はまた，ペリー艦隊に乗って西洋へ密航しようと企て，失敗した．それは必戦論となんら矛盾する行動ではなかった．海外情勢の視察はむしろ攘夷戦争と国内改革に不可欠だったのである．しかし，和親条約が結ばれると，「一変」の機会は遠ざかった．すると彼は，西洋との戦争がしばらく生じそうもないという状況を前提に，今度は近隣地域への膨張による国勢拡張を説きだした．1858年の春，幕府の毛利家に対する諮問に備えて上書した「対策一道」でも，「航海通市はもとより

雄略の資であって祖宗の遺法である．鎖国はもとより安きをぬすむ計で末世の弊法である」と断じている．しかし，この年に政変が発生すると，松陰は単なる航海通市以上の可能性を追求しはじめた．

　癸丑・甲寅〔1853・54年〕以来，墨夷〔アメリカ〕の患は駸々として日に増している．その由来はこうである．凶威がまず日本に加わったのだが，その後万事が解けた〔条約締結で戦争の可能性がなくなった〕ため，智者も謀をめぐらせず，勇者も怒ることができなくなった．その局を一変しない限り，いくら鬼謀・神籌〔かみわざのような謀りごと〕を有してもこの状況には対処できない．……僕はこれを久しく思ってきた．図らずも〔今年〕勅諭が発し，天下はみな震動した．このような大機会をたびたび失ってはいけない．……一度墨夷〔アメリカ〕の要求を拒み，一度前局を変ずるならば，天子の勅は四夷に明らかとなり，神州の興隆は目前のことになろう．興隆と衰退とは天であり，命であって，人力の及ぶところではないが，有志の士がどうしてこれに尽力しないでよかろうか[2]．

　吉田松陰は，平和が続くと対外関係が日常化し，そうすると国民の間に国防のための抜本改革に向かう気力を喚起できなくなると憂慮していた．航海通市，対外膨張といっても，いま実行しそうな人物は見あたらない．天皇の条約拒否は鎖国にこだわる点で問題があるが，しかし，現状打破には貴重な機会である．のるか反るか，将来はわからないが，この危険に賭けない限り，日本が生き残る道はないというのである．

　松陰は，航海通市論はすべて西洋との衝突を回避しようとする臆病な心から来ていると断言している．幕府が長崎で海軍伝習を始めたことや，新条約の批准書交換をわざわざワシントンに出かけて行おうと決めたなどという事実を無視している．堀田正睦らの決定が遠察にもとづく自主的なものであったという可能性はまったく考えず，ハリスの甘言を唯々諾々と受け入れたにすぎないと解釈している．偏狭で意地の悪い解釈であるが，しかし，この年，京都の天皇を巻き込み，侮辱する形で生じた政変は，幕府への不信感を全国にまき散らし，このような主張に説得力を与えることとなったのであった．

　久坂玄瑞や高杉晋作ら松陰の門下は，師が井伊大老に殺された後，このような主張の実行に全力を傾けた．故意に西洋諸国と紛争を引き起こそうと，まず

図1 中岡慎太郎
(『中岡慎太郎全集』勁草書房, 1991年より)

イギリス公使館を焼き討ちし，のちには関門海峡で西洋船を砲撃し，さらに全国を攘夷戦争に駆り立てようとしたのである．彼らの主張はいわば開国前攘夷論と名づけられようが，この論理は，京都をはじめ，政界に幕府への不満と攘夷熱が充満していた当時にあっては，かなりの説得力があった．幕府の役人が世界の大勢を根拠に鎖国の放棄を説いても，そんなことは当然だという答えが返ってくる．海防と言い，航海遠略と言うが，その重要性は10年以前からわかっているのに，まだ何も実行できていないではないか．これは世に危機感が足りないからである．長州系の攘夷論は，鎖国への復帰でなく，将来の開国は当たり前だ，いまこの「不正」な条約を破棄しないのは臆病者の言い草だという主張であって，その先には雄大な世界進出論があった[3]．直接に西洋と交渉したことのない国内の多数派にとって，この論は極めて魅力的だったに違いない．わずか一握りの，大した武力を持たない攘夷家が，朝廷，およびいくつかの改革派大名を牛耳り，日本全体の方向を左右できたのは，一つには，このような反論の難しいレトリックのせいだったと見ることができる．

攘夷論から国内改革へ

開国前攘夷論は，しかし，長州の指導者のあいだでは，日本全体の攘夷戦争への巻き込みに失敗したのち，放棄された．西洋の連合艦隊に下関を報復攻撃され，完敗したのも一因であったが，しかし，より重要だったのは，彼らが国内体制の根本改革に関心を移し，その見込みに希望を持ちはじめたことであった．それは，ごく単純な攘夷論者だった土佐浪人中岡慎太郎（図1）が，長州と行動を共にする中で見せた変化に見てとることができる．

中岡慎太郎は，武市瑞山が主に郷士たちを組織した土佐勤王党のメンバーであった．同志に，のち薩長提携の仲介に力を合わせ，大政奉還の直後，ともに暗殺の憂き目にあった坂本龍馬がいる．龍馬とは異なって，中央政界に進出したのも，開国論に転じたのも，かなり遅かった．1863年，脱藩して長州に行き，そこで都落ちした七卿の側に仕えたのが政治的に重きをなすきっかけとな

り，久坂・高杉ら長州の尊攘激派のリーダーたちと親交を深めている．翌年，長州が朝廷奪還の挙に出るとこれに従い，負傷して長州に戻った後には四国連合艦隊との戦いにも従軍した．朝敵とされた長州から公卿たちが立ち退きを迫られると，持久策の一環として太宰府への移転をとりまとめ，それを機に当初は目の敵にしていた薩摩との関係も持つようになった．そして，薩摩と関係の深かった坂本龍馬と協力し，薩摩・長州2藩の提携に尽力しはじめたのである．開国論への転換はそれと密接な関係があったようである

　1866年に第一次薩長盟約が成立したが，その直前，中岡は，土佐の同志にあてて「時勢論」という書を送っている．そこには，いま薩摩には西郷隆盛，長州には木戸孝允や高杉晋作という英傑があり，それぞれに国内で大胆な革新政治を行っている．過去を振り返ると，それが可能となったのは水戸や薩摩や長州の「暴客」が局面打開に当たったからで，今は亡き久坂玄瑞が西洋との必戦を主張していたのは正しかったと述べている[4]．

　……卓見者はこう言った．富国強兵というものは戦の一字にあると．これは実に大卓見，古今を通ずる高議であって，確固として抜くべからざるものである．すなわち事に処するための最上の方法，和すも戦うも，終始変化無窮の極にある政略である．……丑年〔ペリー来航〕以来，天下を救ったのはすべて暴客，その大功であった．暴客ではあるが，その行動の中には，大卓見があり，その上で断固たる決断をしたように見える．かつて水戸藩の暴挙は壬戌〔1862年〕の勢いを醸し，薩州の暴客は生麦に発し，長州は馬関〔下関海峡〕に暴発，かつしばしば兵を内地に動かした．その跡はあるいは無略のように見え，国に益がないこともあった．しかし，〔その都度〕時勢は一層一層として運び，ついに天下を干戈〔戦争〕の世となし，自藩は逃れえぬ死地に陥れて，ここに天下大有為の基本が初めて立った．これは鬼神に通じぬ者ができることではない．……〔薩長〕両藩〔の改革〕が実地に運んだのはまったく戦争の功であって，卓見家の事業はかくのごとくである．これから天下を興すのは必ず薩長両藩に違いない．思うに，天下が近日中に二藩の令に従うのは，鏡に懸けて見るようである．他日，国体を立て，外夷の軽侮を断つのもまた，この二藩に基づくこととなろう．

尊攘運動家が開国論に転じた後の過去の説明である．西洋への攘夷戦争を放棄すると，同志から裏切り者とののしられ，命も狙われかねない．反対に，ペリー以前から開国論を主張してきた幕府の役人から見ると，なぜ今頃になって自分たちの政策を盗むのか，お前らは勝手に戦争を起こして日本を危険にさらしただけでなく，それを権力奪取の私欲追求に利用しただけではないかということになる．元々頑強な尊攘論者だった中岡慎太郎は，これらに対し，攘夷とは西洋による支配を防ぐことである，それには日本の大改革が不可欠だが，それは「卓見」ある「暴客」が指導してきた薩摩と長州ではすでに実現しつつある，これからその両藩が提携し，王政復古を実現すれば，攘夷の元来の目的は初めて実現するだろうと答えようとしたのである．水戸・長州系の尊王攘夷論は，他の単純な攘夷論と異なって，当初からその目的を，攘夷自体と並んで，国内改革の起爆剤とすることに置いていた．水戸の場合，徳川一門であったせいもあって内部分裂を引き起こし，自らその実現に進むには至らなかったが，外様の大大名にとっては徳川の覇権維持は必須の条件ではなかった．「暴客」として登場し，「暴客」の指導する長州に身を寄せた中岡慎太郎は，攘夷より国内改革に，より根本的な課題を見出し，それによって，当初の敵愾の情熱を昇華させたのである．

横井小楠の「世界の世話やき」論

水戸学系の尊王攘夷論は，中岡慎太郎や長州の指導者に見られるように，国内改革への道を切り開く一方，対外的には積極型の開国論に転化した．その場合，通商航海だけでなく，近隣地域に領土を拡張し，それによって日本単独で西洋に対抗できる力を身につけようという長期展望を掲げるものが少なくなかった．また，王政復古に続く戊辰内乱が終わると，改革への弾みを維持するため，今度は西洋でなく，隣国との対外戦争を利用しようという主張も出現した．明治初期の征韓論は，この点で幕末の攘夷論の変化型の一つとみることができる．しかし，幕末に攘夷・必戦論から積極型の開国論に変わった人物のなかには，パワーの操作とは別の角度から論を立てる人がいた．熊本出身の儒者横井小楠（図2）である．

横井小楠は幕末の代表的な知識人として知られるが，政治家としても重要な

人物である．徳川親藩の福井松平家に貸出され，「公議」「公論」の政治を提唱し，実践した．明治政府が成立直後に宣言した五箇条誓文の第1条「広く会議を興し，万機公論に決すべし」の草案は彼の弟子が書いたものである．吉田松陰らに比べ，今はさほど有名ではないが，維新とその後の日本政治史は，彼を無視しては到底理解できない．明治日本は非西洋世界で最初に公論の政治を達成したが，横井小楠はその最初の局面で決定的な役割を演じた人物だったからである．その彼はどんな対外論を立てていただろうか．

図2　横井小楠

横井は当初は最も強硬な攘夷論者の1人であった．ペリー到来の3年前，彼は，幕府が対外政策の諮問を下したと聞き込んで，友人にこう書き送っている．「我が神州は百王一代，三千年来，天地の間に独立してきた世界万国に比類ない国だから，たとえ人民は皆死に果て，土地はすべて尽き果てたとしても，決して醜虜（しゅうりょ）と和を結ぶ道理はない」[5]．水戸の尊攘論とよく似た論法である．しかし，ペリーが到来した時，小楠は『夷虜応接大意（いりょ）』を書いて必戦論を捨てた．「我国が万国に勝れ，世界で君子国とも称されるのは，天地の心を体し，仁義を重んずるからである．されば，アメリカ・ロシアの使節に応接するにあたっても，ただこの天地仁義の大義を貫く条理を得ることが肝要である．……およそ我国の外夷に処する国是は，有道（うどう）の国は通信を許し，無道の国は拒絶する，のいずれかである．有道・無道を分かたず，一切拒絶することは天地公共の理に暗く，ついに信義を万国に失うに至るのは必然の理である」[6]．この変化は，一つには実際的な状況判断から来ていたに違いないが，水戸と関係のあった知識人のなかでこのように早く変わった人はほかにいない．どこがほかと違うかというと，横井が国家を超え，人間世界を超える普遍的な道理・条理の存在を確信していた点である．この朱子学から継受した「天地公共の理」への信頼が，彼の政策転換を力強く正当化したのである．そして，後の中岡慎太郎と同様，彼は主張の焦点を，この時，攘夷から幕府への人材登用を始めとする抜本的な

国内改革に移している．

　しかし，彼はその4年後，対外論の面でもさらに飛躍した．1857（安政4）年，熊本にいた横井小楠のもとに，福井から招聘のための使者が来た．村田氏寿という人物である．その記録『関西巡回記』には，横井の次のような談話が記されている[7]．

　　道というものは天地の道である．我国の，外国のということはない．道のあるところは外夷であっても中国である．無道になるならば我国・支那であっても夷である．初めから中国とか，夷とかいうことではない．国学者流の見識は大いにくるっている．支那と我国はついに愚かな国となった．西洋には大いに劣っている．アメリカなどはよくよく日本のことを熟観し，決して無理非道なことをせず，ただ日本を諭して次第次第に日本を開く了簡でいる．猖獗〔乱暴〕しているのは皆，その下人どもにすぎない．ここで日本に仁義の大道を起さねばならぬ．強国になるのではいけない．強あれば必ず弱がある．この道というものを明らかにして，世界の世話やきにならねばならぬ．一発に一万も二万も戦死するというようなことは，必ず止めさせねばならぬ．そこで，我が日本は印度になるのか，世界第一等の仁義の国になるのか．とんとこの二筋の道の内で，この外はまったくない．

　今後の日本は，開国するだけでなく，「世界の世話やき」にならねばならぬ．軍事力によって支配したり，支配されるパワーという次元でなく，戦争自体を止めさせるという，より高い次元で積極的に行動し，世界全体に秩序をもたらす国家になろうというのである．

　彼の政見の変化は際だって速い．この変わり身の速さは，一見，極めて機会主義的に見えるかもしれない．しかし，それはむしろ，彼がその半生をかけて追求してきた儒学，朱子学に発する普遍的な「理」への傾倒がもたらしたものであった．以前の彼は当初，対外問題に関して，日本という国家の防衛のみに関心を注いでいた．世界情勢を正確に認識しようとする努力，儒教で言う「格物」は水戸学や吉田松陰と共通する．しかし，横井はペリー来航をさかいに「天地公共の理」という，より根本的な原理からあるべき対外政策を捉え返し，日本と西洋を含む世界全体の問題として再解釈するに至ったのである．後世か

ら見ると，彼の対外論は，攘夷論から開国論への転換はともかく，「世界の世話やき」論は空論に見えるかもしれない．しかし，横井の真骨頂は，理を極限まで押し詰めて考え，それを変幻常ない政治状況のなかに積極的に投入してゆくことにあった．彼と面識のあった勝海舟はのちに，横井の話は「高調子」で，無類の説得力があったと回顧している．平時には奇説と見なされ，無視されたかもしれないが，幕末のごとく，未知の状況が出現し，人々が迷い出すと，その空理空論に見える言説は生きた力を発揮するようになった．「世界の世話やき」は残念ながら実現しなかったが，「公議」「公論」は，近代日本の根幹を築くことになるのである． (三谷 博)

コメント・1 │ 維新の複合性

王政復古をピヴォットとする国内改革は，「暴客」のみによって成し遂げられたのではない．彼らは，王政と国民動員以外に来るべき秩序の構想を持ち合わせなかった．その点で，横井小楠を始祖とする「公議」思想，そして幕府内部の知識人の洋学知識も，重要な働きをしている．この3要素のどれが欠けても，明治維新は実現できなかったであろう．中岡の自己肯定ばかりに目を注ぐのは公平ではない． (三谷 博)

コメント・2 │ 議論政治から制度化へ

19世紀の日本では，重要な事柄を，限られた人々の根回しや談合によってでなく，理屈や名分を立てて堂々と議論して決めるという"議論政治"の現象が全国的に広がった．"議論政治"は政治に参加できる人数や階層を広げるという面で政治共同体の結束（帰属感）を強められる反面，根回しや談合の世界なら起こりえない激しい闘争・分裂に導きかねない．"議論政治"の先端を創った水戸藩はその例である．19世紀の日本はその水戸の失敗を反面教師として（横井小楠は福井藩が分裂寸前になったとき，これを"水毒"といって戒めた），"議論政治"から生じかねない闘争・分裂をうまく回避し，公論政治の慣習を積み重ねていって，ついにその制度化（憲法制定）まで漕ぎ着けた．ただ，そ

の公論政治が強いナショナリズムと結びつき，小楠の「天地公共の理」の実現を粗忽にしたのは遺憾なことであった．この歴史的経験を21世紀の日本人はどう振り返り，行動しようとするのだろうか．　　　　　　　　（朴　薫）

コメント●3　「公議」「公論」の光と影

　国の政策を決めるのは，当局者の専権事項ではなく，ひろく意見を募り，多数の参加者が討論を闘わせるやり方が望ましいとする発想は，徳川末期に幅ひろく見られた．由利公正が五箇条誓文の起草にあたり，やがて民撰議院設立建白書（1874年）に名を連ねたことに現われているように，この「公議」「公論」重視の発想が，日本における議会制度のすみやかな導入と定着を支えたのである．だが他面，それは，横井小楠に見られるように，究極には一つの「理」を発見するための討論という，儒学（朱子学）の発想を基盤としていた．そのため，議会での議論については，必ず一つの理想にすんなり行き着くべきだという期待が先走って，政党どうしの対立は，一部の者の利害に固執する不純な態度と見られてしまう場合が，現代でも多い．日本がいち早く立憲国家となりえた要因は，他面でまた，政党政治に対する不信をも導いたのである．

　　　　　　　　　　　　　　　　　　　　　　　　　　（苅部　直）

コメント●4　外部排斥と国内改革の可能性

　中岡慎太郎の攘夷論放棄は，現在の世界に対しても，重要な示唆を与えている．いま，アルカーイダをはじめ，さまざまの原理主義運動が世界秩序を揺るがしているが，彼らはなぜ，「西洋」的なるものを攻撃するのか．各社会で最も恵まれた上層中間層に生まれ，欧米の大学教育を受けた青年たちが，なぜ欧米社会を攻撃したのか．なぜ，自分の生まれ育った世界を問題化せず，外部を攻撃するのか．自分の生まれ育った社会に希望が持てないからではないだろうか．努力次第で自らの社会が改善できると思えば，外部を攻撃する必要はなくなるはずである．　　　　　　　　　　　　　　　　　（三谷　博）

●より深く知るために

佐藤誠三郎『「死の跳躍」を越えて——西洋の衝撃と日本』新版，千倉書房，2009年
藤田雄二『アジアにおける文明の対抗』御茶の水書房，2001年
徳富猪一郎『吉田松陰』岩波文庫，1981年（原著，1893年）
松浦玲訳・解説『佐久間象山・横井小楠』（日本の名著30）中央公論社，1970年
マリアス・ジャンセン『坂本龍馬と明治維新』時事通信社，1965年
三谷博『明治維新とナショナリズム』山川出版社，1997年

第13章 ロシアの東方政策と中国・日本

　ロシアの中国・日本との関係は，1840年代以降大きく変化した．中国がアヘン戦争で弱体化した姿をあらわにし，かつヨーロッパ列強と新たな関係を持つようになる一方，クリミア戦争に敗北したロシアが眼を西方から東方へ転じたためである．この新たな動きをまずロシアと中国の関係から見てみよう．

ロシアのアムールへの南下

　1840年代までの中国とロシアはともに保守的な体制をとり，変化をすべて拒否しているかのようであった．しかし，政治や外交の静けさの裏面では，いずれでも社会的・文化的な動揺が生まれていた．中国では，人口爆発や宗教的蜂起が生じ，アヘン流入による財政の悪化と相まって，社会的安定が失われていった．ロシアでは，急進的な改革への素地ができつつあった．貴族が貧しくなる一方，農民も人口の増加によって耕地の不足に苦しむようになり，さらに啓蒙哲学の洗礼を受けた官僚知識人が新たに登場しつつあった．彼らは，1825年に反乱を起こした熱狂的なデカブリストたちの直後の世代で，志向は共通でも，より用心深い人々であった．

　両国関係の変化はまず，中国がアヘン戦争で敗北して南京(ナンキン)条約を結び，開港地を増したことから始まった．もし最恵国待遇がなかったとしたら，ロシアは他の列強が獲得した特権を得られず，キャフタ条約による陸上貿易の利益も失っていたにちがいない．ロシアの対中貿易は，シベリアからの毛皮輸出が減少しつつあった反面，茶の輸入（1839年に輸入の97%をしめていた）も危機に直面していた．ロンドン経由で海から輸入する方がキャフタのキャラバン貿易よりずっと安くなったからである．また，中国や日本でイギリスとアメリカが海軍

力を誇示しており，ロシアはいつか近いうちに，それらの砲艦が，中国の同意のもとに，アムール川流域にも現れ，ロシアの太平洋での勢力を奪った上，シベリアまで削り取るのではないかと懸念した．

ロシア・ナショナリズムがこれにどのように反応したかは，新設のロシア地理学協会に集った4人の建議に示されている．彼らは，150万平方キロメートルの土地を占領して中国との間に新たな国境を引こうと提案したのである．それは地理学者ミデンドルフが1845年に行った探検に基づいていた．彼は中国国境からかなり離れた北方地域を調査するように命じられていたが，実際はネルチンスク条約で立ち入りが禁止されていたアムール上流に向かったのである．のち，彼は「この地方に行きたいという抗いがたい欲望にとりつかれていた」と書いている[1]．サンクトペテルブルクに戻ったとき，彼は処罰されるどころか，祝宴と賞与と，さらにニコライ1世に個人的な謁見を許されるという殊遇をえた．地理学協会はこのミデンドルフの探検がもたらした熱狂の影響下に設立されたのである．

図1 ムラヴィヨーフ

1847年，ムラヴィヨーフ（図1）が東シベリアの総督兼司令官に任命され，イルクーツクに赴任した．託された地についてほとんど知識がなかったので，彼は地理学協会に出かけ，外務省の文書管理官バロソグロにシベリア問題に関する簡潔なリポートを書くように要請した．バロソグロは海軍勤務の経験を持ち，当時高い評価をえていた人物であるが，彼は，アムールはちょうどナイルがエジプトにそうであるように，シベリアにとって本質的に重要であるとし，さらに太平洋ではイギリスが最も脅威ある存在だが，アメリカも注意を要すると指摘した．さらに，1849年から翌年にかけて，海軍のネヴェルスコイ大佐は，アホーツクとカムチャッカに食糧を供給するように命じられたとき，ついでに南方のアムール流域の探検にも出かけ，東北アジアのこの大河が少なくとも夏の数カ月は河口から航行可能であり，サハリンは島であることを，最終的に確認した．彼はまた小さな砦も建設し，そこにロシア国旗を掲げた．外

務大臣のネッセルローデはこれを知って激怒した．そんな命令は誰も出していなかったからである．しかし，当時，ニコライ1世は次のように語った．「ロシア国旗はひとたび掲げられたところでは，降ろされるべきではない」[2]．この言葉は遠隔地で冒険的な仕事をしていた役人たちに大きな励ましとなった．もし成功すれば賞賛されるだろうし，政治的必要から否定されるかもしれないが，深刻なとがめを受けることはない，と．ミデンドルフと同じく，ネヴェルスコーイはこの探検を禁止命令を無視して実行したのだが，これまた同様に，処罰を受けるどころか，皇帝の嘉納を得たのであった．

　北京はこのような圧力に宥和政策で応じた．1851年，クルジャ条約（伊寧清露条約）でロシアの交易権を追加したのである．しかし，ロシアの太平洋での活動を重んじ，その観点からアムールの航行権を主張した人々はこれでは満足しなかった．アムール流域がロシア北方への穀物供給地帯になるかもしれないという期待が盛り上がり，これを「新アメリカ」として領有しようという願望が生まれた．また，「無限の中国市場」というイメージも，ロシア人の中に他国の商人たちと同様に大きな期待を育んだ．中国人が靴下1足を買いさえすれば，その度にロシアの業者が儲かるというのである．しかし，ムラヴィヨーフは，アラスカや中国を商業的観点から扱おうというバロソグロの考えからは遠ざかっていった．彼は1853年にツァーリにあてた手紙でこう記している[3]．

　　もしロシアがアメリカにカリフォルニアとアラスカの植民地を譲るのが不可避なら，その太平洋の対岸にできるだけ南まで植民地を持つべきである．敵はイギリスであって，サハリンとアムール河口は東シベリアやヨーロッパ・ロシアと太平洋とを結ぶため，ロシア領とせねばならない．もし日本人にサハリンへの明確な権利を与えたなら，彼らはイギリスの要求は何であれ拒否できないはずだから，結局ロシアはそこでイギリス人と直接対面することとなるだろう．

この有名な手紙は，やがてクリミア戦争として爆発するイギリスとの緊張が高まるさなかにサンクトペテルブルクに着き，ニコライ1世にこの地政学的見解を受け入れさせて，アムールをロシア領とすべしと宣言させることとなった．

ムラヴィヨーフとプチャーチン

今やロシアの意図は誰の目にも疑えないものとなった．1855 年には咸豊帝（清文宗）自身がこう書いている．「アムールの左岸〔北岸〕はむろん中国領である．この野蛮人〔ムラヴィヨーフ〕は無神経にも我々にこれを割譲せよと要求した．……彼は犬豚のごときものだから教え諭すのは難しい」[4]．これを見るに，中国の近代的外交はいまだ揺籃期にあり，ヨーロッパ列強の力のバランスやクリミア戦争の結果をとらえそこなっていたようである．中国には「夷を以て夷を制する」という伝統的政策があり，それは近代の地政学と同じく，使い方次第では有効なはずであったが，十分に使いこなせていなかったように見える．

図2　プチャーチン

ムラヴィヨーフは，ツァーリの支持を確保し，かつクリミア戦争をきっかけに，世論がどんな行動でも安全保障を理由にしさえすれば正当だと見なすようになると，ただちに行動を開始した．彼は探検隊を組織し，1854 年，55 年と 57 年にアムールを下らせ，58 年にはウスーリとスンガリをさかのぼらせた．ムラヴィヨーフはまた，ロシア随一の中国学者ヴァシリーエフに委嘱して，中国の資料に直接基づいたマンチューリア（満洲）の地誌を書かせ，1859 年に地理学協会から出版させた．ヴァシリーエフはサンクトペテルブルク大学中国学科の最初の教授で，中国問題が首都で注目の的となった 1855 年にカザンから上京していた．中国はいつか啓蒙の光に浴すべきだと信じており，それにロシアが大きな役割を果たすべきだとも確信していた．

1858 年の初夏，プチャーチン提督（図2）はイギリス・フランス・アメリカと同様に天津条約に調印した．この条約は海上交易に重きを置いたものであったが，ロシアは航海術に長けていなかったから，そこから得たものは少なかった．一方，ムラヴィヨーフはその 2 週間前，中国を脅して 2 番目の条約をアイグンで結び，アムール左岸の広大な土地を手に入れた．この功により彼はアムール伯という称号を得，「ムラヴィヨーフ゠アムールスキー」と名乗ることと

なる.ただし,この条約はそれに接続する地域についてはかなりの曖昧さを遺していた.彼はアイグンの中国官憲に大砲の試射をして見せたが,それは明らかに脅迫を狙ったものだった.彼はまた,もし交渉が成立しなかったら,アムール北岸に住む中国人全員を追放するとも述べた.清朝の交渉者たちが彼から得た唯一の譲歩は,その実行を止めることだけであった.

　清朝の宮廷はプチャーチンの天清条約を受け入れる一方,アイグン条約の批准は拒否した.しかし,アロー戦争で英仏軍が北京を占領し,彼らの交渉担当者が中国側に殺害されたことへの報復をちらつかせると,中国は深刻な苦境に陥った.皇帝は交渉を大臣たちに任せて東北の避暑地熱河(ルェーホー,承徳)に逃亡した.このとき,イグナティエフという28歳のロシア外交官が現れ,北京宣教団の中国学者の助けを得て,英仏の侵略軍による北京の略奪を止めさせるように調停しようと持ちかけた.清朝はそれを受け入れたが,しかし,その代償は高かった.アイグン条約の中身をすべて含み,しかもウスーリ流域と新疆(シンジアン)での新たな権利を規定した条約を清朝は批准せねばならなくなったのである.当時,イルクーツクの東に駐屯していたロシア軍はわずか2万人で,中国には1兵も置いていなかった.そのため,この青年のはったりは,今日に至るまでロシア外交最大の達成と評価されている.むろん,ロシアが獲得した土地はその後も長く維持され,中国人の側では今なお苦い記憶として遺っている.

ロシアと日本

　さて,目をロシアと日本の関係に転じよう.1813年に蝦夷地の紛争がゴロヴニーンと高田屋嘉兵衛の交換によって解決したのち,日露関係は1850年代まで空白の期間を迎えた.しかし,その間にアジアとヨーロッパで大きな変化が生じたため,その後はまったく異なる軌道をたどることとなる.アヘン戦争による中国の西洋への開国は,世界交易に携わっていた国々に日本開国への期待を与える反面,日本には逆にそれを絶対に避けねばならないと教えた.そのなかでロシアは再び日本に接近を始めたのだが,それには二つの異なる動きが含まれていた.一つは,アムール流域を中心とするムラヴィヨーフの膨張政策の延長上に生じたもので,1853年にネヴェルスコイ大佐が行ったサハリン

遠征である．この動きは日本人にショックを与えたが，もう一方の動きを担ったプチャーチン提督によって否定された．プチャーチンは，日本との条約締結を任務として派遣され，日本との協調を重視して，ネヴェルスコイの部隊に本土へ引き上げるように命令したのである．

プチャーチンは，アメリカ使節ペリーが下田と箱館の二つの港を自国船のために開かせるのに成功した10カ月後，ペリーと同等の入港権とそこでの居住権を獲得し，さらに国境の確定も試みた．千島についてはエトロフとウルップとの間に明確な国境を設けたが，サハリンは結局雑居地としてのこしている．彼の旗艦は下田で6メートルもの津波にあい，破壊されたが，彼は日本人と協力して代替船を建造し，その見返りに条約を獲得した．ペリーが脅迫で得たものを，彼は交渉で得たのである．それは日本人にとっては造船術を大きく飛躍させる事件でもあった[5]．

他方，ムラヴィヨーフは，プチャーチンの条約を，サハリンから日本人を完全には排除できなかったため，不十分と考えていた．彼は1858年までは中国から南東シベリアの統治権を奪うことに没頭していたが，翌年にはサハリンの帰属問題を片づけようと決意した．自身で7隻の軍艦を率いて日本に向かい，圧力をかけて日本人にサハリンを諦めさせようと試みたのである．彼は警戒され，接触を回避されたが，その理不尽な要求は結局，彼の水夫2人が横浜の街頭で刺殺されるという事件を引き起こした．これは日本の開国後最初の外国人殺人事件であった．日本人が彼の艦隊と威嚇的な態度を恐れたのも無理はない．前の年，彼は中国と有利な条約を結ぶため，アイグンを砲撃しなかっただろうか．日本人は彼を「ムラヴィヨーフ＝サハリンスキー」にしたくなかったのである．

ムラヴィヨーフは結局何も獲得せずにロシアに帰った．しかし，1861年，ロシアの船が対馬に現れ，あちこち探索したあげく，地上に滞在施設を築き，港湾としての貸与を要求した．これに対し，日本は，ムラヴィヨーフが恐れていたように，地政学的なバランスを考慮してイギリスに助けを求め，2隻のイギリス軍艦が対馬に送られた．イギリスアジア艦隊の司令官ジェイムス・ホープは着くや否やロシア側の艦長たちと強硬な交渉に入った．議論は次第に険しくなったが，結局，ロシア側は戦争の回避を選び，9月に立ち去った[6]．

この事件が起きる以前，日本人はゴロヴニーンと高田屋嘉兵衛の相互捕囚が無事に解決されたという記憶，そして長崎でのプチャーチンの紳士的な交渉態度に鑑みて，ロシアに好感を抱くようになり，修好通商条約を締結する頃には，2度にわたるアヘン戦争で攻撃的な態度を見せた英仏を牽制（けんせい）するために使おうと考える者すらあった．しかし，この対馬占領事件以後，日本人のロシアへの態度は醒（さ）めたものに変わり，逆に英仏への評価が次第に高くなってゆくのである．
　　（デイヴィッド・ウルフ／三谷　博訳，三谷　博・川島　真加筆）

コメント　外交儀礼の変容と日露関係の対等性

　ロシアは英米の東アジア進出に対し，極東や太平洋における自国の権益が脅かされるのではないかと危惧を抱き，日本と中国に外交使節を派遣して，米英主導の通商条約体制に参入することに成功した．この時期は日本では西洋に不平等条約を締結させられた過程として語られてきた．しかし，日露関係をみると必ずしもそうとはいいきれない．日露和親条約に至る過程では，ラクスマン使節，レザーノフ使節との外交儀礼をめぐる約60年間の葛藤（かっとう）を経て，少なくとも儀礼に関しては，対等性が達成されていた．すなわちプチャーチンとの会見では，日本側は置き畳を敷いた上に座り，ロシア側は艦から持参した椅子に座ることで対等性を示した．締結された条約も，日露和親条約の領事裁判規定は双務的なものとされ，日露修好通商条約もこの領事裁判規定を引き継いだ上，最恵国待遇も双務的としている．

　近世日本では，朝鮮使節・琉球使節・オランダ商館長は，将軍に拝謁する際，下座で，はいつくばる座礼をしていた．華夷秩序の文法に則って日本では対外関係を上下関係でとらえていたのである．ロシアとの外交では座礼から立礼に変わった．この儀礼の変容は，上下関係の国家関係（華夷秩序）から対等な主権国家同士の条約関係（西洋型秩序）への移行を意味する．

　アメリカとロシアの相補的・波状的な交渉により日本は西洋型国際秩序の一員となった．ロシアとの交渉のなかで西洋型外交儀礼を経験してきたことにより西洋型国際秩序へソフトランディグできたのはないだろうか．

　　　　　　　　　　　　　　　　　　　　　　　　（生田美智子）

●**より深く知るために**

秋月俊幸『日露関係とサハリン島——幕末明治初年の領土問題』筑摩書房, 1994年
生田美智子『外交儀礼から見た幕末日露文化交渉史』ミネルヴァ書房, 2008年
小松久男・林俊雄・梅村坦・濱田正美・堀川徹・石濱裕美子・中見立夫『中央ユーラシア史』(新版世界各国史) 山川出版社, 2000年
土肥恒之・倉持俊一・鈴木健夫・佐々木照央・和田春樹・高田和夫『ロシア史』2, 山川出版社, 1994年
和田春樹『開国——日露国境交渉』日本放送出版協会, 1991年

第14章 東アジア国際秩序の再編

ロシア・イギリス・アメリカのシベリア・北太平洋地域への進出は，第2章で見たような東アジアの国際秩序を大きく変えていった．ここでは，その初期の変化について概観し，どんな問題が生じたかを見てゆこう．

冊封・朝貢と互市の世界

おさらいをすると，19世紀以前の東アジアには，中国（ジョングオ）を中心とした国際的な関係があった．その枠組みを支える理念は自らを中心と位置づける華夷思想と，貿易港などを限定する管理貿易である海禁であった．具体的には，周辺国家の首長の交代時に中国皇帝が国王称号の付与の儀式などを行う冊封，周辺国が決められた時期に使節を派遣し，恭順を示す儀式とともに交易も行う朝貢があった．ここで注意せねばならないのは，冊封や朝貢という行為が，朝貢国が宗主国の領土であるとか，保護国であるといった近代国際法的な内容を指し示すものではなかったことである．また，関係国は，日本に典型的に見られるように，こうした冊封・朝貢を行わずとも，互市という通商関係を通じて相互に関わることもできた[1]．

しかし，このような対外関係のもち方は，何も中国だけに独占されていたわけではない．中国のみならず，東アジアから東南アジア一帯の諸国に共有されていた．朝鮮も，日本も，基本的に自らを華とし，異国を夷として，貿易を限定し，管理していた．そこでは漢文文書が用いられ，漂流民などについては，相互に送還するシステムができあがっていた．

代表的な朝貢国には朝鮮・琉球があったが，いずれも中国だけでなく，他の隣国との関係も持っていた．そのうち，琉球は清に朝貢しつつ，日本の薩摩藩に支配される二重の従属関係にあった．また，朝鮮は朝貢していなかった日本

とほぼ対等な関係を結んでいた．両国は相互に自らを上位にあると考え，それを黙認しあった結果，ある意味で対等な関係に立つこととなったのである．

西洋という新規参入者

　東アジアに登場した西洋諸国は冊封・朝貢システムそのものに挑戦したわけではない．彼らは「互市」における貿易，また朝貢になぞらえて行われる貿易の自由化と拡大を求めたのである．西洋，特にイギリスなどは，1757年以後，貿易港を広州（グアンジョウ）1港に限定され，貿易活動は強い制限を課された．中国の禁制品であるアヘン貿易もまた強い統制下に置かれた．それが麻薬であるということで，イギリス国内にも反対論があったが，イギリスはアヘン貿易をめぐるトラブルを自由貿易化をめぐる問題の象徴と見なし，1840年に戦争に訴えて貿易権を守ろうとした．イギリスが勝利した結果，42年の南京（ナンキン）条約で貿易港は拡大され，貿易への制限は一部撤廃された．南京条約についでフランス，ロシア，アメリカなどが同様の条約を結び，西洋は，以下に述べる不平等条約にともなう利権を享受しつつ，「互市」の空間を拡大することに成功した．ただ，留意すべきことに，アヘン戦争での中国の敗北や南京条約の締結は冊封・朝貢体制を揺るがすものとはならなかった．以後，50年以上，清は冊封・朝貢体制を維持するが，それは新規参入者である西洋との貿易拡大やそれにともなう秩序形成が冊封・朝貢体制と必ずしも正面から矛盾するものでなかったことを示している．両者は中国の対外関係ではダブル・スタンダードとして存続することになるのである．

不平等条約の締結

　南京条約にともなう諸条約によって中国は不平等条約体制に置かれた．日本よりも十数年早い．アヘン戦争における中国の敗北は確かに東アジアに大きな衝撃を与えた．これは清が軍事的にも大国であるという認知を周囲から得ていたことを示す．不平等条約は，ヨーロッパから見て，文明国標準（あるいは文化の近代性）を共有できない相手との間で締結されたものである．そこでは，欧米標準が普遍的に世界に広がりうるとする自然法的な発想と，非西洋にはウェストファリア体制[i]における主権国家間の対等原則を適用しなくてもいいと

いう差別性の双方がともなった．不平等条約の要素としては，領事裁判権，協定税率，最恵国条款などが片務的に規定される[2]ということがあった．

いったん不平等条約を結ばされた国がこれを改正するには，主に二つの方法があったとされる．第一は文明国標準にかなう法典の整備，文化的な西欧化などを行い，その上で外交交渉を行って条約を改正することで，第二は国内において革命をおこし，前政権の締結した不平等条約を破棄して，平等条約を締結することである．現在の学界では，前者のモデルとして日本やシャム，後者のモデルとしてはトルコを考えている．これらに対し，中国では，不平等条約を敗戦条約として締結したこともあって，文明国標準への適応とともに，強国・大国となることも重視され，さらに革命的方法も志向された．中国が不平等条約改正を成し遂げたのはかなり遅く，第二次世界大戦中に戦後における大国の地位が約束されてからであった．

不平等だったのか？

しかし，後に不平等条約と呼ばれる諸条約がはじめから不平等条約と認知されていたわけではない．これについて，しばしば国際法（当初は万国公法と訳された）を熟知していなかったからとか，無知蒙昧だったからなどという説明があるが，第1章でも見たように，そのように断ずるのは妥当ではない[3]．

まず領事裁判権について．領事裁判権とは，外国人と現地民とが紛争を起こしたとき，外国人が加害者だった場合，その国の領事が自国法によって裁くという制度であるが，これには現地民が加害者だった場合には，現地政府が自国法によって裁くという制度がともなっていた．東アジアでは，西洋との条約締結の当初は自国民の海外渡航は想定されていなかった．中国が自国民の海外渡航を認めたのは1860年の北京条約であり（国内法的には1893年），日本は1866年である．したがって，法的対応が必要な外国人との紛争は国内のみで発生し，そのため，領事裁判権は現地ではむしろ自国民の裁判を自ら行うという自国民保護の視点から当初は捉えられていた．しかし，海外渡航が解禁されると，東アジアの民が海外で紛争に直面し，その場合には自国の領事によって保護され

---

i) ヨーロッパでは三十年戦争の末に1648年にウェストファリア条約が結ばれ，相互に国家主権を尊重することが国際秩序の基本となった．

ず，現地の裁判に服さねばならないという不平等性が顕在化した．他方，関税率についてみると，現地国が自由に定められないという問題はあったものの，中国の税率は3％，日本の場合は輸入が20％，輸出が5％であった．この数字について高いか安いかについて議論があるが，日本では少なくとも改税約書(1866年)で引き下げられるまでは，決して低い数字ではなかった．それに，たとえ輸出関税が低く抑えられたとしても，それは関税収入がほしい政府にとって不利なのであって，輸出産業の担い手である企業にとってはむしろ有利な条件となった．

このように見ると，不平等条約と後に言われるようになったものは，条約締結時にその不平等性を認知しながら締結したというわけではなかった可能性がある．また，欧米列強とてそれを不平等条約としてただちに特権的に利用したというわけではない面もある．後世には条約締結それ自体を屈辱的な売国外交という解釈や宣伝が見られたが，それとは異なる可能性があることに留意せねばならない．

しかし，いずれにせよ，中国にとって，「互市」をめぐる秩序は，アヘン戦争後，あるいはアロー戦争後，開港場が増加するにつれ，修正を迫られた．かつて欧米諸国との貿易は広州が中心であったが，上海（シャンハイ）がこれに代わった．しかし，それは，中国から見れば上海を中心に「互市」，通商ネットワークと秩序が再編されたということであり，これを伝統から近代への移行という観点だけから説明するのは無理がある．西洋との条約締結によって，東アジアには日本も含めた多くの開港場が広がることとなり，日本の開港場からも多くの商品(海産物など)が上海に運ばれた．幕末に高杉晋作（しんさく）が乗船した千歳丸（せんざいまる）が上海に向かった目的は，主に日本の商品を日本人が直接上海に運んで商売をしようとするものであり，日本はこれを皮切りに再編成された中国市場に深く関わり，のちには綿糸の輸出によって莫大（ばくだい）な利益を上げることとなる[4]．

条約体制と冊封朝貢体制のダブル・スタンダード

このように，条約の締結が直ちに不平等条約体制を出現させたわけではない．しかし，海外渡航が認められ，通商政策が国家財政や経済発展のために重視されるようになると，領事裁判権や関税自主権は現地にとって大きな問題となっ

た．また最恵国条項によりそのような特権は列強全体に共有され，固定化と制度化をもたらした．特に1858年の天津（ティエンジン）条約は，その後の列強の在華諸利権を正当化する根拠となり，いわば不平等条約体制のマグナ・カルタとされるほど列強にとって重要だった．この条約および2年後に締結された北京条約では，英仏両国公使の北京駐在，キリスト教の布教（ただし，第7章に見たようにロシア正教はそれ以前から容認されていた），英仏の商船の内地河川航行権，開港場以外への外国人の旅行および貿易権などとともに，片務的な最恵国待遇が規定されていた．

このようにして，中国がもともと「互市」という枠で認めていった特例としての諸条約および特権は中国に不利なかたちで制度化され，それはさらに公使の北京駐在などの「外交」の領域にまで及ぶことになった．清朝は，条約の不平等性は皇帝からの特別な恩典として説明したが，外国使節と皇帝との謁見（えっけん）を西洋式の対等な儀式に改めることについては，強く抵抗した．だが，欧米諸国との関係が深まるにつれ，中国の対外関係には，「互市」を超え，「冊封」や「朝貢」でも説明がつかない領域が形成され始めた．1861年に設けられた総理各国事務衙門（がもん）という役所は，この新たな枠組みに対応するためのものである．しかし，この「総理衙門」と略称される役所は臨時のものであり，朝鮮や琉球など朝貢国との外交を司った礼部（れいぶ）など常設の六部などとは異なる機関であった．したがって，中国が1870年代からはじめた海外への公使派遣も，総理衙門以外に実職をもつ官僚が，海外の出先機関に出向するというスタイルになった．

清は，冊封・朝貢という枠組みを維持しつつ，欧米と新たな枠組みを形成した．この両者は必ずしも矛盾するものではなく，清は相手によって，また時と場に応じて，二つの論理を使い分けるようになる．条約に基づく関係を欧米諸国と結んだといっても，それがただちに既存の対外関係の秩序を崩壊させたわけではない．日本は，1871年に清と日清修好条規を結び，300年あまりにおよぶ国交不在を解消したが，その際には冊封・朝貢体制のなかに復帰せず，この新たな枠組みに加わった最初の欧米以外の国となった．この条約では欧米との不平等条項は適用されず，貿易関係も朝貢における貿易特権や列強に与えた利権のような「恩典」とは意識されてはいなかった．日清修好条規は「恩典」が想定されない，「対等」な関係として特筆すべきものだったといえる．

冊封・朝貢体制の調整——属国・自主の論理

　冊封・朝貢体制はしかし動揺し，結果的には消滅した．それは，イギリスやフランス，そして日本が中国の王朝に朝貢していた国々を植民地にしたり，国内に編入しようとしたためであった．1870年代には日本が従来は日中両属だった琉球を沖縄県として編入を図りはじめる一方，イギリスがビルマを植民地化し，80年代にはフランスがベトナムを植民地化した．冊封・朝貢の枠組みの国はしだいに減少し，90年代初頭には主要国としては朝鮮を残すばかりとなった．繰り返しになるが，中国と欧米諸国が条約を締結したことが，直接，冊封や朝貢体制を崩壊させたというわけではない．また，日本は条約締結国となった時期は遅かったが，冊封・朝貢という枠組みへの挑戦者という意味では，決して遅れてきた存在ではなかった．

　この過程では次のような問題が発生した．たとえば，上海に1度入港した外国船が，そこで税金を1度支払えば中国国内のほかの港に行く際に税金を払わなくてよいというルールが設けられたが，その船が上海のあとに朝鮮の仁川(インチョン)に行った場合に税金を支払う必要があるのか，といった問いがしばしば欧米諸国から発せられたのである．これは，要するに朝鮮は清の属国，あるいは国の一部なのか，それとも朝鮮は独立した主権国家なのかを問うものである[5]．清朝はそうした場合，「朝鮮は属国だが，自主である．あるいは属国でもあるし，自主でもある」という回答を行った．これは，朝鮮が欧米諸国と条約を結ぶこと自体は否定しないものの（むしろ条約締結を勧めた），中国との間の冊封・朝貢は維持するということを意味する．これは一種のダブル・スタンダードであった．他方，中国と朝鮮の間の関係それ自体にも，朝鮮半島に中国人租界(そかい)が設けられたように，既存の枠組みでは説明できないものも生まれはじめていた．

　日本は，欧米に対して万国公法を受容する文明国として振る舞い，同時に朝鮮の「自主」を中国のダブル・スタンダードとは異なる，純粋な主権国家の論理で読み込み，清朝と周辺国の宗主(そうしゅ)—藩属(はんぞく)[6]関係を否定するなどの挙に出た．しかし，その一方では，天皇を外交文書で「皇帝」と表現し，それによって朝鮮「国王」や琉球「国王」より優位に立とうとするなど，域内の論理も利用している．

条約改正と日本

　明治日本は，政府樹立早々から外交政策の基軸に条約改正をすえた．日本は，国際社会（family of nations）の正構成員となるべく，「富国強兵・殖産興業」とともども，文明化によって「文明国」になることをめざした．この文明国は，独自の文明があるかとか，古代文明を有しているかということではなく，法制度や社会状況などにおいて，欧米的な標準を満たしていることを意味する．ウェストファリア体制では，主権国家間の平等という理念があるが，19世紀には文明国間に限定されるものと理解され，非文明国との関係においては不平等が容認されていた．そのため，非文明国と認識された国が不平等条約を克服するには文明国になることが課題とされたのである．だが，このような理念と同時に，実際においては，その文明国と非文明国の間には圧倒的な武力や産業技術の格差があったため，軍事力強化，産業振興があわせて追求された．

　しかし，こうした理念とは別に，条約改正それ自体はあくまでも外交交渉によらざるをえなかった．法典の不備などは，確かに条約改正を拒否する理由にはなったものの，文明国としての標準には明確な基準が与えられているわけではなかった．そのため文明国としての認知とともに，実際の外交努力も不可欠だったのである[7]．日本は，条約外ながら慣例などとして欧米諸国に有利に与えていた，倉庫の無料での利用期間や狩猟地域の範囲などの諸権利の撤廃（行政権回収）と，条約内に定められた片務的な諸権利の撤廃を求めた．だが，欧米諸国と日本との条約には，片務的な最恵国条項があったため，日本はこれらの国々を一括して交渉するか，影響力のある国と交渉して条約改正し，それを他に及ぼす必要があった．結局，1894年の日清戦争開戦直前に領事裁判権撤廃をめぐるイギリスとの交渉に成功し，また1911年に関税自主権を回復することになった．この間，日本は台湾などの植民地を有する帝国へと変貌したが，こうした植民地でも改正された条約が適用されている．ただし，その際には，現地社会に適用される法律は，欧米人と日本人を一くくりに扱う法の範囲とは異なる別枠として設定された．

近代東アジアにおける相互イメージ

　日本の条約改正の過程は東アジア域内に思わぬ影響を与えることになった．1871 年の日清修好条規では，条約交渉は清側がリードし，額面上は平等条約であった．しかし，日本が欧米諸国との条約改正を試みた際，欧米諸国が日本の改正を認めれば中国もまた改正を要求することを危惧したため，日本はことさらに中国との差別化を行い，万国公法（図 1）の理解度など，文明国としての到達度について中国を批判し，自らの成果を強調するという姿勢を見せるようになった．すなわち，文明国化をめざす際，中国を否定的な鏡として，自らを位置づけようとしたのである．また，日本は琉球問題について交渉した際，その部分解決などを交換条件に日清修好条規を改め，不平等条約を新たに締結することを清に求めたが，拒絶されている．

図 1　万国公法の表紙

　しかしながら，日本にはなお，中国を憧憬したり，清を大国と見る視線が依然として広く見られた[8]．それが変わって，日本で中国蔑視の傾向が強まったのは日清戦争後と思われる．そして義和団事件（1900 年）以後には列強の一つとして中国をめぐる国際政治に関与するようになり，その態度は固定化されていく．また，なぜ日本が近代化に成功し，中国が遅れたのかという日中近代化比較論も，こうした中国蔑視の傾向と結びつきやすい議論として広く見られるようになった．

　他方，中国の国際観も 19 世紀末から 20 世紀初頭にかけて劇的に変化した[9]．列国が横並びに存在する国際社会を想定し，そこでの強国にならなければ，他国に蚕食されてしまうという国際社会観が 19 世紀末には広がっていく．しかし，中国との差異を強調する日本とは裏腹に，中国側では日本への意識は希薄であった．たしかに，琉球併合や朝鮮半島問題を通じて新たな危機を生み出す存在として認識してはいたが，日本は 19 世紀後半には欧米列強と比肩される存在ではありえなかった．

　19 世紀の後半の日中関係は，20 世紀にも継承される対立や敵対の要素がすでに見られたものの，多様な展開の可能性を残していた．中国は日本を敵対視

していたわけではないし，第27章に見るように，貿易，防疫，衛生などの面で東アジア全域をおおう規範や秩序が新たに形成され，共有されはじめた．19世紀の後半は，東アジアの国際秩序が変容しながら，そこには多様な可能性が残されていたと考えてよいであろう．　　　　　　　　　　　　（川島　真）

コメント●1　清朝の対外関係と国内統治構造

　中国在来の制度と西洋との関係について，少し補足しておかねばならない．西洋諸国は主観的には，アヘン戦争・アロー戦争でたしかに「冊封・朝貢システムそのものに挑戦した」．彼らの望む国際関係構築の障碍とみなしたからである．しかし客観的にみて，それは「挑戦」とはなりえなかった．戦争に勝ち，条約を強要しても，その目的を実現できなかったからであり，それは主として，清朝の統治構造に対する無知によっている．西洋諸国が相手を知らず，また知ろうとしなかったことでは，中国の「攘夷」「排外」におさおさ劣らなかった．

　その統治構造の特色として，清朝がモンゴルやチベット，あるいは漢人に対し，それぞれ別の原理で君臨し，朝鮮・ベトナム・ロシア・イギリス・日本などの外国とも，個別に異なる関係をもっていたことがあげられる．一方の関係は他方のそれを必ずしも規制しなかったから，たとえ個々に条約を結びはしても，それが全体をおおう国際法的な秩序にはならなかった．19世紀後半になって，清朝が「一種のダブル・スタンダード」をとるのも，こうした元来の統治構造に由来する側面があって，彼ら自身にとってはごく自然な行動様式だったのかもしれない．　　　　　　　　　　　　　　　　　　　　　　　（岡本隆司）

コメント●2　経済における二重秩序の活用

　19世紀後半の東アジア国際秩序を，東南・南アジア，中東，アフリカなど，他の非ヨーロッパ世界と比較すると，みずからのイニシアティヴによるウェスタン・インパクトの受容が相対的に急速に進んだ点が際だって見える．なかでも特徴的なのが，「強制された自由貿易」の体制を利用した地域内貿易の成長と，明治日本の工業化の成功だった．それがグローバル・ヒストリーに投げか

けているのは，ヨーロッパのような主権国家システムが存在しない地域で，なぜそのようなことが可能だったのか，という問いである．

　西ヨーロッパでも，世界の強国になるにはどうしても工業化が必要だという意識が主要国に浸透したのは19世紀後半になってからだった．その意味で，日本と中国のあいだで工業化・近代化へのコミットメントに温度差があったのはそれほど不思議ではない．より興味深いのは，本章で述べられているように，清が，互市，冊封，朝貢といったそれまでのシステムを維持しつつ，欧米とのあいだに新たな枠組を作ろうとしたことである．それは，いわば欧米を含めた世界秩序と従来の地域国際秩序の両面に対応しようとする戦略であった．その結果もあって，東アジアの国際経済秩序は欧米列強の主導する秩序と，地域内の国家や商人網がつかさどる地域秩序の二重構造を発展させた．

　明治日本の工業化は，欧米から技術を学び，機械や資本を輸入するとともに，膨大な人口を擁するアジア市場へ自ら生産した工業品を輸出することによって達成された．清の戦略は，全体としてはそうした展開を許容するものだったように思われる．

（杉原　薫）

●より深く知るために

岡本隆司『属国と自主のあいだ——近代清韓関係と東アジアの命運』名古屋大学出版会，2004年

岡本隆司『世界のなかの日清韓関係史——交隣と属国，自主と独立』講談社，2008年

川島真『中国近代外交の形成』名古屋大学出版会，2004年

川島真・服部龍二編『東アジア国際政治史』名古屋大学出版会，2007年

坂野正高『近代中国政治外交史』東京大学出版会，1973年

佐藤慎一『近代中国の知識人と文明』東京大学出版会，1996年

藤原明久『日本条約改正史の研究——井上・大隈の改正交渉と欧米列国』雄松堂，2004年

三谷博『ペリー来航』吉川弘文館，2003年

第15章 朝鮮の改革と攘夷戦争

　近世の朝鮮(チョソン)は，西洋との間に外交関係はもちろん，通商関係も持たなかった点で，同時代の日本や中国と異なっていた．近代での西洋への対応もこれを反映し，条約の締結や通商を拒む態度は日本や中国より強烈で，その続いた期間も長かった．朝鮮が西洋の国と初めて条約を結んだのは，中国・日本よりはるかに遅い1882年のことである．1870年代前半に日本に滞在したアメリカ人ウィリアム・グリフィスは，1882年に出版した朝鮮に関する自著のタイトルを『隠者の国』(The Hermit Nation) とした[1]．その「隠者の国」イメージは，グリフィスが日本に滞在していた時に得た知識にもとづいており，当時の日本政府と朝鮮の大院君(テウオングン)政権との関係を反映していると思われる．その大院君は，朝鮮近代史の知識のある人には，頑迷な攘夷主義者と見えているかもしれない．しかし，よく見ると，実際には必ずしもそうとは言いきれないようにも思われる．以下ではまず，その検討に入る前に，朝鮮での「西学」(中国で漢訳された西洋関係書を輸入し，研究する学問の韓国・朝鮮での呼び名) の受容とその推移を概観し，近世朝鮮にとっての西洋の位置を確認しておこう．

近世朝鮮と西洋

　朝鮮での「西学」の歴史は，いまの学界では，①西学接触期 (1603-1750年代)，②西学探求期 (1760-1776年)，③西学実践期 (正祖代，1777-1800年)，④西学弾圧期 (1801年-) に時期区分して考えている[2]．第一の西学接触期が1603年からはじまるのは，イエズス会士マッテオ・リッチの「坤輿(こんよ)万国全図」が北京で刊行された直後，この年に朝鮮に伝来したからである．秀吉のあと，北方の女真(じょしん)(ジュシェン，満洲(マンジュ))族の侵略を受けた朝鮮は，1636年，ふたたび侵略にさらされた．翌年，朝鮮はホンタイジの率いる女真族の清軍 (チン) に降伏し，

国王仁祖の長男である昭顕世子(ソヒヨンセジャ)（世子とは後継ぎに指名された王子）と次男である鳳林大君(ポンニムデグン)らが人質としてとられ，満洲の瀋陽（シェンヤン）の館所で暮らすことになった．1644年に清が都を北京(ペキン)に移すと，昭顕世子らも北京に移り，カトリックの宣教師アダム・シャールと接触して親交を重ねた．世子はアダム・シャールから天主像・天球儀・天文書，その他の洋学書を受け取ったが，これが朝鮮における西学・天主教（カトリック）受容史の実質的なはじまりとなった．1645年に昭顕世子らが帰国したが，昭顕世子は毒殺され，鳳林大君（後の孝宗(ヒョジョン)）が王世子となった．その後，1649年に孝宗が即位すると，かつて蛮族と見下していた満洲族に臣下として仕えることへの反感が台頭した．尊明攘夷，すなわち夷狄である清に抵抗し，あえて以前の漢民族王朝の明へ忠誠をささげようと唱える宋時烈(ソンシヨル)らが重用され，朝鮮から見て北方にあたる清を征伐しようとする北伐論，また明が滅んだのち中華の文明を伝えているのは朝鮮のみだという小中華思想が高揚した．

　清への朝貢などの使命をおびて度々派遣された「燕行使(えんこう)」（北京のことを燕京(えんけい)〔イェンジン〕と呼んだ）は，多くの西学書をもたらしたが，18世紀半ばになると，現在，実学派と呼ばれる学者の間に西学熱が起きた．星湖学派の祖となった李瀷(イイク)は，マッテオ・リッチの『天主実義』（カトリックの教義書）にあとがきを付けて広く紹介し，弟子たちに西学を学ぶことを勧めた．また，洪大容(ホンデヨン)は直接北京に赴き，天主堂にも足を運んだ．洪は天動説をとなえ，その後を継いだ朴趾源(パクチウォン)・李徳懋(イドンム)・朴斉家(パクチェガ)らの北学派も，北京に行って西学書を持ち帰り，西学研究の水準を高めた．

　一方，16世紀後半に始まった「党争」は17世紀後半になると激化し，朝鮮の朱子学には思想的な閉鎖性や排他性が強まった．両班(ヤンバン)と呼ばれる支配階層・知識人が，老論・小論・南人・北人という4つの党派にわかれて，朱子学の経典の解釈，王位継承問題などをめぐって熾烈(しれつ)な権力争いを行うようになった．党争の激化に対し，英祖(ヨンジョ)（在位1724-1876年）と正祖(チョンジョ)（在位1876-1900年）はこれを和らげつつ王権を強化する政策（蕩平策(とうへい)と呼ばれる）をとり，党争の過程で老論・少論によって政権から排除された南人や，差別待遇を受けていた庶子[i)]

---

i) 両班の子でも，嫡子ではなく妾から生まれた者，およびその子孫は，科挙の最高試験である文科に応試できないなど，差別を受けていた．

も登用した．先にふれた李德懋・朴斉家も庶子であり，正祖によって抜擢された人物である．第5章で見た丁若鏞(チョンヤギョン)は南人で，正祖の遷都計画により水原城(スウォンジョン)(華城)を築くとき，西洋の築城法を導入するなど，西学を実践に移した．さらに南人の少壮学者のなかには，天主教の教理を研究し，これを信仰するものも現れた．彼らは師弟・血縁関係によって強く団結していた．この頃，南人を主流とする時派と老論を主流とする僻派(へき)という新たな党派対立が起こったが[ii]，天主教受容の中心人物は南人・時派に属していた．

　1784年，南人・時派の李承薰(イスンフン)が北京に赴き洗礼を受けた．李承薰の帰国後，定期的な信仰集会がもたれるようになり，入信者が続出した．1794年には，初めての宣教師として中国人司祭周文謨(しゅうぶんぼ)(ジョウ・ウェンモ)が朝鮮にやってきた．その一方，天主教徒に対する弾圧も始まり，1785年，ソウルで信仰集会をしていた天主教徒が摘発され，殉教者(じゅんきょう)が出た．1791年には，全羅道(チョルラド)の珍山(チンサンユンジチュン)で尹持忠という人物が母の葬儀の際，儒教で重んじられる位牌(いはい)を偶像崇拝だとして焼却してしまう事件が起き，南人時派は僻派によって攻撃されるようになった．この珍山の変をきっかけに，天主教徒に対する迫害は激しくなったが，正祖とその政権を支えた南人時派の蔡済恭(チェジェゴン)はある程度これを抑えていた．しかし，1800年に正祖が没し，幼少の純祖(スンジョ)(在位1800-34年)が即位すると，状況は一変した．

　幼少の純祖に代わって，大王大妃金氏(だいおうだいひ)(先々代英祖の継妃)が御簾(みす)のかげから実質的に政務を取り仕切る垂簾聴政(すいれん)を始めると，老論・僻派が政権を握った．1801年には邪学厳禁を名目に本格的な天主教弾圧が始まった．この弾圧により中国人宣教師周文謨，李承薰・丁若鍾(チョンヤクチョン)(若鏞の兄)らは死刑に処せられた．また，行方をくらまし忠清道(チュンチョンド)の僻地に隠れていた黄嗣永(ファンサヨン)が捕まると，北京主教あてに朝鮮での天主教弾圧の状況や，武力開教のための軍艦派遣の要請などを帛(あらぎぬ)に書き込んだ密書が押収された．これによって朝鮮政府は天主教弾圧の正当性を確保し，厳しい弾圧を繰り返すことになった．朝鮮の19世紀は，西学の受難から始まったのである．それにもかかわらず，天主教信者は庶民にまで広まり，1831年には朝鮮教区が北京教区から独立し，1836

---

ii) 老論から世子が謀反を企んでいると吹き込まれた英祖は世子を殺してしまったが，英祖のこの行為を正当とする人々を僻派，世子に同情的な立場を取る人々を時派と呼ぶ．

年にはフランス人宣教師も潜入するまでになった. 1839年の弾圧では80人ほどの天主教徒とともに, フランス人宣教師も殺害されている. このためフランスとの対立が発生し, 1846年にはフランス艦隊が来航したが, 座礁したため引き揚げた. その直後, 朝鮮人で最初の神父となった金大建らが殺害される事件も起こった[3].

一方, アヘン戦争後の東アジア情勢の変化によって, 朝鮮にもロシアという新たな西洋勢力が現れた. すでに1854年には, 日本の長崎に再度来航したプチャーチンが朝鮮南端の巨文島に入港し, さらに東海岸を北上して去るということがあった. そして, 1860年に清とロシアの北京条約が結ばれ, 清が満洲の沿海部をロシアに譲ると, 朝鮮は豆満江の下流でロシアと接することになった. その後, 1864年から1865年にかけて, ロシア人は豆満江の対岸にある慶興府に現れ, 通商を求める手紙をよこすようになった[4].

図1 高宗（左）と王世子（純宗, 右）
（キム・ウォンモ, チョン・ソンギル編『写真で見た100年前の韓国』カトリック出版社, 1997年改訂版）

大院君政権

1804年, 大王大妃金氏の垂簾聴政が終わり, 純祖の親政が始まると, 純祖の妃の父である金祖淳が政権を掌握することとなった. 朝鮮では王の信任を受けて政権を握る者を世道と呼んだが, 19世紀においては王の外戚（王妃の父）が権勢を振るうようになった. このように, 王の妃の一族などの有力家門が政権を独占する政治形態を, 世道政治または勢道政治と呼ぶ. 金祖淳は慶尚道の安東を本貫（始祖の縁の地）とする安東金氏で, 老論の門閥であった. 純祖の孫の憲宗（在位1834-49年）が4歳で即位すると, その父の外戚である豊壌の趙氏の力が強まったが, 哲宗（在位1849-63年）の時代には再び安東金氏が勢力を回復した.

哲宗が跡継ぎを残さないまま死去すると, 次王は王族の興宣君昰応の次男に決められた. 高宗（在位1863-1907年, 図1）である. 12歳で即位した高宗にか

図2 興宣大院君
(李圭憲『写真で知る韓国の独立運動』国書刊行会, 1988年より)

わり，大王大妃趙氏が垂簾聴政を行ったが，実際に権力を握ったのは高宗の父であった．王の父で王を経験していない者には一般に大院君(テウォングン)という称号が与えられたが，ふつう大院君というと，その歴史的重要性から，この興宣(フンソン)大院君(図2)のことを指す[5]．大院君は，勢道政治によって衰弱した王権を立て直そうと，王権の強化を試みた．

　朝鮮王朝における中央の最高行政機関は議政府であったが，16世紀半ばに辺境の防備を担当する備辺使が常設機関化され，さらに豊臣秀吉および清の侵略の後に備辺使が力を増すと，辺境防備だけでなく行政全般に関与するようになり，議政府をしのぐ権限を持つようになっていた．安東金氏の勢道政治はこの備辺司を基盤にしていたのであるが，大院君は1865年に備辺司を廃止し，議政府の行政機関としての機能を回復させようとした．また，長く廃止されていた三軍府を復活させて軍事を担当させ，武臣の権限を強めた．さらに，老論を牽制(けんせい)するために，政権から排除されていた南人や北人に属する者を登用した．

　大院君は，王権の権威を高めるため，秀吉の侵略の際に乱民の放火によって焼失していた正宮の景福宮(キョンボックン)を再建した．現在ソウルに見られる景福宮は，大院君によって1865年から1872年にわたって再建された建物を基本に，1995年の旧朝鮮総督府庁舎の解体とともに開始した復元事業によって整備されつつあるものである．

　また大院君は，党争によって王権に挑戦する在地両班(ヤンバン)層の勢力を削ぐため，書院の撤廃を行った．書院とは在地両班がもうけた私設の儒教教育機関で，朝鮮朱子学の先賢を祀(まつ)る堂を付設し，在地両班の結集の社会的基盤となっていた．王から院号を記した額を下賜(しが)された賜額書院には国家から土地や奴婢(ぬひ)・書籍などが支給され，免税や免役などの特権が与えられた．党争が最高潮を迎えた粛宗(スクチョン)(在位1674-1720年)の時代には300ほどの書院が建てられ，高宗が即位する頃には1000を超える書院があった．大院君は1865年に明の万暦帝(ばんれき)(神宗(シェンゾン))

と崇禎帝（思宗）を祀って老論の精神的支柱になっていた万東廟を廃止したのち，1868 年に賜額されていない書院を撤廃し，1871 年には賜額書院のうち 47 だけを残してその他の書院すべてを撤廃した．

　ところで，勢道政治は権力の掌握において正統性に欠け，恣意的な権力追求に傾かざるをえないものだった．そのため情実人事が横行し，科挙が形骸化した．権力から排除された両班層，地方官，さらには身分上昇を図る郷吏らによって不正が横行し，そのしわ寄せは「三政の紊乱」となって農民に集中した．「三政」とは，田政（地税）・軍政（軍布）・還政（還穀）を指している．田政では，「人情米」「落庭米」などとさまざまな名目をつけて規定以上の税が取られた．軍布とは軍役につく代わりに国家に綿布を納めることで，16 歳以上 59 歳以下の良人の壮丁に課されて「良役」とも呼ばれ，両班層の子弟は免除されていた．一部の農民は書院などに身をゆだねたり，逆に金で官位を買ったり戸籍を書き換えてもらって両班を自称し，これを忌避した．しかし，軍布の総額は地方ごとに決まっていたので，不足した分は貧しい農民が負担することになった．還穀とは春の食料不足や飢饉の際に，地方官庁が備蓄してある穀物を貸し出し，収穫時に利子をつけて返納させるもので，農民が生産を続けるために不可欠な制度であったが，これが高利貸化して農民を苦しめるようになった．

　こうした「三政の紊乱」に対し，大院君は両班らが隠し持つ土地（隠田）を土地台帳に登録して税を取り，軍布については身分にかかわりなく村や家単位で負担させる「洞布」「戸布」にして両班層からも徴収し，また，還穀制を廃止して地方民の運営による社倉制を実施するなど，官吏や両班などの不正を是正しようとした．こうして大院君は，在地両班の勢力を弱体化させるとともに，両班の経済的特権を廃止して国家の収入を増大させるよう努力したのである．

攘夷戦争

　先にもみたように，大院君が政権を握った頃，朝鮮は天主教をめぐるフランスとの紛争や，国境を接するようになったロシアからの通商要求という対外問題に直面するようになっていた．大院君は，こうした対外問題に対して，「洋夷」つまり西洋の野蛮人とは和親をしないという厳しい態度で臨んだ．そのため，大院君が政権をとっていた約 10 年間にはたびたび西洋との衝突事件が起

こった.

　大院君は徹底した攘夷主義者として知られているが，政権掌握後直ちに天主教の弾圧を開始したわけではない．当時，朝鮮に潜伏していたフランス人主教ベルヌーが1865年11月19日（陽暦）付でパリに送った書簡によれば，ベルヌーは朝鮮のある官憲を通じて大院君と接触しており，大院君夫人からは北京のイエズス会管区長に対し，朝鮮に来て布教の自由を求める旨の手紙を書くように要請されていたようである．また，彼はソウルの要人はフランス艦隊の来航を待ち望んでいるから，来年になれば自分たちの立場も改善されるだろうと期待していた．当初，大院君はフランス人宣教師と接触しており，フランスとの和親も考慮していたというのであるが，その背景には，同じ頃にロシア人が慶興府に到着し，通商を求める書簡を手渡して90日の期限で回答を求めていたという事情があった[6]．

　こうしたなか，天主教徒の金冕浩（キムミョンホ）と洪鳳周（ホンボンジュ）は，ロシアを退けるため，天主教宣教師を介してイギリス・フランスと同盟を結ぶように大院君に進言した．大院君はこれに反応を見せなかったが，大院君と親交があった天主教徒の南鍾三（ナムジョンサム）は，さらに請願書を提出してロシア防御の重要性を強調した．これにより大院君はベルヌーとの面会を求め，ベルヌーは漢城（ハンソン）（いまのソウル）に入った．しかし，1866年1月，大院君はベルヌーに面会しないまま，ベルヌーやその身辺にいた天主教徒を逮捕し，さらにベルヌーはじめ朝鮮に潜伏していたフランス人宣教師12人のうち9人と，1万人に近い天主教徒を殺害したのである．大院君の態度が変わった理由については，まだはっきりわからないが，今後の研究課題として興味深いものといえよう．

　殺害を免れ朝鮮から脱出したリデル神父は，天津（ティエンジン）にいたフランス艦隊のローズ提督に朝鮮でのフランス人宣教師殺害を知らせた．ローズを通じて報に接した北京駐在フランス代理公使ベロネは，清の朝鮮に対する宗主権を無視し，朝鮮に宣戦布告を行った．1866年8月，ローズは軍艦3隻を率いて朝鮮に向かった．彼は首都漢城（ハンソン）の南を流れる漢江（ハンガン）をさかのぼって漢城に程近い楊花津（ヤンファジン）に至り，測量した後いったん中国の芝罘（チーフー）に引き揚げた．ローズは再び，同年9月に軍艦7隻を率いて来航した．フランス軍は江華府（カンファブ）を占領して漢江を封鎖し，武器・金銀・書籍などを略奪した．一方，朝鮮側も反撃し，通津（トンジン）

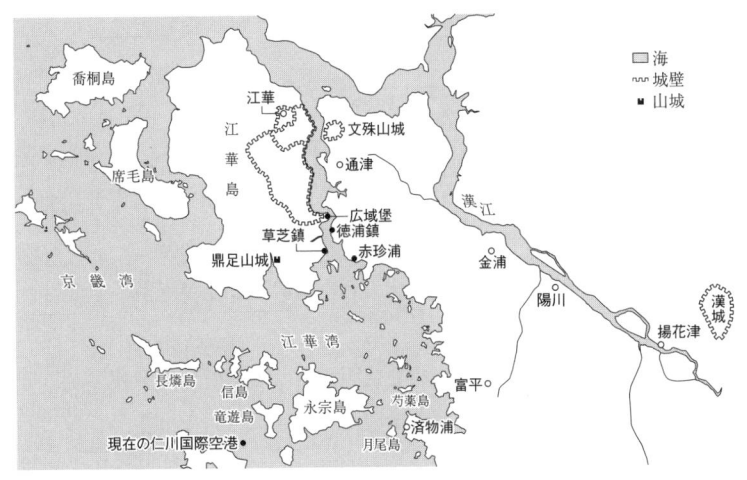

図3 江華島周辺図

の文殊山城の戦闘では韓聖根率いる朝鮮軍がフランス軍に被害を与え，鼎足山城の戦闘では梁憲洙が雉撃ちの猟師を主軸とする軍を指揮して勝利した．結局，ローズは10月に官庁などに火をつけて引き揚げた．

この年，7月にはアメリカの商船ジェネラル・シャーマン号が北部の大同江をさかのぼって平壌に至り，通商を要求した．これに対して平安道観察使（知事）の朴珪寿は，浅瀬に乗り上げたシャーマン号を焼き払った．乗組員は白旗を揚げたが，激昂した群衆によって殺害された．これを喜んだ大院君は，朴珪寿らの官位を上げている．この年の対外衝突を丙寅洋擾と呼んでいるが（図3），その際にはフランスの撃退に加えて，このシャーマン号事件を含むこともある．また，同じ年，ドイツの商人オッペルトが，2月と6月の2度にわたって通商を求めて来航したが，意を果たせずに引き揚げた．1868年に3度目の来航を果たしたオッペルトは，朝鮮から逃れたフランス人宣教師フェロンと朝鮮人天主教徒にそそのかされて，大院君の父の南延君の墓を盗掘しようとした．これは失敗に終わったが，オッペルトは江華島の南にある永宗島（現在，仁川国際空港がある）で朝鮮側と銃撃戦を展開している．父祖の墓があばかれるということは，この上ない屈辱であった．この事件によって，大院君は攘夷の意をさらに強めたのである．

ところで，大院君政権は「異様船」iii)に対して，無差別に攻撃を加えたわけではなかった．遭難船に対しては「柔遠之義」（遠くから来たものをなつけること）をもって臨み，シャーマン号事件の前の1866年5月，平安道鉄山に漂着したアメリカ商船サプライズ号の乗組員には食糧と衣服を与え，中国の牛荘（ニウジュアン）にあったアメリカ領事館に送っている．朝鮮は「東方礼義之邦」と自負しており，礼には礼をもって対応したのである．しかし，アメリカ人には，同じ年に一方の商船は保護され，もう一方の商船が焼き討ちを受けたことは理解しがたかった[7]．

　シャーマン号事件の後，その真相を究明するため朝鮮に2度使節を派遣したアメリカは，砲艦外交によって朝鮮との間に漂流民保護の協約，さらに可能であれば通商条約を結ぶことにした．1871年4月，北京駐在アメリカ公使ロウは，アジア艦隊司令官ロジャース率いる軍艦5隻とともに朝鮮に到着した．ロウは事前に清の総理衙門を通じて国王あての書簡を朝鮮側に伝達させていたが，朝鮮側はこれに取り合わなかった．アメリカ艦隊が江華湾入り口の要衝を通過すると，朝鮮側は砲撃を加えて攻防戦となったが，さらに朝鮮側が交渉を拒否すると，アメリカ艦隊は江華島に進んで戦闘を繰り広げた後，広城堡を占領した．その後も朝鮮側が交渉に応ずる態度を見せなかったため，アメリカ艦隊は引き揚げた．この辛未洋擾で人心が動揺するなか，大院君は「洋夷侵犯するに，戦いを非とするは即ち和なり．和を主とするは売国なり」と刻んだ「斥和碑」を全国各地に立て，人々の精神の引き締めを図るとともに攘夷の決意を固くした．

　天主教に対する弾圧と攘夷戦争を背景に，在地両班を基盤とした衛正斥邪派が台頭した．これは，朝鮮が小中華であることを自任し，人類にとって唯一の正しい学問，正学である朱子学を衛り，邪学である天主教を斥けることを主張した人々である．その代表的な人物で老論の山林（在野の儒生）であった李恒老によれば，天主教は「無君無父之邪教」，「洋物」（西洋の商品）は「奇技淫巧之物」として徹底的に拒否すべきものだった．丙寅洋擾に際して，大院君は李を高官に登用しようとしたが，李はこれを固辞し，反対に民を疲弊させる

---

iii）　西洋の船舶をこう呼んだ．日本でも「異国船」と並んで使用された．

「土木之役」（景福宮再建）の中止，万東廟の復活などを訴えて大院君を批判した．この衛正斥邪派との対立が，後の章に見るように，大院君政権の命取りになる．

現在の韓国では，大院君はその破天荒(はてんこう)な人柄から，最も魅力的な歴史上の人物の一人と見なされるとともに，近代化を遅らせ，ついには朝鮮王朝を滅亡に追い込んだ張本人として怨嗟(えんさ)の的ともなっていて，その評価は毀誉褒貶(きよほうへん)，相半(なか)ばしている．日本でも，大院君は頑強に日本との和親を拒んだことで知られているが，近代初期の日朝関係については，次章で詳しく見てゆくことにしよう．

（月脚達彦）

コメント・1 ｜ 日本の攘夷政策との異同

朝鮮の攘夷と日本の攘夷との間には興味深い異同がある．大院君の政策に明らかなように，彼の攘夷政策は国内改革と併行するものであって，けっして退嬰(たいえい)的な態度から出たものではなかった．攘夷と改革が結びついている点で，幕末日本の攘夷政策とよく似ている．しかし，その結びつき方には違いがあった．水戸に端を発する長州系の攘夷論は，鎖国を最終目的とせず，むしろ将来の開国を見越した上で，国内改革の起爆剤とするために提唱されたものであった．攘夷は改革の手段だったのである．これに対し，大院君や儒生たちの攘夷論は，「斥和碑」に見えるように，手段としての意味合いが乏しく，目的それ自体であったように見える．

（三谷　博）

コメント・2 ｜ 清朝のプレゼンス

本章の「攘夷戦争」では，朝鮮と西洋との関係にしかふれていないけれども，双方ともに清朝の動向，出方に注意していることはみのがせない．朝鮮と清朝のあいだには宗属関係が，西洋諸国と清朝のあいだには条約関係が，それぞれあったからである．朝鮮がこの時期，天主教に警戒を強めたのは，清朝がアロー戦争で英仏連合軍の北京侵入を許し，皇帝が熱河(ねっか)〔承徳〕への蒙塵(もうじん)（逃亡）を余儀なくされたという情報も，大いにあずかって力があった．清朝の二の舞

になることをおそれたわけである．またフランスの側が清朝の「宗主権」を「無視し」た，というのは，朝鮮側の立場に立った一方的なみかたである．ベロネは清朝の外交当局に，朝鮮との関係の内容を問いただしたうえで，朝鮮は清朝の属国ではないとみきわめてから，武力行使にふみきったからである．西洋の側も朝鮮の側も，結果的に直接の影響は受けなかったものの，ともに清朝のプレゼンスを問題としたところに，当時の情勢の特質をみるべきだろう．

(岡本隆司)

●より深く知るために
岡本隆司『世界のなかの日清韓関係史──交隣と属国，自主と独立』講談社，2008 年
姜在彦『朝鮮の攘夷と開化』平凡社，1977 年
田保橋潔『近代日鮮関係の研究』上，朝鮮総督府中枢院，1940 年（復刻：宗高書房，1972 年）
山内弘一『朝鮮からみた華夷思想』(世界史リブレット 67) 山川出版社，2003 年

第16章 日朝国交更新の紛糾

　日本の明治維新は，東アジアの国際関係にも大きな影響をもたらした．西洋諸国との国交を受容し，「なお外国交際の儀〔こと〕は，宇内〔世界〕の公法をもって取扱これあるべく」(「対外和親・国威宣揚の布告」)[1]と，その外交ルールも受け入れた日本は，近隣の諸国や地域との関係も，それと同じルールに基づいて再編成しようとしたからである．この企ては，17世紀以来，わずかな貿易関係を除いてはまったく国交のなかった清（チン）との間では，一応円滑に始まった．1871年に結ばれた日清修好条規がそれである．これに対し，近世を通じ，日本が事実上唯一の外交関係を結んでいた朝鮮（チョソン）との国交更新は困難を極めた．1868年，成立直後の明治政府は維新の事実を通告しようと図ったが，朝鮮側はその文書の形式が慣例と異なるとして受け取りを拒否し，そこから始まった紛糾は，1876年に日朝修好条規（江華条約）が締結されるまで，8年も続いたのである．この事実は，たまたま不運な事情が重なったことから生じた面もあったが，他面では，長い伝統をもつ東アジアの国際関係を新しいルールによって再編成することがいかに難しかったかも示している．近代の東アジアの国際関係は，日本による侵略と近隣の抵抗という図式で語られることが多いが，ここでは初期には必ずしもそうでなかったことを示し，どうしてそれがそのような関係に変わったのかを考えるヒントを示したい．

日本書翰の文面

　1869年初め，成立後約1年をへた日本の新政府は，朝鮮の釜山（プサン）に対馬（つしま）藩の役人を送り，王政復古の事実と国交更新の意向を朝鮮政府に伝えた．新政府は，幕府から外交権を接収したが，朝鮮との外交は江戸時代と同様に，対馬藩主であった宗氏の家役（かやく）（家の役割）として継続したのである．そのため，対馬から

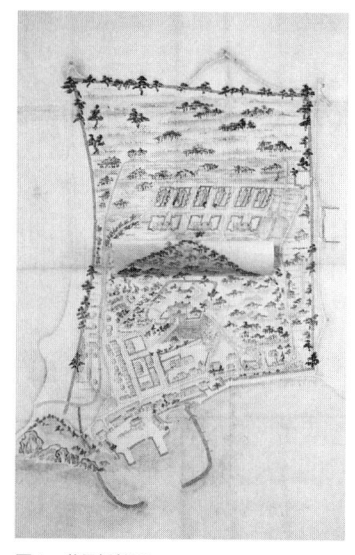

図1 草梁倭館図
（上が西，長崎県立対馬歴史民俗資料館蔵）

は「大修大差使」という位の高い使節が送られた．しかし，この時の使節派遣には，それまでの外交慣例と異なる点があった．まず，対馬藩主の宗義達（のち重正）の名による外交文書（「書契」と呼ばれた）では，宗氏の官位が従来使われてきた「対馬州太守拾遺平 某」から「左近衛少将対馬守平朝臣義達」と，日本の官位制度に基づきつつ，格上げする形で変えられていた．内容面でもこの書契は異例のものであった．対馬藩が東京政府と協議して用意したものだったが，その主な部分を現代語訳すると次のとおりであった[2]．

　我が邦は皇祚〔君主の位〕が連綿として一系で承けつがれ，大政を総覧すること二千有余年になります．中世以降は兵馬の権をすべて将軍家に委ね，外国との交際もこれが管理してきました．将軍源家康に至って，政府を江戸に開き，また十余世を歴ましたが，昇平の日が久しく続いたため流弊も生じ，その政治は時勢に合わなくなりました．そこで我が皇上は位に登ると，さらに綱紀を張り，万機〔すべての政務〕を親裁することとし，隣国とも大いに修好しようと考えました．貴国と我が国の交誼〔交際〕は既に久しいものがありますが，真心をなお篤くし，万世変わらぬようにしたい．これぞ我が皇上の誠意です．

　朝鮮政府は釜山の北に東萊府という役所をおき，対馬の役人と商人が滞在する草梁（現在の龍頭山公園付近）の倭館（図1）を監督していた．対馬との交渉は訓導という役人が通訳を率いて担当したが，この時，任にあったのは安東晙という人物であった．彼はこの書契の写しを見て驚いた．文中に「皇上」などの文字が使われ，かつ外交文書には朝鮮政府が対馬に与えていた印を押す慣例なのに，東京政府が対馬に交付した新印が押してあったからである．彼は即座に対馬藩吏をなじり，書契の受け取りを拒否する意向を示した．今日でい

う「書契問題」の始まりである．

　日本側が「皇上」などの文字を使ったのは，天皇の親政が始まったため，国内で使っている表現を外交文書にも適用したからである．これは西洋諸国には問題なく受け入れられたが，朝鮮との間には深刻な問題が生じた．東アジアでは，各国内部ではともかく，国際関係において「皇」という文字を使う資格は中国の皇帝だけにあると観念されていたからである．清から冊封されていた朝鮮の知識人政治家にとっては，日本の君主が「皇」と名乗るのは明らかに僭称であった．この点は，実は日本側も予想していた．王政復古の日本は，世界各国と対等交際をめざしており，中国も例外ではなかった．ところが，朝鮮は中国と朝貢・冊封関係を結び，臣下として仕えていた．日本が西洋の主権原理にもとづいて中国と対等となると，自動的に朝鮮より地位が上になる．少々のトラブルは起きるだろうが，世界に日本の「国威」を立てるためには止むをえない．これが日本政府中枢の意向であった．また，対馬藩と政府の一角には，古代の朝鮮は日本に服属していたという歴史理解を前提に，天皇が直接朝鮮と外交を行うようになった以上，朝鮮は再び天皇に服属せねばならないという「朝廷直交」論すらあった．

　日本に革命政権が成立し，隣国に承認を求めた．隣国人には新政権が何ものなのか，合点がゆかない．これまで200年以上，友好関係にあった徳川政府はどうなったのか．これを見捨てて良いものか（当時，戊辰内乱はまだ続いていた）．そのような状況で，日本は「皇」の文字を使って朝鮮を臣下にしようとしている．これが，朝鮮の多くの知識人政治家たちの認識であった．朝鮮側は日本との関係をすべて旧慣によって維持しようと願ったのだが，たとえ隣国の革命政権に柔軟に対応したとしても，このたび提起された外交ルールの変更は容易に承認できる性質のものではなかった．かつて19世紀の初め，日本は朝鮮通信使を江戸に迎えることを止め，対馬での応接に変えようと申し込んだことがあった．この交渉が実を結ぶには実に十数年の歳月を要している．明治政府の提議は，両国の地位を変えるものであったから，解決がもっと難航したのも無理はない．

　訓導安東晙は書契の写しを東萊府使鄭顕徳に提出し，府使はこれを漢城（いまのソウル）で外交を司っていた礼曹に報告した．その後，朝鮮側は問題を

放置している．このため，大修大差使は，国交更新の書契を渡すことはおろか，東萊府使との対面という最初の外交儀式すら行えないまま，釜山でむなしく日を送った．ただし，朝鮮政府は，この門前払いが隣国への侮辱になることに無感覚だったわけではない．使節の到着から1年経った頃，漢城の議政府(ぎせいふ)は文面を改めさせた上で書契を受け取るという方針を打ち出し，対馬の使いに返書を与え，そのなかで慣例の変更に抗議せよと指令していた．一応，日本使節の体面は立てようとしたのである．しかし釜山の安東晙は使節に対して退去を命じた．中央政府より出先の役人の方が強硬だったのである．これは，彼が当時，朝鮮政治の実権を握っていた大院君(テウォングン)と直結し，政府の公式命令より実力者の意向を重んじて行動したためではないかといわれている．前章で見たように，大院君は強硬な攘夷政策を採った人物である．その大院君にとって，自国を日本の格下に位置づけるのは論外だったに違いない．

妥協の試みとその失敗

1869年の版籍奉還と外務省の設置により，対馬藩宗氏が家役として行ってきた朝鮮外交は中央政府に接収されていったが，対馬藩が抵抗したため，外務省と対馬藩の共同管轄(かんかつ)という形になった．しかし，1871年の廃藩置県によって，400年ほど続いた宗氏の対朝鮮外交権は消滅し，外務省が朝鮮外交をすべて司ることとなった．外務省はそれ以前の1869年末に，佐田白茅(さたはくぼう)・森山茂・斎藤栄を対馬と釜山に派遣した．翌年初に釜山に到着した佐田らは，対馬の役人を装って釜山の現地調査をした．外務省が役人を釜山に直接派遣したことに危機感を持った対馬藩は，対朝鮮外交問題を自身の手で打開しようとした．

1870年夏，対馬あらため厳原(いづはら)藩吏の浦瀬裕(うらせゆたか)は一計を講じて安東晙と妥協の寸前までこぎ着けた．浦瀬は，日本政府内には朝鮮への出兵をとなえる者もいるが，対馬藩はこれを抑えようとしていると説明した後，書契を改訂して問題の文言を削ることを提案したのである．彼はこう書いている[2]．

> 大修使の書体の趣きに準じ，旧印を変通(へんつう)して用い，内容も改め選んで，皇の字も朝廷と改め，その交際の礼式については，両国の便宜を斟酌(しんしゃく)・講定すべしなどという文句を書き加えるならよろしいでしょう．貴国もこの意図をうけとめられ，本邦の昇平を賀し，隣国交際への熱意を感謝される

文意で返事を書いて下さい．〔この度の〕大修使の分は〔これで〕一幕を切り，右に述べた政府〔同士の〕対等のことは，追って講定使などをつかわして講定に至るならば，何の差し支えもないように思われます．

つまり，朝鮮政府はまず対馬からの使節と正式の会見を行い，改訂された書契を受理する．ついで返書を送り，そのなかで今後に用いる礼式に関する交渉を始めるよう提案せよと示唆したのである．この案の核心は，君主同士の関係だと，中国皇帝と対等な天皇と朝鮮国王との間に不平等が生じてしまうので，それを回避するため，国交を政府の高官同士の関係として設定することにあった．「朝廷直交」論を棚上げした「政府対等」論である．日本側の背景には，まず清と対等な外交関係を築き，それによって朝鮮を一段下に置くという思惑があったとも考えられるが，当面の困難を解決するには妙案であったと言えよう．安東晙はこれに同意し，漢城に上申・提案した．ところが，今度は朝鮮の中央政府がこれを拒否したのである．これは，日本が西洋と通じて朝鮮を窺っているのではないかという疑いを持ったためだったらしい．この浦瀬と安東晙の交渉が行われる直前，釜山に駐日ドイツ公使の乗った軍艦が入港した．丙寅洋擾 (1866 年) 以来，異様船は朝鮮の官民がとくに嫌うものとなっていたが，ドイツ公使は随行した対馬の朝鮮語通訳を連れて釜山に上陸し，倭館の外に出て散歩した．彼はすぐ立ち去ったので，現地の騒ぎはそれきりで終わったが，ドイツ軍艦の釜山入港と，それに対馬の朝鮮語通訳が関与していたことは重大事件であり，朝鮮の中央政府は「倭」と「洋」が通謀している証拠と受け取った．日本との国交調整を中止したのはそのためであったらしい．こうして，日本の新政府と朝鮮との国交更新は再び停止してしまった．しかし，1870 年に浦瀬が提案した妥協案は無駄にはならなかった．新たな状況で再度提起され，活用されることになるのである．

ところで，国交更新が入り口で行き詰まったころ，日本政府の一部には征韓を主張する意見が台頭した．首脳の一人木戸孝允は，内乱終結が間近になった 1869 年春，朝鮮に威力で迫り，釜山などを開港させようと提案している．これは，幕末の攘夷論の延長にたつ政略で，国内改革の継続に必要な緊張関係を，西洋の代わりに隣国との間に引き起こそうという提案であった．彼は，翌 1870 年初頭，清と朝鮮への全権大使に任命されたが，直ちには動かなかった．

版籍奉還や政府内部の対立を処理するため，対外問題には手が出せなかったのである．一方，政府から釜山に派遣された佐田白茅は，帰国の後に建白書で強硬な出兵論を提唱した．これに対し，木戸は賛成していない．彼は事態の打開も必要と考えて，自ら新たなアプローチに乗り出すことを考慮したが，もう一人の実力者大久保利通（としみち）に反対されて断念している．

その後，日本政府が進めたのは，対馬藩を通さずに朝鮮と直接外交を進め，かつ先の妥協策によって国交を復活することであった．1870年末，外務省は権少丞（ごんのしょうじょう）吉岡弘毅（こうき）らの官員を釜山に派遣し，外務卿から礼曹判書（れいそうはんしょ）（大臣に相当）にあてた書契をあらためて携行（けいこう）させた．そこでは朝鮮を下位に位置づけるような文言が削られ，かつ世運が一変したことを説いて隣国との修好を収めたいとの熱意が表明されている．しかしながら，釜山の訓導安東晙は吉岡らの到着後，長らく会見を拒否しつづけ，ようやく非公式会見に応じた際には，対馬藩を介さぬ限り一切の交渉を拒否すると伝えたのである．その背後には，日・朝関係の仲立ちに財政と生計を賭（か）けていた対馬藩の思惑があったらしい．しかし，この交渉の失敗は，吉岡らに対馬藩の家役（かやく）を取り上げる必要があることを確信させた．そして，彼らの上申を待つまでもなく，日本政府は別の思惑から廃藩置県を断行したのである．外務省は旧対馬藩主宗重正（しげまさ）を外務大丞（だいじょう）に任命して外交の継続性を維持しようと図った．しかし，この措置は，対馬が長年悩んできた財政問題を解決するには役立ったが，朝鮮側との関係改善にはなんら貢献しなかった．それには，朝鮮側の事情の変化も影響していたようである．1871年4月，アメリカ東アジア艦隊司令官ジョン・ロジャーズの率いる5隻の艦隊が江華島を訪れた．前章でみた辛未洋擾（しんみ）である．日本政府が朝鮮との外交を直轄（ちょっかつ）しようと図ったのは，辛未洋擾で大院君政権が攘夷に自信を深め，「斥和碑」を立ててそれを永世の政策にしようと図っていたまさにその時だったのである．

政府直交の試みと関係悪化

一方，日本では，外務大丞になった宗重正を釜山に派遣する計画が持ち上がった．宗重正が携行する書契には朝鮮側を激怒させるに違いない「天子親政」の字句が使われることになり，さらには，宗重正の派遣を取りやめ，旧対馬藩

士を派遣することになった．政策が転々としたのであるが，その説明としては，岩倉使節団の派遣準備にともなって日本政府の対朝鮮政策が混乱したとするもの，あるいはもともとは日本政府の対朝鮮政策は「政府対等」論であったが，岩倉使節団が出かけたあとの留守政府がそれを変更したとするもの，そもそも「政府対等」論は日本と清との間に対等関係ができ，朝鮮を下位に位置づけられるようになるまでの便宜的措置にすぎないもので，同年に日清修好条規によって日清の対等関係ができたため，「朝廷直交」論が復活したのだとするものなど，さまざまな説がある．いずれにせよ，1872年初，日本政府は外務権大録の森山茂・広津弘信を旧対馬藩士の相良正樹・浦瀬裕らとともに釜山に派遣したが，彼らが蒸汽船で現れ，しかもそれに対馬藩吏が同乗していたことは，朝鮮側の嫌悪と軽蔑をさらに強めることとなった．日本側は，外務大丞宗重正から礼曹の参判あての書契（廃藩置県と宗氏の家役罷免を告げるもの）を携行し，その交付のための下交渉を働きかけたが，訓導安東晙は倭館の訪問すら拒否し，父親の病気を理由に漢城へ旅立った．仮訓導となった高在健は，倭館に赴いて，いったん書契の写しを受け取ったが，回答は引き延ばした．その後，夏に至って安東晙がようやく釜山に帰り，日本側の下僚と面会したが，自分の役目は倭館の様子を都に知らせることだけだと発言して，交渉は一切拒んだのである．このため，日本側は江戸時代に交渉が行き詰まった時しばしば行われた「館倭欄出」，すなわち倭館から東莱府への集団的抗議行動を試み，これに失敗すると主要な官員は抗議書を残して7月に釜山を退去したのであった．

その後，日本政府は，日朝関係から対馬色を一掃する措置に出た．10月，宗重正に並ぶ外務大丞であった花房義質を釜山に派遣し，宗家関係者を退去させ，倭館を接収して帰国させたのである．このとき花房は軍艦・汽船とともに訪問したが，朝鮮側はそれを理由としてさらに態度を硬化させた．花房は対馬の朝鮮に対する借財，6万貫という大金を精算する用意をしていたが，安東晙はその交渉も受け付けなかった．1873年春，日本政府は広津弘信を釜山に派遣し，倭館を大日本国草梁公館と改称し，これによって倭館は外務省に完全に接収された．そして，その初夏，日本が商人の渡航制限を撤廃したため，三井組の手代らが釜山に到着し，現地商人との直取引を試みると，東莱府使は草梁公館の出入に厳戒を加えることとし，その守門将と通詞に対し，次の文言を含

む掲示を貼りだしたのである（原漢文）3).

　　近日，彼の国〔日本〕の我国人への待遇は，一言で打破すべきである．我はすなわち三百年〔続いた〕約条に依っているが，彼は不易の〔永遠に易えるべきでない〕法を変えようとしている．そもそも〔日本人は〕独りで何を考えているのか．ことが慣例に違うなら，自国に行う場合でも強いることはできない．いわんや隣国に行う場合，ただ〔自らの〕意のままに行って良いのだろうか．彼は制度を人〔他国人＝西洋人〕に受けて恥じない．その形〔身なり〕を変え，俗〔生活様式〕を易えたものは，すなわち日本の人というべきでなく，その我が境に来り住むのも許すべきでない．乗る船隻がもし日本の旧様でなければ，我が境に入るのを許すべきでない．対馬人が我と商売するには，元から一定不易の法があった．すなわち〔日本の〕他島人が〔対馬人に〕易わるのは我が国の法が決して許さぬことである．潜貨冒犯〔密輸〕，また両国の同じく禁ずることである．近く彼の人の為すところを見るに，無法の国と謂うべきであり，これを羞としていない．
　　……

　このようにあからさまな批判の公表は，革命成功後に国交更新を申し込みながら，4年以上も無視された隣国人を大いに刺激することとなった．明治政府の内部にくすぶっていた征韓論は，これを機として，岩倉具視・大久保利通・木戸孝允らが米欧回覧に出かけていた留守に，一気に燃え上がったのである．
　一方，そのころ，朝鮮でも政変が起こった．1866年，国王高宗（コジョン）は15歳となり，大王大妃趙氏の垂簾聴政が終わって親政が始まったが，これは形式ばかりで，実権を握り続けたのは大院君であった．高宗の妃は驪興の閔氏（ミン），閔致禄（ミンチロク）の娘であり（いわゆる閔妃（ミンビ）），その王妃およびその一族は，権力を掌握し続ける大院君と対立するようになった．かねてから，万東廟撤廃・景福宮再建などをめぐって，大院君は衛正斥邪派とも対立していたが，1873年，李恒老の門弟である崔益鉉（チェイクヒョン）が大院君の政策を批判する上書をすると，高宗・閔氏は崔に高い官職を与えた．崔はこれを辞するとともに，再び大院君の政策を批判する上書を提出した．高宗はこれを大院君追い落としの好機とみて，崔を戸曹参判（こそう）に任命したが，すると崔はさらに強烈に大院君を攻撃し，政権を国王に戻すよう上書した．このような過程を経て，閔氏一族は高宗の親政を実質化し，政権を

手に収めた．いわゆる閔氏政権が誕生したのである．

　こうして，1873年，日本で征韓論政変が発生した直後，朝鮮でも政権の交代が起こり，これをきっかけに日朝関係は新たな段階を迎えることになった．

（三谷　博・月脚達彦）

コメント　伝統の多様性と不整合

　冒頭に「長い伝統をもつ東アジアの国際関係」とあるが，これは今のわれわれにも理解しやすいよう工夫した便宜的な表現であって，何か一律の，共通のルールが東アジア全体をおおって存在していたわけではない．日清，日朝，日琉，清琉，清韓など個別の二国間関係が重層的に並存していた，というほうが実情に近い．しかもその二国間関係の内部でも，互いが全面的に共通の認識を有していたわけでは決してない．日朝の場合でいえば，徳川将軍の「大君(たいくん)」という称号は双方で異なる解釈をしていた．朝鮮では「大君」は王子に与えられる称号で，国王より低い地位の表現だった．それに対し，日本側では「諸侯の長」という意味で，朝鮮国王と対等，あるいは上位にあると思われていた．朝鮮通信使も，朝鮮側は日本事情を探索する使節と位置づけていたが，日本側はこれを日本に対する朝貢使と見なしていたのである．元来潜在していた，そのようなギャップが，19世紀後半以降に，例えば万国公法の受容様式の違いとなってあらわれたりした．本章にみてきた書契問題も，その一事例なのである．

（岡本隆司）

● より深く知るために

　田保橋潔『近代日鮮関係史の研究』上，朝鮮総督府中枢院，1940年（復刻：宗高書房，1972年）

　明治維新史学会『明治維新とアジア』吉川弘文館，2001年

　吉野誠『明治維新と征韓論——吉田松陰から西郷隆盛へ』明石書店，2002年

第17章 アヘン戦争後の中国

アヘン戦争は後から見ると，中国（ジョングオ）だけでなく東アジア全体が西洋の作りつつあった世界システムに組み込まれる画期であったが，清朝（チンチャオ）は当初，西洋との関係ができたこと自体を大きな変化と見なしてはいなかった．このため，清朝はアロー号事件をめぐって再び西洋と戦争し，それを機に徐々に主権国家体制に対応する制度を作ってゆく．その一方，太平天国をはじめ，中国中南部の各地に発生した大規模な反乱は，その鎮圧をきっかけに清朝の統治体制を大きく変えていった．中央の支配力が弱まり，地方統治を担当する大官の役割が大きくなる一方，彼らのもとで西洋の技術・制度を輸入・利用しようとする洋務運動が展開しはじめたのである．

「夷務」から「洋務」へ

南京（ナンキン）条約によって中国市場は開かれたが，イギリスが期待したような中国貿易の劇的な拡大は起こらなかった．輸入が黙認されたアヘンの取引量は着実にのびたものの，アヘン戦争前からの，茶の輸出とアヘンの輸入という体質は容易には変化しなかった．

また，南京条約によって，中・英の対等な交渉が実現したわけでもなかった．清朝は従来の行商の制度を変更して，広州（グアンジョウ）に駐在する両広（リアングア）総督（広西・広東両省を担当）を外交窓口とし，その権限を拡大した．しかし，新たな開港場として注目を集めはじめた上海（シャンハイ）の場合，外交的な案件は上海を担当する両江（リアンジアン）総督（江蘇・江西・安徽各省を担当）が窓口とはならなかった．案件は両江総督から広州の両広総督にたらい回しにされ，おびただしい時間を要した．

このような南京条約後の貿易の伸び悩みと，西洋人を依然として「夷狄」と

考える清朝の姿勢を打破するため，イギリスはフランスなどとともに，再度「砲艦外交」を発動することとなる．

1856年，広州沖に停泊していたアロー号という船を清朝の官憲が海賊容疑で臨検し，その際にイギリス

図1　円明園
(『北京旧影』人民美術出版社，1989年より)

の国旗が引き下ろされた．イギリスはこの事件を利用して，国旗侮辱問題を提起し，中国に艦隊を派遣する口実とした．同じ年に，広西（グアンシー）省でフランス人の宣教師が殺害される事件が発生していた．インドシナ進出をねらっていたフランスのナポレオン3世は，イギリス政府の共同出兵の呼びかけに応じた．ロシアとアメリカは，出兵をみあわせたものの，戦後に予定される条約交渉には参加することを決めた．

こうして英仏連合軍が派遣された．広州は占領され，両広総督葉名琛（イエ・ミンチェン）は捕らえられてインドのコルカタ（カルカッタ）に送られた．大陸の東部沿岸を北上した連合軍は渤海（ボーハイ）湾に艦隊を入れて，北京の喉もとにあたる天津（ティエンジン）を脅かした．太平天国軍への対応に追われていた清朝の内部は，対外強硬派と和平派に割れていたが，北京に危機が迫ると恭親王奕訢（イーシン）らを中心とする和平派の主張が強まり，1858年，天津条約が締結された．しかし，翌年天津条約の批准書の交換をめぐって，咸豊帝（清文宗）側近の強硬派の主張が強まった．ふたたび戦端が開かれ，英仏連合軍は1860年，大沽砲台を攻め落とし，北京に進撃して清朝の首都を占領した．

咸豊帝らは，北京周辺の戦争指揮とその後の対外交渉を恭親王らにまかせて，熱河（ルーホー，承徳（チェンドー））にあった避暑山荘に避難した．英仏連合軍は乾隆帝（清高宗）以来の栄華を伝えていた北京西北郊外の広大な円明園を徹底的に破壊した．円明園（ユエンミンユエン）は壮麗な西洋建築の宮殿などを有し，贅の限りをつくした巨大な庭園であったが，一面の廃墟と化した（図1）．

再度の交渉の結果，あらためて条約を締結することとなった．イギリスとの

間に結ばれた北京条約は，1860年10月24日に調印されたが，その主な内容は，以下のようであった[1]．

　一，中国北部の天津，牛庄〔営口〕，登州〔のちに煙台（芝罘）に変更〕，長江沿岸の漢口，九江，鎮江，南京など，合計11ヵ所の新たな開港．
　二，内地旅行権．
　三，輸入品に対して2.5％の子口半税[i]を課し，内地通過税を免除．
　四，外交使節の北京常駐．
　五，中国人の海外渡航容認．
　六，イギリスへの九龍（ジウロン）の割譲．
　七，外国人税務司制度の全開港場への適用．
　八，公文書に「夷」の字を使用しないこと．
　九，アヘン貿易の合法化．

　このほか，フランスとの条約では，中国人の信仰の自由と外国人宣教師の内地布教が認められた．信仰の自由が条約で認められたため，宣教師に危害を加えるような行為は条約違反として処罰の対象とされることとなった．
　ロシアは，1858年に愛琿（アイグン）条約を結んで，アムール川（黒龍江（ヘイロンジアン））北岸を獲得し，1860年の北京条約では，ウスーリ川以東の沿海州を手に入れた．これによりロシアは極東に不凍港を持つこととなり，まもなく「東方の支配」を意味するヴラジヴァストーク軍港の建設に着手した．
　上記項目のうち，公文書に「夷」の字を用いないという規定は，たんに字面のことではなく，対外関係に南京条約以上の大きな変化をもたらすものであった．従来の原則であった冊封・朝貢とは別の枠組が，部分的にではあれ導入されたのである．こうした事態に対処するため，1861年，清朝は恭親王をトップとする外交関係を統括する総理各国事務衙門（がもん）（総理衙門）の新設を決めた．冊封・朝貢関係にあった国々は従来どおり礼部が担当しつづけたが，ロシアの担当官庁は従来の理藩院から総理衙門に変更されている．

---

　i) 内地通過税の免除の代わりに協定関税率の半額を予め課したもの．

こうした変化と関連して，西洋人の登場によって生じていた対外関係や通商・交易に関連することがらも，あたらしい言葉で呼ばれるようになった．従来は「夷狄」との関係業務という意味で「夷務」と表現されていたことがらが，今後は「洋務」という言葉で表現されるようになったのである．そして，太平天国をはじめ同時期に頻発した内乱への対処とも関連して，「洋務」という言葉の意味は，直接の対外関係のみならず，西洋から軍事技術や産業制度を導入する事業全般を示すものへと拡張されることとなった．

内乱と地方大官

清軍を撃破して南京に都を建てた太平天国はキリスト教的な信仰をかかげていたため，各地の民衆から反発を受けることもあり，また，恐怖の目で迎えられることもあった．しかし清朝に対抗する太平天国の政権が長江（チャンジアン）下流域の軍事拠点として長い歴史をもつ南京に存続したことは，清朝体制への信頼感を脅かすに充分であった[2]．

太平天国の時期には，中国の各地にさまざまな反乱や蜂起が続発した．黄河（ホアンホー）と淮河（ホアイホー）にはさまれた地域（江淮平原）を勢力基盤として華北（ホアペイ）一帯を駆けめぐった捻軍，西北や雲南（ユィンナン）のイスラム教徒，貴州（グイジョウ）の苗（ミヤオ）族をはじめとする西南各地の少数民族の蜂起など，枚挙にいとまがない．小刀会や三合会など会党と呼ばれる秘密結社的な各種の相互扶助組織も，各地でつぎつぎと事件を起こし，さらに「劫難（ごうなん）」（世の終末）の到来を唱え，そこからの救済を訴える民間宗教結社の活動も活発となった．

きわめて不安定な全国的戦乱状態にせまられて，清朝の中央政府は地方自衛のための軍事組織の結成を全国規模で容認しなければならなかった．こうした自衛組織は，他郷の反乱や匪賊（ひぞく）（強盗集団）から自分たちの住む地域を守るだけでなく，しばしば清朝政府の徴税や地方行政の乱脈さに反発し，反乱を起こすこともまれではなかった．むしろ，地域社会にとっての最大の脅威とは，清朝政府の地方行政の不正や腐敗であったり，清軍の掠奪（りゃくだつ）行為であったりすることもめずらしくなかった．

こうした地方社会の動向は，太平天国の反乱に刺激されて発生した新しい動きというよりも，18世紀末から19世紀の前半を通じて徐々に進行してきたう

ねりといってよいものであった．生活の不安に苛まれた民衆は，自分たちの生活を守るために，何らかの自衛的な相互扶助組織に頼らざるをえなかったのである．

太平天国と，それに前後して中国各地に続発した反乱は，いずれも清朝側の反撃によって各個撃破され最終的には失敗に終わったが，それらの反乱が以後の清朝体制の変質に与えた影響は大きかった．動乱後の地方社会の秩序回復は，動乱のなかから登場した有力な地方勢力の力に委ねられることが多く，中央政府と地方のバランスは大きく変化した．

清朝は，中国本土の直轄地域については，いわゆる「郡県」支配の原則を厳しく適用し，地方に派遣される官僚は，「回避」の制度によって，自分の出身地の地方官には任官できないとされていた．また，地方官は，「流官」という言葉が使われたことに示されるように，任地をつぎつぎに転勤するのがふつうであり，同じポストに3年，4年ととどまることは，非常にまれなはずであった．

しかし，このような清朝の政治制度の背後で，社会の現実は変化してきていた．清代を通じて地方の有力者（郷紳）が，王朝の土地税徴収に介入して私的な請負制度を成長させたり，また，彼らが主宰する団練や保甲などと呼ばれる組織によって，地方の治安維持がはかられることが普通になってきていた．このような地方郷紳の力の増大は，太平天国以後，決定的な段階を迎えて，清朝の体制を実質的に大きく変容させるに至ったと考えられるのである．

「内乱の平定」に活躍した曾国藩（ヅォン・グオファン）や李鴻章（リー・ホンジャン）の政治的な力は，こうした地方有力者の意向に支えられていた．とくに曾国藩は，キリスト教の影響を受けた太平天国の勢力が拡大することを，中国の伝統的な儒教的価値観そのものへの挑戦としてとらえ，故郷の湖南（フーナン）省で義勇軍を編成して太平軍との死闘を演じた．その義勇軍を湖南省の地名にちなんで「湘勇」「湘軍」などと呼ぶ．

曾国藩が組織した軍事力は，団練の規模をはるかに超えるものとなり，また，清朝の正規軍とも全くことなる新しい軍隊であった．彼は，湘軍の指揮系統を自分の友人，師弟関係で固めて，腐敗が身についている従来の正規軍にいたような軍人たちを使わなかった．読書人は，本来，地域社会の指導層として，社

会的責任を負うという儒学的な観念を強調しながら，自らを中心とする直接の人間関係で結ばれた軍事組織を作ったのである．

また，戦乱の拡大により軍事費の問題が大きくなり，1850年代早々から，清朝は官位と交換に義捐金を大々的に集める政策を拡大していた．この「捐納」の奨励により，いわゆる売官の慣行が広がることとなった．さらに地方の戦場で軍費をまかなう便法として，商品流通路に沿って「釐金」徴収の関所が設けられた．これは，商品に流通税を課すもので，各地に関所が乱立することとなった．戦時の一時的な便法として始められたものであったが，戦乱が終わった後も廃止されないで残った．釐金の管理は地方にまかされており，このことは地方の財政が中央政府の統制をあまり受けなくなることを意味していた．

このほか，太平天国の戦乱の時期には，省の単位での財政や軍事の権限が拡大し，中央と地方の距離が開いた．曾国藩の湘軍の拡大，発展は，こうした変動の上で実現したのであり，またこうした変動をいっそう助長する役割も果たしたのである．

清朝は，曾国藩の軍事力が郷里の防衛以上の力を持つことを恐れて，曾国藩に正式の資格を与えることをためらっていたが，1860年，太平天国の忠王李秀成（リー・シウチェン）が指揮する部隊が江南（ジアンナン）の豊かな地域を席巻すると，曾国藩を両江総督に任命し，江南数省の軍事と地方行政の総責任者として，大きな権限を行使することを承認した．

軍事技術から民生産業へ

太平天国後の秩序回復の時期は，中国における「近代化」の時期と重なっている．日本では，1860年代の後半に明治維新が始まるが，ほぼ同じ時期に，中国でも「洋務」運動と呼ばれるような「近代化」の時期を迎えたのである．

「洋務」の諸施策は，太平天国の反乱を鎮圧する過程で洋式兵器の優秀さを痛感した曾国藩，李鴻章（図2），左宗棠（ズオ・ゾンタン）らいわゆる「洋務派」の地方大官が中心となって，軍事技術など西洋の物質文明を導入しようとした試みから開始された．しかし，そこには体制維持にとどまらぬ「近代化」の動きが含まれていた．むしろ，中国における「近代化」は，「西洋化」を求めた日本の場合とはまったく違う独自のものであったというという点に注目したい．

図2 李鴻章

　前述のように清朝は欧米列強に対して，外交的に対等な扱いをすることをみとめ，「洋務」の総元締として，1861年，中央に総理衙門を設置した．総理衙門は，北京に同文館という外国語学校を設立したり，兵器工場の新設を行ったりした．中央の動きと併行して，太平軍との戦争に活躍した有力な地方長官らも，近代工業の導入に乗り出した．

　曾国藩や李鴻章は，太平軍との戦闘を経験して西洋人のもたらす近代的な兵器が決定的に重要な役割を果たすことを実感していた．第9章に見たように，地方の郷紳のなかにも，蘇州（スージョウ）の有力者で上海に避難していた馮桂芬（フォン・グイフェン）のように，西洋の軍事技術やそれを支えている科学技術に注目する者があらわれていた．また，アメリカ人宣教師S. R. ブラウンに見出されてアメリカに留学した経験をもつ容閎（ロン・ホン）は，中国の近代化政策を推進しうる人物として曾国藩に期待をかけ，西洋の学問や技術の導入を働きかけた．

　曾国藩によって長江下流の戦線を委ねられていた李鴻章は，1865年，両江総督代理となり，曾国藩の依頼で容閎がアメリカから購入してきた機械を受けついで，上海に江南機器製造局という兵器工場を設立した．やはり曾国藩によって，浙江（ジェージアン）から福建（フージエン）にかけての戦場を委ねられた左宗棠は，1863年に閩浙総督となり，フランス人の義勇軍と協力関係にあったが，1866年，フランス人P. ジケルなどの援助をえながら，福建の福州（フージョウ）に馬尾（マーウェイ）船政局を設立した．ここでは，おもに軍艦の製造が行われ，附属の船政学堂では外国語や航海術が教えられた．1880年代に整備された北洋海軍の幹部には，この福州の船政学堂からイギリスやフランスに留学した経歴をもつ者が多い．

　その後，1870年に曾国藩の後任として直隷（ジーリー）総督となり北洋大臣[ii]を兼務した李鴻章は，天津機器局という兵器工場の拡充に着手し，1873年には，上海に輪船招商局という中国最初の汽船会社を設立し，1878年には，輪

---

ii) 総理衙門の設置にともない，山東・直隷・奉天3省の開港場の事務を統括するために北京の外港天津に置かれた官職．両江総督が兼務する南洋大臣と併称された．

入綿織物に対抗して国内産業を発展させようと，上海機器織布局という紡織工場を設立した（操業開始は 1889 年）．初期の軍事工業の導入から，しだいに広く各種の工業製品を生産する工場の開設へと事業は拡大し，さらに運輸業や鉱山開発，電信設備の導入など，洋務の範囲は広がっていった．

　こうして，中国における近代工業の導入が緒についたのである．そこには，有力官僚の政治力を背景として，企業経営を担当する人材が集められ，資金の募集が行われるという特徴があった．大規模な企業経営は，政治的な特権と結びついた「官督商辨」の経営方式が普通であり，保護・育成の側面と，癒着・寄生の側面が混在していた．

　しかし西洋からの新奇なものは，「洋務」という言葉でくくられ，社会全体の「文明開化」のような現象は，上海のような特殊な地域以外にはなかなか見られなかったのも事実である．「洋務」運動には，中国の伝統的な価値観に変更を加える必要を認めないという基本的な特質があったとして，その歴史的な「限界」が指摘されることが多い．たしかに，軍事面での近代化についても特有の事情が生じていたことに注目しなければならない．

　左宗棠が福州に創設した馬尾船政局から生まれた福建艦隊が清仏戦争で壊滅すると，中央政府は帝国の海軍全体を統轄する必要性について，再検討をせまられた．こうして，1885 年，北京に海軍衙門が新設され，北洋艦隊，南洋艦隊，広東艦隊などの沿海各区域の海軍部隊を統轄することとなった．そのなかで，1870 年代から北洋大臣李鴻章のもとで増強されてきた北洋艦隊は，中国のみならず，当時，東アジア随一の規模と近代的装備を誇っていた．それゆえ，海軍衙門が設置されても，北洋艦隊の指揮権は李鴻章の手ににぎられており，海軍衙門がこれを直接に統制するような体制には移行しなかった．

　北洋艦隊自身についても，規律のゆるみや腐敗ぶりを伝えるエピソードが多い．李鴻章は自ら育てた淮軍を基盤にして北洋軍の近代化を進めてきており，海軍の基盤もやはり本来陸軍であった淮軍に置かれた．北洋艦隊の司令官は，太平天国や捻軍との戦争で出世した丁汝昌（ディン・ルーチャン）に委ねられており，西洋に留学した経験のある艦隊指揮官との間には，大きな溝があった．ここには新しい機能よりも伝統的な秩序を重視する考え方があらわれている．

体制変革の可否

1861年8月22日,英仏連合軍による北京占領を逃れ,熱河の離宮に避難したままになっていた咸豊帝が,31歳の若さで病死した.死の直前,咸豊帝は,側近の粛順(スーシュン)らに,6歳の皇子載淳(ザイチュン)の後見をゆだねた.摂政会議がつくられ,咸豊の年号に代わって,新しく「祺祥」という年号が用いられるはずであった.

しかし,第二次アヘン戦争の難局を,北京にとどまって処理したのは,咸豊帝の弟である恭親

図3　西太后

王奕訢(イーシン)や大学士桂良(グイリアン),戸部侍郎文祥(ウェンシアン)らであった.11月のはじめに咸豊帝の柩が北京にもどってきたとき,奕訢は幼い皇帝の実母である西太后(慈禧太后,図3)と結んでクーデタを起こした.前帝の側近であった怡親王(載垣)と鄭親王(端華)には自刃の命令が下った.粛順は,北京の外城西南にある菜市口の刑場で処刑された.幼い皇帝の年号は「同治」と改められた.

北京でイギリス,フランスとの和平交渉を行った奕訢は,1861年はじめに桂良,文祥と連名の上奏で,次のように述べていた[3].

> 私どもは今日の情勢から,こう考えます.髪〔太平軍〕と捻〔捻軍〕とがあい呼応して蜂起しているのは,我が国にとって心腹の害であります.ロシアが陸続きに我が上国を蚕食しようとしているのは,肘や腋の愁いであります.イギリスが通商を求め,暴虐人理を欠いており,制限を加えなければ自立することがないのは,肢体の患いであります.それゆえ,髪と捻を滅ぼすことがまず第一で,ロシアを治めるのがそれにつぎ,イギリスを治めるのはそのあとです.

この上奏は,イギリス,フランスの求めに応じて総理衙門を新設するなど,新たな「開国」の体制を整備しようと述べたものである.しかし引用部分に見られるように,奕訢らにとって,外国との新たな関係の創設は,当面のもっとも緊急の課題ではなかったことが注目される.太平軍や捻軍などのような内乱

の鎮圧が最大の政治課題だったのである．

　クーデタによって政権を握った奕訢と西太后は，漢人官僚や地方の民間軍事力への依存政策を継続した．これは政争で敗北した粛順らによってすでに着手されていた方向に沿うものでもあった．同時に，内乱の平定と対外関係の調整も緊急の課題であった．彼らは，むしろ，イギリスなどの要望を受け入れ，協調することによって，内乱の鎮圧にその力を利用しようとすら考えていた．こうして，新しい政権のもとで，その後の清末の歴史が展開する方向が固まっていった．それは，清朝体制が曲がりなりにも時代の流れに対応していったことを意味するものであったといえよう．

　宮廷政治の権謀術数においては，西太后の方が奕訢をしのいでいたようで，奕訢は次第に西太后の権勢を牽制することは難しくなったが，しかし，有力な漢人官僚の登用と，欧米列強との一定の協調という，同治初年の方向は，西太后政権によっても受け継がれた．西太后は頑迷固陋な保守排外主義者といわれることが多いが，新たな課題を有力な漢人地方官僚にゆだね，権力の均衡を重視する彼女の政治的な感覚は，20世紀初頭にまで達する清朝の存続を支えたといってもよい．

　1875年1月，同治（清穆宗 チンムーゾン）帝が後継ぎのないまま数え年19歳で死去すると，咸豊帝の弟である醇親王（奕譞 イーシュエン）と西太后の妹のあいだに生まれた少年が，つぎの帝位についた．これが光緒帝（清徳宗 チンデェーゾン）である．光緒帝は1871年の生まれであり，帝位についたとき，まだ数え年4歳にすぎなかった．そして，西太后の政権は，1908年に光緒帝，西太后が一日を前後してこの世を去るまで継続したのである．

（並木頼寿）

コメント　「洋務」に協力した実業家たち

　本章は，19世紀後半の中国の歴史が「外国との新たな関係の創設」と18世紀末以来進行していた「地方分権化」の一層の拡大，一部の地方大官を中心とした清朝内の新勢力による「洋務運動」の展開という3局面より構成される，という認識の下に叙述されている．これらの局面は相互に関連しつつ一体となって進行，19世紀末に至って新たな局面にとって代わられるというのが執筆

者の当該時期の中国史に対する見方であろう．コメンテーターはこうした認識は近年の内外の研究動向に即応したものであり，同時期の日本や朝鮮のいずれとも異なる中国特有の動向を明確にするものでもあるので，極めて妥当なものであると考える．

　ここでは若干の補足をしておこう．本文にあるように，「洋務企業」の設立にあたっては地方長官が資金募集と企業経営を担う人材の確保にその政治力を活用した．例えば，李鴻章が設立した招商局や上海機器織布局などの有力企業には，唐廷枢（タン・ティンシェー）や徐潤（シュィ・ルン），鄭観応（ジェン・グアンイン），経元善（ジン・ユエンシャン）などが深く参画していた．　　　　（鈴木智夫）

●より深く知るために
加藤徹『西太后──大清帝国最後の光芒』中公新書，2005年
菊池秀明『ラストエンペラーと近代中国　清末・中華民国』（中国の歴史10）講談社，2005年
鈴木智夫『洋務運動の研究──19世紀後半の中国における工業化と外交の革新についての考察』汲古書院，1992年
並木頼寿・井上裕正『中華帝国の危機』（世界の歴史19）中央公論社，1997年

第18章 日清国交の開始と台湾出兵

　近代の日中関係は1871年の日清修好条規ではじまったとされる．この条約（条規）は，日本と清が締結した最初の条約であり，日清戦争の開戦まで日清関係の基礎となった．両国は，従来の冊封や朝貢とも，また各々がそれまでに西洋と結んだ条約とも異なる関係を，この東アジアで最初の条約に基づいて築いたのである．条約締結の後，台湾(タイワン)出兵や琉球帰属問題など，現在でも時に議論となる問題の発端が生じた．しかし，日清修好条規の締結前後には一面で互いに危険視しながら，双方ともに戦略的な意味での日清提携論という基調があり，同時に国内外ともに他に大きな問題も抱えていたので，日清は全面対立するには至らなかった．この章では，幕末における日清関係の変容からはじめて，日清修好条規の締結に至る過程，修好条規の内容と性格，琉球帰属問題と台湾出兵などの諸問題について紹介していきたい．

近代日中関係の幕開け

　19世紀の中ごろまで，日本と清は長崎一港に限定した貿易を行っていた．清代の中国では，冊封や朝貢といった儀式を伴う関係でなく，税金などに関する規則に基づいて貿易を行う関係を互市関係（互いに市(あきな)う）と呼んでいた．日本と清の関係は，清から見ればこの互市の関係にあった．他方，日本から見ると，近世には，朝鮮や琉球との通信関係（信(よしみ)を通わす，国交を持つ）とともに，長崎でのオランダや清との通商関係があった[1]．

　日本の対外関係は，1858年の安政の五カ国条約により，長崎に加えて，横浜，神戸，函館などが開港すると，大きく変化した．日本と欧米諸国との関係は，従来のような慣習でなく条約による契約関係として規定され，条約国民は居留地に住み，片務的な領事裁判権を享受することとなった．また，日本は関

税自主権を喪失した．しかし，清との関係は特に取り決めのないままで，清の商人たちは時には西洋商人の仲介をする買弁などとして，長崎から函館までに至る日本各地を訪れ，従来は長崎1カ所で扱われていた海産物などを上海などに輸送するようになった．それに伴い，日本と清の関係は従来の長崎貿易に関する制度だけでは律することが困難になった．

そうした中で，「出貿易」の試みが長崎奉行や函館奉行によってなされた．出貿易とは，日本に来た外国人と日本人が行う「居貿易」と異なって，日本の商人が外国に出向いて行う貿易のことである．ペリーが来た頃から，諸外国に対して日本の勢威を示し，外国の情勢を視察することを目的に一部の論者が必要を主張していた．1859年から開港地での居貿易が始まった後，まずは隣国の清との間で出貿易の実行が試みられた．1862年に長崎奉行が千歳丸を，1864年に函館奉行が健順丸を上海に派遣したのである．これが近代日中関係の事実上の端緒となった．しかし，上海でオランダを介して試みた取引は順調には進まなかった．

このころ，中国では，西洋諸国との主要貿易港が広州（グァンジョウ）から上海へと移り，上海を中心とした貿易体制が形成されつつあった．アヘン戦争後に条約を締結した4国（英仏米露）は，上海のほか，広州・厦門・福州・寧波を開港地として確保していたが，条約を結べなかった他の国々は上海に拠点を設け，条約国もまたここに力を注ぐようになったのである．日本は，中国との条約未締結国であったオランダを通じて，この上海を中心とした貿易体制に参加しようと図った．中国への入口として，上海周辺の江南（ジアンナン）地域は，日本にとって歴史的にもなじみのある地域だった．中国側では日本との貿易や領事館開設を許可する方向で検討を進めたが，それを正式に返答する以前に日本で王政復古が行われたのである[2]．

日清修好条規締結の背景

江戸幕府は，「出貿易」の試みが芳しい成果を得られなかった後，日本人の清への密航や，中国人の日本での貿易管理の体制を再構築すべく，1865年に官員を上海に派遣し，調査した．その結果をふまえて幕府と清でどのような調整が行われたのか，あるいは行われなかったのかは明確ではない．この間，長

崎の日本側外交担当者の判断で，日本で中国人が罪を犯した場合には，日本法で裁くことにしていた．

明治維新を経て，日本は清や朝鮮とも「条約」に基づく関係を築くことを模索した．これは中国とは対照的である．中国は，アヘン戦争の後も，冊封や朝貢に基づく諸関係と西洋諸国との互市関係を維持しつつ，条約関係に基づく関係は上記の4国に限定した．また1860年代以後，次第に互市諸国との関係を条約に基づく関係に転換していったが，それでも冊封や朝貢に基づく関係と条約に基づく関係は併存させ，対外関係はダブル・スタンダードとなった．日本の場合，長崎に限定された通商関係の解体に伴って清との関係は再編を迫られ，朝鮮や琉球との通信関係もまた改編を迫られた．朝鮮との関係の再編成が難航したのは第16, 19章に見るとおりであるが，琉球については領有化政策をとり，それが清との紛争も引き起こした．日本はダブル・スタンダードを選択しなかった，あるいは選択しえない状況にあったものと考えられる[3]．

日清関係に話をもどそう．王政復古後の1870年，明治政府は上海に日本領事館を開設した．しかし，ただちに清と条約を締結できたわけではない．日清双方が条約締結を推進しはじめたのは，日本側では外務省の名倉信敦のような提携論主張者がいたこと[4]，また中国側でも，警戒論が多い中，李鴻章（リー・ホンジャン）のように，「日本は肘腋〔ひじやわき〕のように近くに在り，永く中土の患いとなるかもしれない」（『籌辦夷務始末』同治朝・巻79）との警戒を前提としながらも，総じて日本との提携をよしとする傾向があったためだろう．これは，西洋列強との関係を牽制するため，同盟，提携，あるいは少なくとも西洋を意識した戦略的関係を意識したものだとも考えられる[5]．

日清修好条規をめぐる交渉は，日本からの申し入れにもとづいて1870年に始まった[6]．交渉の全権は日本側が伊達宗城で，柳原前光が補佐役であった．中国側は北洋大臣李鴻章が全権であり，応宝時（イン・バオシー）や陳欽（チェン・チン）らが補佐役となった．日本側としては，中国と西洋諸国が締結していた条約をモデルとしつつ，日本に有利な不平等条約の締結を望んだが，実際には，その交渉はほとんど清側が主導する形で進められ，1871年に締結に至った．それは，原則として双務的な性格に貫かれ，両国にとって最初の平等な近代的な条約となった[7]．日本と中国は16世紀に勘合が停止して以来，政府間の関

係がなかったのであるが，ここに初めて，少なくとも形式的にはほぼ平等な内容を持つ条約の形で，双方は正式な国交と通商を始めたのである．

日清修好条規の内容

次に，その日清修好条規（大日本国大清国修好条規並通商章程各海関税則）の内容を検討しよう[8]．この条約（条規）は前文に特徴がある．国家元首の名が記されていないのである．これは，「天皇」という称号を中国側が拒否したためである[i]．また清側草案において随所に用いられていた「睦」の字が削除されているが，これは明治天皇の諱である「睦仁」を意識してのことであった．このように，日清修好条規に基づく日中関係は，日本と清という東アジアの国どうしが，西洋式の条約（条規）[ii]という形式で結ばれた"近代的な"関係であったが，それでも東アジアの国相互の従来の関係性や，漢字文書のルールや形式を踏まえたものとなっていた．

条約の内容を見ると，「一条　此後大日本国ト大清国ハ弥和誼ヲ敦クシ，天地ト共ニ窮マリ無ルベシ．又両国ニ属シタル邦土モ各礼ヲ以テ相待チ，聊モ侵越スル事ナク，永久安全ヲ得セシムヘシ」という条文で始まる．一見何の問題もないように見える条文だが，「邦土」の内容について，後に両国間で議論が生じた．中国側は「邦土」を中国側が属国（朝鮮や琉球など冊封している国々）に対して用いる語とし，それを日本側に呑ませたと解釈した（日本側は認知していない）．また，それに基づいて，日本が琉球に藩や県を設置したことを条約違反と主張した．無論，日本はその解釈を受け入れなかったが，このように中国側が主張したのも，後述のように両国の公文での往来が漢文を正文としていたということも影響していたであろう．

また，第2条の「両国好ミヲ通ゼシ上ハ必ス相関切ス．若シ他国ヨリ不公及ビ軽藐スル事有ル時，其知ラセヲ為サバ，何レモ互ニ相助ケ，或ハ中ニ入リ，程克ク取扱ヒ，友誼ヲ敦クスベシ」という条文は，もっとも物議を醸した．これは1858年の中米間の天津条約第1条を参照したものと考えられ，中国側の

---

i) 当時，日本政府は，天皇称号を欧文でも「mikado」ではなく，「emperor」としようとしていた．
ii) 「条規」という名称になったのは，清側が西洋諸国とは異なる国家関係を模索したためと言われる．

草案にあったものである．日本側は，これを一般的な友好の表現とみなしたが，列強は，日清の攻守同盟ではないかと疑っていた．たしかに，戦略的な提携論がこの条規締結の背景にあったのであれば，そのような疑義もありえたのかもしれない．日本側は後にこの条文の削除を求めたが容れられなかった．

　また，第6条はこの条規の性格を考える上で重要な規定である．「此後両国往来スル公文，大清ハ漢文ヲ用ヒ，大日本ハ日本文ヲ用ヒ，漢訳文ヲ副フベシ．或ハ只漢文ノミヲ用ヒ其便ニ従フ」とある．これは両国間の基本言語を漢文とする取り決めであって，ここには近世東アジアに共有されていた文化空間が反映されていたと考えることもできよう．しかし，たとえ漢文が近世の東アジアのリンガ・フランカであり，副島種臣（図1）が北京で漢詩を詠んで中国の官僚と交流したとしても，また後に東京の芝の増上寺近く（現在の中央労働委員会付近）に中国公使館ができ，そこで黄遵憲（ホアン・ズンシエン）らと大河内輝声らが筆談して交流できたとしても，条約に基づく往来の正文が漢文というのは，日本側に不利ではなかったかと考えられる[9]．中国はそれまでに締結した条約では，だいたい相手国の言語を用いたのだが，およそ1860年代には中国側は漢文と外国文の双方を正文としようとする傾向があった[10]．だが，漢文を事実上の正文としたのは，この日清修好条規が初めてである．条約締結後，日本が英語を用いたり，西洋的な規範を強調したのは，この不利な状況を打破していくための方策であったと解釈することも可能であろう．

図1　副島種臣
（国立国会図書館蔵）

　第8条は「両国ノ開港場ニハ，彼此何レモ理事官ヲ差シ置キ，自国商民ノ取締ヲナスベシ．凡家財産業公事訴訟ニ干係セシ事件ハ都テ其裁判ニ帰シ，何レモ自国ノ律例ヲ按ジテ糾弁スベシ」とある[iii]．これは理事，すなわち領事による領事裁判権を規定した条文である．日清戦争の勃発まで，日中双方は互

---

iii)　理事官は領事官のこと．中国が日本と朝鮮半島においた領事官を理事官と呼んでいることから，領事裁判権を有する領事官を理事官と呼んでいるとも考えられる．

いに民事を中心に領事裁判権を行使していたのである.

このほか,日本の内地通商権と最恵国待遇が挿入されていないことを看過してはならない.内地通商権は,指定された開港場を超えて内地で通商を行う権利である.また,もしこれが認められなくても,もし最恵国待遇が認められれば,中英天津条約第9条に従って日本人にも内地通商権が認められるというのが日本側の算段であった[11].中国側は,欧米との条約の内容の中でもこの内地旅行,内地通商の条項が最も弊害が大きいと認識しており,日本人は顔つきも文字も近いことからいっそう警戒され,曾国藩(ヅォン・グオファン)の献策もあって,日本の要求は認められなかった[12].

このように,日本側の要求があまり条約に盛り込まれなかったことからもわかるように,日清修好条規の締結は,主に清側の主導で進められた.清は,倭寇などの故事を参照して日本に対して一定の警戒心を抱きながらも,日本との提携を西洋に対する戦略的な関係として位置づけようとした.この戦略関係というのは,同盟関係の希求というよりも,西洋への対抗上,何がしかの利用価値があるのではないかという程度のことではないかと考えられる.他方,通商章程については,銅銭や塩といった物資を中国側が注文した場合を除き日本側が売買できないという点など,部分的に日本側に不利と思われる条件が散見されるものの,実質的には日中それぞれが列強との間で定めた通商協定の内容を追認したものとなっていた.

なお,日清修好条規は両国にとって最初の平等条約であったものの,条文の中にはそれぞれが西洋諸国と締結した諸条約,協定と関連づけられているものも少なくなかった.たとえば,限定的な領事裁判権を「相互に」認め合っていることなどがその代表である.そのため,日本が欧米と条約改正を試みたとき,日清修好条規の扱いがきわめて微妙になったのである[13].欧米から片務的な領事裁判権を回収しても,中国のそれが残ってしまうからであった.

日清修好条規批准と台湾出兵

1871年に締結された日清修好条規は2年後の1873年に批准され,日本は翌年に北京の東交民巷の公使館街の一角に公使館を設けた(清の東京公使館は1877年開設).それはちょうど,日本が琉球を排他的な国土として組み込もうとし

た時期であった．第20章で詳述するように，当時，日本は東アジアにおいて，それまで線というよりもゾーンの形で存在した境界領域を1本の国境線で確定しようとしており，従来は日清両属であった琉球の帰属が争点となったのである．日本は1872年に琉球藩を設置し，79年に沖縄県を設置したが，この過程で台湾出兵事件がおきた．

1871年，年貢を宮古島から首里に運び，その帰途に就いた琉球御用船が暴風雨により漂流し，乗組員六十余名が台湾の南端に漂着した．そこは，「原住民」(先住民) パイワン族の居住地域であり，漂流民は牡丹社（ムーダンシェー）のパイワン族に捕えられた．その後，漂流民たちはそこから逃れようとしたが，大半が再び捉えられた上，斬首された（牡丹社事件）．12名は脱出に成功し，台湾府から福州（フージョウ）を通じて琉球に送還された．このような漂流民の送還は，近世を通じて清と琉球の間に築かれてきた慣習によっていた．また，1873年には小田県（現在の岡山県）の4名が台湾に漂着し，積荷などを略奪されるという事件もおきた[14]．

1873年，日清修好条規の批准書の交換のため，副島種臣が全権大使として天津に赴き，次いで北京で同治帝に謁見した．その際，副島は随員の柳原前光に牡丹社などの事件について清の総理衙門と協議させた．このとき，総理衙門側の大臣は，琉球は清の藩属であり，琉球人は日本人ではない（だから日本には当事者性はない）とした上で，台湾には生蕃と熟蕃がおり，今回琉球人や小田県民に危害を加えた生蕃たちは化外の民だと述べた．「化」は，中国王朝の視角から見て，"文明化"しているか否かという度合いを示し，「熟」はその度合いが高く，「生」はその度合いが低いことを示す．清側は柳原との議論の中で，台湾を属地でないと述べたわけではないし，琉球を日本の属地と認めたわけでもなかった．「化外の民」だとしたのも，だから処罰対象にしないという意味合いなのであり，この発言は日清双方の当事者性を否定して問題を穏当にすませようとしたと見ることもできる．また，この時期の清には，「版図」を国土として意識しつつも，その版図に住んでいても中華を受け入れない者は支配の対象外とする認識があったと理解することもできる[15]．

他方，日本はこれを国内問題と結び付けた．征韓論による政府分裂後，政府に留まった軍人たちにはなおも征韓を熱望するものが少なくなかった．政府は

この戦争熱を，中国の辺境にあり，国家である朝鮮よりは抵抗が弱いと思われる台湾に向けてそらそうと図ったのである．このとき，日本政府は「化外の民」という発言から事件の発生した台湾南東部は万国公法における無主地だとする論理を導き出した．清が，版図の内にいても統治の及ばない者がいるとしたのに対し，日本は生蕃が化外の民だということは，彼らの居住地は領土でない，つまり万国公法上の無主地だから，日本が出兵しても問題にならないとしたのである．くわえて，琉球の民のために出兵するのだから，琉球が日本に属していることを内外に示すことにもなると考えた．こうして日本政府は西郷従道らをまず長崎に派遣した．その後，政府内のみならず列強からも出兵反対があり，政府はいったん行動停止を命じたが，西郷が出兵を断行したため，政府もこれを追認してしまった．1874年5月7日，日本軍は台湾の南端に西側から上陸し，牡丹社を目ざした．以後，半年にわたりパイワン族との間で戦闘が行われたが，マラリアなどの病気の問題もあり日本軍は苦戦し，半年後にようやく"掃討"を完了した[iv]．病死者が極めて多かったが，戦死者のうち12名は，西郷従道の要請により，東京招魂社（のちの靖国神社）に合祀された．

琉球帰属問題

一方，当時の清は，日清修好条規の締結過程に見られるように，日本との提携論が有力者の中にあり，また軍事力からして日本が直ちに脅威になるとは考えていなかった．それだけに台湾出兵は衝撃であった．相互の領土不可侵を約した日清修好条規第1条が批准早々に破られたと，中国にとって感じられたからである．しかしながら，日本と全面的に敵対するという判断はしなかった．第21章に見るように，この当時，西方国境でヤクーブ・ベグの反乱があり，ロシアもイリ地方を占領していて，東西両方で事を構えるわけにゆかなかったからであろう．清は日本に強く抗議し，兵1万5000を台湾南部に派兵して対峙させつつも，特派全権大久保利通を迎え，結局，被害者家族に見舞金（撫恤銀）を支払うことで妥協した．この見舞金が果たして宮古島の人々に対するものか，小田県の人々に対するものか，中国は明示しなかった．中国はこの問題

---

iv 台湾出兵に際しては，東京日々新聞の岸田吟香が大倉組の手代の資格で同行している．これが，日本最初の従軍記者だとされている．

が琉球の帰属と結びつけられるのを避けようとしたのである．一方，日本側はこれを一種の賠償と見なし，さらに，国内外に対して，この台湾出兵を通じて清が琉球の日本帰属を認めたものと宣伝した．その上で，琉球の清との冊封・朝貢関係を停止させ，1879年には沖縄県を設置したのである[16]．

しかし，琉球王府の官吏にはこれを受け入れない人々がいた．彼らは宗主国の清に赴いて窮状を訴え，王国の再興への補助を要請したのである（脱清人）[17]．清もまた台湾事件などを通じて琉球帰属問題に決着がついたとは認識していなかった．その結果，この問題は日清戦争以前，1890年代前半までくすぶり続けることとなる．日本はのちに西洋諸国との条約改正を図った際，これに日清修好条規や通商章程も関連づけて有利に修正しようとした．その際，両国代表は沖縄県を分割して交換条件にすることを討議している．清が日本に最恵国待遇を与える代わりに沖縄本島以北を日本の領土とし，宮古と八重山からなる先島に琉球王国を再建するという案であるが，日本もまた，中国全体との利益調整に対する考慮を優先していて，琉球の領有は絶対視していなかったのである．

清は，修好条規第1条が破られた衝撃の中で，たしかに台湾出兵で日本への警戒心を強めた．そして，首脳部は第21章に見る「海防・塞防」論争を始めた．しかし，日清修好条規で数百年ぶりの国交を取り決めた1870年代の基調は，上述のような意味での戦略的な日清提携論にあったようである．1876年，李鴻章は次のような日本観を漏らしている．ロシアという脅威に対する日清提携論に一定の理解を示していることがうかがえるであろう．

　　先に使節として訪れてきた副島種臣が，今月初め〔光緒2年9月〕にふたたび単身でやってきて，衙門で謁見をもとめた．旧知の仲なので，ともに時事を論じた．副島によれば，フランス公使からこんな話を聞いたという．ロシア側から得た秘密文書によると，ロシアはもし日本と事を生ずれば必ず下関に拠って東西の路を断つだろう，なぜならここは日本の海峡の中でも長年にわたってイギリス，フランスが攻撃地点として着目してきたところだからだ，とのことである．だからこそ，日本はロシアの野心を真剣に防がねばならず，その上で中国と力を併せたいと考えるのも，実情に即したことである．副島の才略は凡ではない（李鴻章「論日本邦交」光緒2年9月〔1876年〕,『李文忠公全集』巻6）.

　　　　　　　　　　　　　　　　　　　　　　　（川島　真・茂木敏夫）

> **コメント** 日本軍と疫病

　台湾出兵に従軍した軍医落合泰蔵は『明治七年　征蛮医誌』(1885 年刊) にこう記している．「時ニ患者ノ増，滋(ますます) 日ニ甚シク，殆(ほと)ント全軍ノ八・九ニ上レリ」(8 月 14 日の日記).「此役(えき)ヤ軍人軍属ノ総員ハ凡テ五千七百九十余名，而(しこう)シテ患者ノ員数(いんずう)ハ一万六千四百零九人ナリ」という．つまり，日本軍は治っても治っても繰り返し発病したのである．

　日本軍は台湾の最南端に上陸したが，飲料をもとめて沼地の近くに宿営したため，マラリアの犠牲者を多数出した．落合はこの熱病を「弛張熱(しちょう)」「台湾熱」と称している．「マラリヤ」と記している箇所もあるが，病因については，路上で放し飼いされていた豚などの家畜の排泄物からの悪臭，沼地からの瘴気(しょうき)というように理解していた．

　総大将の西郷従道もこの時に罹患(りかん)し，生涯，マラリアの症状に苦しんだといわれる．

(栗原　純)

●より深く知るために
岡本隆司・川島真『中国近代外交の胎動』東京大学出版会，2009 年
佐々木揚『清末中国における日本観と西洋観』東京大学出版会，2000 年
黄栄光『近代日中貿易成立史論』比較文化研究所，2008 年
西里喜行『清末中琉日関係史の研究』京都大学学術出版会，2005 年

第19章 征韓論争と江華条約

18 73年，王政復古により誕生した明治政府は最初の大分裂を経験した．いわゆる征韓論政変である．西郷隆盛・板垣退助・江藤新平・副島種臣らが，明治初年以来，国交更新がかなわなかった日朝関係に決着をつけるため，西郷の遣使を主張して閣議でいったん決定したものの，これを米欧視察から帰国した岩倉具視・大久保利通・木戸孝允らが覆した．前者はこれを不服として政府を去り，以後，政府に残った政治家たちとにらみ合いの状態が続いた．この対立は維新政府により次々と身分的権利を奪われていった旧武士たちの不満と重なり合い，いつ再び大規模な内乱が起きても不思議でないという観測が世に流布するようになった．

日本——征韓論政変・台湾出兵・江華島事件

第16章に見たように，日朝関係は政府双方が歩み寄りを試みつつあったにもかかわらず，この夏，釜山にいた朝鮮官吏が日本側をあからさまに批判したことをきっかけに，一挙に険悪となった．王政復古以来，日本の政府内には，征韓を主張するグループが少なからず存在したが，この情報は彼らを決定的に刺激したのである．

ただし，征韓論者にはさまざまなタイプがあった．たとえば，戊辰内乱が収まる見込みがついた1869年初頭，木戸孝允は，幕末攘夷論の発想の延長上に，朝鮮への遣使と戦争の挑発を主張している．西洋の代わりに，より弱体と見た朝鮮を戦争の相手に選び，そこに生み出されるはずの対外危機意識を，国内改革を継続するエネルギー源にしようと主張したのである．その一方，対外関係も国内政策も深く考慮せず，単純に隣国を侵略して国威発揚を図ろうとする者たちもあった．木戸は，国内改革に関心を集中せざるをえなかったため，朝鮮

への遣使問題は棚上げし，明治政府は結局，勝手に武力行動を図ろうとした丸山作楽ら盲目的な征韓論者を逮捕し，処罰することになった．当面は，先に見たような外交による国交更新に全てをかけていたのである．

ところが，この年の夏，西郷隆盛が火の付いたように自らの遣使渡韓を主張しはじめた．板垣退助あての手紙によると，隣交を厚くするという趣意をもってまず自分が渡韓し，それによって先方からの侮蔑と暴殺を挑発し，朝鮮側の罪を天下に明らかにした上で，戦争に持ち込もうと述べている．学界には，この策はあくまでも交渉成立が主眼であり，戦争云々の言葉は主戦論者の板垣を説得する方便にすぎなかったと解釈する人もある．しかし，幕末に彼が第一次長州征討の際に行った発言や行動に照らして見ると，彼の言葉は予め特定のシナリオを用意したものではなかったと解する方が妥当であろう．交渉が成立するならばそれはそれで良いことであり，他方，彼自身が期待するようにその暴殺に至るならば，彼が何よりも重んじた戦の正当性が確保され，日本側の士気が高まるのは疑えない．「内乱を冀う心を外に移して国を興すの遠略」[1]が成就することになる．

当時，岩倉具視を全権大使とする遣米欧使節団は帰国以前であり，太政大臣三条実美は，西郷の望みを容れて遣使をいったん内定したものの，正式決定は岩倉らの帰国を待って行うと決定した．

しかしながら，帰国した岩倉・大久保・木戸らは，この決定に対し，強く反対した．その動機の一つには政府内で権力を取り返すことがあった．岩倉使節団が出発する前，使節と留守政府の面々は，留守中に大きな改革をしないという誓約を交わしていた．しかし，留守政府は，江藤新平をはじめとして，鉄道敷設・学制公布・太陽暦採用などの大胆な改革を連発し，立憲政体の採用までを研究していた．また，副島種臣は，岩倉たちがアメリカで条約改正に失敗したのに対し，中国で清から対等な儀礼を獲得し，西洋諸国からも感謝されるという華々しい成果をあげていた．公家の岩倉はともかく，大久保と木戸は，王政復古の際に中心的な役割を果たしながら，すでに帰るべき場所を失っていたのである．彼らにとって，西郷たちが朝鮮遣使にこだわったのは，発言権を取り戻す良い機会となった．

しかし，権力闘争にのみ眼を向けるのは適切でない．彼らの国際政治上の判

断はどのようなものであったろうか．大久保利通（図1）が論争の最中に提出した遣使反対論を見てみよう．序で彼は次のように述べている[2]．

> およそ国家を経略し，その国土・人民を保守するには，深謀遠慮がなくてはならない．ゆえに進取・退守〔の決定〕は，その機を見て動き，その不可〔の条件〕を見て止める．恥があっても忍び，義があっても取るべきでない．問題の軽重を測り，時勢をよく鑑み，〔未来の〕大成を期すべき所以である．この度，朝鮮遣使の議がある．〔私が〕いまだ俄に行うべきでないと主張するのは，〔大事の決定には〕よく鑑み，厚く測るべきだからである．

図1　大久保利通
（国立国会図書館蔵）

大久保は，以下，7条にわたって征韓即行が不可である理由を述べ，さらにダメを押している．その最も大きな特徴は，日朝関係を世界政治の大きな文脈のなかでとらえ，とくに当時の2大強国ロシアやイギリスとの関係を基軸に，すべてを判断していることである．

> 外国との関係を論ずる時，吾国において最も重大なものは魯・英を第一とする．魯は北方に地方を占め，兵を下して樺太に臨み，一挙に南征する勢いがある．のみならず，最近，現に不愉快な事件を生じ，両国関係は穏やかでない．まだ交渉の半ばであって，結果がどうなるか分からない．……いま兵端を開き，朝鮮と干戈を交える時は，あたかも鷸蚌相争う形に類し，魯はまさに漁夫の利を得ようとしている．……

鷸蚌相争うとは，鳥のシギとドブ貝が争っていたところ，漁師が現れて両方とも易々と採ってしまったという故事であるが，隣接の大国ロシアの介入が第一に警戒されているのである．当時，ロシアは幕末の条約で日露の雑居地と決めてあった樺太に続々と軍民を送りこみ，領土化を既成事実にしようとしていた．朝鮮問題は日本側が出兵しない限り戦争にはならないが，ロシアと樺太の場合は先方から戦争をはじめる可能性すらあったのである．その状況下で征韓

に踏み切ると，ロシアに出兵の良い口実を与え，朝鮮・樺太を失うのは無論のこと，北海道すら危うくなるかもしれないという状況にあると大久保は見たのである．

　この大久保のロシア優先論は，征韓論政変の後，最重要の策として実行される．明治政府はのち，榎本武揚をサンクトペテルブルクに送って，千島樺太交換条約をむすんだ（1875年5月）．千島全島の入手と引き替えに樺太を放棄するというこの決定は，領土的には大幅な譲歩であったが，日本はそれによって，隣接の大国ロシアとの紛争の可能性を絶つという安全保障上の大きなメリットを得たのである．そして，明治政府は，領土内に確保した北海道の開拓に全力を注ぐこととし，大久保の最も信頼する黒田清隆を開拓の責任者に任命してこれに当たらせたのであった．

　大久保は，このような状況で朝鮮遣使に踏み切った場合，何が起きうるか，次のようなシナリオを描いている．2年前，アメリカの使節が受けた対応を見ると厚遇は無理で，予め開戦を期さねばならない．すると，十余万の兵士，数万の仕丁，そして莫大な武器弾薬などが必要となる．すぐ勝ったとしても「その得る所，恐らくはその失う所を償うに足らず」となるだろう．まして，長期戦になると，たとえ全勝を得ても，賠償取り立てには数年の駐兵が必要で，全土占領の場合は武力反抗への対策に追われるに違いない．「恐らくは朝鮮全土の物品もまたこれを償うに足らず」．その間，ロシアや中国が黙ってみているだろうか．副島外務卿は，中国の大官から朝鮮問題に干渉しないという言葉を引き出したというが，信ずるに足りない．ロシアはもっと危険である．当時の日本の軍事力や経済力を，世界政治の文脈に置いて客観的に考えるなら，現在，この分析を否定することは難しいだろう．

　岩倉使節団の帰国組は，間にはさまれた三条実美の心神錯乱に乗じて岩倉を代理に立て，彼の手で閣議決定をひっくり返した．西郷はその手口を卑劣として下野し，他の参議たちと袂を分かって，鹿児島に引きこもることとなった．多くの薩摩出身軍人がこれに従ったが，政府に留まったものもあり，彼らは依然として征韓の機会をうかがっていた．このために生じたのが，翌1874年の台湾出兵である．大久保や木戸は，先のような大局観に即して外交政策の整理を行っていたが，岩倉は年初に征韓論者に襲われ，九死に一生の経験をすると，

彼らをなだめるため，中国の辺境にあり，国家である朝鮮よりは抵抗が弱いはずの台湾に出兵しようと提案した．これは西洋の諸公使の助言もあってのちに取り消されたが，すでに長崎に集結していた遠征隊は東京の命令を振り切って出兵してしまった．出兵の口実には台湾の蛮族に琉球御用船の乗員たち数十名が虐殺されたことへの報復が使われた．戦闘自体はすぐ終わったが，賠償取り立てのために保障占領をしている間に熱病で死ぬものが続出し，版図を侵された中国の抗議も激烈であった．大久保が天津・北京に出かけ，イギリス公使の好意的仲介を得て，わずかの慰謝料と引き替えに，矛を収めることとなったが，その間に，東京では開戦準備が進行していた．中国との戦争まで覚悟せざるを得なくなっていたのである．岩倉が後悔したように，「得る所，失う所を償うに足らず」，ただ，清に琉球の漂流民保護の正当性を認めさせ，琉球への領有権主張の素地を得たに留まったのである[3]．

こうして，東京政府は征韓論政変の際の外交路線に戻ったが，政府や軍の内部にはまだ征韓論者がおり，手ぐすねを引いて機会を待っていた．翌1875年に発生した江華島事件はその結果である[4]．薩摩出身の雲揚艦長井上良馨は，海軍首脳から朝鮮の沿岸を測量する命を受け，まず東海岸に向かった．所々で上陸して測量し，ある土地では在勤の朝鮮官人と会見している．その後，西海岸を訪ねたが，その北方には，首都防衛の前線基地，江華島があった．他と違い，ここには砲台が築かれており，2度の攘夷戦争の経験も持っていた．井上良馨は，予告なしに接近した場合，戦闘が発生することを予期しつつ，故意に近づき，戦闘を挑発したのである．彼は，戦闘に勝利を収めた後，長崎に帰り，東京に対して国旗を掲げた軍艦に朝鮮側が故意に発砲したと東京に虚偽の報告を行い，政府の抗議を促した．

これに対し，東京政府は直ちに行動を起こした．長年の懸案を一気に片付けるため，朝鮮に最高レヴェルの使節を送ったのである．全権大使に参議黒田清隆（薩摩），副全権に井上馨（長州）である．ただ，彼らの使命はあくまでも平和的に交渉し，条約を結ぶことにあった．太政大臣の与えた訓令には，「我が主意の注ぐ所は交わりを続くに在るを以て，今全権使節たる者は和約を結ぶことを主とし」とある[5]．朝鮮側が国交と貿易を定める条約に応ずるならば，これを雲揚事件の賠償と見なす予定であった．ただ，従来の国交更新の難航を考

えると，何が起きるかわからない．そこで，東京政府は，予めさまざまなシナリオを想定し，対応を指示した．一方で陸軍卿山県有朋を下関に出張させ，万一の事態に備えていたが，両全権に対しては，朝鮮側がどんな対応をしても，いったんは日本に引き上げ，東京からの指令を待つように命じたのである．政府部内には硬軟両様の意見があったが，大久保らは決定権をトップが確保し，慎重に対処する方針を貫いていたのであった．

朝鮮——閔氏政権の政策転換・交渉の難航・江華島事件

一方，朝鮮側の動きはどうだったろうか．少しさかのぼって見てゆこう．国王高宗(コジョン)と王妃閔氏(ミン)の勢力は，1873年12月に大院君(テウォングン)を追い落として実権を握り，大院君の対日政策を批判して，日本との関係修復に乗り出す気配を見せた．このような朝鮮側の動きを察知した明治政府も，朝鮮の政情を探索する必要を認め，森山茂を釜山に派遣した．1874年8月，清から朝鮮政府に，日本は台湾出兵の後，朝鮮に兵を送る可能性があり，そうなるとフランス・アメリカが日本を助けるだろうから，朝鮮はあらかじめ仏・米と条約を結び，日本を孤立させるべきだとの意見が届いた．朝鮮政府はこれに驚き，仏・米との条約締結ではなく，日本との関係改善を図ることとした．そうして，大院君政権下で対日外交に当たった訓導・安東晙(アンドンジュン)を処罰し，後任の訓導として玄昔運(ヒョンソグン)を任命した．当時，日本との国交再開に反対する勢力が多い中で，日本との関係修復をとなえた代表的な人物に朴珪寿(パクキュス)がいる．彼はかつて大同江(テドンガン)でシャーマン号を焼き討ちした政治家であるが，この度は和平論をとり，日本が書契で「皇」の文字を使ったことに対しても，それは日本の国内的事情によるものだとして，大院君が書契の受け取り拒否したことを批判し，日本の真意は和好にあるとした．そこには，「洋夷」にも礼があり，礼には礼をもって対応すべきだという華夷論の転換があったのである[6]．

1874年9月，森山と玄昔運・玄済舜(ヒョンジェスン)との間に王政復古以後初めての日・朝官吏の公式会談が行われた．朝鮮政府は交渉再開の基本条件として，新たに日本政府の外務卿から朝鮮の礼曹判書への書契(しょけい)，また外務大丞から礼曹参判への書契を送ることに同意した．また，閔氏政権の有力者である趙寧夏(チョヨンハ)から森山あてに，朝鮮と日本は300年の交隣修好の関係にあり，書契の格式が以前と異な

るとして受領しなかったのは，訓導らが国王の耳を塞いだためであると，遺憾の意を伝えた．

いったん東京に帰った森山は，翌75年2月，外務卿と外務大丞の書契を携えて再び釜山に赴任した．しかし，これらの書契の写しは漢文でなく日本文が正文になっており，しかもまたも「大日本」「皇上」の文字が使われていた．東萊府使からその知らせを受けた朝鮮政府では，これを違格として斥けるべきとの意見があったが，国王高宗の意向もあって，東萊府使に森山を迎える宴会を行い，そのときに書契

図2 寺島宗則
（『寺島宗則関係資料集』より）

に違格が見つかればこれを論難して斥けるが，もし違格を改める意向を示すなら国交を復旧させることにした．ところが森山は，宴会に際して朝鮮側が忌み嫌っていた西洋式の大礼服を着用した上，宴会場の正門を通行することを主張し，玄昔運はこれを違格だとして強硬に反対したのである．森山がこのたびわざと火輪船に乗ってきたこと，書契が伝統的な漢文でなく漢字片仮名混じり文で書かれていたこと，「図書」（書契に押す印鑑）・「路引」（旅券）を勝手に変更していたことなど，朝鮮に対して誠信を欠いているにもかかわらず饗宴を行おうとしているのに，その上にこのような要求は到底受け入れられないというわけである．報告を受けた朝鮮政府は森山の要求を斥け，旧例によって饗宴を行うよう指示した．森山は，服装は主権にかかわることで他国に干渉されるいわれはなく，正門の出入りについては，自分は「大日本国の派員」であり昔の対馬藩主と格が違う，したがってこれらは日本の名分にかかわることで譲れないと反論し，東京の外務省に対しては4月，事態打開のため軍艦を派遣するよう求めた．寺島宗則（図2）外務卿は三条・岩倉の承認を得て雲揚など3隻の軍艦を朝鮮近海に派遣することとしたが，森山には平和的解決を命じた．

一方，朝鮮政府も日本との交渉決裂は回避する方針をとり，森山に旧例による饗宴の挙行に対する理解を求めた．しかし，森山は妥協せず，朝鮮側の要求は日本の「名分栄辱」にかかわるものだと批判し，訓導との交渉は行き詰まった．東萊府使から報告を受けた国王高宗は，高官を招集して書契および饗宴問題について議論させたが，結論は，このままでは書契を受理できないので，訓

図3 接見大官申櫶

導を通じてもう一度日本側をさとし，同時に日本の事情に通じた通訳を釜山に派遣し，その報告をえて再び議論するというものになった．そして，安東晙の前任で在留日本人との交流もあった金継運(キムゲウン)が釜山に派遣された．玄昔運から書契不受理の通告を受けた森山はこれに反発し，金継運との面会も謝絶した．朝鮮政府側には興寅君最応(フンイングンチェウン)・朴珪寿らのように，日本との戦争を憂慮して書契の受理を唱える者も少なくなく，国王および閔氏政権も日本との衝突を回避することを願っていたが，森山の強硬な姿勢によって日朝関係はまたもや頓挫してしまったのである．そうした最中に，1875 年 9 月，雲揚事件が引き起こされたのである．

この事件を受けて，1876 年 2 月 10 日，黒田全権大使ら日本側一行は江華府に入り，紀元節に当たる翌 11 日，交渉が始まった[7]．朝鮮側大官は申櫶(シンホン)（図 3），副官は尹滋承(ユンジヤスン)である．交渉 2 日目に日本側は条約案を示し，同意するか否か，10 日の期限を切って回答を求めた．国王高宗は高官を招集して対応策を議論させた．そのなか，朴珪寿は，日本の目的は修好にあるとし，朝鮮から攻撃を仕掛けて兵端を開いてはならないと述べた．朝鮮政府は日本との衝突を避ける方針であり，それは交渉に臨んだ朝鮮側大官・副官も同様であった．13 日に日本側条約案全 13 款(かん)の漢訳の写しが朝鮮政府に届き，各条項を追って審議した結果，19 日に修正案を日本側に提示している．日朝の交渉では，まず前文が問題になった．「大日本国皇帝陛下」と「朝鮮国王殿下」という文字が，対等性を欠くというのである．日本側が「皇帝」を称すると，中国と対等となり，中国から国王に「冊封」されている朝鮮が下位に立たざるをえなくなるからであった．これに対して日本側は，元首尊号の削除に同意し，国号の大の字は残して，「大日本国」「大朝鮮」という対等の形にすることとした．本文で朝鮮側が意見を提示したのは，条約締結後に相互に派遣される使臣の地位に関する第 2 款，釜山とその他 2 港の開港に関する第 4 款，前款の 2 港の位置に関する第 5 款，領事裁判権に関する第 10 款，条約締結後 6 カ月以内に両国委員がソウルないし江華府で会同するという第 11 款，最恵国待遇に関する第 12 款で

あった．今後の条約文に使う文字を定めた第3款，漂着民の処遇などに関する第6款，日本による朝鮮沿岸の測量を認める第7款，日本側が開港場に官吏を派遣することを認める第8款，開港場で自由貿易を行うことを定めた第9款には意見が付かなかった．

　第2款の使節派遣の問題については，日本使臣は朝鮮の礼曹判書と，朝鮮使臣は日本の外務卿と商議(しょうぎ)するということとし，その対等性を保障した．なお，条約締結15カ月後に相互に使臣を派遣するという点につき，日本側は常駐の外交使節の派遣を意図していたが，朝鮮側はかつての朝鮮通信使のような臨時の外交使節の派遣を主張し，「随時使臣を派す」と修正を要求した．日本側がこれを認めたため，後にソウルでの日本公使館設置が朝鮮側に拒否されるという問題を残した．第4款について朝鮮側は，釜山の公館にもそれまでの倭館同様，日本人が外に出られない境界を設けることを要求したが，日本側はこれを拒否した．第5款は咸鏡道永興府(ヨンフンブ)（朝鮮半島東北海岸）のほか，京畿・忠清・全羅・慶尚（朝鮮半島中南部）の4道のいずれかから1港を選んで開けという要求であるが，朝鮮側がこれに難色を示したため先送りとした．この2港開港問題はその後も難航する．第10款の領事裁判権は，かねてから日本人の犯罪は倭館ないし対馬で裁くことが通例になっており，むしろ朝鮮側の望みに合致していた．第11款については会同の必要なしという朝鮮側の要求を日本側が拒んだ．朝鮮側のみに片務的な責任を負わせる最恵国待遇を記した第12款は，朝鮮側に他国と条約を締結する意志がないということで削除された．

　こうして，2月27日，日朝修好条規が調印された．その後，8月に修好条規付録および日本国人民貿易規則が調印され，釜山における波止場(はとば)から直径4キロメートル以内での日本人の歩行，開港場での日本貨幣の使用，朝鮮における米の輸出入などが認められた．こうしてみると，日朝修好条規は，片務的最恵国待遇を含んでおらず，関税が設定されていないため協定関税も規定していない．幕末の日本が西洋と結んだ条約は，この2点に領事裁判権を合わせ，3点の存在を根拠に不平等条約と判断されてきたのだが，日朝修好条規は，領事裁判権以外には不平等性がなかったといえる．また，領事裁判権自体はむしろ朝鮮政府側が望んだことであった．これは，朝鮮政府が，幕末の日本政府と同じく，この時点では自国民が海外に出かける可能性を想定していなかったため生

じたことであった．日本側はいずれ朝鮮人が海外に出かけるのを期待していたはずだから，この条款が不平等を生むことを予想していたはずであるが，少なくとも当時の朝鮮政府がこの条約が不平等条約だと見ていなかったのは確かである．なお，関税が設定されなかったこと，および米穀の輸出入が許可されたことは後に問題になり，1883年の日朝通商章程で再び取り決めがなされた．これによって朝鮮は税権を得ることになったが，米の輸出については，凶作時に地方官がそれを禁止する以前からの国内法，防穀令（ぼうこくれい）の規定が保留されたため，さらに後まで問題を引きずることになった．いずれにせよ，日朝修好条規の締結によって，8年間に及んだ日朝の外交紛争は戦争という最悪の事態を避けつつ解決されたのであり，同時に日本国内では征韓論の正当性を奪い，国際協調政策をとる東京政府が生き延びる可能性を高めたのである．

　日朝修好条規でもう一つ注目すべきは，第1款「朝鮮国は自主の邦にして日本国と平等の権を保有せり」である．日本としては，「自主」の国である朝鮮は，日本と同様の独立国として平等であるということになる．しかし，朝鮮としては清の属国であっても従来から外交は「自主」であり，日本とは300年間平等な関係を保ってきたのであるから，これは従来の交隣関係が復活しただけに過ぎないことになる．一方，清としては，台頭する日本は潜在的な脅威となりつつあり，直接に日朝関係にかかわって日本と衝突することは避けねばならない．そのため日本に向かっては，朝鮮は清の属国であってもその外交は「自主」であって，清の関与するところではないと主張せざるをえない．その一方で朝鮮に対しては，変容しつつある東アジアの国際秩序のなかで宗主国としての威厳を保つべく，伝統的な宗属関係を強化していくことになる．日朝修好条規第1款の「自主」は，日本・朝鮮・清のそれぞれの思惑が絡（から）んで，19世紀末の東アジア地域の火種の一つとなるのである．

（三谷　博・月脚達彦）

コメント・1　「征韓論」と外交交渉の関係について

　朝鮮半島の国家はもともと天皇に服属すべき存在であり，王政復古が実現した以上，朝鮮は「古昔の如く属国となし藩臣の礼を執らせねばならぬ」という

主張が征韓論の基礎となっている．倒幕を担いながら身分的特権を剥奪された西南日本の旧武士層の不満がそれと結びついた．征韓は維新の理念にかなった「正論」であるがゆえに，反論がむずかしい．西郷が使節就任への同意を得るため持ち出したのも，「名分条理」に合った日朝関係の樹立こそ「倒幕の根元」「御一新の基」なのだという理屈であった．倭館での交渉は，日本側が征韓思想に束縛され，「皇」「勅」の文字の使用や天皇を朝鮮国王よりも上位に位置づけることにこだわったため，なかなかはかどらなかった．江華島においては，はじめから万国公法に基づく条約案を強要し，対等な形式の条約締結となる．このとき，新聞諸紙はこぞって「二千年前の故事を担ぎ出し，朝鮮をして我が属国たらしむ」るような議論，すなわち征韓論の虚妄性を強調した．この条約によって，征韓論が朝鮮政策を直接的に拘束する時代は終わったとみられる．

(吉野　誠)

コメント・2　朝鮮の「自主」と「属国」

　日朝修好条規第1款で問題となるのは，「自主」という言葉のもつ両義性である．「自主」は『万国公法』ではindependentの翻訳漢語であって，すでにそれ以前から日本に存在していた「独立」というindependentの訳語と結びつき，日本人にとっては，「自主」とは即ち「独立」であった．しかし朝鮮や清朝にとっては，必ずしもそうではない．すでに第14章でも述べられたように，清朝の「属国」であった朝鮮は，伝統的に内政外交を「自主」しており，その旨はフランス・アメリカとの「攘夷戦争」のときにも，清朝から列強に通知表明されている．それを受けた列強側もやはり，朝鮮をindependentだと解した．けれどもそれで，清朝と朝鮮が「自主」を国際法的な独立と解したり，「属国」の地位を放棄したりすることはなかったのであり，しかもその「属国」も，清朝・朝鮮のあいだで必ずしも意味は一致しなかった．「自主」の有した両義性とともに，「属国」の意味内容も一定しなかったことが，東アジア地域の安定にとって，大きな課題となってゆくのである．

(岡本隆司)

●**より深く知るために**

田保橋潔『近代日鮮関係史の研究』上，朝鮮総督府中枢院，1940 年（復刻：宗高書房，1972 年）

清沢洌『外政家としての大久保利通』中央公論社，1942 年

明治維新史学会『明治維新とアジア』吉川弘文館，2001 年

吉野誠『明治維新と征韓論——吉田松陰から西郷隆盛へ』明石書店，2002 年

第20章 日本の近代的領土画定

19世紀半ば以前の東アジアには，第2章や第14章で見たように，中国を中心とする世界秩序があった．中国皇帝から見ると，彼の「徳治」は究極には全人類におよぶべきものであり，したがって中国と周辺諸国とは一応境界を定め，その内部をそれぞれの「版図(はんと)」としていたが，国境は現在のようにパスポートによって管理される絶対的なものではなかった．また，諸政府の支配は，前近代のすべての国家と同じく，「版図」のなかに均質かつ排他的に及ぼされるものでもなかった．たとえば，近世の日本では，徳川の支配が直接に及んだのはその4分の1にすぎず，大部分は下位の権力たる大名との二重支配の下にあった．中世の西欧と同様である．このため，諸国の版図でも，その周辺部では国境線はあいまいであり，したがって中国と周辺国および周辺国同士の間には，「両属」現象が広く見られた．中国と日本との間の琉球，朝鮮と日本との間の対馬などがその代表例である．

しかし，19世紀に西洋諸国が東アジア・北太平洋に勢力を及ぼすと，国境のあり方は大きな変化を受けることとなった．近世のヨーロッパでは三〇年戦争を終結させたウェストファリア条約（1648年）により，主権国家を基礎単位とする国際秩序が成立していた．主権とは，主権者（この当時は君主）の対内的最高性と対外的独立性をいう．具体的には，この条約を結んだ国々は従来上位に君臨していたローマ教皇や神聖ローマ帝国皇帝などという権威への服属を認めなくなり，自らを最高の権威として相互に独立・平等な存在となった．同時に，各主権国家は明確な境界線によって領域を定め，その内部では土地と全ての住民を一元的・排他的に支配するようになった．現在このような国際秩序のあり方をヨーロッパ国際体系（European states system）とか，主権国家体制と呼んでおり，それは何よりも条約として定められるものであった（その束が，国

際法ないし「万国公法」）．19世紀の東アジア諸国が西洋諸国から条約の締結を求められたとき，それは伝統的な国際取決めと異なり，このような秩序原則，国家としての対等性や領土の排他性も容認することを意味したのである．この章では，特に日本にしぼって，その変化を見ておこう．

近世日本と琉球・蝦夷地

　近世の日本はしばしば鎖国と呼ばれるように，人の往来に関して極めて閉鎖的な制度を採っていた．1635年，幕府は日本人の海外渡航を禁止し，1639年にはポルトガル船の来航を禁止した．しかし，外国人との接触や外国貿易が一切なかったわけではない．外国人との接触や貿易は幕府の直轄都市長崎を通じてオランダ人・清国人と，対馬藩を通じて朝鮮人と，薩摩藩を通じて琉球人と，そして松前藩を通じてアイヌとの間で行われていた．幕府は対外関係をこの「四つの口」に限定し，それらを通じて貿易と海外情報の管理を行ったのである[1]．

　朝鮮に関しては以前の章で見たので，ここではまず薩摩口を通じた琉球との関係を見よう．幕府にとって琉球王国は間接的な従属国であった．すなわち，1609年，薩摩島津家は幕府の許可のもとに琉球を侵略・征服した．琉球は薩摩の管理下に行政権・司法権を制限され，領主館・行政組織・家臣団をそなえた島津一族とほぼ同様の待遇を受けることとなった．そして，琉球は薩摩藩主に引き連れられて，日本大君（徳川将軍）の代替わりごとに慶賀使（幕末までに計10回）を，琉球国王の代替わりごとに謝恩使（幕末までに計11回）を派遣した（江戸立ち）．他方で，薩摩藩は琉球の対中貿易から利潤を吸い上げるため，中国との冊封関係の維持を命じ，薩摩藩の資本で朝貢貿易を運用した．琉球王国は以前通り中国の皇帝から「琉球国中山王」に冊封され，2年に1回，福州（フージョウ）の琉球館を経由して中国に朝貢した．このように，琉球王国は中国と日本とに「両属」する関係にあった．そして，幕府はこの「両属」関係を否定するどころか，逆に活用した．琉球の使臣（慶賀使・謝恩使）に対して，18世紀にはことさら中国風の服装・楽器とするよう求め，日本が琉球という「異国」を支配下に置いているイメージを国内に伝えようとしたのである．

　一方，松前口を通じて交易が行われたアイヌの住む土地（蝦夷地）も，「異

域」と捉えられていた．近世初期に蝦夷地南部の一部の領有を認められた松前藩は，それより北方の蝦夷地には和人の立ち入りを禁ずる一方，上級家臣にアイヌとの交易場所を知行として与え，管理させた．18 世紀に入ると，本州との商品流通の活性化を背景として，商場の経営を商人に請け負わせるようになったが，請負商人は交易とともに，アイヌを労働者として漁業経営にも乗り出した．この過程でアイヌの和人に対する従属度は徐々に高まり，それまでの交易相手から漁場における漁業労働者の立場へと追い込まれて行った．蝦夷地産の海産物は，本州に肥料（鰊〆粕）・食用（鮭・鰊・昆布）として，また中国への輸出用（俵物＝いりこ・ほしあわび・ふかひれ）として長崎に送り出された．当時の一般的な認識では，アイヌ（「狄」「蝦夷人」「夷人」などと呼ばれていた）＝「松前氏の支配に一応服している未開な民」，蝦夷地＝「無主の地」，松前氏＝アイヌ交易を独占する存在，と考えられていた．したがって，蝦夷地は，松前藩の交易の及ぶ範囲や地理的知見を示す意味で国絵図などに記されてはいたが，後にロシア船が来航するようになるまで，その境界や領有が問題にされることはなかったのである．

　周辺地域にこのような政策で臨んでいた幕府は，西洋諸国が出現してヨーロッパと東アジアの世界秩序観の対立に直面したとき，曖昧な態度を取った．

　たとえば，琉球問題については，ペリーは日米和親条約を結んだ直後の 1854 年 7 月，那覇で琉球王国と琉球の開港や通商を規定した琉米修好条約を締結した．このとき，琉球側は清の年号「咸豊」を使用した．日本と清に両属する琉球の国際的地位を反映する事実であるが，幕府は琉球がタテマエ上は異国であることを利用し，アメリカのみならず，オランダ・フランスとも条約を結んだことを黙認している．

　また，1855 年 2 月，幕府はロシア使節プチャーチンと日露和親条約を締結したが，交渉においては樺太（サハリン）の国境画定問題が話し合われた．当時，双方とも樺太の排他的支配について強い意志を持っていなかったので，日露和親条約では，「界を分たず是迄仕来の通」と，それまで同様に日露共有状態を続けることを決め，国境線の確定ないし最終的な帰属は将来の交渉に委ねることとした．その結果，樺太ではアイヌをはじめとする先住民族と日本人，ロシア人の雑居状態が続くこととなった．

征韓論政変前の日本と琉球・樺太問題

　王政復古の後，日本政府は徳川幕府の条約を受けつぎ，さらに「万国対峙」の近代世界に参入しつつ，「国威宣揚」を追求しようとした．そして，「万国公法」にもとづいて，周辺諸国との曖昧な国境を画定し，その内部を領土に組み込んで排他的な支配を確立する政策を打ち出した．第12章などに見たように，日本は中国と比べるとかなり早い時期に西洋式の国際秩序の採用に踏み込んだのであるが，最初から「万国公法」一点張りだったわけではない．初期の隣接地域との関係では，中国と同じく伝統的な東アジア式の国際秩序原則も併用していた．それは副島種臣（1871-73年外務卿）による外交に目立っている．

　1869年の版籍奉還で島津家は他の大名とともに領知権を返上し，その統治組織は鹿児島藩に転換したが，琉球王国の管理は継続した．鹿児島藩はついで1871年の廃藩置県で消滅したので，改めて日本政府と琉球王国との関係を整理し再編成することが不可欠となった．

　このとき，日本政府では意見が分かれた．琉球を完全に併合し，内国化すべきだとする大蔵省（井上馨大蔵大輔）と，日本政府が薩摩に代わって琉球を直接の冊封関係に置き，琉球の日中に対する「両属」関係を明確化しようとした外務省（副島種臣外務卿）・左院とで意見がわれたのである．結局，日本政府は外務省案を採用し，1872年10月，明治天皇は，琉球国王尚泰の名代として参内した伊江王子朝直（尚健）に対して，「今，琉球は〔日本の〕近く南服に在り，気類は相同じく，言文は殊なる無く，世々薩摩の附庸であった．そして爾尚泰は〔日本に〕勤誠を申し出てきた．よろしく顕爵を予える〔ママ〕べきである．陛して琉球藩王とし，叙して華族に列する」という詔書を与え，尚泰を「琉球藩王」に任命した[2]．ここに，天皇と琉球藩王との直接の君臣関係が成立し，琉球王国は琉球藩に衣がえして明治国家体制内に位置づけられたのである．

　ついで，日本は琉球藩が保持していた外交権を回収して外務省に移管した．しかし，ここでの外交権とは条約締結など欧米諸国を相手とするもので，清への進貢は禁ずることなく，従来通りの対清関係を維持することを認めている．すなわち，副島外務卿期の日本政府は，琉球支配の論拠を明確化しつつも，琉球の両属関係を清算することで清と紛争を招くことは避けようとしたのである．

一方，樺太（サハリン）島では，「カラフト島仮規則」(1867 年 3 月，サンクト・ペテルブルグで調印，日露両国人の樺太全島往来を自由にした) にもとづいてロシア軍の南下が始まっていた．1860 年代後半には，樺太におけるロシア人数が日本人数を大幅に上回り，とくに日本の暗黙の勢力範囲であった樺太南部に対してもロシア人勢力が浸透，紛争が発生するようになった．1869 年 8 月，ロシア兵が日本の本拠地クシュンコタンの丘一つ隔てたハッコトマリを占領，兵営や陣地を構築しはじめた．1869 年 9 月，イギリス公使パークスは海軍に現地視察をさせた上で，岩倉具視や大久保利通ら新政府有力者に対し，「サハリンはすでに大半がロシアに属しており，今から日本が着手するのは遅すぎる」ことを力説，北海道の開拓に力を注ぐよう勧告している[3]．

両国人の紛争も増大し，この島の国境＝帰属を確定する必要が強く痛感されてきた．明治新政府は 1869 年 8 月，蝦夷地 (9 月，「北海道」と改称) 開発のため開拓使を設置して，樺太をその管轄下に置いた．さらに，1870 年 3 月，樺太開拓使を置き，黒田清隆 (開拓次官) が樺太問題も担当することになったが，黒田は翌年 2 月，樺太放棄を主張する有名な上書を政府に提出した．樺太などという「無用の地」に力を用いず，むしろ北海道開拓に全力をそそぐことが上策であると力説したのである[4]．黒田の樺太放棄論は実地の見聞にもとづいており，またすでにパークスの影響を受けていた明治新政府指導者の支持をえて，政府部内で次第に重んじられるようになった．9 月に樺太開拓使自体が廃止されたのはこのためであろう．

それまでロシアは函館に領事館を置いただけで東京には外交代表がいなかった (日本もロシアに公使を派遣していなかった) ため，直接に交渉する手段がなかったが，1872 年 5 月，ビュツォーフが駐日代理公使兼総領事の資格でサハリン問題の全権を帯びて来日したため，副島外務卿との交渉が開始された．副島ははじめ樺太分割案を提示したほか，全島売却案や全島買収案の可能性を探ったが，ロシア側は拒否した．このため，最終的には日本が樺太を放棄し，ロシアからその代償を受けるところまで話が進んだ．副島はその一選択肢として，当時問題となっていた日本の朝鮮出兵 (征韓論争で副島はいわゆる「征韓派」に属すこととなる) に対し，ロシアから中立保証を獲得するという案を抱いていた．すなわち，樺太をロシアに譲渡する代わりに，日本はロシアの朝鮮への不干渉

を確保しようというものである．しかし，副島外務卿は，征韓論政変に敗れて下野した．

征韓論政変後の日本と琉球・樺太問題

1873年の征韓論争で，大久保利通は，朝鮮への使節派遣の延期を主張する論拠の一つとして，ロシア問題の先決を取り上げた．第19章で見たように，いま「朝鮮と干戈を交える時はあたかも鷸蚌相争うの形」となり，ロシアに漁夫の利を与えるというのである．このため，征韓論政変後に成立したいわゆる大久保政権にとって，ロシア問題は朝鮮問題に先立って解決にとりくむべき外交課題となった．大久保は，かつて幕臣としてオランダに留学し，万国公法の知識を身につけていた榎本武揚（開拓中判官）を，実質的に初代の駐露公使として任命した．

1874年11月から，榎本武揚とストレモウホフ（ロシア外務省アジア局長）の間で交渉が開始された．日本側は樺太における国境設定を提案したが，同年3月に開拓使が樺太在住日本人に旅費と支度料を支給して北海道に移住するよう募ったように，すでに樺太は事実上放棄されつつあり，交渉の焦点は樺太放棄の代償にしぼられた．副島外務卿が「征韓一挙，魯国中立の件を以ていわゆる釣合品の一に算入」した前例に従い，榎本も日本の朝鮮出兵の際のロシアの中立保証をいったんは考慮に入れたが，しかし，ロシアが朝鮮に進出する可能性はそもそも低いと判断して，提案を見合わせている．その代わりの「釣合品」はエトロフまで日本が領有していた千島をすべて日本に帰属させることであった．こうして，1875年5月樺太・千島交換条約が調印され，樺太全島をロシア領，千島諸島全島を日本領とすることが明確に定められたのである[5]．

これにともない，樺太・千島に居住していたアイヌなど諸民族は，3カ年の猶予期間内にロシアと日本のいずれか1国の国籍を選択して，どこに住むかを決めねばならなくなった．樺太居住のアイヌ人で日本領への移住を希望したものは北海道北端の宗谷郡へ移住させられ，その後，翌年には黒田清隆開拓長官の隔離方針によって，樺太との連絡を絶つため，内陸の石狩川沿岸のツイシカリへ強制的に移住させられた．

一方，征韓論政変によって副島が下野し，大久保が外交にも責任を取るよう

になると，琉球に対する政策も大幅に変化した．大久保の対アジア外交の眼目は，副島外交を一新して「琉球両属の淵源を絶ち，朝鮮自新の門戸を開く」ことにあった[6]．すなわち，冊封体制を否定し，「万国公法」，言い換えると近代国際法にもとづいた新たなアジア国際関係を樹立することにあったのである．台湾出兵後の1875年7月には，琉球が行ってきた隔年朝貢，および清帝の即位に対する賀慶使の派遣を停止するよう命じ，琉球側の意志を無視してこれを断行した．ただし，この時点でも福州（フージョウ）琉球館と，清から琉球への冊封の廃止は行っていない．

大久保が暗殺された後，1879年3月，明治政府は松田道之（内務省大書記官）に警官隊160人と歩兵約400人を付けて琉球に派遣し，藩王の居住する首里城を接収した．尚泰には東京在住を命じ，東京に護送した．また，翌4月，琉球藩を改め沖縄県とし，県令に鍋島直彬を任命した．廃藩によって尚泰の王権を完全に否定し，清との宗属関係も完全に清算したのである．

この琉球完全併合について，松田は次のように論じている[7]．

> 両属の体などというものは，世界の道理においてありえないものであり，これを措て問わないときは我が〔日本の〕独立国という体面を毀損，万国公法上において大に障碍を来たすことがある．……この藩〔琉球〕は万国公法で論ずるところの隷属の国，即ち半主国として論すべきものではなく，純然たる内国の一藩地で，ちょうど対馬と同一であるから，いまこの藩の体制で我が国体に適さないものは，これを改革するに何の憚りがあろうか．

日本領への編入，琉球王国の消滅に不満を抱いた琉球官人は，清に亡命して応援を頼んだ[8]．そのため，清と日本との間で緊張が高まった．一時は，アメリカの前大統領で，引退後に世界旅行をしていたグラント（Ulysses S. Grant）の斡旋により，琉球諸島を日清間で分割する案をもとに和議が成立するかのように見えたときもあった．すなわち，井上馨外務卿は，琉球諸島のうち南西部の宮古列島・八重山列島を清に譲り，その代償として日清修好条規を改約し，従来から日本が希望していたように，従来の双務的な領事裁判権を片務的にし，日本への輸入税率を引き上げるとともに，最恵国条項を挿入しようとしたのである．

これに対し，日露両国による清の挟み撃ちを恐れた総理衙門は，1880年10月，井上の提案に添った琉球分島条約案と，日清修好条規の改訂案，および日本に最恵国待遇を付与することを内容とした付属章程案を日本に送った．しかし，この琉球分島条約案は清政府内に激しい論議を呼び起こし，結局，総理衙門は条約調印を回避することにした．琉球の帰属問題が日清間の争点として機能しなくなるのは，日清戦争によって台湾が日本に割譲され，日本と台湾の中間にある琉球の帰属も当然日本に帰することを清側が認めざるをえなくなったことによってである．

日本は樺太・千島交換条約によって北海道を，1879年の「琉球処分」断行によって沖縄を，領土として編入した．しかし，それまで北海道・沖縄は日本本土からは「異域」「異国」として扱われ，またアイヌなどの少数民族や琉球民族は独自の文化を育んでいた[9]．国内編入の後，アイヌたちや琉球民の生活と文化には大きな変化が生ずることになる．北海道では「内地」から和人の大量植民が始まって，アイヌたちの生業の場が縮まり，やがてその文化も変化を余儀なくされていった[10]．沖縄への移民は少なく，その社会変化は緩慢であったが，学校教育によって日本経由の西洋近代文化が流入するようになると，現地の青年たちは自ら日本への同化の道を選ぶようになった．それは北海道・沖縄の「植民地」化の過程であった．　　　　　　　　　　　　　　（千葉　功）

コメント●1　小笠原諸島の帰属問題

日本が主権国家としてふるまいはじめるとともに領土に編入した地域には，北海道と沖縄に加え，小笠原諸島がある．

日本では「無人島」，欧米では「ボニン諸島」と呼ばれたこの島々は，1820年代から欧米の捕鯨船や軍艦，商船の重要な寄港地となり，欧米やハワイなどを出身地とする多様な移動民たちが暮らすようになった．しかし，島々の帰属は定かでなかった．徳川政権の探検船が1675年，イギリス人のビーチーが1827年にそれぞれ島を訪れて領有を宣言しているが，どちらもその時限りで立ち去っており，実際に統治が行われたわけではない．

開国後，徳川政権はこの島々の帰属に対するイギリスやアメリカの強い関心

を知って危機感を抱き，1862年，外国奉行水野忠徳らを派遣して，住民に日本による「小笠原島」の支配を認めさせるとともに日本人の入植を開始した．欧米列国はこれに反対しなかったが，生麦事件などによる日英関係の悪化を受けて，翌1863年に徳川政権は日本人全員を撤収させた．

　明治政府は1875年末，小笠原諸島に官吏団を派遣して住民に服従を誓わせ，翌1876年には日本による統治を欧米列国に通告，これにより領有が確定した．さらに政府は，1882年までに住民全員を日本国籍に帰化させた．ただし戦前を通じて，小笠原諸島の住民には参政権が与えられなかった．

　なお，外国船寄港地としての小笠原諸島の実態は，1920年代に同地が日本の軍事基地と化すまで黙認されつづけた．　　　　　　　　（塩出浩之）

コメント・2　対立から生まれた三国協調とアジア主義

　日本が琉球併合に踏み切ったとき，在東京の何如璋（ホー・ルージャン）清国公使は日本政府に強く抗議し，清国の諸新聞のなかには日本との戦争を主張するものも現れた．しかし，当時，日清双方とも戦争できない事情があった．日本は西南内乱後わずか2年で財政は困窮を極めており，清は内陸でイリをめぐるロシアとの紛争を抱えていたからである．そのため，双方は何らかの妥協策を講ずることを迫られた．それは，関心の焦点を琉球から朝鮮に移し，ロシアを仮想敵としつつ，同文同種（文字と人種の共有）を絆として，協調を図ることであった．

　1880年夏，東京公使館の参賛黄遵憲（ホアン・ズンシエン）は，何公使の命により，朝鮮から修信使として東京を訪れた金弘集に『朝鮮策略』と題する小冊子を手渡した．それは，朝鮮半島をめぐる国際情勢の危険性を訴え，朝鮮の「自強」を図るため，「中国と親しみ，日本と結び，美国〔アメリカ〕と聯なる」ことを勧めたものであった．宗主国である清との関係を深め，条約を結んでいる日本とも協調し，アメリカを皮切りに西洋諸国とも外交関係を樹立して，朝鮮に新たな国際環境をもたらそうというのである．金弘集は帰国後これを国王高宗に奉呈し，高宗は国内の反対をおして，中国の媒介のもとに1882年に朝米修好通商条約を結んだ．

黄遵憲

金弘集[11]

　この何如璋公使の政策は，琉球の次に日本が手を出そうとしているかに見えた朝鮮を，従来以上に，密接な属国として確保するという意図に基づいたものであった．しかし，当時の日本政府はこれを知った上で黙認している．実は，このロシアを共通敵とする三国協調というアイデアは，この2年前，日本の外務卿寺島宗則が何公使に提案したものであった．朝鮮，清，日本，それぞれに思惑は異なっていたが，琉球問題をめぐって戦雲が立ちこめていた東アジアの国際関係は，この政策とその実行によっていったんは和らぎ，三国ともに面子を保ちながら協調する可能性が開かれたのである．「窮すれば通ずる」一例といえようか．

　他方，この年には，曽根俊虎（としとら）の提唱により『興亜会』が結成された．白人の侵略から身を守るため，同文同種の日中韓人の間で交流と貿易の絆（きずな）を深めようという組織であるが，取りあえずは東アジアが共有する漢文で会誌を刊行し，さらに上海に学校を開いて次世代の養成に当たることにしている．それまで「亜細亜」は西洋人の名付けた空名にすぎなかったが，この団体の設立をきっかけに実体化が始まった．その指し示す範囲は現在に至るまで曖昧であるが，西洋の圧力に抗して連帯を図ろうという「アジア主義」のイデオロギーは，ここにはっきりと姿を現したのである[12]．（三谷　博）

●より深く知るために
秋月俊幸『日露関係とサハリン島――幕末明治初年の領土問題』筑摩書房，1994年
荒野泰典『近世日本と東アジア』東京大学出版会，1988年
荒野泰典ほか編『地域と民族』（アジアのなかの日本史4）東京大学出版会，
　1992年
石原俊『近代日本と小笠原諸島――移動民の島々と帝国』平凡社，2007年
大江志乃夫ほか編『植民地帝国日本』（近代日本と植民地1）岩波書店，1992年
竹内好編『アジア主義』筑摩書房，1963年

竹内好『日本とアジア』ちくま学芸文庫，1993 年
田中弘之『幕末の小笠原——欧米の捕鯨船で栄えた緑の島』中公新書，1997 年
明治維新史学会編『明治維新とアジア』吉川弘文館，2001 年

第21章 中国の版図・華人の再編と東アジア

　中国（ジョングオ）では，少なくとも19世紀半ば以前には，近代的な領域国家とは異なる空間意識があった．王朝の空間意識では，「普天之下」「王土」でないところはない，というのが原則であったが，空間を区切る「版図」という言葉はあった．しかし，この語も近代国家における領土観念とは異なるものであった．領土は，国境でくくられた均質な，ひとしなみに主権のおよぶ空間として想定されているが，版図は皇帝の統治がおよぶ空間を指しており，その空間的な広がりや統治の対象は，その都度，相手に応じて可変的であった．その境界も線というよりも面的なものだった．また，版図と住民の関係を見ると，台湾牡丹社事件において清側がみせた認識にみられるように（第18章），その版図の内に住んでいても，統治の外にある存在，すなわち皇帝の徳を受け入れていない，化外の民がいるという観念もあった．

　19世紀後半，西洋諸国との交渉を通じて，東アジアの諸国は領域や国民をそれまで以上に明確に決めねばならなくなった．西洋諸国のもたらした国境「線」で囲まれた領土や国民の概念は，中国王朝のそれまでの版図や民をめぐる考え方とは異なっていた．西洋諸国，そして日本などとの交渉の中で，中国はその版図を領土として再編していくことになった．これは西洋的な主権国家概念を，中国が受容していく過程であると言うこともできる．しかし，それは単に伝統から近代への転換であるとか，あるいは冊封・朝貢に基づく伝統的な国際秩序から近代的な主権国家関係への転換とみなして良いであろうか[1]．本章では，その過程にこめられていたさまざまなコンテキストを解きほぐしてみたい．

新疆統治危機と「海防・塞防」論争

　清朝の版図は，おおよそ，王朝の故地である満洲，モンゴルやチベットなどの藩部，そして省の置かれている直轄地に分類されていた[i]（第2章図1参照）．満洲からモンゴルにかけてはロシアと接しており，1689年のネルチンスク条約や1722年のキャフタ条約によって，その境界が定められていた．中央アジア方面では，18世紀半ばに乾隆帝が東トルキスタンで隆盛を誇ったジュンガル王国を征服した．東トルキスタンは新しい版図，すなわち「新疆」（シンジアン）と名付けられ，省のある地域とは異なる藩部として，清の間接統治下に置かれるようになった[ii]．ところが，19世紀になると，清の辺境統治が弱まり，陝西（シャンシー）省や甘粛（ガンスー）省のムスリムの反乱が新疆にも波及した．そこにコーカンド出身のヤクーブ・ベグが入り込み，カシュガルに政権を打ち立てた．ヤクーブ・ベグは，同じトルコ系のオスマン帝国やイギリスと結んで政権基盤とした．ところが，この政権の出現は，中央アジアに侵出してきていたロシアを刺激することとなり，1871年にロシアは清の総司令官のいるイリ地方を占領した．ムスリムの反乱，ヤクーブ・ベグ政権の成立，ロシアのイリ占領によって，清の新疆統治は失われたのである[2]．

図1　左宗棠

　1873年，清は陝西から甘粛に拡大したムスリムの反乱を平定し，新疆を回復しようとした．ところが，1874年に第18章で触れた日本の台湾出兵が発生した．このため，新疆の回復をめぐって有名な政策論争が生じることとなった．すなわち，新疆の統治を放棄して沿海部の防衛に重点を置くべきだとする李鴻章（リー・ホンジャン）らの海防論と，新疆の回復も重視すべきだとする左宗棠（ズオ・ゾンタン，図1）らの塞防論が対立したのである．これが広く知られる「海防・塞防」論争であるが，清朝の出した結論は，1875年に北洋海軍を建設

---

　i) そのため清の皇帝には，満洲，モンゴル，行省地区（省のある地域）それぞれの「長」としての顔があった．たとえば，モンゴルの「長」としてチンギス・ハーン以来の大ハーンの称号をも有し，チベット仏教の保護者でもあった．
　ii) 藩部では，王たちが清から冊封を受けるという形式で間接統治が実施された．この藩部に関する諸事務については，清の理藩院という役所が対応した．

するとともに，左に命じて新疆も回復させるという案となった．左宗棠はカシュガルを奪回した上で，イリ返還のためロシアとの交渉を開始し，紆余曲折の末，1881年にペテルブルグ条約（イリ条約）によってイリ地方が返還されることになった．この間，左は清中央に新疆を藩部でなく，省として直接統治下に置こうと提案し，了解を得ていた．左は，新疆に省を設置するため，漢族の移民を奨励し，漢語の教育などの「教化」も進め，その結果，1884年に新疆省が設置された[3]．

従来，王朝による「化」に浴するか否かは，民の側の選択にゆだねられていた面があるが，省の設置に伴う直接統治の促進により，その「教化」の論理はいっそう強められることになった．それを進めたのは現地に居住するムスリムではなく，中央から来た漢族官僚であった．このようにして，新疆は領土国家としての「中国」の一部として位置づけられるようになったのである．それは，現地のムスリム社会から見れば，従来の自立した地位が失われ，イスラーム法に基づく日常生活や秩序が脅かされる過程と認知される面も持っていた．清が国境を画定し，（北京から見た）辺境を省などとしていく過程は，近代国家建設という観点から見れば肯定的に見えても，辺境の側から見れば，ある種の価値の強制，それまでの自由や自己決定権の減少，喪失として否定的に観念された面もあるのである[4]．

辺境への省の設置

新疆での省設置を皮切りに，従来福建（フージエン）省の一部として扱われていた台湾にも1880年代半ばに省が設置された．台湾巡撫となった劉銘伝（リウ・ミンチュアン）は鉄道敷設や鉱山開発などを行い，台湾の西部の開発を進めた．またあわせて，北部の台北に省の中心を置くことにより，従来分断されていた台湾の南北をつなぐなど，統治を徹底させていった．熟蕃，生蕃などと呼ばれた「原住民」に対する積極政策も進め，教化の対象とするとともに，その居住区を山地に追いやり，漢族の居住区域を拡大していった[5]．

新疆と台湾が1880年代に省となって以降，省の設置されない版図は満洲（マンジュ），モンゴル，チベットに縮小したが，やがて清朝発祥の地である満洲にも大きな変化が訪れた．従来，満洲には盛京（シェンジン，のちの奉天・瀋陽），

吉林（ジーリン），黒竜江（ヘイロンジアン）に 3 将軍が置かれ，また旗地ⁱⁱⁱという満洲族の所有地があって，漢族（ハンズゥ）などが自由に入り込むことはできなかった．満洲には沿海州などが含まれていたが，1858 年の愛琿条約や 1860 年の北京条約によってロシアに割譲され，アムール河とウスーリ河が境界となった．そして，このロシア国境に囲まれた（本来はより広がりのある）満洲という空間に対しては，19 世紀半ば以後，漢族の移住制限が緩和され，山東（シャンドン）や河北（ホーベイ）から数多くの漢族が移住していった[6]．他方，朝鮮との国境地域では，19 世紀後半に満洲に越境・開墾する朝鮮族が増加し，後に「間島」問題[7]として争点化する淵源となった．その後，満洲は日清戦争で戦場となり，露清密約によって鉄道敷設権利がロシアに与えられ，義和団事件に際してはロシアに占領されるなど，次第にロシアによる開発もあわせ進んだが，日露戦争で再び激しい戦場となったのち，1907 年には奉天（フォンティエン），吉林，黒竜江という東北 3 省が設けられ，清の故地も中国の一部として位置づけられることになった[8]．

　清はチベットなどでも省の設置を企図した．しかし，それは自立性を維持しようとするチベット自身，そしてイギリスによる反対を受けて実現しなかった．いずれにせよ，19 世紀後半の清は外国との間に国境を確定するとともに，それに接する領域に省を置いて直轄化し，さらには教化をいっそう積極的に推進しながら，藩部を少数民族などとして周辺化しつつ，漢族の新たな移住地に変えていった[9]．これは，伝統的王朝としての清が近代国家としての「中国」へ転換したとも読めるが，教化の論理を強めていった点などからは，明を継承した清という王朝が藩部などに拡大していったと見ることもできる．

「棄民」から「保護」へ

　19 世紀後半に清と冊封・朝貢関係を結んでいた国々は次第に列強の植民地などとされていった．その趨勢の中，清の対外関係は，1895 年の下関条約で朝鮮が冊封・朝貢関係を終えたのを機に，大きく変容した．西洋との接触によって生じた二つのスタンダード，すなわち条約に基づく諸関係と冊封・朝貢に

---

iii）旗地は，満洲八旗などの旗人に与えられた土地のこと．北京周辺，また盛京周辺，さらには将軍府のおかれた満洲各地にも存在した．

基づく諸関係のうち，後者が実質的に消滅したのである[iv]．この変容は，清と外国との関わりや対外観だけでなく，清と海外移民との関係をも変えることになった．冊封・朝貢関係は，儀礼を媒介とした国と国の関係であったが，それは同時に在外華人（かじん）とも密接な関わりを持っていた．実際，東南アジアと中国の間の貿易，そして冊封や朝貢にまつわるさまざまな業務は，海外に移民した華人たちによって担われていた面があったからである．第4章に見たような琉球の交易活動における久米三十六姓の役割を見れば，それはよくわかるだろう．

ただ，中国の王朝は従来，福建や広東などから東南アジアに移住した華人たちを，理念的には「棄民（きみん）」と見なしていた．皇帝の教化に浴さず，進んで版図から離れたからである．つまり，貿易活動などを通じて中国に利益をもたらすかぎりは歓迎し優遇することで実質的な保護を与えつつ，一方で，それ以外の華人に対しては，保護にかかるコストを免れようとする政策をとっていたといえるだろう．

彼ら在外華人をとりまく状況は19世紀後半に大きく変化した．西洋商人が中国との貿易に参入の度を深めただけでなく，冊封・朝貢が周辺諸国の植民地化などによって停止され，彼らの活躍の場は縮小した[10]．彼ら自身も植民地の住民となり，西洋諸国の管理下に置かれるようになった．その地位は，中国との貿易において特殊な役割を果たすという光栄ある立場から，外国人として課税の対象とされた上，時には迫害も受けるようになった．また，1860年の北京条約で海外移民が合法化されると[v]，海外への移民はいっそう増加したが，その中には鉄道や鉱山での労働者が数多く含まれていた[11]．海外移民が増加するにつれ，彼らが海外で引き起こす事件も増加し，西洋諸国から在外華人問題がしばしば提起されるようになった．そうなると，清としても彼らを従来のように「棄民」とみなすのは難しくなる．また，自国民保護に消極的な姿勢は，西洋諸国の文明国標準に照らしても好ましくなく，これは条約改正にも不利であった．

[iv] これは周辺諸国との冊封関係が全くなくなったというのではなく，グルカはこののちも冊封を受けている．また民国期に入っても，袁世凱総統がチベットやモンゴルに対して冊封を行っている．

[v] 国内法的に合法化されたのは1893年であった．

清は公使館に加えて領事館を各地に設置し，在外華人の保護に乗り出した[12]．清が在外公館を設置していく過程では，在外華人の保護という論理が優先された．それゆえ，広東（カントン）系移民の多いアメリカの領事には広東出身者が多く任命されている．「棄民」から「保護」への政策転換である．李鴻章は，ペルーに派遣された容閎（ロン・ホン，図2）が交渉して華人労働者を保護したことについて，次のようにコメントしている．

図2　容閎

> かの教化されていない国であっても，こちらの側が使臣を置き，条約に基づいて譲歩せず，徹底して交渉すれば，華人労働者たちも助けを求める窓口を得ることになり，詐欺虐待から免れることもできる（光緒元年七月初八日，「請遣使赴秘魯片」，『李文忠公全集』「奏稿」巻25, 35葉）．

華人積極的保護への転換

東南アジアなどの華人は，西洋による植民地化とともに従来の地位を失う一方，欧州と中国との中継貿易などに従事して，新たな商機を見出すこともあった．しかし，彼らの地位は依然として不安定であり，しばしば現地で植民地臣民としての地位を購入したりしつつも[13]，時には欧州に赴任するために通過する清の公使や領事に自らの窮状を訴えることになった．それは課税問題であったり，法的地位の問題であったりした．ロンドンなどに赴任した公使らは，植民地の宗主国政府との間で，植民地における華人の地位をめぐって交渉を行ったが，その際には万国公法の論理で自国民保護を図っている[vi]．

その後，清朝のみならず，革命派などの政治集団が海外華人たちを積極的に自らの側に取り込んだり，経費面での支援を求めたりするようになった．華人の側から見ると，それは「保護」の対価でもあった．孫文（スン・ウェン）らの革命党は，海外の華人社会を母体としていたし，20世紀初頭になるとアメ

[vi] 19世紀後半は，欧米でも国籍法が制定される過程にあり，東南アジアの植民地でも次第に植民地臣民制度を含む国籍制度が広まっていた．柳井健一『イギリス近代国籍法史研究——憲法学・国民国家・帝国』（日本評論社，2004年）を参照．

カ政府の移民制限に対して，中国本土でも反米運動が起きた．海外の華人社会が本国に関連づけられ，商会が各地に設けられて華人の組織化が進み，孔子（コンズ）廟などが設立されて「中国人」としての帰属意識を抱かせるような施策がなされていった[14]．そして，1909 年には血統主義に基づく国籍法が制定され，「中国人」が法的にも規定されることとなった．

このようにして「棄民」は「保護」の対象に変わり，今度は「中国人」として，領土内にいる人々と連続して捉えられるようになった．このような変容は，棄民が国民として保護されていく点で，伝統から近代へという「転換」と見ることもできよう．しかし，「教化に応じるか否か」という伝統的な論理が，「中国人として中国の統治の論理を受け入れるか否か」という具合に強化され，国際法や国籍法の根拠を得て，いっそう徹底したものと見ることもできる．血統主義に基づく法によって在外華人は「中国人」とされ，同郷組織や同姓組織，あるいは商会や会館などを通じて本国と結びつくと同時に，現地の公使館や領事館を通じて中国政府とも結びついた．これは「中国」がヒトを介して外に拡大していっていると見ることもできる[15]．

清朝は，かつて在外華人は，コストがかかるため朝貢などを介して緩やかにしか恩恵を施すことができず，「棄民」と見なさざるをえなかったが，今度は西洋近代的な手法が使えるため，いっそう徹底して恩恵を施すことができるようになった，と解した．既存の論理を徹底させるために「近代国家の論理」が利用されたのである[16]．

なお，この 19 世紀後半の中国／中国人の変容過程でユニークな対応をした国にタイがある．タイ（シャム）は 19 世紀半ばに朝貢を停止して以後，第二次世界大戦後まで一貫して中国と外交関係を結ばず，領事館の設置さえ拒んでいた[17]．タイは，首都バンコク（クルンテープ）をはじめ，国内に多くの華人を擁していた．タイ政府は，彼らが中国政府によって保護されたり，積極的に中国に取り込まれたりすることを防ぎ，タイ国民として包摂していく対抗策をとったと解することもできるであろう．

近代国家としての中国と東アジア

「どこからどこまでが中国か」，「いったい誰が中国人なのか」という問いへ

の解答は，制度的には20世紀初頭に出そろった．それは近代的な意味での「中国」の形成と見ることもできる．しかし，「本来の中国は」とか，「本来の中国人は」といった言説は現在に至るまで見られる．「中国」自身の自画像は可変的であり，それが「中国」をひとつの運動体のように見せているのである[vii]．このような可変性を支えた条件の一つは，教科書などに記された中国自身の領土喪失の記憶の中に，冊封・朝貢をしていた国々が列強の植民地などとされていく過程が組み込まれたことであろう．そのため，「本来の中国」なるものが清の版図を越える可能性が与えられたのである．

他方，このような「中国」の形成は，いくつかのリアクションを生み出すことになる．たとえば，版図から領土に切り替えられた地域，とりわけチベットや新疆などといった地域は，漢族居住区と対等な地位を与えられず，「辺境」と位置づけられて，「中国化」（漢化にほぼ等しい）が強要されることになった．中国における少数民族問題は，このような近代的な意味での「中国」の形成と密接不可分な関係にある．

また，在外華人たちが中国と密接に結びつき，中国人としての意識を強く持つことは，現地社会から時に中国への窓口として期待される一方，時には中国ナショナリズムの海外拡大の糸口として警戒され，摩擦が生じることもあった[viii]．

このような中国・中国人のあり方や問題点は，基本的に清の版図を継承した中華民国，そして中華人民共和国にも引き継がれた面があることに留意すべきだろう．

（川島　真・茂木敏夫）

[vii]「中国」という言葉が現在のように国名として日常的に用いられるようになったのは，20世紀初頭からであると考えられる．

[viii]　中国系コミュニティの構成員は，現地国の国籍を有する者が多数であるが，文化的な意味での「教化」の論理は機能し続けており，そのためか，現地のホスト社会からは中国人社会の構成員として見られることがしばしばであった．

●より深く知るために

片岡一忠『清朝新疆統治史研究』雄山閣出版，1991 年
小泉順子『歴史叙述とナショナリズム──タイ近代史批判序説』東京大学出版会，2006 年
佐藤慎一『近代中国の知識人と文明』東京大学出版会，1996 年
周婉窈著，濱島敦俊監訳，石川豪・中西美貴訳『図説　台湾の歴史』平凡社，2007 年
園田節子『南北アメリカ華民と近代中国──19 世紀トランスナショナル・マイグレーション』東京大学出版会，2009 年
平野聡『清帝国とチベット問題』名古屋大学出版会，2004 年
茂木敏夫『変容する近代東アジアの国際秩序』（世界史リブレット 41）山川出版社，1997 年

第22章 ロシア・中国・日本の近代化

19世紀のなかば，中国，日本，そしてロシアは，相次いで優勢な外国勢力によって傷つけられ，それをきっかけに近代化への道を踏み出した．日本とロシアの場合，近代化の努力はかなり早くに実を結んだが，中国の歩みは遅く，その違いを背景に，英仏のみならず日本とロシアからも侵略されることとなった．この章では，3国の動きを比較しつつ，主にロシアの観点から中国・日本との関係を見てゆくことにしたい．

日本・ロシア・中国の近代化

日本人とロシア人は，江戸湾でのアメリカ艦船，またクリミアのセヴァストポールでのイギリス艦船によって，ほぼ同時に心に深手を負い，多面にわたる大規模な制度改革に着手した．2度にわたるアヘン戦争に敗れた中国人もまたこの不可避の選択をせざるをえなくなったが，その改革はより優柔不断で効果の乏しいものとなった．これらの改革は，ロシアでは「大改革」，日本では明治維新，中国では同治改革として知られ，いずれも1860年代から1870年代にかけて実行されて，80年代から90年代にかけての工業的発展の基礎を築いている．ロシア・中国・日本の3者関係は，その直接の関係を見るだけでなく，相互に比較することによって，より深く理解できるだろう．

ロシア人と日本人は大胆に歩を進めた[1)]．ロシアは1861年に農奴を解放して農業と村落に新たな関係を持ち込んだ．日本での五箇条誓文（1868年），廃藩置県（1871年），新しい土地税制の導入（1873年）などの改革と同様である．日本では1873年に国民皆兵制が施かれたが，ロシアもその翌年に軍事改革を行った．1880年代には松方正義とヴィシネグラツキーが両帝国の財政を堅固な基盤に置き，同じ1897年に金本位制を実施している．経済発展も同様で，

図1 ヴラジヴァスークと金角湾
(原暉之『ウラジオストク物語』三省堂,1998年より)

日本は1887年から1902年にかけて平均5.5％，ロシアは1885年から1900年にかけて6.7％の経済成長率を記録した．これらは当時の世界で最もテンポの速い成長であった．これと併行して都市化も進んだ．1万人以上の都市に住んでいるロシア臣民の数は1860年代から1900年の間に16％から26％に上昇し，日本の都市人口は26％から42％になった．日本の鉄道は1889年に1300マイルであったが，1906年までには3万8600マイルに達し，ロシアの鉄道は1885年にすでに1万7000マイルあったが，着実に延伸して1905年には4万マイルになっていた．要するに，ロシアと日本は，制度的な効率と国力のさまざまな点で同時に，そして先進国から類似した経済モデルを導入しながら，成長していたのである．日本は専門知識，ロシアは資本の輸入に重点を置いていたが，結果は驚くほど似ていた．

中国では様子が異なっていた．1861年の咸豊帝（清文宗）の死後，同治帝（清穆宗）の改革が始まったが，短期的には成功したものの，結果的には失敗に終わった．その理由はいくつかある．第一は，中国人があまりにも過去にこだわり，ものの考え方や行動様式という深部に改革を及ぼさなかったこと．第二は外国勢力がその産業と財政の核心部分を支配するようになっていたこと（例えば，中国の海関業務はイギリスが握り，中国の自由にはならなかった）．第三には，政府高官の李鴻章（リー・ホンジャン）と左宗棠（ズオ・ゾンタン）とが海と内陸のいずれを重視するかで対立し，双方とも消耗したこと．これらのすべてが改革を不完全に終わらせることになったのである．

ロシア・中国と中央アジア

ところで，1860年以後，ロシアはその膨張への関心をアムール・ウスーリ・太平洋地域から中央アジアに移した．この年にヴラジヴァストーク（「東方の支配」という意味，図1）が建設され，それはしばしば極東への膨張政策の拠点と見なされてきたが，実のところはロシアはその後1世代にわたって東方への関

心を失ったのである．北京条約を結んだのち，イグナティエフは意気揚々とサンクトペテルブルクに凱旋し，極東・中央アジア・トルコという広大な地域を所管する外務省アジア部長の地位に収まった[2]．彼はかつて1856年にロンドンの軍事アタッシェに任命されたとき，太平洋沿海の地域を獲得して英国の野望を妨げるという，ロシア国家主義の構想にとりつかれ，中国，中央アジア，トルコ，オーストリア，そしてサンクトペテルブルクに任地を得るごとに，これを実行していった．彼はまさに，いわゆる「グレイト・ゲイム」，イギリスとロシアの世界的覇権競争の核心にいたプレーヤーだったのである．

1863年に膨張政策が採択されると，ロシア陸軍はただちに中央アジアに向かい，さまざまな方法を用いて，タシケント（1865年），ブハラ（1868年），ヒヴァ（1873年），そしてコーカンド（1876年）を支配下に置いた．ロシアはこうして西から中国国境に再接近した．そこは，太平天国の時代から反乱が続いていた地域で，ロシア軍は，カシュガルへのイギリスの脅威を口実にして，1871年には新疆（シンジアン）に属するイリ盆地を占拠した．その時は何も起きなかったが，意外なことに，中国は1877年に至って突然，左宗棠（ズオ・ゾンタン）の率いる軍隊を送り，領土の還付を要求した．

当時，ロシアは1877年に始まったトルコとの戦争にかかりきりであった．翌年，いったんはイグナティエフの主導のもとサンステファーノ条約で利権を拡張したが，すぐ再交渉を余儀なくされ，トルコ側に有利なベルリン条約を結ばせられた．清朝はこれを挽回のチャンスに利用した．中露はイリ問題についてクリミアのリヴァディア宮殿で交渉し，いったんはロシア軍のごく一部を撤退させるという条約が調印された．しかし，北京は，おそらくサンステファーノ条約の運命に目を付けたためであろうか，その批准を拒否し，代わりにイリに大軍を送ったのである．

ロシアはトルコ戦争を20万人もの戦死傷者を出して終えたばかりだった．それ以上の戦争を望まず，現金を獲得し，体面さえ立てば妥協する構えだったため，1881年に新しい条約がサンクトペテルブルクで結ばれた[3]．この条約は，ロシアに対し，賠償金の増額と引き替えに，リヴァディア条約よりは少ない特権と領土を与えるものであった．また，1860年の北京条約と同じく，中露国境の西部と東部について貿易・河川航行・領土に関する取り決めが行われた．

ロシアはトルコ戦争での損失の埋め合わせを急いでいたため，現金を獲得することで満足し，また，関税が大幅に引き下げられたため，茶の内陸交易も救われることとなった．

この結果は北京では大勝利として歓迎された．北京は力が回復したと信じ，1884 年にヴェトナム救援を名目にフランスとの戦争に踏み切ったが，すぐに敗北した．しかし，中露国境に関しては，戦争より効果的な措置が取られている．移住の奨励である．それまで満州族以外は居住できなかった満洲の吉林（ジーリン）省で，1878 年，80 年，81 年と，かなりの部分が漢民族らに開放された．また，1896 年以後には，黒竜江（ヘイロンジアン）省でも同様の政策が実施され，非満州族が大量に中国各地から流入した結果，民族浄化などという強制措置ぬきに，この地域は中国のものとして確保されることとなったのである[4]．

ロシアと日本

さて，同時代の日露関係はどうだったであろうか．ロシア艦の対馬占領事件ののち，日本人のロシア観は冷却したが，それは幕末の日本が派遣した留学生の動向にも反映されている．徳川幕府は幕末に，アメリカや西欧だけでなく，ロシアにも留学生を派遣した．しかし，ロシアへの留学生は，ロシアの後進性に失望し，はかばかしい成果を上げぬまま帰国した．近代化を始めたロシアは，西欧文明の輸入に強い使命感を抱いていたが，その西ヨーロッパを経由して到着した日本人には，学ぶ対象としてあまり魅力的には映らなかったのである．

しかし，幕末から明治にかけての日本人にとって，ロシアは最も身近な西洋国家であった．安全保障の観点からは最も警戒すべき列強であり，やがては文化面でも深い関係が築かれてゆく．まず 1869 年に開拓使が設立された．これは蝦夷地をロシアの支配から守ることを最優先課題としたことを示している．1873 年に内陸の札幌を北海道の中心地として選び，ロシア艦の射程外に置いたことも同様の戦略的決定であった．翌年，屯田兵の募集がはじまり，屈強な失業士族たちが平時には農民，戦時には兵士として勤務することとなった．札幌農学校をはじめ北海道開拓を指導するためにアメリカ人が雇用されたが，そこには単に実用的な目的だけでなく，万が一ロシアと紛争が生じたとき，ア

メリカを引き込む狙いも込められていたのである．いま札幌を訪れる観光客が時計台と呼んでいる建物は農学校の元のキャンパスの中心に位置していて，当時は演武場と呼ばれていた．その設計者は，米国マサチューセッツ農科大学の出身であったが，その母校の「ミリタリー・ホール」に着想を得た軍事的な，そしてロシアに備えた施設だったのである．この戦略的な植民地化政策によって蝦夷地は北海道とされ，日本から極北の地に向かう狭い通路を形づくることとなった．

ロシア正教・ロシア語教育・ロシア文学

図2 若き日のニコライ
(『宣教師ニコライの全日記』教文堂, 2007年より)

ロシアの影響は直接的にもあった．ロシア人は，条約では本州・九州・北海道にある三港のいずれにでも居住できたが，彼らは1858年，代表部を箱館に置いた．これは日本人の注意を1860年に建設されたヴラジヴァストークと箱館の地理的近接性に向けさせたに違いない．両者は蒸気船で一日足らずの距離にあったのである．最初の領事ゴシケーヴィッチは外務省に勤務する前は北京宣教団の聖職者であった．中国語に堪能だったので，彼の作った露日辞書はアルファベットでなく，漢字を使った最初の辞書になった．箱館領事館にはゴシケーヴィッチのほかにもう一人聖職者が配置され，日本人に対する改宗事業が始まった．以後四十年余にわたって展開したこの事業は，1861年，イヴァン・マホーフによる『ろしあのいろは』で緒を就けられた[5]．この本は「日本の子供たちへの贈り物」とされたが，同じ年，彼の後任としてニコライ(図2)が着任し，大人たちへの正教の熱のこもった宣教が始まった．彼はやがてロシア人から「ニコライ・ヤポンスキー」(日本のニコライ)と呼ばれることとなる．

ニコライは少年の頃ゴロヴニーンの著作を読み，神の使命を果たすべき場所として日本を選んだ[6]．着任時に彼は25歳で，8年間は箱館での改宗事業に専心した．まだ布教が禁止されていたので秘密に説教をし，最初の改宗者を得た

のはちょうど，箱館で明治政府の官軍が徳川軍を打ち破ったころであった．1870 年に天津（ティエンジン）で宣教師をはじめ外国人が殺される事件が生じたが，日本でも宣教事業への敵対的態度は外交的紛糾を引き起こす可能性があった．当時，隠れキリシタンが姿を現して迫害される事件が起きていたが，それは西洋側が日本に抱いてきた好感を損ないかねない危険なことであった．そのような状況下でニコライは 1872 年に東京へ移ったが，翌年にキリスト教の禁教が解かれている．1875 年に彼は最初の日本人司祭の任命に漕ぎ着け，以後30 年，東京では彼の監督下にロシアの宗教・教育・文化活動が華々しく繰り広げられた．

ロシア語の教育は正教会の学校以外でも始まった．1873 年設立の東京外国語学校がそれで，最初のロシア語教師レフ・メーチニコフは，二葉亭四迷を当代随一のロシア学者に育て上げる道を開いただけでなく，自身も深い知識をもつ日本専門家となった[7]．彼はスイスで後の元老の一人大山 巌（西郷隆盛の従弟）と知り合い，フランス語と日本語の交換教授を行った縁で来日したため，しっかりした日本語の知識と日本政府の最高首脳との関係をもっていた．1880年代に帰国した後，メーチニコフは総合雑誌にその日本体験記を寄稿したが，それはロシアのインテリゲンチアに競って読まれた．彼は日本での観察に基づいて「相互扶助アナーキズム」を展開する一方，フランス語でも日本史の本を出版したので，日本専門家としてもヨーロッパ中で有名になった．

メーチニコフの熱狂は学生にもいくらかは伝わったはずだが，二葉亭は別のルートからもそれを受け取った．彼はツルゲーネフを 1880 年代末に翻訳し，それはロシア文学のブームを呼んだ．直接にはその『浮雲』を通じて，日本の近代文学はロシア文学の大きな影響を受けたのである．ツルゲーネフの叙情性とトルストイの預言者的な散文は，日本の教養人に高貴なロシア文化というイメージを提供した．文学と哲学の両面にわたるトルストイの作品は毎年何万冊も売れ，日本人を深く揺り動かし，その結果，いく人かは世間を捨てて辺境にトルストイ風の共同体を作り，平和的な農耕生活を送るまでに至った．北海道にその多くの人々が移住したが，これもまた，日本の北辺の発展にロシアが果たした間接的影響といってよいだろう．

外国語学校は 1885 年に森有礼文部大臣によって廃止されたが，それによっ

てロシア正教会の役割はますます重くなった．1891年には東京の御茶の水に壮麗な大聖堂が完成し，のちニコライ2世となった皇太子が，ユーラシア周航の旅の一環として，献堂式に訪れることになった．彼は大津で日本人警官に襲われたため，直ちにヴラジヴァストークに向かい，そこでシベリア鉄道の起工式を行った．この暗殺未遂事件と鉄道建設は，日本での正教会の地平に現れた最初の黒雲であった．しかし，世紀末の日本にはロシア正教徒は3万人近くに上っており，それはカトリックの半数で，プロテスタントとはほぼ同数であった．

日本におけるロシア人の生活は，正教会，とくに東京の「ニコライ堂」を中心に営まれ，それに次ぐ中心地としては箱館があって，長崎にも小規模なコミュニティがあった．その一方，日本人が主に居住したロシアの地は，ロシアの太平洋への窓口ヴラジヴァストークであった[8]．ヴラジヴァストークの日本との関係は，1871年に長崎との電信線が引かれたことから始まった．1876年には最初の職業的外交官として貿易事務官が着任した．日本政府はその前年には同胞を「同盟会」に組織して，旅券業務，郵便，教育，そして慈善事業などに当たらせていた．この小さな日本人コミュニティは，ロシアの首都から遠く距たった東シベリアの鉄道町や港町にさまざまの商品やサーヴィスを供給し，その結果，またたく間に十数カ所に拡がったが，おのおのが同盟会を通じて外務省に責任を負っていた．

千島樺太交換条約

ところで，日本政府は1875年にロシアと条約を結び，千島全島を領土とすることを代償に，雑居地であった樺太（サハリン）を放棄した．かつてプチャーチンやムラヴィヨーフが神奈川沖に現れたのは，イギリスやアメリカの勢力拡張に対するロシアの関心，すなわち世界大の戦略的関心に立つ地政学的行動であった．それに対して，1875年に日本が樺太を放棄したのは，北東アジアという，より狭い地域を対象とした地政学といってよいだろう．その決定は，日露の世界レベルでの優劣を競ったものではないが，しかし重要な戦略的決定であったことは疑えない．それより10年前，中国がロシアに日本の本土全体より広い領土（沿海州と呼ばれるようになる）を譲っていたことを考えると，領土紛争を樺太一島を犠牲にして解決したのは大きな外交的成功であった．それが

可能だったのは，両国とも他に大きな優先課題を持っていたからである（第19・20章を参照）．

ムラヴィヨーフは退役後パリで生活していたが，その間に彼が1853年に行った地政学的予言は実現しつつあった．ロシアは名ばかりの代金と引き替えに北アメリカのアラスカから引き払い，領土統合の必要を急務として千島と樺太を交換した．以後数十年，ロシアはその関心を沿海州とアムール流域に注ぐことができた．日本と結んだ条約であったが，この時もまた，関心の的は日本以外にあったのである．

他方，日本もまたこの条約に独自の関心をもっていた．地政学というより国内的なそれである．開拓使次官黒田清隆は，北海道を確保し，開発するために樺太を放棄せよと主張した．北海道と40キロしか離れていない樺太をロシアが領有すると北海道も確保できなくなるという反対論があったが，黒田の主張が勝利した．維新後の政府内外にはあらゆる方面に対する膨張論が渦巻いていたが，彼はその一部を抑えることに成功したのである．ただし，日朝関係の視点から見ると，この1875年の条約については，相反する2通りの解釈ができるであろう．一つはこれを，征韓を止め，海外への冒険より国内改革に力を注ごうという2年前の決定の延長上におき，日本の海外進出を抑制した象徴と見る解釈である．しかし，逆に，この条約をロシアの脅威を取り除き，征韓への道を開いたという観点から見ることもできる．少なくとも，ソウルに圧力をかけて江華条約を結ばせる前提となったことは疑いない．

千島樺太交換条約ののち，日露関係は平穏な状態が続いた．第20章に見るように，琉球問題で日中関係が緊迫したとき，日中はロシアを共通の敵として和解を図り，「アジア主義」的な政策を打ち出すこともあったが，日本は，列強の一員であるロシアとは平和を維持することに務め，中国とは異なって自らロシアに攻勢をとることは避けたのである．

19世紀半ば以後，ナショナリズムに目覚めたロシア人は，その視線の行き先を，その都度見込みのありそうな方角に向けて，1850年代には極東，60年代には中央アジア，70年代にはトルコ，そして80年代にはまた極東と，めまぐるしく変えた．ドストエフスキーは，1881年に，この衝動の心理的基盤がどこにあり，それがロシアと対象の国々をどのように変えているかについて明

確に述べている．「我々にとってのアジアは，探検が始まった頃のアメリカが同時代の人々に持っていたと同じ意味を持っている．アジアへの進出は我々の精神を高揚させ，蘇生(そせい)させるだろう．（中略）我々はヨーロッパではタタール人だが，アジアではヨーロッパ人だ．まずは二つの鉄道を創ろう．一つはシベリア，もう一つは中央アジアにだ．その結果はすぐ分かるに違いない」[9]．

ロシアの関心が再び東方に向かったことは，1884年にアムール沿海地方総督兼司令官という新しい官職がハバーロフスクに創設されたことによく示されている．1886年にはシベリア横断鉄道の建設が決定されたが，それはロシアにとって両義的な意味を持つこととなった．東方への発展という希望をもたらす一方，シベリアが縮小し，太平洋からの脅威にロシアが危険なほど近づくこととも目されて恐怖の的ともなったのである．他方，1896年の露清密約は，中国にとってはその統合を脅かす可能性も開いた．ロシアは清国領の満洲を横断してヴラジヴァストークに通ずる支線（東清鉄道）を建設する権利を得た．1898年にはその中間点のハルビンから黄海（ホアンハイ）に向かって南下し，満洲の中心都市奉天（フォンティエン）（現在の瀋陽(シェンヤン)）を経て大連（ダーリエン）・旅順（リュイシュン）港に通ずる支線も建設する権利も得ている[10]．しかしながら，逆に，中国からは，直隷(ちょくれい)（ジーリー）省（北京周辺）や山東（シャンドン）省から満洲に大量の非満洲族が移民を続け，シベリア鉄道の建設に雇われて沿海州にも定住するようになった．後にロシアはこれを，ロシアの極東支配を中国人が人口によって脅かしていると捉えるようになる．また，これらの鉄道の建設は，日本にも脅威となった．日本陸軍の元老山県有朋(やまがたありとも)は，かつては極東に駐在するツァーリの軍隊の数を気にしていたが，この後は，ツァーリが望んだとき，どのくらいの軍隊がヨーロッパロシアから輸送されて来るのかを心配するようになった．ロシアと日本の間には平穏の日々が続いていたが，この鉄道は両者をやがて衝突への道へ導くこととなる．それはしかし，中国・日本だけでなく，アメリカ・イギリスの関心もひいた．19世紀末の長距離鉄道は実に「グレイト・ゲイム」の主役でもあったのである．

（デイヴィッド・ウルフ／三谷　博訳，三谷　博・川島　真加筆）

●**より深く知るために**
秋月俊幸『日露関係とサハリン島——幕末明治初年の領土問題』筑摩書房，1994 年
中村健之介『宣教師ニコライと明治日本』岩波新書，1996 年
ニコライ『ニコライの見た明治日本』講談社学術文庫，1979 年
原暉之『ウラジオストク物語——ロシアとアジアが交わる街』三省堂，1998 年
レフ・イリッチ・メーチニコフ『亡命ロシア人の見た明治維新』講談社学術文庫，1982 年

第23章 1880年代の朝鮮と国際政治

いままで，朝鮮の「開国」は1876年の江華条約に始まるといわれてきた．しかし，この時点で朝鮮政府は，欧米諸国と条約を結ぶつもりはなかった．ところが，1879年の日本による琉球の併合をきっかけに，清（チン）の李鴻章（リー・ホンジャン）は「属邦」朝鮮にとって，ロシアとともに日本が脅威となると認識し，ロシアと日本を牽制するため，朝鮮に対欧米「開国」を勧めた．当初，欧米諸国との条約締結を拒否していた朝鮮政府であるが，1880年に日本を訪れた金弘集がもたらした黄遵憲（ホアン・ズンシエン）の『朝鮮策略』をきっかけにして，アメリカとの条約締結に踏み切るとともに，開化政策を取ることにした．こうして朝鮮は欧米諸国と条約を結び，近代の国際政治の世界のなかに入っていった．しかし，アメリカとの条約締結が李鴻章の主導で行われたことに見られるように，「属邦」でありながらも「自主」であったはずの朝鮮の外交に清が積極的に関与することになり，旧来の儀礼的な宗属関係はより実質的なものへと変化しはじめた．日本や欧米諸国と条約を結んでいる以上，朝鮮は「独立自主」のはずだが，もう一方では伝統的な宗属関係も強化されていった．こうして1880年代から日清戦争までの朝鮮は，中華世界と近代世界のせめぎあいの場になり，日・清両国をはじめ欧米諸国の思惑が交錯するとともに，それが朝鮮内部の路線対立と絡み合うことになった．

壬午事変

ロシアを防ぐため，「中国と親しみ，日本と結び，アメリカと聯なり，自強を図る」べきことを説いた『朝鮮策略』に準拠しつつ，朝鮮は欧米との条約締結を進めることになった[1]．1881年，朝鮮政府は新たな外交体制に対応する官庁である統理機務衙門を設置し，また日本から教官を招いて別技軍という洋式

軍隊を創設するとともに，東京に視察団を派遣した．

　アメリカとの条約締結交渉は，1882年3月から4月に天津（ティエンジン）でシューフェルトと李鴻章との間で行われた．この交渉に朝鮮側の代表者は加わっていなかった．交渉に先立ち，李鴻章はこの条約に「朝鮮は久しく中国の属邦であるが，内政外交はこれまで自主を得てきた」という条項を第1条として入れようとした．これについて，朝鮮政府から派遣されてきた金允植も，朝鮮は「自主」の立場で各国と「平等の権」を行使することができ，同時に「事大の義」（「属邦」として清に事えること）にも背かないので，「両得」であると賛成した．しかし，シューフェルトはこの条項に反対し，条約案には朝鮮が清の「属邦」であることは明記されなかった．調印は，5月に漢城（ソウル）の外港仁川で李鴻章の幕僚である馬建忠（マー・ジエンジョン）の仲介で，朝鮮側とシューフェルトとの間で行われた．その際，朝鮮国王は，馬建忠が起草した「朝鮮は素より中国の属邦であるが，内治外交はこれまで大朝鮮国君主の自主に由る」という内容の照会を，アメリカ大統領に送付している．この後，朝鮮は，イギリス・ドイツなどとも条約を締結したが，その度に同様の照会を相手国に送った．欧米との条約締結によって，朝鮮は近代的国際秩序に一元的に組み込まれたのではなく，伝統的な宗主権を根拠に，清が朝鮮の外交に直接に介入するようになったのである．

　こうして朝鮮は欧米諸国と条約を締結したが，その一方で「開国」に反対する者も多かった．1881年に『朝鮮策略』の内容が知れわたると，衛正斥邪派はこれに反対する上書を繰り広げた．この運動が高まると，政府から退けられていた大院君は閔氏政権を倒して庶子の李載先を王位に即けようとしたが，失敗した．しかし，1882年7月，冷遇された在来軍隊の兵士の反乱をきっかけに，開国・開化政策を推進する閔氏政権への人々の不満が爆発した．壬午事変である（韓国・北朝鮮の学界では壬午軍乱と呼んでいる）．兵士たちは大院君とはかつて高官の屋敷を破壊し，日本公使館を襲撃した．これに漢城の貧民が加わって王宮に乱入し，政府要人を殺害して閔氏政権を倒した．王妃閔氏はかろうじて王宮を脱出し，田舎に身を隠した．再び政権を握った大院君は，軍制を改編し，王妃は死亡したものとした．

　この時，朝鮮政府から天津に派遣されていた金允植と魚允中は，軍乱の鎮

圧のため清に派兵を求めた．李鴻章はこの時母の喪に服しており，代理の張樹声（ジャン・シューシェン）が情報収集のため馬建忠を軍艦3隻とともに朝鮮に派遣し，また呉長慶（ウー・チャンチン）に命じて朝鮮出兵に備えさせた．済物浦（現在の仁川）に到着して朝鮮の情勢を探索した馬建忠から，大院君を捕らえて軍乱を鎮圧しようと出兵の建議が届くと，呉長慶は2000名の兵を率いて朝鮮に向かった．

一方，乱を逃れて長崎，その後下関に渡った駐朝鮮日本公使花房義質は，朝鮮政府に対する公式謝罪，賠償金支払いなどの要求を内容とする訓令を外務省から受け，軍艦とともに済物浦に戻った．続いて4隻の軍艦，3隻の輸送艦，歩兵1大隊が派遣された．福岡では山県有朋が交渉決裂に備えて，混成旅団を編成していた．花房は兵を率いて漢城に入り，国王ならびに大院君と会見し，3日以内の期限を付けて日本側の要求を提示した．花房の態度は強引で，期限を待たず最後通牒を朝鮮側に突き付けて漢城を退去した．

しかしここで事態は一変した．馬建忠が大院君に対して「国王は中国皇帝が冊封したものであるが，これを退けて政治を行うのは皇帝を軽んずることだ」と述べ，大院君を拘束して天津に送ったのである．そして馬建忠は朝鮮政府に日本側の要求をほぼ呑む形で花房と交渉するよう指示し，次いで呉長慶の部下である袁世凱（ユエン・シーカイ，図1）と協議の上，反乱を鎮めた．こうして閔氏政権が復活し，王妃も漢城に戻った[2]．

日本との交渉を再開した朝鮮政府は，賠償金支払いと公使館保護のための日本軍の漢城駐在には強く反対したが，一部の条件緩和をとりつけた上で調印した．この済物浦条約は，20日以内の事変首謀者の処罰，日本人被害者の葬儀の挙行，日本人被害者の遺族補償金5万円の支払い，賠償金50万円の支払い，公使館保護のための日本軍の漢城駐在，謝罪使節の日本への派遣を定めた．これと同時に，日朝修好条規続約が結ばれ，釜山・元山・仁川の開港場における遊歩地域の20キロメートル（2年後に40キロメートル）への拡大，漢城の南

図1　袁世凱
（横山宏章『孫文と袁世凱』岩波書店，1996年より）

の楊花鎮(ヤンファジン)の開市，および日本の外交官の内地旅行権の承認が定められた．なお，この時，花房の求めで大院君政権時代に建立された斥和碑の撤去が決められたという．この直後，国王高宗(コジョン)は，斥和碑撤去のお触れを出した．

一方，壬午事変は清の宗主権強化のきっかけとなった．壬午事変の時に朝鮮に派遣された呉長慶率いる淮軍(わいぐん)3000名は，軍乱鎮圧後も朝鮮に留まり，朝鮮軍は袁世凱の指揮のもとで改編された．また，朝鮮と清の外交・通商関係も改められた．以前，朝鮮政府は欧米と条約を結ぶ方針を決定するとともに，清との関係も改編する交渉を行っていた．これは壬午事変のため中断されたが，事変後に交渉を再開し，中国朝鮮商民水陸貿易章程(しょうてい)が結ばれた．従来，清と朝鮮との間では，朝貢貿易とともに辺界互市という名の国境貿易が行われていたのだが，朝鮮が他国と開港場貿易を始めたので，清と朝鮮の間でも開港場で貿易を行い，従来の朝貢貿易・辺界互市も再編して互いに利益を得ようというのがこの章程の趣旨であった．しかし，章程は前文で「朝鮮は久しく藩邦に列」し，「中国が属邦を優待する意」から結ぶと述べ，したがってこの章程での取り決めは他国に適用しないと取り決めている．朝鮮が清の「属邦」であることが明記されたのである．また，両国は相互に開港場に商務委員を派遣し，彼らはそれぞれの地方官と対等であるとしたが，商務委員の裁判権は片務的なもので，清に派遣された朝鮮側商務委員には裁判権が認められなかった．この章程に基づき，清から総弁朝鮮商務として陳樹棠(ちんじゅとう)（チェン・シュータン）が派遣され，漢城に駐在した．また，貿易における関税支払い，清の商船の定期運航，清の兵船の朝鮮沿海回遊なども定められた．この章程によって，宗属関係(そうぞく)にもとづく貿易は，従来と大きく異なるものとなったのである．

さらに，朝鮮側の要望で，李鴻章の推薦する外交顧問として，ドイツ人フォン・メレンドルフと馬建常（マー・ジエンチャン，馬建忠の兄）が漢城に派遣された．また，大院君によって廃止された統理機務衙門に替えて，外交を管掌(かんしょう)する統理衙門，内政を管掌する統理内務衙門を設けた．これらはまもなく，それぞれ統理交渉通商事務衙門，統理軍国事務衙門と改称され，次にみる開化派の人物が起用されていった．

開化派の形成と甲申政変

　朝鮮では，西洋や日中との関係が深まるにつれ，西洋文明を参照しつつ国内を改革しようとする開化派の知識人が現れた．金玉均（図2）・朴泳孝・洪英植・徐光範・金允植らは，漢城の名門両班家の子弟で，1870年代半ばにこれまでも本書にしばしば登場した朴珪寿のもとで学んだ．1880年代になって閔氏政権が開国・開化政策を取るようになると，海外事情に通じる彼らは政府の実務を担当した．開化派のうち，金玉均・朴泳孝らは，外交使節として日本やアメリカに渡って海外事情に通じるとともに，日本に密派した僧侶の李東仁を通じて福沢諭吉ら有力者とコネクションを持った．そして，壬午事変を機に清の宗主権が強化されると，これに反対して政府と対立するようになった．金玉均・朴泳孝ら，次に見る甲申政変を主導した開化派を急進開化派と呼び，それに対して，清との宗属関係を維持しながら，漸進的に近代化を進めようとし，甲申政変に参加しなかった金弘集・金允植・魚允中らを穏健開化派と呼んでいる[3]．

図2　金玉均
（『写真で知る韓国の独立運動』国書刊行会，1988年より）

　一方，日本政府にとって，壬午事変は清の朝鮮に対する宗主権を見せつけられた事件であったが，清との武力衝突は避けねばならなかった．井上馨（図3）外務卿は，済物浦条約に基づいて日本に派遣された朴泳孝（金玉均も合流した）に，横浜正金銀行を通じて17万円の借款を与え，そのうち5万円を壬午事変の賠償金の第1回の支払いに当てさせた．そして，駐朝鮮公使には李鴻章とも交流のある竹添進一郎を任命し，清との対立は回避しつつ，朝鮮が独立国であることを確認させようとした．

　そのころ，朝鮮政府では，財政難の克服のためフォン・メレンドルフによって当五銭の発行が検討されていた．当五銭とは法定価値の5倍の貨幣である．金玉均はこれを悪貨鋳造であるとして反対し，300万円の借款を得るため国王の委任状を持って日本に渡った．しかし，そのような巨額の借款に日本政府は

図3　井上馨
（国立国会図書館蔵）

応じなかった．日本政府より朝鮮問題に積極的だったのは福沢諭吉である．新聞発刊のために門下の井上角五郎らを朝鮮に送り，また陸軍戸山学校などへの留学生派遣を斡旋した．

清では，ベトナムをめぐるフランスとの対立が1883年のフエ条約ののち強まり，翌年4月には朝鮮に駐屯していた淮軍3000名のうち半数が清仏戦争に備えて引き揚げた．さらに西太后（慈禧太后）が恭親王（奕訢）らを失脚させるクーデターが起こった．また，壬午事変の時に清に連行された大院君が帰国するとの噂も飛び交った．こうした情勢に対して朝鮮国王は動揺し，日本に接近した．日本政府では，これに乗じて朝鮮から清の勢力を追い出し，朝鮮を独立国とするか，清との衝突を回避して協調主義を取るか議論があったが，後者の路線で一致した．

　1年近く朝鮮を離れていた竹添は，10月に帰任すると，壬午事変の賠償金の残額40万円を朝鮮政府に寄付して好意を得ようとし，一方で開化派が事を起こした場合には支持することをほのめかした．そして，開化派は12月4日，郵征局（郵便局）の開局祝賀宴を好機としてクーデターを起こし，祝賀宴に出席していた閔氏の最有力者である閔泳翊を襲い，さらに国王を昌徳宮から景祐宮に移した．竹添のもとには国王命令で宦官が派遣されて日本公使館警備兵の出兵を求め，さらに別の宦官によって鉛筆で「日使来衛」と書かれた「親書」が届けられた．日本兵200名が出動して景祐宮を固め，開化派は変の知らせを聞いて次々と景祐宮にやってきた閔氏政権の重鎮を殺害した．翌5日，新政権が組織され，6日には政治綱領が公布された．金玉均が後に著した『甲申日録』には，大院君を速やかに帰国させて清への朝貢を廃止すること，門閥を廃止して平等な人材登用を行うことなど，14カ条が記されている．

　ところが，袁世凱は朝鮮政府の副総理の沈舜沢に清軍の出兵を要請させ，6日に新政府を倒すため戦闘を開始した．金玉均は竹添に国王を仁川に移して日本の援軍を待つことを訴えたが，竹添はこれを聞かず，公使館警備兵とともに

漢城を脱出して仁川に到着した．金玉均・朴泳孝らはさらに日本への亡命を希望したが，竹添は応じなかった．彼らは船に乗れたが，それは船長の判断によるものである．一方，漢城に残った洪英植らは殺害され，こうして甲申政変は鎮圧された．

　朝鮮政府はこの政変が開化派と竹添の共謀によるものだとして，仁川にいる竹添の責任を追及した．一方，政変を知らせる竹添の電報が東京の外務省に到着したのは，13 日であった．日本公使館が政変を助けたのは竹添の独断であるが，事は内政干渉にかかわっており，重大である．日本政府は井上馨外務卿を漢城に派遣して，朝鮮政府と交渉に当たらせることにした．その際の日本政府の方針は，日本の責任を回避し，むしろ政変によって日本人が被害を受けたとして，朝鮮側に賠償を要求するというものであった．井上と朝鮮側全権の金弘集との交渉の結果，1885 年 1 月に漢城(ハンソン)条約が結ばれた．これによって朝鮮政府は，日本に国書を送って謝罪すること，日本人被害者への補償金として 12 万円を支払うこと，日本人大尉を殺害した犯人を処罰すること，焼失した日本公使館の新築のため 2 万円を拠出すること，日本公使館の護衛兵の兵舎を付近に設置して護衛に当たらせることを認めた．一方，金弘集は金玉均・朴泳孝らの身柄引き渡しを求めたが，井上は政治犯の引き渡しは国際法上できないとして拒否した．

　甲申政変はまた，日清の武力衝突を招いたため，日本と清との間での事後処理も必要であった．2 月，日本政府は伊藤博文を特派大使に任命して清に派遣し，清側の全権である李鴻章と交渉させた．日本側の要求は，朝鮮からの両国軍隊の撤退，日本人に被害を与えた清の軍人の処罰，日本人遭難(そうなん)民への賠償であった．李鴻章は竹添の責任を追及するとともに，後 2 者に対して強く反対し，交渉は難航した．また，朝鮮からの軍隊の撤退について両国は一致したが，李鴻章は将来朝鮮で変乱が起こった場合，清は宗主権に基づいて派兵すると主張し，これに伊藤は同意しなかった．これについては，結局，両国ともに派兵を認めることとし，宗主権にからむ清の派兵権限については留保することとして，条約では言及しなかった．さらに，日本人に被害を与えた清の軍人の処罰については，李鴻章の個人的な権限で行うこととし，日本人遭難民への賠償については，李鴻章が調査の上，清の軍人の犯罪があったことが明らかになれば対処

することとした．李鴻章側の譲歩である．こうして，1885年4月，天津条約が結ばれ，日清両国は4カ月以内に朝鮮から撤兵すること，朝鮮国王が他国から軍事教官を招くことを許し，日清両国は朝鮮に軍事教官を派遣しないこと，将来，朝鮮で重大な事件が起こり，朝鮮に出兵する場合は相互に通知し（行文知照），事件が平定した後は撤兵することの3点を取り決めた[4]．このようにして，日清衝突の戦争への拡大は避けられたのである．

清の宗主権強化と朝鮮の反清政策

朝鮮をめぐる日清の対立のなか，清の宗主権が強まると，朝鮮国王高宗はロシアに接近して清を牽制しようとした[5]．朝鮮政府の外交顧問，フォン・メレンドルフは，甲申政変以前から駐日ロシア公使館と連絡を取り，ロシアが朝鮮を保護することを求めた．その結果，ロシアから朝鮮に軍事教官を派遣する密約ができた．しかし，朝鮮政府の外交責任者である金允植はこれを拒否し，清・日と結んで密約を撤廃した．李鴻章はフォン・メレンドルフを譴責し，外交顧問を罷免した．

その間，朝鮮をめぐって深刻な事件が発生した．1885年4月，イギリス艦隊が朝鮮半島南端の巨文島を占拠し，その後2年近く留まったのである．朝鮮海峡は，ヴラジヴァストークのロシア艦隊が太平洋に出るための通路で，イギリスの巨文島占拠はそれを封鎖しようとするものであった．朝露密約・巨文島事件は，世界的な英露の対立が朝鮮半島に波及したことを意味する．これが日本政府に与えた影響は大きかった．日本としては，朝鮮に対して積極策を取ることは，まかり間違えば英露と対決をまねくことになる．そこで井上馨外務卿は6月，「弁法8カ条」を作成した．これは，清の朝鮮に対する優位を認め，清に朝鮮政府の改革を行わせ，ロシアの朝鮮侵略を防がせるというものである．ただし，朝鮮が清の「属国」であることを認めない方針は貫徹しており，清の危険負担で朝鮮を守らせる一方，日本も機会に乗じて朝鮮の内政・外交に関与する余地を残そうとするものであった[6]．

一方，ロシアに接近しようとした高宗・閔氏政権への見せしめのため，李鴻章は10月に大院君を朝鮮に帰国させた．大院君の帰国に際して，総弁朝鮮商務陳樹棠を解任し，甲申政変後，一時帰国していた袁世凱に駐剳朝鮮総理交

渉通商事宜という強い権限を持つ官職を与え，漢城に派遣した．こうして李鴻章は袁世凱を通じて朝鮮の外交を監督させることとし，朝鮮の「自主」は形骸化していったのである．

こうした情勢の1885年末，アメリカ留学から朝鮮に帰国した兪吉濬は，「中立論」を著した．兪吉濬は1881年に近代朝鮮最初の留学生として慶応義塾に学び，1883年には前年に締結された朝米修好通商条約に基づいて派遣された訪米使節に随行し，そのままアメリカに留学した人物である．兪は，甲申政変の知らせを聞いて留学を中断し，東京に立ち寄って帰国した．兪は，「中立論」で次のように述べている[7]．

> 我国が今日の情勢をもって，万国の間に土地と人民を保てているのは，実に中国の賜りものです．ロシア人が我国を長いあいだ睨みつけていますが，敢えて動こうとしないのは，国際法が阻んでいるというものの，実は中国を畏れているからです．〔中略〕中国は我国にとって幾千年の奉貢受冊〔貢物を捧げ，冊封を受けた〕の国で，衣冠文物は悉く倣い，風俗好悪も互いに同じです．朝鮮の人は箕子[8]の余風で，朝鮮の地は燕京（イェンジン）〔北京〕の東蔽〔東のまもり〕です．

長く朝貢・冊封の関係にある清は，朝鮮にとってロシアの脅威を防いでくれる国であると述べ，その上で「中国が盟主となり，英・仏・日・俄〔ロシア〕のようなアジアと関係する諸国と会同し，我国もそこに加わって，共に〔中立〕条約を締結することを乞」うと主張したのである．甲申政変を主導した金玉均と親交があった兪が，清を宗主国として崇めるのはどうしてであろうか．これにはからくりがあった．「中立論」の前半で，彼は次のように述べている．

> 今，我国は，地はアジアの咽喉にあり，ヨーロッパにおけるベルギーに似ています．位は中国の貢邦で，トルコにおけるブルガリアに似ています．しかし，同等の礼をもって各国と条約を結ぶ権利は，ブルガリアにはありませんが，我国にはあります．貢邦の列にあって他国の冊を受けることは，ベルギーにはありませんが，我国にはあります．ゆえに我国の体勢は，実にベルギー・ブルガリア両国の典礼を兼ねたものです．

つまり朝鮮は清に朝貢していて，ブルガリアのトルコに対する地位に似ているが，しかし朝鮮は諸外国と条約を結んでいるので独立国であり，その点でベ

ルギーと同じだというのである．ロシアによる侵略の危機に際して清が朝鮮の保全を主導するが，その一方で朝鮮は清の「属国」ではないというのは，井上馨の「弁法8カ条」の論法と遠くない．そもそも，日本政府内には井上毅の「朝鮮政略意見案」(1882年9月)のように，朝鮮をベルギー・スイスに倣って中立国化するという意見があった[9]．井上毅によれば，「清国は朝鮮に対し上国である．朝鮮は清に対し貢国であっても属国ではない．朝鮮は一つの独立国であることを妨げない」のであり，同様の主張は日本の言論界にも広く見られるものだった．朝鮮開化派による朝鮮中立化案は，日本亡命中の金玉均が1886年に李鴻章あてに書いた書簡にもみられるが，それは開化派が日本を見限って清に乗り換えたのではなく，巨文島事件以後の東アジア情勢の変化に伴う日本政府の対朝鮮方針の変更を背景にしたものであったとみるのが妥当だろう．なお，朝鮮中立国化は1890年に至っても山県有朋首相によって唱えられるが，これについては次章をお読みいただきたい．

さて，清の宗主権を嫌った朝鮮国王高宗は，再びロシアに接近した．1884年の朝露修好通商条約にともない，翌85年に駐朝鮮ロシア代理公使としてウェーバーが漢城に赴任した．高宗および閔氏政権は，ロシアが朝鮮を保護し，他国と紛争が起こった際にロシア軍艦を派遣するという密約を，ウェーバーとの間に結ぼうとしていた．これが1886年7月に露見すると，袁世凱は激怒し，高宗を廃位して大院君の孫の李埈鎔を王位に即け，大院君に執政させようとまで計画した．これは李鴻章に止められたが，袁世凱は自らの権力を朝鮮で誇示したのである．

しかし，高宗もこれで引き下がるわけにはいかなかった．朝鮮は，清にはばかって条約締結国には外交使節を常駐させていなかったが，1887年，まず日本に弁理公使を派遣し，続けて駐米全権公使に朴定陽を，英独仏露伊駐箚全権公使に沈相学を任命した．これに対して李鴻章は，清の皇帝の許可を得ていないと反対したが，高宗は清に使節を送って許可を得た．さらに李鴻章は，全権公使ではなく三等公使を派遣するよう朝鮮政府に迫ったが，朝鮮政府がすでに派遣先国に全権公使の派遣を通知してあるので変更できないとかわすと，李鴻章は，朝鮮公使は任地に到着したらまず清国公使館を訪問し，清国公使とともに相手国の外務省に赴くこと，宴会などの席では朝鮮公使は清国公使の後に

随うこと，朝鮮公使は重要な交渉には清国公使と相談することの三つの条件を提示して，公使派遣を許可した．しかし，アメリカに到着した朴定陽は，清国公使館に寄らずに直接国務省に赴き，大統領に国書を捧呈した．これもまた袁世凱の激怒を買い，朴定陽は病気を理由に帰国することになった．

1880年代後半は，朝鮮に対する清の宗主権が強化されたが，朝鮮国王は外国勢力を引き込みながらこれを牽制する反清政策を採った．また，朝鮮政府は西洋式の学校や士官養成学校を作るなど，近代化を進めた．しかし，1890年代に入る頃から，財政難により反清政策も近代化も挫折しかかった．一方，地方の疲弊が強まり，それはやがて1894年の大反乱をまねくことになる．

(月脚達彦)

コメント | **帰国後の朴定陽と清朝**

1887年の朴定陽の公使派遣は，当時の清韓関係のありようを如実に示す事件であった．本章では朴定陽が帰国の途につくところまでしか言及がないが，彼の帰国後，1889年9月におこった清朝側との論争も，すこぶる注目に値する．そこでの朴定陽の弁明はこうである．清朝公使館をさきに訪問しなかったのは，朝鮮が有する内政外交の「自主」，およびそれにもとづいて条約をむすんだアメリカへの尊重のためであって，その「自主」や条約の締結は，清朝も承認したものであるから，非難にはあたらない，と．袁世凱はこれに反駁して，西洋諸国に対する「自主」よりも，清朝に対する「属国」の関係が優先すると譲らなかった．こののち2年間にわたり，清朝と朝鮮は，清朝の課した条件に背いた罪で朴定陽を処罰するか否か，意見の一致をみなかったが，その背景には，それぞれが互いの関係，およびそれに関わる西洋諸国との関係をどのようにみなしたか，という問題があったのである．その点に関するかぎり，清朝と朝鮮との認識は平行線をたどって，へだたりが埋まることはついになかった．

(岡本隆司)

●より深く知るために

岡本隆司『世界のなかの日清韓関係史——交隣と属国,自主と独立』講談社,2008年
岡本隆司『馬建忠の中国近代』京都大学学術出版会,2007年
具仙姫『韓国近代対清政策史研究』図書出版慧眼,ソウル,1999年
糟谷憲一「近代的外交体制の創出」荒野泰典・石井正敏・村井章介編『外交と戦争』(アジアのなかの日本史2) 東京大学出版会,1992年
原田環『朝鮮の開国と近代化』渓水社,1997年
森山茂徳『日韓併合』吉川弘文館,1992年

第24章 日中の軍備拡張と世界政治

　1880年代の日中関係については，朝鮮半島をめぐる日中の外交的対立局面が強調され，同時期の両国で行われていた軍備拡張と関連づけて，しばしば日清戦争への動きが始まった時期と解釈されてきた．それは日本近代の外交は一貫して軍部が主導していたという見方を反映したものでもある．中国の研究では日本は明治以来一貫して外征型の軍隊を整備しており，中国側は受動的で，散漫な軍備しか持たなかったとされる．

　しかし，以下に見てゆくように，ことはそれほど単純ではない．本章では，日清両国の軍拡が外交とどんな関係をもっていたのかを見てゆこう．結論を先に述べると，両国は確かに軍備拡張をしていたが，その際に互いに他を一貫して仮想敵国と想定していたわけではない．日中とも欧米勢力の進出を常に意識しており，日本が戦争を回避しつつ，主に朝鮮半島や東アジア全般の国際情勢を注意深く観察していたのに対し，中国は内陸でロシア，南方でフランスと相次いで戦争し，かつ朝鮮への関与も深めて，より生々しい国際関係の変動に直面していた．そして，日中ともそのなかで，互いに無用な対立を回避するような外交的配慮もしていたのである．

日本における陸海軍の創設と外交政策

　日本の近代陸軍は，1871年，廃藩置県直前の雄藩により天皇直属の親兵が献兵され，それに伴って鎮台が設けられたことによって発足した．ついで，1873年に徴兵令が発布されて国民皆兵の原則が打ち出され，鎮台も6つに増やされた．鎮台は一定地域の治安警備を任務とするもので，西南内乱での熊本鎮台の働きに見えるように，その目的は基本的には国内の治安維持にあった．しかし，それは，1880年代に開始された軍拡によって，1890年代には実際に

対外戦争を行える軍隊にまで成長した[1].

現役の陸軍軍人と軍属[i]の数は，1880年の4万2315人から1893年の7万3963人に増加した．鎮台は師団に変更され，1888年には7個師団が設けられた．海軍の軍事費も同時期に341万6000円から810万1000円に増大し，保有軍艦は軍拡以前に28隻，2万8000トンであったのが，1890年には34隻，5万8000トンと短期間に増強された．

その間に軍隊の組織も改められた．西南内乱後の1878年12月，ドイツの軍制にならって，軍の事務を司る通常の官庁組織とは別に，統帥（作戦の指揮）を専管する参謀本部が設置され，翌年には陸軍職制が改正されて，両者の関係が明確化された．この時期は行政組織から統帥権が分離したときでもあったのである．20世紀半ばの時期に日本政府は軍部の「暴走」をくい止められなかったが，この統帥権の独立はその重要な基盤であったと見なされてきた．とすれば，この時点において，すでに軍部の暴走の兆候が日本政府の対外政策のなかに現れていたと言いたくなるかもしれない．

しかし，史実を見ると，ことは直線的には進んでいない．実際には，どのようにして軍拡が決定され，実行されていったのだろうか．

軍拡の主張は，軍のなかでは1877年の西南内乱の直後から存在していた．しかし，日本政府はこの内乱でかなりの赤字を抱え込んだため，松方正義大蔵卿の主張に従って緊縮財政政策を採用せざるをえず，したがって軍拡を決定することはできなかった．この政策が転換し，陸海軍の拡張が決定されたのは1883年度で，それは前年に朝鮮で勃発した壬午事変（前章参照）に対応したものであった．

1882年8月15日，山県有朋（図1）は閣議に「陸海軍拡張に関する財政上申」を提出し，日本が備えねばならないのは遠く離れた欧州諸国より隣の清で

図1 山県有朋
（国立国会図書館蔵）

---

i) 一般的には軍事機構に付属する文官（非軍人），技師・看護婦・通訳・馬丁および軍関係学校の教員などを指す．

あり，その軍事力は李鴻章（リー・ホンジャン）の創った北洋海軍の定遠・鎮遠の購入に見られるように，急速に増強されつつあると高く評価して，軍艦48隻の整備と常備兵の定員4万人を満たす必要を説いた[2]．閣議はこの提議を受けて軍拡方針を決定し，ここに西南戦争後の緊縮財政は転換された．ただし山県は同時に，外交政略はなるべく平和穏当の進路を取るべきだと説いており，朝鮮をめぐってただちに清国と対決すべきだと主張したわけではなかった．

軍拡の閣議決定を受けて，11月には海陸軍備を拡張すべき旨の勅諭が地方長官に伝えられた．民間世論も清国脅威論から軍拡を容認し，自由民権運動も民権論から国権論へと傾斜してゆく．この軍拡計画は北洋海軍を念頭に主に海軍を増強しようとするもので，当初のプランでは1883年度から8年をかけ，毎年300万円で新造艦を作ろうとするものであった．それは多少の修正の後実行され，1884年にはその基地として横須賀鎮守府，1889年には呉・佐世保の両鎮守府が開設されることになる．そしてこの決定は陸軍にも及び，1883年1月には4万人体制を超える拡張が承認されることになった．

しかし，以上のような清との対抗を念頭におく軍拡は，その後，一気に進んだわけではなかった．1884年6月に清仏両軍がベトナムで衝突して戦争が始まり，清の朝鮮への関与が緩むとの期待が高まると，朝鮮在勤の日本外交官は朝鮮の開化派によるクーデターに関与した（前章を参照）．この甲申政変は，壬午事変に引き続き，再び日清衝突の危機を引き起こした．しかし以前と異なって，政変は軍拡の加速には作用しなかった．戦争に訴えるだけの軍備は整っておらず，政変の収拾は軍主導でなく，清との妥協を重視する井上馨外務卿と清に特派された伊藤博文（85年12月より首相），つまり政府主導のもとで展開されたのである．

一方，日本の軍拡目標は，東アジア国際情勢の変化にともなって，日清対抗から英露葛藤への対応へと転換した．1885年3月に発生したアフガニスタンにおける英露の対立と開戦の危機は東アジアにも波及し，4月には朝鮮半島をめぐる英露間の対立となって現れた．イギリスが朝鮮半島南端の巨文島を占拠し，約2年間これを続けたのである．これは，朝鮮が列強により分割され，東アジアが列強の争乱紛議の場となるのではないかとの恐れを日本政府に抱かせる事件であった．山県は，1886年頃に起草した「軍事意見書」で，次のよう

に述べている[3].

　現在の国際情勢は，アジアにおいて英露両国が対立し，数年の内に東洋の一大波乱を起こしかねない状況である．これはカナダ太平洋鉄道とシベリア鉄道の敷設によるものであり，……日本の安危に関係することで，兵備完整が急がれる理由である．……ロシアの志は侵略にある．ゆえにシベリア鉄道が竣工すれば，必ず朝鮮あるいはインドの国境地帯で争いが起こるであろう．……その時，我が国は局外中立を守るか，ロシアあるいは英清に与し，交戦国の地位に立つか，いずれかを選ばざるをえない．

　この意見書は，いずれの外交政策をとるにしても陸海軍の整備が必要だと主張し，特に師団編制と海岸防備を早く完成せよと説いている．また師団制への移行と利点について，鉄道・通信の発達の結果，外敵が来襲したとき容易に複数の師団を敵の上陸地点に集結できると述べている．つまり師団制は陸軍の機動力を高めるが，その目的はまずは外征よりも本土防衛を確保することにあり，財政面での負担増を兵員の有効活用によって抑えることも期待されていたのであった．

　この当時，ロシアには朝鮮侵略の力はなかったようであるが，井上馨外相は，その朝鮮半島への南下を心配し，それを防ぐために清との協調路線をとった．イギリスが巨文島を占領した直後の1885年6月，井上は「弁法8カ条」を提出して，日清協議の上で清主導のもとに朝鮮改革を行い，ロシアの影響力を削ごうと主張した．かつての寺島宗則外務卿や黄遵憲の『朝鮮策略』と同様の構想であるが，甲申政変後に清が進めていた朝鮮への影響力行使を容認しようという提案でもある．井上は，英清間の提携関係を支持し，その下で日英清の協調体制を成立させ，英露がもし開戦した場合にはイギリスと接近し，朝鮮の領土を保全しようという展望を持っていた．これは，清側の同調を得るには至らなかったが，国内的には，対清戦争のための軍拡路線に修正を迫るものであるとともに，1883年以後の無理な軍拡によって行き詰まりつつあった財政を救い，また英米の好意を得て不平等条約を改正しようという外交上の基本政策とも適合的であった．1885年12月の内閣制度の創設も，このような外交戦略を遂行するために強力な首相を中心とする政治指導体制を作るという意味を持っていた．

日英清同盟（あるいは提携）論は，日清に重きをおけばアジア主義になり，日英に重きをおけば脱亜入欧論に近くなるが，この二つの外交的志向をはっきりと分けることはできない．現実には清の強さに対する認識や，西洋列強の対立をどう評価するかによって，どちらにも振れるからである（章末コメント1参照）．

1890年3月，山県首相は閣議に，「外交政略論」を先の「軍事意見書」とともに提出した．これは，彼の情勢認識が，1885年から変わっていないことを示している．この意見書は，国家の独立自衛のためには，主権線だけでなく，利益線も守る必要があるということを説いたものとして知られている．しかし，それは，しばしば誤解されるように，日本が利益線と見なしていた朝鮮を日本の支配下に置こうとするものではなかった．長くなるが，有名な主権線・利益線論の部分とともに，その後の中立論の箇所も引用しておこう[4]．

　国家の独立自衛の道は二つある．一つは主権線を守禦し他人の侵害を容れないことで，二つ目は利益線を防護し，自己の形勝〔地理的な優位〕を失わないことである．何が主権線かと言えば，領土がそれである．何が利益線かと言えば，隣国接触の勢いが我が主権線の安危と深く関係する区域を指すものである．どの国も主権線を持たないものはなく，利益線を持たないものもない．そして外交や軍備にあたっては，この二線を基礎に考えることが重要である．現在の世界で独立を維持しようとすれば，主権線を守禦するだけでは足りない．必ず利益線を防護し，形勝の位置に立たなければならない．……我が利益線の焦点は実に朝鮮にある．シベリア鉄道が完成すれば，朝鮮は多事となる．朝鮮多事の時は，東洋に一大変動が生じるであろう．その時に朝鮮の独立を維持できる保証はない．これが〔日本が〕日本の利益線〔朝鮮半島を指す〕に対して最も重大な関心を抱く理由である．……今必要なのは〔朝鮮の中立を守るために〕日本が進んで各国を誘導して自ら連盟の盟主となることだが，それは事情が許さない．ただ他のある国が主唱するならば，日本は必ずその連盟者とならねばならない．……朝鮮の中立は，清国だけが希望するものではなく，英独の二国も間接的に利害を有しており，特に英国は，その東洋における利益線を〔確保するために〕必ず争わねばならない地域である．李鴻章は前から朝鮮のために恒久中立

共同保護を策しており，英独の策士にもこれを支持するものがあるという．〔日本は〕第一に英独二国を東洋共同利益の範囲内に連合させるよう務め，外交上の時機が熟するのを待って，その二国または一国を日清両国の仲介に務めさせるようにすべきであり，第二に清国との交際を厚くすることに務め，第三に朝鮮に派遣する公使は全局に通じ機務に熟した人を選ぶべきである．

山県が述べているのは，ロシアの進出を阻止するには朝鮮の中立化が必要であるとし，そのためにイギリスやドイツと連合し，日清も提携して朝鮮の保全を図ろうという，他力に依存する外交方策である．彼は一方で清が朝鮮に対して行使していた宗主権を否定していたが，ロシアとの対抗を主眼として親英清路線も基本としていた．山県は開会されたばかりの帝国議会で再びこれを主張し，海軍軍拡の必要を述べたが，この時，それは清への対抗という主張ではなかった．

従来，西南内乱の終結後，鎮台制が師団制に改編されて軍が外征用に転換され，その後の軍拡も外征と対清戦争の準備をめざしたものであったと理解されてきた．また福沢諭吉を例にあげて，1880年代後半は日本が脱亜＝入欧の立場を明確にしていく時期であったと説明されてきた．なるほど陸海軍の規模は拡大したが，以上に見たように，軍拡は清を一貫して敵と見なして行われたものではなかった．福沢の脱亜論は従来の対朝政策が行き詰まった結果として表明されたものであり，彼は実際には脱亜論以後も清との連帯を否定してはいなかった．外征を主張する勢力もあったが，それがあったことと政府の政策として選択されたこととの間には大きな差がある．日清戦争は「まだ」必然ではなかった．

ただし，1891年になると新たな軍拡への動きが始まった．この年，ロシア皇太子がシベリア鉄道の起工式に参列する途上で日本に立ち寄り，その際に大津で警護の巡査に暗殺されかけた．また翌年11月にはロシア艦隊が長崎に来航したが，これらの事件は，国内の対露脅威観をあおり，海軍拡張を再始動させることとなった．衆議院は軍拡に消極的であったが，1893年に天皇が建艦詔勅を下したため海軍軍拡に同意せざるをえなくなった．1893年10月に山県が提出した「軍備意見書」には，それまでにない新たな観点がつけ加えられて

いる．清国の軍事力では英仏露による東アジア侵略をくい止められないとし，国庫に余裕ができた今日こそ陸海の軍拡，特に海軍拡張を急務とせねばならないという主張に転じたのである[5]．このように，1893 年になると，日本政府は清国の劣勢を明確に意識しつつ，日本単独での軍事的卓越による安全保障を追求しはじめたのであった．

中国における近代的陸海軍の建設

　中国における近代的陸海軍は 1870 年代から建設が開始され，1880 年代にはそれが本格化して，日本にとっても大きな脅威となった．しかし，中国側の軍拡が日本を仮想敵としたものであったかどうかは断定できない．1870 年代の中国には海防論や塞防論という国土防衛論があったが，前者は日本の台湾出兵などをきっかけに生じた議論であり，後者はロシアの東トルキスタンへの進出に対するものであった．その後，満洲周辺でもロシアの勢力が拡大し，朝鮮半島をうかがうようになると，1880 年代の中国東北部ではロシアの脅威にいかに備えるかということが課題になった．その一方，中国の南東部では，1884 年の清仏戦争にみられるようにフランスとの対立が発生している．

　19 世紀半ばから太平天国の乱や捻軍の反乱にともない，中国の中南部では生活と経済活動の安定，社会秩序の維持のため，それぞれの地域で「勇」軍や武装した自衛集団である団練などが組織された（第 17 章参照）．これは中国社会全体の軍事化へと結びつき，以後，中華民国初期の「軍閥」を経て，中華人民共和国初期にいたるまで，中国社会は各々の地域が軍事化された状況が続いていた．

　清の正規軍は八旗と緑営であった[6]．しかし，この正規軍は 19 世紀半ばの反乱に対抗し得なかった．このような状況は 19 世紀初頭の白蓮教徒の乱ですでに見られていた．そのため，正規軍にかわって各地に「勇」軍が組織された．太平天国の乱に際して，曾国藩（ズォン・グオファン）らが組織した湘軍や李鴻章の組織した淮軍，左宗棠（ズォ・ゾンタン）の組織した楚軍なども勇軍の一種といえよう．中国における近代的軍隊の形成は，この淮軍，楚軍などが，外国人士官によって指揮，指導される部隊と協同作戦を行うなかではじまった．中央でも，1862 年に八旗の下士官から選抜された人々でつくられ，ロシアから提供

された武器を用いる，神機営という新しい軍隊が組織された．しかし，こうした中央での近代式軍隊建設の試みは1870年代半ばには立ち消えになり，最終的に近代的軍隊の形成に結びついたのは勇軍の系統であった．とくに李鴻章の指揮した淮軍は，外国式の組織・運営方式だけでなく，西洋式の武器を購入して近代的装備を備え，次第に天津（ティエンジン）に集結していった．これがいわゆる北洋軍の原型となったのである．装備の中心はクルップ製を中心とするドイツ式で，訓練もドイツ軍人ハネケンらの軍事教官によって実施された．他方，近代的軍隊を建設する際に不可欠な士官の養成も行われ，1870年代に青年士官8名をドイツに留学させたことをはじめ，1885年には士官学校である天津武備学堂を設けて，ドイツ人教員による訓練が実施された．この学堂は，後の北洋軍の将校を多く輩出したが，天津以外の各地にもそうした学堂が建設されるようになっていった．

このように，中国における近代的陸軍の形成は，八旗や緑営が改組されたというよりも，太平天国の乱をはじめとする反乱を鎮圧するための地方の軍隊が，外国人の西洋式の軍隊と触れ合いながら近代的な軍隊へと転換しはじめ，その後，正式な軍隊として清国から認知・制度化されることによって展開していったものであった．中央政府の主導で徴兵制に基づく近代的軍隊を形成していった日本とはかなり異なっている．

海軍については，北洋（ベイヤン），南洋（ナンヤン），福建（フージエン）などの系統があったものの，近代軍隊としての制度化は陸軍よりも先行した．1860年代にはすでに福建に馬尾（マーウェイ）船廠と福建船政学堂が設けられて近代的造船技術とともに操船術などが輸入された．講義ではフランス語や英語が用いられ，卒業生の一部はイギリスの王立海軍兵学校などに留学した．この福建船政学堂は多くの人材を輩出し，彼らは福建派と称された．なお，李鴻章の幕僚として活躍し，「海軍論」や朝鮮での活躍（第23章参照）などで知られる馬建忠（マー・ジエンジョン）は，この福建船政学堂からフランスに派遣される留学生の引率者としてパリに赴き，そこでフランス海軍について調査して，海軍の統一や財政面での改善を提唱した意見書をしたためて，李鴻章に提出している[7]．

こうして1860年代に福建海軍が形成されていったが，1870年代には日本の

台湾出兵を機に海防問題が重視されるようになり，1875年には北洋艦隊と南洋艦隊の建設も始められた．北洋艦隊は北洋大臣李鴻章がその建設を主導した．1880年に海軍士官学校に相当する天津水師学堂が設けられ，次いで，88年には北洋海軍の「艦隊」への編成が行われた．1880年代後半に日本に脅威として認識され，日清戦争で日本海軍と黄海（ホアンホー）海戦を闘ったのは，この北洋艦隊である．

他方，南洋艦隊は南京，上海を中心とした海軍で，南洋大臣がそれを主管した．その艦船の多くは基本的に江南（ジアンナン）制造局や福建船政局の艦船（木製が主）であった．外国から輸入した艦船はほとんどが北洋艦隊に当てられ，南洋艦隊の戦力には限界があった．1885年の清仏戦争に際しては，フランス艦隊の攻撃を受け，福建艦隊と南洋艦隊の双方が大きな打撃を受けている．清仏戦争は北洋，南洋，福建の3海軍にそれぞれ大きな衝撃を与えたが，敗因の一つは指揮系統の不統一にあると認識され，1885年にはその問題を克服するため海軍衙門（がもん）が設けられた．しかし，この機関は財政面で不統一であり，海軍の統合には貢献しなかったとされている[8]．

軍の指揮系統には課題を残しつつも，1880年代には北洋海軍を中心に軍拡が図られた．北洋海軍の財源は，江蘇・浙江・江西・湖北の各省の釐金（りきん）[ii]，および上海・広州・牛荘などの開港場の関税に求められ，200万両が充てられることになっていた．このうち，実際に軍艦購入に充てられたのは100万両強であった．北洋艦隊の主力艦は1881年ドイツ製造の鎮遠・定遠であった．7430トンの大型戦艦であったが，速度が14.5ノットとやや遅かった．このほかに，同じドイツ製（1887年）で2900トンの経遠・来遠が16ノット，またイギリス製（1886年）で2300トンの致遠・靖遠などが18ノットであった．1890年に北京の日本公使館の書記官は，北洋艦隊の状況について，戦艦9隻を主力として25隻，総トン数3万6000トン以上，乗組員2800人以上と認識していた[9]．

このような中国海軍の存在は日本にとって大きな脅威となった．当時は，現在でいう軍事交流が積極的に展開され，日中両国の艦船が相互に往来していた．そうしたなかで発生したのが，1886年8月の長崎清国水兵事件である[10]．定

---

ii) 釐金とは，太平天国の乱のときに減少した税収を補塡するために設けられた一種の（地方）通行税である．税率は一定せず，列強はこれを一種の非関税障壁と見なし，撤廃を求めていた．

遠・鎮遠など4隻が長崎に修理のため寄港したとき，水兵が長崎に上陸して繁華街で騒ぎを起こし，日本の警察と衝突した．8月15日には数百人の清の水兵が日本の巡査と乱闘し，死傷者を出すにいたった．事件に対する両国政府の見解は当初から異なり，両国が相互に領事裁判権を承認していたので，関係者を両国それぞれが裁き，死傷者へは見舞い金を相互に支払うこととなった．この事件は，日清間の軍事バランスにおいて清の優位が変わっていないことを日本側に印象づけた．同時に両国政府はともに，この案件を外交問題化しないように慎重な配慮をしていた．

　1891年に北洋艦隊が日本にふたたび来航した際には，1886年のこの事件をふまえて両国ともに相当に注意したようで，「北洋水師の日本巡航中，清国各艦はこの事に注意し，堅く水兵の上陸を禁止」し，李鴻章も日本側から「清国水師，本邦巡航中は各地方で未曾有の厚遇を受けた」と評価した[11]．日中双方で，1886年の衝突に対して相当の配慮をしていたことがうかがえる．中国側でも来航した日本艦船の船員に対して設宴の申し出があったが，日本側も水兵の上陸について慎重な配慮をしていた．

　中国での研究は，この1890年代には日本のみが軍拡を行っており，中国側は軍拡を行っていなかったと断定する見解がしばしば見られるが，それには無理がある．中国は1880年代に北洋艦隊の陣容を整え，1885年には海軍衙門を設立，1888年に北洋海軍章程を制定して北洋海軍を正式に形成した．これ以後，北洋海軍は整備されなかったという説がある．しかし，ある程度その経費が削減されたものの，1890年に清は海軍軍人養成のために江南水師学堂を設立し（後に魯迅〔ルーシュェン〕が入学している），1887年から1891年にかけて広東水師の艦船を拡充している．福州（フージョウ）の馬尾船廠所で高速巡洋艦，広甲・広乙・広丙が建造され，広東水師に編入された．中国の艦隊は北洋艦隊だけではなく，実際，この3艦は日清戦争に参加し，黄海（ホアンハイ）海戦，威海衛（ウェイハイウェイ）防衛戦などで闘っている．

　日清両国は1880年代に相互に軍拡競争を行ったものの，同時に不要な紛争を避けようとする努力や外交問題化を避けようとする努力もしていた．両者のバランスが崩れ，なぜ戦争に向かって進んでしまったのかについては次章を参照されたい．

さて，1880年代には清の海軍が日本に対して優位であったのに，日清戦争では黄海海戦で日本の海軍が北洋艦隊を破り，多くの艦船を戦利品として獲得した．1890年代の前半で日中両国の軍事力に逆転があったのだろうか．この点についてはさまざまな説明がある．典型的な説明は，北洋艦隊の予算200万元のうち実際に使用できたのは100万元強であったが，その大部分を西太后（慈禧太后）が頤和園の造営費に充てたため，新造艦の購入，艦船の補修などがままならなかったというものである．この説明は，清の朝廷の腐敗や日本との相違を強調するもので，一見わかりやすいが，そ

図2 丁汝昌
（北洋艦隊の水師提督）

れだけで説明することには限界がある．前述のように清は1890年代にも広東水師の軍備を増強していた．また，中国が満洲周辺でのロシアの脅威に備えて，もっぱら陸軍に予算を注いだという可能性もある．

しかし，日清戦争それ自体の勝敗の原因，理由を説明するのはむずかしい．双方で軍拡競争をしていたことは間違いなく，また長崎清国水兵事件などで敵対感が高まっていたのも事実である．しかし，戦争を回避しようとする努力も特に1880年代には存在していた．それがいつ，どのように変化したかという点については，日本側で1890年代の前半に軍拡が加速され，朝鮮への出兵に反対する空気が失われたということも言えるだろう．しかし，中国側から見ると，日本との戦争は想定外に属していたようである．以下は，日清戦争当時，北京に駐在していたアメリカ公使デンビーの回想である[12]．

　日清間の戦争は，最初に敵意を抱いた日本側においてでさえ，決して確たる判断に基づいて起こされたものではなかった．無論，清は日本との戦争など想像さえしていなかった．清は自惚れにひたっており，まさか"倭人"たちが大胆にも攻撃してくるなど考えていなかった．……日清両国は，ともに東方の国家同士であり，戦争の原因など無いように思える．それにもかかわらず，両国民の代表たちの間では，感情的な衝突や困難な問題が，いつもいろいろなところで起きていたのである．そうした衝突の典型例が長崎で起きた事件である．そこでは日清の水兵が衝突し，七名の命が失わ

れた．日清双方の敵対感は，こうした小さな事件の連なりの中で増していった．外国と戦争を起こすという考えは，最後には天皇を魅了した．なぜなら，反抗的で不満を抱きがちな国民を戦争を通じてまとめあげることができるからである[13]．

デンビー公使は，最終的には，琉球の冊封・朝貢関係をめぐる日中の争い，また日本が「アメリカが日本の開国に果たしたのと同じ役割を朝鮮に対して担える」と考えたことも，日清戦争の背景なのではないかと説明している．デンビーは「我々アメリカの日本に対する成功は驚くべきことであり，またアメリカは日本のために偉大で，強い政府を作らせた．日本人は，ある東方の国家〔すなわち日本〕が他の東方の国家〔朝鮮〕に対して，アメリカが日本にしたのと同じ役割を果たすべきだという考えに魅了されているようだ」と述べ，日本を批判した．これは，日本がアメリカの日本への関与と同じようなことをめざしながら，実際にはアメリカが日本にしたのと異なって，朝鮮に「強い政府」を打ち立てようとしていないと批判したものである．

（櫻井良樹，川島　真）

コメント・1　脱亜論と大東合邦論[14]

　福沢諭吉の脱亜論と樽井藤吉の大東合邦論は，ふつう対極的な「思想」として扱われることが多い．脱亜論は脱亜入欧から植民地帝国への道を歩む近代日本の侵略性を先駆的に示したものとして，いっぽう大東合邦論はアジア諸国と連帯し欧米に対抗するアジア主義こそが日本の取るべき態度だと主張したとする点においてである．しかしそれが唱えられた国際環境の政治的文脈に置いて見ると，別の姿が浮かびあがってくる．脱亜論については，それが朝鮮の独立党との連携による日本影響力の増大という福沢の構想が，壬午事変・甲申政変で不可能になった時に語られた捨て台詞(ゼリフ)に近いものであったことがすでに指摘されている．それゆえ，巨文島事件後しばらくすると，再び福沢の発言は変化する．たとえば「朝鮮の治乱興亡について関係の最も切なるものは日本と支那の両国にして，あたかもその利害を同うするものなれば，同国の事に関しては日支両国ともに一致協同して大に力を致」さなければならない（「一大英断を要

す」『時事新報』1892年7月20日）と述べているように，朝鮮に対する清国の力をある程度容認した上で，清国政府と協議して天津条約の廃止を行い，「赤心をひらいて東洋将来の利害を談じ，両国一致して朝鮮を助け」なければならないと論じている．これは一歩でも朝鮮に影響力を確保したいという発想にもとづくものである．いっぽう大東合邦論は，脱亜論以上に「思想的」にとらえられてきた．それは同文同種（どうぶんどうしゅ）の連帯や欧米列強との対抗ということを強調するものの，日朝両国の対等合邦＝大東国の創設の利を説いたものであり，日清関係については合縦（がっしょう）を主張したにとどまる．そして長期的な話は別として，樽井は現実にはロシアの脅威をイギリスの脅威より危険視しており，ロシアに対する日清の提携を主張している．それは日英清三国の協調を説いたわけではなかったが，当時の国際政治的文脈におけば，短期的には井上馨の日英清三国協調論と矛盾したものではなかったのである． 　　　　　　　　　　　（櫻井良樹）

コメント・2 ｜ 清仏戦争[15]

1858年以降，ベトナム植民地化の動きを本格化したフランスは，1883年のフエ条約でベトナムの阮（グエン）朝にフランスの保護国となることを認めさせた．この動きは，ベトナムからの朝貢を受け，宗主国を自認していた清朝を刺激し，その対立は1884年の清仏戦争の勃発に至った．同戦争は，85年の天津条約で清がベトナムに対する宗主権を放棄することで終結した．

このようにまとめると，清仏戦争までは，朝貢を軸とする東アジアの伝統的国際秩序がベトナムに関しては実体的に機能していたように見えるが，実際にはかなり形骸化（けいがい）していた．19世紀の阮朝は，「大南国大皇帝」を自称し，国内的には中国との関係を対等の「邦交」と説明していたことに示されるように，中国に対する自立的な姿勢を強めていた．フランスの侵略に直面してからも，阮朝は，長い間清朝に救援を要請しなかった．1869年から清軍がベトナム北部に入るが，これは太平天国の残党などの「中国人匪賊（ひぞく）」を取り締まるために阮朝が要請したものだった．この阮朝が，フランスへの対抗のために清軍の支援を要請するのは，ベトナム北部への侵略が本格化する1882年になってのことだった．こうしたベトナムの自立的姿勢は，清朝高官を苛立（いらだ）たせており，た

とえば李鴻章は，中国への自立的関係を説いた阮朝官吏の上奏文を問題視して，こんな議論が出るベトナムがフランスに滅ぼされるのは自業自得だとしている．

他方，日本でも，清仏戦争の直前の 1883 年，ベトナムの抗仏抵抗に協力していた太平天国の流れをくむ劉永福（リウ・ヨンフー）の率いる黒旗軍がハノイで仏軍に大勝した時には，新聞が大々的に取り上げたり，絵入りの戦記本が刊行されるなど，大きな関心が寄せられた．「小国」という自意識の強かった当時の日本には，西洋列強の脅威に直面するベトナムの運命に共感する雰囲気が存在していたわけである．福沢諭吉が 1883 年 6 月 9 日の『時事新報』に書いた，日本に縁のうすい「安南」（ベトナム）がフランスに滅ぼされようがどうなろうが問題ではない，日本にとっての問題は清の出方である，という社説は，こうした雰囲気を前提に理解されるべきものであろう． 　　　　（古田元夫）

●より深く知るために
大澤博明『近代日本の東アジア政策と軍事』成文堂，2001 年
高橋秀直『日清戦争への道』東京創元社，1995 年
戸部良一『逆説の軍隊』（日本の近代 9）中央公論社，1998 年
坂野正高『近代中国政治外交史』東京大学出版会，1973 年
古田元夫『ベトナムの世界史』東京大学出版会，1995 年
室山義正『近代日本の軍事と財政』東京大学出版会，1984 年

第25章 日清戦争の勃発と展開

　日清戦争は，朝鮮(チョソン)の支配権をめぐって発生した．結果をみると，戦勝した日本は朝鮮を支配せず，むしろ清(チン)から台湾(タイワン)を奪って，これを画期に植民帝国に変身したのであるが，発端は朝鮮にあったのである．日本の宣戦の詔勅(しょうちょく)は，1876年の日朝修好条規以来，日本が率先して朝鮮に独立国の仲間入りをさせようとしてきたにもかかわらず，清は朝鮮を「属邦」として処遇し，「陰に陽にその内政に干渉」したため，「東洋平和」のため清と戦うと述べている[1]．これに対し，光緒帝(コウショ)(清徳宗(チンデエーゾン))の宣戦の諭旨(ゆし)は，「朝鮮は我が大清の藩属であること，それは二百余年続き，年々職貢を修めてきたことは，中外諸国みな知るところである」に始まり，日本が朝鮮に出兵したことを国際社会も理由なきものとしていると批判し，朝鮮の「百姓(ひゃくせい)」や中国商民を守るために中国は派兵したのに，それを日本側が攻撃したことなどを挙げ，「日本は条約を守らず，国際法も守らない」と非難し，そこに自らの正義を見出した[2]．

　当時の日本では，たとえば福沢諭吉が「文野」(文明と野蛮)の戦争と呼び，あるいは日露戦争の際には反戦を唱えるようになる内村鑑三が「義戦」といったように，この戦争を批判的に見る者は極めて少なかった．彼らのように，中華世界の宗属関係は時代に遅れたもので，近代世界の主権国家体制をより進んだものだと見るなら，この戦争は日本にとって正義の戦争と見るほかはないかもしれない．では，日清の角逐(かくちく)の舞台となった朝鮮から見るとどうだろうか．また，そもそも，朝鮮を争点とする日本と清との戦争は必然だったのだろうか．なかなか難しい問題であるが，ここでは，東アジア世界の一大転換点となった日清戦争について，新たな見方を得るための手がかりを提供してみたい．

日本の軍備拡張

　前章で見たように，1880年代後半の日本では，一部に戦争に訴えてでも朝鮮の支配権を清から奪おうとの意見が見られたものの，政府は天津条約を基礎に朝鮮の現状維持さらに中立化をめざそうとしていた．長期的観点から財政の整理を最優先の課題とし，軍備の拡張を繰り延べる必要があったためである．1890年，陸軍創設の責任者でもあった山県有朋首相が最初の帝国議会で行った演説もその延長線上でなされている．その関心は主に朝鮮半島に注がれていたが，そこで生ずべき有事としては，グローバルに展開していたイギリスとロシアの対決が波及することが想定されていた．日本と中国の関係は，その大枠のもと，とくにシベリア鉄道の着工によりロシアの脅威が増すという予測のなかで，むしろ提携が望ましいとされていたのである．しかしながら，1890年代に入って松方正義蔵相による緊縮財政政策がひと段落つくと，陸海軍は念願の軍拡が可能となった．陸軍の機動力・渡洋攻撃力は急速に高められて，日清戦争が始まった1894年までには，政府に中国との開戦をためらわせないほどの水準に達していたのである．この軍拡の急進が開戦の直接的な原因だったか否かはなお検討せねばならないが，少なくともそれが必要条件だったことは確かである．

　日本の軍備は，1880年代には国内の治安維持に加えて，外国との戦争に備えることも検討されはじめていた．ただ，もともと日本軍は小規模であり，北洋陸軍だけで約4,5万人の清軍，ヴラジヴァストークに約1万人駐屯するロシア軍，最新の西洋艦で増強されつつあった清国海軍に対抗することは不可能と見られていた[3]．そのため，80年代後半の井上馨外務卿の指導下では，外交によって侵攻それ自体の可能性を低め，かつ最低限の防御用海軍を設けることにより国土を守ることが追求されたのである．海軍は内閣から，戦時には巡洋艦と水雷艇を中心に外国の海上通商を破壊し，あわせて沿岸防御にもあたる戦略をとるよう指示されていた．陸海軍の内部には，軍拡によって清と朝鮮の支配権を争奪しようとする案があったが，その場合は，清やロシアが要塞の防御を重視したのと異なって，日本の長い海岸線や要地を砲台などで防衛することはほとんど考慮せず，もっぱら機動的な陸海軍を整備して仮想敵の首都北京

を攻撃し，政治的に屈服させようということだけが考えられていた．以下に紹介する陸軍の軍拡も，瀬戸内の諸海峡によって守られた広島に兵力を集中して海外派兵の基地とすることを基幹とする案であった．

　このような軍の計画は，1890年代に急速に実行に移されていった[4]．陸軍は1880年代にも上陸対抗演習を行ったことがあるが，1890年の陸海軍連合大演習（名古屋），1892年の陸軍特別大演習（宇都宮）からこれを本格化し，同時に演習の力点を防衛軍の側から上陸軍の側に移した．これらの演習では折から建設ブームを迎えていた鉄道による軍の移動が取り入れられるようになり，電信の運用法も指揮および部隊相互間の連絡手段として重点的に学ばれた．さらに，兵員の輸送・集中のために必要な鉄道網の建設に関しては，1891年に青森・岡山間が全通するとともに，1892年には山陽線が三原まで通じ，1894年4月には三原・広島間の工事が竣工して，6月から営業運転を開始することになった．また，軍隊の動員に関しても，1893年中にドイツ式「歩兵操典」「野外要務令」にあわせた戦時編制・平時編制の改定作業が行われ，1894年初頭には兵站・運輸・通信に関する数多くの規定が制定された．1893年には戦時における陸海両軍統合機関として，戦時大本営の編制条例が制定されている．

　砲台の建設や，対外戦争にかかわる社会的諸制度の整備はまだ十分ではなかった．また軍艦も，1893年に予算が議会を通過した「富士」「八島」が建造中だったため，清国海軍の「定遠」「鎮遠」に対抗できる軍艦（排水量4000トン超）は，「厳島」「松島」「橋立」の三景艦と「吉野」（1893年イギリスで完成）だけという状態であった．しかし，戦争に踏み切るのに必要な軍の編制・動員システム，火器・弾薬・船舶などの軍備，陸海軍の提携関係，そしてぎりぎり最低限の海軍力などは，1894年初夏には整っていた．戦争に関しては，しばしば，その能力と意図の有無が注目されるが，開戦直前の日本は，少なくとも能力は持つようになっていたのである．

　他方，前章末に見たように，中国の側では日本が文字通り挑戦してくるとは想定していなかったが，イギリス・ロシアなどを念頭に置いた陸海軍の整備は日本以上に進んでいた．1885年に設けられた海軍衙門の統率力には問題があったものの，1888年には北洋海軍が組織され，また軍備増強の面でも広東水師を中心に進行していた．中国にとっては，清仏戦争後の南方の軍備再整備だ

けでなく，ロシアの東漸もまた大きな問題であった．ヴラジヴァストーク要塞は1889年から使用が開始され，シベリア鉄道の建設も1891年に始められていた．そうした意味では中国がもっぱら対日戦争への準備を行っていたという理解はできない．

朝鮮の東学農民反乱と中国・日本の派兵

こうしたなか，1894年春，朝鮮半島南西部に位置する全羅道の古阜郡で，地方官の悪政に対する反乱が起こった[5]．事態の調査のため政府から派遣された役人が農民らを虐待すると，東学を信仰する全琫準らが近隣の農民を集結させて蜂起した．東学とは，朝鮮王朝末期の社会不安を背景に，1860年に崔済愚という人物が創始した宗教である．政府から異端とされて教祖崔済愚は処刑されたが，「人心乃ち天心」という人間平等思想，また「後天開闢」という理想の世の到来を説いた東学は，第2代教祖の崔時亨のもとで，朝鮮半島南部を中心に教勢を広めていた．全琫準が率いる農民軍は，「倭夷駆逐」と「権貴打倒」，つまり日本人の追い出しと閔氏政権の打倒を掲げて，ソウルに向かって北上した．この一大乱は，日本の教科書などでは甲午農民戦争と呼ばれているが，韓国の教科書では東学農民運動と呼ばれている．

朝鮮半島情勢の変化を背景に，『東京朝日新聞』など日本の新聞は朝鮮政府の統治能力の極端な低下を指摘するとともに，現在の朝鮮人と朝鮮政府が「敵意」といえるほどの反日的傾向を持っていることを報じはじめた．さらに，甲申政変失敗ののち日本に亡命し，日本人の支援者も多かった金玉均が，この年の3月，清に乗り込んで李鴻章（リー・ホンジャン）と談判しようと渡った上海で，朝鮮政府からの刺客によって暗殺されている．清の軍艦で朝鮮に運ばれた金の遺骸は市中に晒されたが，これも清と朝鮮両国の一致した反日行動であるとの印象を日本人一般に与えた．甲午農民戦争が勃発すると，日本の新聞はもし清が日本に通知なく朝鮮に派兵するなら，それは日本が確立しようとしている東アジア国際秩序への重大な挑戦であるとして，決して見のがせないと主張した．

一方，朝鮮では，ソウルへと北上する農民軍が，政府軍との戦闘で勝利を続け，5月31日には全羅道の中心地である全州に入り，政府軍と激戦を繰り広

げた．危機に陥った朝鮮政府は，農民軍鎮圧のため清に派兵を求めるか否か，賛否両論の議論ののち，6月3日に正式に袁世凱（ユエンシーカイ，駐箚朝鮮総理交渉通商事宜）に清国軍の派遣を請願した．一方，日本の伊藤博文内閣は，それより前，予想される清国の出兵に対抗するため，陸奥宗光外相（図3）の主唱により6月2日の閣議で派兵準備の開始を決定した．6月5日には参謀本部内に戦時大本営を設置し，実質的に戦時体制に移行している．こうして，清軍が農民軍の本拠の全州に近い牙山に上陸する一方，日本も第5師団（広島）の一部から構成した派遣軍を，より漢城（今のソウル）に近い仁川に上陸させた．

図3　陸奥宗光
（国立国会図書館蔵）

さて，このときの陸奥宗光外相の方針は，自身の回顧によると，次のとおりであった[6]．

> 清国政府が朝鮮国に軍隊を派遣することが確実なるからには，日本もまた朝鮮での日清権力の平均を保持するために相当の軍隊を同国へ派出すること勿論であるとは，廟議のすでに決定したところであるが，同時に我〔日本〕は常に被動者の地位に立つことを欲し，かつ清国政府が果たして天津条約に対してどのような方針を取って来るかを知ることがはなはだ必要だとして，日夜清国の挙動をうかがっていた．

このように陸奥は，西欧列強に対して日本の正当性を主張するため，日本が「被動者」＝「受け身」の立場に立っているという印象を与えようと考え，天津（ティエンジン）条約によって，まず日清の共同撤兵，ついで朝鮮内政の共同改革を清に提案した．しかし，朝鮮を実質的な管理下に置いていた清側は，当然のことながら，朝鮮の内政改革を日清共同で行おうという日本側の提議を無視し，まず日本側の撤兵を求めた．清からの拒否回答が届いた6月21日，山県有朋（枢密院議長，日本陸軍の創設者）や陸海両軍の統帥部をまじえた臨時閣議が開かれ，戦争を辞さない決意で行動を展開することが決定された（翌22日には御前会議が開かれた）．陸奥外相は清国公使に「第一次絶交書」を交付した．

その間，日本が開戦に踏み切るにあたって考慮せねばならなかったのは，列強の動向であった．とくにロシアとイギリスは日清間の調停への意欲を示していた．しかし，日本は朝鮮に兵を置いたままで交渉することに固執し，逆に清が先に撤兵すべきだと主張した．そのため，これらの調停の試みは失敗に終わり，陸奥は国際的に「行動の自由」を得たものと判断したのである．

朝鮮内政改革問題と日清開戦

日本が朝鮮への出兵を決定したとき，駐朝公使の大鳥圭介は日本に帰国中であった．政府の命令で海兵隊とともに朝鮮の仁川に着いた大鳥は，6月10日，漢城に入った．日本の軍隊派遣の理由は，1882年の済物浦条約第5条に基づく公使館・領事館および在留日本人の保護であったが，しかし大鳥が到着してみると，漢城は平穏であった．全州で政府軍と戦っていた農民軍は，日清両国の派兵の消息を聞いて戦闘の継続は不利であると察し，また農繁期を迎えたこともあって，政府に弊政改革を約束させて解散することとしたのである（全州和約）．清軍も牙山に留まっており，漢城に進駐してくることはなかった．

当然，朝鮮政府は日本軍の撤退を求める．また，袁世凱も撤兵を求めてきた．大鳥はあわてて軍隊の増派は不可であると陸奥に打電したが，第1次部隊は既に出兵しており，伊藤内閣としては手ぶらで軍隊を引き揚げるわけにはいかない．はじめ袁世凱と日清共同撤兵を協議していた大鳥も，杉村濬書記官ら公使館員らの後押しがあって撤兵に応じないことに考えを変えた．そうして6月15日，伊藤内閣は閣議で，朝鮮の内政改革を共同で行うことを清に対して提議し，交渉の結論を得るまでは軍隊を撤退せず，もし清が共同の内政改革に同意しない場合には，日本が単独で朝鮮の内政改革を行うことを決定した[7]．朝鮮の宗主国を自任する清がこれを受け入れるわけはなく，「第一次絶交書」の交付になったのは前節でみたとおりである．

こうして仁川に留まっていた第1次派遣部隊の残りが漢城に入り，また第2次派遣隊が広島を出発した6月26日，大鳥は朝鮮国王高宗に謁見し，内政改革の実行を要望した．高宗の答えは，大鳥の好意には感謝するが，日本軍の撤退が先だというものであった．さらに大鳥は，日清開戦の名目に使うため，清と朝鮮との宗属関係を持ち出した．第23章で見たとおり，1885年の日清天津

第25章 日清戦争の勃発と展開 ● 247

条約の第3条は，日・清が朝鮮に軍隊を派遣する場合，相互に通知すること（行文知照）を定めていた．これにもとづいて，日清両国は6月7日に互いに行文知照を行っていたのであるが，汪鳳藻（ワン・フォンザオ）駐日清国公使からの行文知照には，清の朝鮮派兵の理由として「保護属邦」という字句が含まれていた．大鳥は，これが1876年の日朝修好条規第1款の「朝鮮国は自主の邦」に反しているとし，違反の責めを清ではなく朝鮮政府に向かって突きつけたのである．

宗属関係問題は，本書でこれまでみてきたように，1880年代以来の朝鮮をめぐる日清の対立の核心であった．1882年の壬午軍乱以後，日本政府はこの問題によって清と衝突するのを避けてきたのであるが，ここに至って朝鮮への出先官吏がこのカードを切ったのである．しかし，大鳥が朝鮮政府に宗属関係問題を突きつけた6月28日の直後，日本政府はロシア・イギリスの調停に対応せねばならなくなった．今に始まったものでない宗属関係問題を持ち出すことは，開戦理由をこじつけるものと見なされてもしようがない．陸奥は大鳥に対して，宗属関係問題によって開戦に持ち込むことにブレーキを掛け，朝鮮政府には専ら内政改革だけを要求せよと訓令した．

7月6日，大鳥は朝鮮政府に5カ条からなる内政改革案を提示し，具体的な協議をするため朝鮮国王に改革委員を任命するよう代奏を求めた．大鳥から回答を迫られた朝鮮政府は，3人の改革委員を任命し，7月10日から南山の麓にある老人亭という場所で大鳥と協議させた．その間，朝鮮側は日本軍の撤退が先決であると主張する一方，国王高宗は校正庁という役所を新設して独自で改革を行うという姿勢をみせ，16日，ついに内政改革をめぐる日朝の協議は決裂した．大鳥は，宗属関係問題を理由に，日本軍による王宮の包囲を決心した．一方，イギリスの介入をかわした日本政府も，19日に開戦命令の電報を大鳥に打った．20日にこれを受け取った大鳥は，朝鮮政府に対して，清軍を退去させること，および宗属関係に基づいて清との間に結ばれた商民水陸貿易章程ほか2章程の破棄を要求した．回答期限の尽きた23日，日本軍は王宮の景福宮を占領して閔氏政権を倒し，大院君を執政とする政権を樹立した．この王宮占領事件は，日本陸軍の公式見解では，偶然王宮前を通りかかった日本軍に朝鮮側から発砲があり，やむなく王宮占領に至ったのだというが，実際

は大鳥が大島義昌旅団長らと周到に準備をしたものだった[8]．日本は，こうして朝鮮に政権交代を強要し，新政府から清軍駆逐の依頼を取り付けて，7月25日に朝鮮半島中部西岸の豊島沖で清と交戦し，これを皮切りに，近代西洋的な戦争方法による全面戦争に突入するのである．

　朝鮮の独立を名分にした日清戦争であるが，開戦過程で日本は軍事力を背景に朝鮮政府に内政改革を強いるという内政干渉を行っていた．7月23日の王宮占領も，外国軍である日本軍が朝鮮の政権を転覆させるという，内政干渉の最たるものである．日本は朝鮮政府との間に，8月20日，「暫定合同条款」を結んで王宮占領事件について以後不問に付すこととし，8月26日には，日本と朝鮮の攻守同盟である「両国盟約」を結び，朝鮮政府に日本の軍事行動に便宜を図らせることとした．こうして日本は，朝鮮の「独立」のための戦争が，朝鮮への内政干渉のもとに開始されたという事実を隠蔽したのである．

日清戦争の展開

　一方，日本の帝国議会では，それまで「対外硬」と呼ばれるグループが伊藤内閣の「軟弱外交」を批判していたが，彼らは戦争が始まると，一転して隣国を助けるための「義戦」として内閣を全面的に支持するようになった．大本営の置かれた広島で召集された第7議会は，満場一致で臨時軍事費1億5000万円と軍事公債1億円の募集をわずか5分で可決した．また，日本国内では，民衆の多くは戦争それ自体に対しては無関心であったが，士族や知識人は戦争に熱狂した．士族は各地で義勇兵を志願し，また抜刀隊を編成した．田山花袋は「維新の変遷，階級の打破，士族の零落，どうにもこうにもできないような沈滞した空気が長くつづいて，そこから湧き出したようにみなぎりあがった日清の役の排外的気分」に触れ，「戦争罪悪論などはまだその萌芽をも示さなかった」と回想している[9]．

　日本政府・軍が開戦直前に出先軍に交付した「作戦大方針」では，北京付近の直隷（ジーリー）決戦によって清と勝敗を決することを最終目標としていた．しかし，当初の方針は北洋海軍の主力が残っていることや輸送船舶の不足など軍の内部事情によって改定され，直隷作戦は翌年春に延期されて，陸続きに朝鮮半島から北上して平壌（ピョンヤン）作戦・鴨緑江作戦・旅順（リュイシュン）占領作戦が進

められることになった．具体的には，山県有朋（第1軍司令官）自らが率いる第3師団が，連合艦隊の護衛のもとに仁川に上陸，9月15日の平壌会戦と17日の黄海（ホアンハイ）海戦によって，朝鮮半島における戦闘は日本軍の圧勝に終わった．日本軍は鴨緑江を越え，満洲（マンジュ，現在の中国東北部）に侵攻した．さらに，旅順半島攻略のため第2軍が花園口（ホアユエンコウ）（盛京省）に上陸し，11月22日に旅順を陥落させた[10]．

一方朝鮮では，東学農民運動で蜂起した農民らは，全州和約ののち全羅道（チョルラド）地方で自治を行っていた．農民運動の指導者は，民の信望が高い大院君が政権に就いたことで，しばらくのあいだ事態を静観していたが，政府が日本を後ろ盾にした開化派によって掌握されていることが明白になると，10月，日本人の排斥と反開化を唱えて再度蜂起した．全琫準（チョンボンジュン）率いる主力部隊は，11月下旬から12月上旬にかけて，忠清道（チュンチョンド）の公州（コンジュ）で日本・朝鮮政府連合軍と戦闘を繰り広げた．しかし，第1次の蜂起の時とは異なり，農民軍と日本・朝鮮政府連合軍の兵力の差は歴然としていた．敗走した全琫準は，12月，朝鮮半島の南端に近い全羅道淳昌（スンチヤン）で捕らえられ，死刑に処された．農民軍側の死者数については，5万人に迫るほどだったという推算があるが，朝鮮王朝末期最大の民衆運動は，こうして幕を閉じたのである[11]．

さてこの間，10月8日にイギリス，11月6日にアメリカが講和仲裁の提議を行った．これは清に全面勝利を収めたい日本側にはありがた迷惑な申し出だったので，旅順が陥落すると，日本政府と軍指導者はこの冬の間に直隷決戦を行って，講和に有利な地歩を獲得したいと望みはじめた．そのため，大本営は病気のため厳寒の直隷作戦の指揮が不可能に見えた山県を解任するとともに，直隷作戦の準備を進めた．しかし，その後，政府側は本格的な「講和期」が来たと認識し，直隷決戦は困難になったという判断に傾いた．

下関条約の締結と三国干渉

アメリカの仲裁提議により，清国講和使の張蔭桓（ちょういんかん）（ジャン・インホアン）・邵友濂（しょうゆう）（シャオ・ヨウリエン）が1895年1月に来日した．しかし，2月2日の会議で日本全権の伊藤博文が清国全権の委任状が不備であると指摘したために決裂し，代わって李鴻章自らが3月に頭等全権大臣として来日し，下関における講和会

議に臨むことになった．会議の冒頭では，日本側は奇酷(かこく)な休戦条件を提示したが，自由党系の壮士(そうし)が李鴻章を狙撃するという事件が発生したため，西洋での評判を懸念して無条件の休戦を受け入れることとなった．以後，会議は講和条約の討議に移ったが，列国に干渉の機会を与えないように，日本側は早期の決着を望んだ．その結果，4月17日に日清間で下関講和条約が調印された（内容は次章を参照)[12]．他方，大本営は下関での会議が開始された後，かねて計画中の台湾占領作戦に取りかかり，他方では講和の決裂に備えて，直隷決戦の準備も進めていた．新たに近衛・第4師団を投入し，かつ征清大総督府を前線に送り込んで，総力を挙げて直隷省での清国との決戦に臨もうとしたのである．征清大総督府（征清大総督＝小松宮(こまつのみや)参謀総長と大本営幕僚の大半で組織）は4月13日に旅順に到着した．「大挙出征，ほとんど国内防備を撤去した感がなくもない」と伊藤が表現したように，国内の師団は動員され尽くしていた．

下関条約の一部として，日本は清に遼東(リアオドン)半島の割譲(かつじょう)を認めさせた．だが，遼東半島について，下関で交渉に当たっていた李鴻章は，以前に駐華ドイツ公使を務めていたフォン・ブラントから干渉の可能性があるとの情報を得たあとに，条約に調印したのだった[13]．中国の地方大官にも，「遼東半島を棄ててはならない．遼東半島が無ければ東三省(ドンサンシェン)はなく，東三省がなければ我が王朝はない」というように，遼東還付を求める論調があった．また，駐ロシア公使の許景澄(シュィ・ジンチェン)がロシア側に対して積極的に働きかけてもいた[14]．

はたして，西洋諸国は干渉を実行した．日本が清からの朝貢国の剥奪(はくだつ)を朝鮮の独立という形で成し遂げただけでなく，さらに遼東半島の割譲に成功したことは，中国の心臓部に分割の刃を突きつけたことを意味した．しかしながら，列強はまだ清を互いに分割しあう決意は固めていなかった．そのため，日本による領土剥奪を利用して分割競争に乗り出すよりも，当面は日本の着手を抑制して分割競争を先に延ばす道を選んだ．すなわち，欧米列強は清の領土の割譲が東アジアでの勢力均衡(きんこう)を破壊すると判断したのである．

干渉を主導したのはロシアであった．ロシアは1894年10月に皇帝アレクサンドル3世が死去し，新皇帝ニコライ2世のもとにウィッテ蔵相が勢力を得ると，極東政策を活発化させていた．日本が講和条約で遼東半島を獲得したこと

に対し，これを不満とするロシアは，同盟国フランス，および露仏同盟による挟みうちを嫌ってロシアが極東進出に関心を向けることを願うドイツを誘って，「遼東半島を日本が所有することは常に清国の首都を危うくするだけでなく，朝鮮国の独立を有名無実にする」として，その領有を放棄するよう日本側に要求を突きつけてきたのである[15]．

　伊藤首相は，この三国干渉に対してどう対応すべきかをめぐり，ただちに御前会議を開いて検討した．当時，陸奥外相は重病で会議に出席できなかった．伊藤らが考慮した対応策は，①勧告の全面的拒否，②列国会議の提唱，③遼東半島の返還の3案であり，御前会議は第2案を内定した．しかし，陸奥外相は病床から意見を寄せて，第2案の列国会議方式は自ら新しい干渉を招く「非計」だとして，第3案の勧告受け入れを選択するように説いた．結局，日本は干渉への全面的な屈伏を決め，その旨を回答した．

　戦勝に熱狂して過大な賠償金・領土割譲を期待していた日本国民は，いったん獲得した領土の返還に激昂(げきこう)した．陸奥が観察したように，「戦争における勝利は，外交において失敗した」と伊藤内閣の責任を糾弾したのである．新聞『日本』は，三宅雪嶺(みやけせつれい)の書いた「嘗胆臥薪(しょうたんがしん)」と題する小論を掲げたが，政府はこれに発行禁止をもって報いている[16]．陸奥宗光が晩年の力を振り絞って執筆した戦争指導の回顧録『蹇蹇録(けんけんろく)』は，冷徹な分析をもって有名であるが，その実は戦時外交に対するこれらの批判への反駁(はんばく)の書として書かれたものであった．

（千葉　功，月脚達彦，川島　真）

コメント・1　日清開戦直前の世論と政局

　日清戦争を考える上で，この時期の日本政治が議会の開設によって変化し，外交が議会勢力との交渉や，その背景にある「国民」世論によって，より強く影響されるようになり，以前よりも対内的な性格を多く持つようになっていたことに注目せねばならない．日清開戦までの初期議会は，藩閥政府と衆議院の民党との減税問題をめぐる厳しい対立で始まったが，1892年頃から対立の焦点は対外問題に移った．とくに条約改正問題で，開戦前年の10月に内地雑居を非とする政治家たちが大日本協会を結成し，これに改進党が同調して議会で

対外強硬派が過半数となり，現行条約励行建議案が通過する情勢になった．条約励行建議とは，厳格な現行条約の適用によって，外国人に不便や苦痛を与え，列強側から条約改正を求めさせようというもので，陸奥宗光外相が「鎖国攘夷的建議案」と批判したものである．第２次伊藤内閣は1893年の末に議会を解散して対抗したが，総選挙後の５月の議会でも伊藤内閣批判の上奏案が可決され，６月２日に議会は再び解散された．まさに日清開戦は，その選挙戦の最中になされたのである．対外強硬論が直接に日清開戦の原因となったわけではないが，その盛り上がりから開戦へ，そして国民の一致した戦争支持へと続く流れは，日清戦争を転機とする国民の国家意識形成の進展と深く関連し，その後のナショナリズムの高揚を決定的に方向づけたように思われる．

（櫻井良樹）

コメント・2　戦場からの手紙

　日清戦争の際，戦場の情報を国民に伝えたメディアとして，新聞（マスメディア）と戦場と日本を往復した1200万通を越える野戦郵便（パーソナルメディア）がある．

　当時の新聞は報道メディアとして発展途上にあった．紙面に戦争に関する政府公報・通信社情報や国内で取材した戦争情報を掲載するだけでなく，よりリアルな現場の戦争情報をもとめて従軍記者を派遣し，陸海軍側も彼らを受けいれた．福沢諭吉の経営した『時事新報』のように，画報隊として洋画家浅井忠と写真家浅井魁一を派遣したり，徳富蘇峰の『国民新聞』のように日本画家の久保田米僊・米齋・金僊親子を従軍させた例もある．東京・大阪の中央紙のなかには，10名をこえる従軍記者を送りこんだ新聞もあった．

　しかし小規模な地方紙は多くの特派員を送ることができず，代わりに戦場の兵士と軍夫（輜重輸卒のかわりに輸送業務にあたった臨時雇用の軍属）が故郷の家族知人にあてた私信を掲載した．この方法は戦争情報の不足を補っただけでなく，郷土兵の生の声や動静を紙面に反映させることができたので，地方紙の読者に好評だった．

　日清戦争時には，内務省や陸海軍省によって自由な新聞報道が制限され，兵

士が戦地から送る野戦郵便には検閲があった．それにもかかわらず，新聞に掲載された兵士や軍夫の手紙には，昭和期の野戦郵便には書くことが許されなかった，具体的な滞在地，今後の作戦，旅順虐殺や台湾の対ゲリラ戦のような残酷な軍事作戦がリアルに記されている．新聞記事の検閲制度は東京，大阪，広島では機能したが，地方では機能せず，野戦郵便の検閲も厳しくなかったからであろう．地方新聞に掲載された戦場からの手紙には，戦争の現実と兵士と軍夫の戦場体験を知るための貴重な情報が詰まっている． 　　　（大谷　正）

コメント●3 ｜ 中国における日清戦争論[17]

　日本の朝鮮への関与やその後の日清戦争へと至る道程をいかにとらえるのかという点について，日本の学界でも見解が分かれている．通説は，日清戦争までの日本には帝国主義国となるか，植民地となるかの二者択一しかなく，結果的に帝国主義にならざるをえなかったとする見解だろう．これは，日本が朝鮮侵略，対清戦争を一貫して目指していたということでもある．他方で，松方デフレ期から初期議会期にかけての明治政府は「小さな政府」的な路線をとっており，むしろ確固とした朝鮮政策は欠如していたとする見解もある．これは日本に第三の道があった可能性を示す議論で，このような志向性が日本の対朝鮮政策を抑制的にしていた（財政面，軍事的未整備）とされている．

　中国での見解は日本と異なる．まず，朝鮮半島を日中が争った結果として日清戦争が発生したという説明はあまり用いられない．中国としてはあくまでも朝鮮の要請に従って出兵し，乱が収まった後は，日中相互の撤兵を提案し，また日中対立が先鋭化した時には列強に調停を求めたとされる．そして，清はそもそも戦争の準備が不十分であり，また李鴻章が戦争回避路線を採用し，列強への調停要請を続けたので，戦闘においても受動的であったと位置づけられる[18]．

　中国の代表的な日清戦争研究者である戚其章（チー・チージャン）は，その著書『国際法視角下的甲午戦争』（人民出版社，2001年）において，明治以来の日本の対外侵略をすべて国際公法違反だとする．その見解には妥当な部分がないわけではないが，議論の余地が多く残されている．まず，主権国家どうしの戦争

について正当性や合法性が第一次世界大戦以後ほど深く問われなかった19世紀末の国際法のありかたが検討されていない．次に，戚は日本における陸奥宗光評価を批判し，1894年6月2日の出兵決定を被動的でも，偶然的でもなく，中国侵略を企図したものであり，「狡猾な」陸奥が英露の介入に対処しつつ，日清共同撤兵協議を破壊して，朝鮮内政改革案を提案して戦争を挑発し，国際法を無視して開戦の口実を作ったという．開戦については，1894年7月25日の豊島沖海戦とともに，これを7月23日の日本の朝鮮王宮占領に求める中塚明の説も肯定的に評価している．中国では，中塚明の使用した，福島県立図書館の佐藤文庫にある参謀本部編『日清戦争史』草案が翻訳され，それに依拠した文献や，それを日本が維新以来対中侵略の意図を有していた証拠とする論稿も見られ始めている．なお，戚の著作は，日本の得た賠償について，賠償金2億両，遼東半島還付報償金3000万両，威海衛（ウェイハイウェイ）占領費150万両だけでなく，日本の奪った艦船，機器などを合わせると3億4000万両に達したとする．

　日本がいつ清との戦争を想定して本格的な準備を開始したかという問題もまた一つの焦点である．関捷ほか総主編『中日甲午戦争全史』(全6巻，吉林人民出版社，2006年) も，戦後日本の大陸政策の形成が一つの重要な論点としている．日本の議論では，陸海軍それぞれの動向，議会との関係などの論調が複合的に参照されて戦争準備の過程が議論されるのに対して，中国の論調では山県有朋が注目され，比較的早い時期から日本が対中戦争を準備し，軍拡路線を歩んでいたとする見解が目立つ．

　ただ，日清戦争へと至る時期の中国と朝鮮の関係について，単純に日本の大陸政策だけに注目するのではなく，中朝関係に注目する王如絵『近代中日関係与朝鮮問題』(人民出版社，1999年)，同『甲午戦争与朝鮮』(天津古籍出版社，2004年) などが，中朝関係の問題点や，朝鮮から見た中国側の問題点などを扱い，中国における新たな日清戦争研究の流れを示していることにも留意が必要である．

（川島　真）

●**より深く知るために**

大谷正『兵士と軍夫の日清戦争——戦場からの手紙を読む』有志舎，2006年
小宮一夫『条約改正と国内政治』吉川弘文館，2001年
斎藤聖二『日清戦争の軍事戦略』芙蓉書房出版，2003年
佐々木隆『明治人の力量』（日本の歴史21）講談社，2002年
高橋秀直『日清戦争への道』東京創元社，1995年
原田敬一『日清・日露戦争』岩波新書，2007年
東アジア近代史学会編『日清戦争と東アジア世界の変容』上下，ゆまに書房，
　1997年
檜山幸夫『日清戦争　秘蔵写真が明かす真実』講談社，1997年
藤村道生『日清戦争　東アジア近代史の転換点』岩波新書，1973年
陸奥宗光著，中塚明校注『新訂　蹇蹇録　日清戦争外交秘録』岩波文庫，1983年

第26章 日清戦争後の東アジア世界

　日清戦争は東アジアに大きな波紋をもたらした．中国はアヘン戦争以来取ってきた外交上のダブルスタンダードを止め，近代西洋の条約秩序を少なくとも表面上は受け入れて，朝鮮の「独立」を公式に認めた．朝鮮では戦争中から始まった「独立」と内政改革の動きがさまざまの曲折を経ながら続き，「大韓」帝国の成立にいたった．中国でも，列強による分割競争が始まったことに対し，戊戌変法と呼ばれる明治日本をモデルとする内政改革が試みられ，その失敗後も改革の努力は続いた．世界の予想に反して勝利者となった日本では，戦中・戦後を通じて「国民」意識が定着していったが，それは東アジアでの自国の優位を誇り，こうした敗者の側の変化を軽視する面も伴っていた．また，台湾を植民地として獲得する一方，西洋諸国の干渉によって遼東（リアオドン）半島を返さざるをえなくなったことは，日本人の間に，植民地支配へのこだわりを生んだ．近世には主要三島に閉じこもって暮らしていた日本人は，周辺領域の北海道・沖縄を近代的な領土に組み替えただけでなく，もともとまったくの外部にあった地域も領土化する可能性に目覚め，それをいったん植民地にすると手放せなくなったのである．

日清条約の更新

　日清戦争の終結により，明治初年から生じていた東アジア3国間におけるきしみがほぼ落着する一方，新たな問題も発生した．前者の面にまずふれると，琉球の帰属問題は実質的に消滅したし，中国は講和条約で朝鮮が「完全無欠なる独立自主の国」であることを承認した．条約は朝鮮の清への貢献・典礼等を廃止することを規定したが，これは，西洋の登場とともに中朝の間に生じていた，冊封・朝貢などに依る関係と条約に依る関係というダブルスタンダードの

うち，前者が実質的に消滅することを意味していた．東アジア3国の関係は，以後，原則として条約を基礎とした関係に移行することとなった．

さて，以下ではまず，日中関係の変化を中心に述べてゆく．日清講和条約[1]は両国が以後「清国と欧州各国との間に存在する諸条約章呈を以て」諸条約を締結し直すという取り決めを設け，これによって日本は，中国に対して欧米と同等の地位を獲得することとなった．1871年に締結された対等な日清修好条規に代えて，日清通商航海条約という日本優位の不平等条約が締結され，日本も居留地を設定し，片務的な領事裁判権を行使できることとなったのである．日本自身は幕末の条約により欧米列強と領事裁判権・関税自主権や最恵国待遇の側面で不平等な待遇に甘んじていたが，1899年に発効した条約改正で日本国内での領事裁判や居留地は撤廃されることになった．日本は自身の条約改正と中国との不平等条約の締結により，東アジアの国際政治において「列強」としての地位に近づいたのである．

さらに，日本は清から2億両（遼東半島の返還の代償としてさらに3000万両）の賠償金を獲得し，その一部を金本位制実施の元手とした．その実現を悲願とした大蔵大臣松方正義にとって，それは一流国への仲間入りを意味するものであった．

そして最も重要だったのが，台湾を植民地として獲得したことであった．日清講和条約は日本への台湾割譲を定めたが，それは自動的に日本の統治を保証するものではなかった．清との講和条約調印後も，戦争は台湾の領有戦争として継続していた．日本軍は5月末に台湾上陸を開始したが，その直前の5月23日には地元民によって「台湾民主国独立宣言」がなされた．日本は，6月2日に清国から施政権を譲渡されたが，それと同時に台湾住民の日本の占領に対する抵抗が始まった．条約は，住民が日本統治を受け入れるか，国外退去して中国籍を選択するか，2年の猶予期間を定めていたが，退去した者はほとんどいなかった．日本は，統治に服しない住民を「土匪」と呼んだが，この「土匪」との戦い，および熱帯病との戦いで，多くの戦病死者を出した．この数は日清戦争それ自体の戦病死者をはるかに上回っている．11月18日に樺山資紀総督は天皇に台湾平定を報告し，1896年3月から軍政を民政に移管したが，とくに山間部を中心にその後も長く抵抗が継続した．また，台湾では，大日本

帝国憲法が適用されず，行政・軍事の大権を与えられた総督が本土とは別に強力な統治を行った．台湾において，台湾人と日本人は異なる法域の下に置かれた．台湾人は旧慣（台湾土着の規範）の下に置かれ，日本人と外国人は日本法の下に対等な状態で置かれることになった．これは条約改正の成果をふまえたものであった．

なお，講和条約後，露仏独の三国干渉によって遼東半島の返還が実行されたのは1895年12月27日，賠償金支払いのため担保占領していた威海衛（ウェイハイウェイ）から日本軍が退いたのは，賠償金支払いの完済を受けた1898年のことであり，その直後に同地はイギリスにより租借されることになった．

一方，日清間の新条約は，1896年7月21日に日清通商航海条約として調印された．それは日本に，新たな開市・開港場として沙市・重慶・蘇州・杭州を与え，長江（チャンジアン）の宜昌（イーチャン）（湖北省）から重慶（チョンチン）（四川省）に至る航路の航行権，上海から蘇州（スージョウ）・杭州（ハンジョウ）に至る運河の航行権も与えた．また，同年10月に結ばれた付属議定書第1条により，日本は新たに開かれた各港と従来からの開港場である上海・天津に専管租界を置けるようになった．それらの専管租界は1897年から99年にかけて設置された（上海は共同租界に参加）2)．1898年は列強諸国が中国各地に租借地を設定した年であり，日本租界の設定はそれと並行していた．日本はこの点でも欧米列強による動きと同調していたのである．もっとも，日本の専管租界は，『朝鮮策略』や『日本国志』の著者黄遵憲（ホアン・ズンシエン）による蘇州租界交渉などの結果，商業地として適さない場所に置かれたため，天津（ティエンジン）と漢口（ハンコウ）以外はほとんど発展しなかった．最も発展した天津では，1898年8月に日本居留地取極書・日本租界条款が調印され，1900年3月から租界の建設が始まった．しかしその工事は北清事変の影響で遅れ，1902年8月に天津日本租界規則が定められた時が，実質的な租界のスタートとなった．なお長江などに日本の商船が定期的に航行するようになったのは1898年であり（漢口まで），1903年10月には重慶線が開設された．

さて，日清戦争最大の争点だった日韓関係であるが，三国干渉受諾の結果，日本の立場は弱まり，6月4日の閣議は，「成るべく干渉をやめ，朝鮮をして自立せしめる」と，「他動」の方針を決定した．これは戦争中に実現した日本

主導による朝鮮内政改革の放棄を意味するもので、以後の日本政府は明確な対韓政策を持たず、そのうちに王后閔氏(ミン)(韓国では明成皇后(ミョンソンファンフ)と呼ばれることが多い)の殺害のような乱脈な事件が誘発されるに至った。その結果、列強とくにロシアの動向に振り回されることとなったのである。

図1　日清戦争の戦勝を祝う凱旋門
(『風俗画報』明治28年7月25日刊)

日本社会の変化

　日清戦争の勝利の影響は、日本国民の意識にも大きな影響を与えた。王政復古から約30年、一世代が経過し、近代国家としての仕組みはほぼできあがっていたが、初めての対外戦争、そして新聞や戦時画報などの報道をつうじて、「国民」意識が日本の隅々にまで浸透した。また戦勝のたびに祝捷会(しゅくしょう)が行われ、「万歳」の斉唱のもと、凱旋(がいせん)した軍人たちは緑の葉で装飾された凱旋門(がいせんもん)(図1)をくぐって村・町・郡で大歓迎を受け、戦利品の展示や分配を通じて国家を実体験した。いわゆる「国民国家」が成立するとともに、帝国意識も形成されはじめた。その様子を群馬県沼田で幼少時代を過ごした生方敏郎(うぶかた)(ジャーナリスト)は次のように回顧している[4]。

　　私の子供らしい心に映ったところで見ると、憲法発布はさまで地方民の心に革新の刺激を与えないでしまった。みな予期を裏切られたという心持ちを持ったらしかった。根本的に地方民の心を動かして、明治の新政府に服従し、中央政府を信頼するようになったのは、日清戦争の賜物(たまもの)であったように思われる。憲法発布前は勿論(もちろん)、その後両(りょう)三年位(くらい)までも、私の地方民は明治政府に心から心服してはいなかった。他の地方のように、乱なぞを起したことは一度も無いが、決して政府を信頼してはいなかったらしく思われる。……日清戦争になるまでの私の周囲は、ことごとく反明治新政府の空気に満たされていた。……
　　私等子供の頭に、日清戦争以前に映じた支那(しな)は、実はこの位(くらい)立派な、ロマンチックな、そしてヒロイックなものだった。その時まで、私たちが見

た物，聞いた物で，支那に敵意を持つか支那を軽んじたものは，ただの一つもなく，支那は東洋の一大帝国として見られていた．……平壌の陥落を以て戦は八分通りすんだような気がした．それまでは，日本は勝つか亡びるか，国の独立を賭けての勝負のように思われたが，平壌から先は，実際戦えば捷ち，攻むれば取り，捷報櫛の歯を引く如く，義州，錦州，鳳凰城，牛荘，旅順，威海衛というように，敵の城は将棋倒しにバタバタと倒れて行った．戦争の初めに持った不安の念が人々から脱れると共に，勝に乗じてますます勇む心と敵を軽蔑する心とが，誰の胸にも湧いて来た．……

忠君愛国の標語が学校で叫ばれたそもそもの初めは，この頃，すなわち明治二十四，五年頃であったろう．だから，初めそれは学校児童のみの標語だった．それが家庭にまで入り来り，町内のどんな者にまでも行き亘ったのは，日清戦争中のことであり，戦争が人々の心髄にまでこれを打ち込んだのだった．

戦争での勝利が，明治国家への信頼と一体感を生み，他方で中国を一等劣った国だと見なすような意識が生じたというのである．そのような感覚が政治にいくぶんかの影響を与えたに違いない．帝国議会の開会以来続いていた薩長政府と政党との対立が和らぎ，第2次伊藤博文内閣は自由党，第2次松方正義内閣は進歩党と提携を始めた．地租の増徴をめぐって厳しい対立を迎えることもあったが，1900年には伊藤博文が自ら立憲政友会を組織し，それに自由党の流れをくむ憲政党が合流するなど，明治前期における政府と民間の対立構図は後景に退き，官僚と政党だけでなく，政党同士が政権を争う次の段階が始まったのである[4]．

一方，台湾を領有したことは，日本が欧米列強と同様な植民地帝国となったことを意味した．それは明治維新以来の日本がめざしてきた「文明」化の方向が誤っていなかったことを国民に確認させ，それをなしとげた日本人自身への自尊心を高めた．このような日本人の姿を皮肉って，夏目漱石は1901年，留学先のロンドンで次のように書いている[5]．

日本人を観て支那人といはれると厭がるは如何．支那人は日本人よりも遙かに名誉ある国民なり．ただ不幸にして目下不振の有様に沈淪せるなり．

心ある人は日本人と呼ばるるよりも支那人といはるるを名誉とすべきなり．
漱石にとって日本の「成功」は，無理をした空虚なものに見えたのだった．

しかし多くの日本人にとっては，そうではなかった．中国に対しては優越感をいだくようになったものの，西洋と比べるとまだまだ日本には十分な力がないという意識が普通であった．三国干渉による力が物を言う世界の現実を前にして，徳富蘇峰が国土膨張主義論者に転向したというのも，その一つの現われであった．徳富は次のように回顧している[6]．

いまさらながら眼前に遼東還付を見せつけられたには，開いた口が塞がらないというばかりでは無かった．この遼東還付が，予のほとんど一生における運命を支配したといっても差支えあるまい．この事を聞いて以来，予は精神的にほとんど別人となった．而してこれというも畢竟すれば〔要するに〕，力が足らぬ故である．力が足らなければ，いかなる正義公道も，半文の価値も無いと確信するに至った．……予は十年の後にせよ，二十年の後にせよ，はた百年の後にせよ，この屈辱は必ず雪がねばならぬと決心した．

三国干渉の屈辱体験と「臥薪嘗胆」の合言葉は，それ以後の日本人の領土的固執を高めたのである[7]．

さて植民地帝国となった日清戦後の日本は，その内実を備えていたのであろうか．そうではなかった．日本が台湾を領有した時，その統治方針について明確なものがあったわけではなく，また経済界にも積極的に植民地経営を進めていこうという要望は見られず，何よりもそれを実現するための資本がなかった．

それでも，1898 年に児玉源太郎が台湾総督となり，そのもとで後藤新平が民政長官を務めた頃から，港湾や鉄道，水路などインフラストラクチュア整備を中心に徐々に経済開発が始まり，やがて台湾経済は日本本土の経済圏と密接に結びついていくことになった．その過程では，同時代の西洋諸国と同じく，経済的成功を夢見たり，「文明化」の使命感にかられて植民地に渡っていく日本人も登場した．植民地の獲得は，世界に雄飛する日本人という自己イメージの形成を促進させることになったのである．

その一方，この戦勝を機に，日本人の一部にはのちに大陸浪人と呼ばれるようになった人々が現れた．彼らは日清戦争後に来日しはじめた中国人と親交を

結ぶ一方,自らも大陸各地に乗り込んで雄飛の夢を追うようになった.たとえば宮崎滔天（とうてん）は革命に失敗して亡命してきた孫文（スンウェン,孫中山（ジョンシャン））の友人となり,その革命運動に行動をともにしている.彼は純粋な理想に燃えて協力したのであったが,大陸浪人の多くには,アジア諸国の改革と近代化に積極的に関与していこうという面と,中国の混乱を利用して利権や支配権をかすめ取ろうとする面の両方が同居しており,それらが日本をアジアの盟主（めいしゅ）にしようという夢の中で結びついていた.

朝鮮から大韓帝国へ

日本軍が日清開戦とともに景福宮（キョンボククン）を占領した直後,朝鮮では大院君（テウォングン）のもとに開化派を中心とする政権が成立し,朝鮮王朝（チョソン）を一気に近代国家に再編しようとする改革にとりかかった.1896年2月まで続くこの改革をいまの韓国では甲午改革ないしは甲午更張と呼んでいる[8].新たな立法機関として軍国機務処が設置され,210件にもおよぶ議案を議決した.政治制度では,国初以来の議政府（ウィジョンブ）を改革してそのトップを総理大臣とし,行政官庁の6曹を廃止して内務・外務・度支（たくし）（財政）・軍務・法務・学務・工務・農商務の8衙門を置き,その長を大臣とした.実質的な内閣制度の導入である.総理大臣には,金弘集（キムホンジプ）が就いた.また,宮中と政府を分離して宮内府を設置し,さらに高麗時代以来続いてきた官僚選抜試験の科挙を廃止した.経済制度の改革としては,財政の度支衙門への一元化（とくに王室会計の政府会計への統合）,租税の金納化,地税への一元化（用役提供の廃止）,貨幣制度の改革（銀本位制・新式貨幣発行）,度量衡（どりょうこう）の統一などが行われた.社会制度については,両班・常民の別の廃止,奴婢（ぬひ）制度の廃止,賤民（せんみん）の解放,寡婦（かふ）の再婚の自由,早婚の禁止,縁坐法（えんざほう）（犯罪者の家族まで罰する法）の廃止など,従来の社会慣行を覆（くつがえ）す大胆な改革が行われた.外交面では,公文書における清の年号の使用を廃止し,太祖李成桂（イソンゲ）が朝鮮王朝を建てた1392年を元年とする開国紀年を使用することとした.この年号は,日朝修好条規以来,清以外の国との間で交わす外交文書で使われてきたものであるが,ここに至って国内の公文書でも使用されるようになったのである.ちなみに1894年は開国503年であった.

しかし,改革は机上のものにすぎない場合が多く,また大院君と開化派は互

いにうちとけず，大院君は清や農民反乱軍と接触するような動きをみせた．これに対して日本は，井上馨を駐朝鮮公使として派遣し，大院君に迫って政権から引き降ろした．井上は軍国機務処を廃止し，甲申政変の後，日本に亡命していた朴泳孝らを帰国させ，金弘集を総理大臣，朴泳孝を内務大臣とする内閣を成立させた．1895年1月には，日本の天皇の例にならい，国王高宗に百官を率いて宗廟（歴代の国王と王妃の位牌をまつる施設）に参拝させ，14カ条からなる新政治の根本方針の実行を誓わせた．その第1条には「清国に依頼せず，自主独立の基礎を建てること」とある．こうして，開化派政権は井上の関与のもとに急進的な改革を続けていった．清からの独立政策として，法律・勅令の文字を漢文から「国文」（今日でいうハングル）を主とするものに変えること，王室の尊称を格上げして，主上（国王）殿下を大君主陛下，王妃殿下を王后陛下，王世子邸下を王太子殿下とすることとした．ハングルは15世紀に第4代国王世宗（韓国の1万ウォン紙幣の肖像になっている．）によって制定されたが，それまで公文書や支配層の公的な書き物には，もっぱら真文としての漢文が使われ，ハングルは諺文，つまり俗字として位置づけられていた．しかし，この時からは朝鮮固有の国字としての地位を得たのである．また，王室尊称の格上げによって，朝鮮の君主は実質的に清や日本の皇帝と同格になった．その他，政治制度では，議政府の内閣への改編，8衙門を統合した7部の設置，地方制度の改革（8道を廃止して全国を23の府に分割），司法制度では，司法権の独立と二審制の導入，経済制度では，徴税機構の地方行政制度からの分離や会計制度の導入などが行われた．その一方，朝鮮政府の各部には日本人顧問官が配置され，日本に対する従属が強まった．

　4月に締結された日清講和条約は，第1条で，
　　清国は朝鮮国の完全無缺なる独立自主の国たることを確認す．因て右独立
　　自主を損害すべき朝鮮国より清国に対する貢献・典礼等は将来全く之を廃
　　止すべし[9]．
とうたい，朝鮮は清に対する朝貢を廃止し，独立自主であることが国際的に承認されることとなった．しかし，その直後の三国干渉により日本がロシアに圧迫されると，政治の中枢から排除されていた高宗・王后閔氏は，ロシアに接近して日本を牽制するようになった．朴泳孝はクーデター計画の嫌疑をかけら

れて日本に再び亡命し，井上も日本政府の対朝鮮消極策への方針転換を受けて帰国した．

9月に井上に代わって駐朝鮮公使としてソウルに赴任した三浦梧楼(ごろう)は，公使館・領事館員や日本人壮士(はか)と謀って，王后閔氏の排除を企てた．彼らは10月7日夜半に行動を開始し，幽閉状態にあった大院君を景福宮に移動させるとともに，日本公使館守備隊を朝鮮軍の一部と合流させて景福宮に突入し，戦闘した．そして高宗と王后の居室がある乾清宮を包囲し，抗議に出てきた宮内府大臣李耕植(イギョンジク)を殺害した後，王后を殺害してその死体を焼却した．日本公使館側は，この事件を朝鮮軍のクーデターだと述べたが，日本人が関与していたことはアメリカ人軍事教官ダイやロシア人技師サバチンらに目撃されており，日本政府はアメリカ・ロシアから事実関係を追及された．そのため，日本政府は小村寿太郎(じゅたろう)外務省政務局長と安藤謙介検事正をソウルに派遣し，三浦を召還するとともに事件関係者を日本に退去させた．翌1896年1月，軍人に対しては広島第5師団軍法会議，その他に対しては広島地方裁判所で裁判が行われたが，すべて無罪ないしは証拠不十分で免訴・釈放とされた．

この乙未事変(ウルミサビョン)で，朝鮮では日本に対する敵意が高まったが，事変後に成立した親日内閣は，政権の正統性が弱いだけに，改革をさらに急進させることで事態の打開を図った．そのなかには，大君主を皇帝とすること，陽暦に改暦し，朝鮮独自の元号を建てること（これによって陰暦11月17日が建陽元年1月1日となった），さらにサントゥと呼ばれた髷(まげ)を切らせる断髪令が含まれていた．うち，内部大臣兪吉濬(ユギルチュン)が副署して発布された断髪令はとくに人々の反感を買い，衛正斥邪派を中心に「身体髪膚(はっぷ)はこれを父母より受く，敢えて毀傷(きしょう)せざるは孝の始めなり」（孝経），「中華を尊び夷狄を攘(はら)う」，「国母（王后閔氏のこと）復讐(ふくしゅう)」などを唱えて蜂起する義兵運動が起こった．親日政権がその対応に追われる最中，親米・親露派は，高宗および王太子を景福宮からロシア公使館に移した．1896年2月11日に発生したこの俄館播遷(がかんはせん)は単なる政権クーデターに終わらず，総理大臣金弘集・度支部大臣魚允中(オユンジュン)・農商工大臣鄭秉夏(チョンビョンハゲキコウ)は激昂した群衆に撲殺(ぼくさつ)され，内部大臣兪吉濬・法部大臣張博(チャンパク)・軍部大臣趙義淵(チョヒヨン)はかろうじて日本に亡命し，外部大臣金允植(キムユンシク)は捉えられて済州島(チェジュド)に流配された．これによって，朝鮮における日本の勢力はひとまず後退したのである．

俄館播遷で甲午改革は挫折し，政権は親米・親露派によって担われることになった．新政権は，内閣を廃して議政府を復活させるなど復古策を採ることもあったが，甲午改革で進められた対清独立策は継続した．1897 年 2 月，高宗はロシア公使館から近い慶運宮(キョンウングン)（今日では一般的に徳寿宮(トクスグン)と呼ばれる）に移り，8 月には建陽の元号を廃止して光武という元号を新たに定めた．そして，10 月には長く廃止されていた圜丘壇(えんきゅうだん)という祭壇を再建し，高宗はそこで天地に対する祭祀を行って皇帝に即位し，同時に明の皇帝の許可をえて付けられた朝鮮という国号を大韓(テハン)に改めた（図 2）．大韓帝国の成立である．君主尊称は大君主陛下から大皇帝陛下となり，王太子殿下も皇太子殿下に格上げされ，殺害された王后閔氏は明成皇后(ミョンソンファンフ)と追尊された．1899 年には大韓国制を制定して「大韓国は世界万国に公認された自主独立の帝国である」とうたい，清とも対等な条約を締結した[10]．こうして東アジアは 3 皇帝が併立する時代を迎えたのである．

図2　高宗皇帝
（キム・ウォンモ，チョン・ソンギル編『写真で見た 100 年前の韓国』カトリック出版社，1997 年改訂版）

その後の中国——露清密約と「瓜分の危機」

日清戦争の敗北により，清は冊封や朝貢に基づく周辺諸国との関係を実質的に終えることになった．これは清の伝統的な対外関係が終わった事実を象徴的に示している．1880 年代，清は朝鮮への影響力を，それ以前よりも拡大してきていた．1880 年に『朝鮮策略』を朝鮮に与え，中国のみならずアメリカや日本と結び，連携してロシアに対抗することを勧める一方，1882 年に締結された中朝商民水陸貿易章程や袁世凱(えんせいがい)（ユエン・シーカイ）のソウル駐在などによって，朝鮮に対する関与を強め，さらに，ロシアが朝鮮を保護国化する可能性が示されると，朝鮮を国際法上の保護国として再定義しようともしていた．日清戦争は，その朝鮮での清の勢威を急速に衰えさせることになった．ただ，清は敗戦によりただちに朝鮮との対等な関係を認めたわけではない．紆余曲折のの

図3　康有為

ち，1899年，清は朝鮮と清韓修好通商条約を結び，両国はようやく基本的に対等な国際関係を持つに至った．ただし，その後も仁川・釜山・元山における清の専管租界はそのまま維持されている（のち韓国併合にともなって撤廃）．

　日本に敗北した清は，日本の軍事的な脅威から自国を守るため，ロシアと同盟関係を結んだ（露清密約，1896年）．これは，満洲での鉄道敷設権を与えるとともに，侵略者への共同防衛を約する軍事同盟としての性格も有していた．北洋艦隊を失った清にとって自力での国土防衛はかなり困難になっていた．

　他方，清では敗戦を受けて二つの動きが生じた．第1は，日本による租界設定を機に，列強が租借地と勢力範囲を各地に設定したことである．租借地は，実質上，主権を一定期間貸し出すもので（一般に，その地区の住民は必ずしも植民地臣民とはならない），軍事拠点などとして利用された．ドイツの膠州湾（ジアオジョウワン），イギリスの威海衛（ウェイハイウェイ），香港の新界（シンジエ），ロシアの旅順（リュイシュン）・大連（ダーリエン），フランスの広州湾（グアンジョウワン）などが租借地として知られている．これらの多くは99カ年で租借され，香港が1997年にイギリスから中国に返還されたのも，1898年に租借された新界の租借期限が1997年であったことによる．ただし，ロシアの旅順・大連租借地は25年が期限であった．このため，のち日露戦争によってこの利権を継承した日本は，この利権を確実とするため，1915年の二十一カ条要求に租借期限の延長を盛り込むことになるが，中国側でも1920年代には旅順・大連の回収運動がおきることとなった．

　この当時列強が得た勢力範囲とは，その省の諸利権をその国以外には与えないことを約束したもので，必ずしもその省の行政などが特定の国によって制御されるわけではなかった．イギリスは長江流域，フランスは華南（ホアナン），ドイツは山東（シャンドン），ロシアは満洲（マンジュ）とモンゴル，日本は台湾の対岸にあたる福建（フージエン）を勢力範囲と認めさせている．ただ，1898年のスペインとの戦争に勝利してフィリピンを領有したアメリカは，中国について

は門戸開放宣言を発し，勢力範囲を設定する列強とは異なる立場を表明した．

このような状況は，中国では「瓜分の危機」，すなわち瓜のように分割される危機などとして表現された．厳復（イエン・フー）がH.スペンサーの翻訳『天演論』などを通じて社会進化論を中国にもたらし，それを通じて強国とならないかぎり必然的に列強によって国土が蚕食されると意識されるようになったのである．このような状況を受けて，第2の動きが生じた．瓜分，すなわち，日清戦争での敗北，そして租借地・勢力範囲の設定などの危機に直面して，康有為（カン・ヨウウェイ，図3）らの科挙合格者らの間から中国政治を徹底的に改革しようという動きが，生じたのである．彼らは明治日本をモデルとしつつ立憲君主制に基づく近代国家を建設しようと企て，皇帝に意見書を上奏した．その中には対外関係に関する部分も含まれていた[11]．

> 世界の諸国を見ると，みな変法をすれば強くなり，守旧のままでいると滅亡している．……万国の情勢を見ると，きちんと変ずることができれば，そのまま国として発展し，変ずることができなければ，滅んでしまう．さらに全変すれば国は強くなるが，少ししか変わらなければそれでも国は滅んでしまう．……現在における〔中国の〕病は，旧法を墨守して変に向かおうとせず，列国競争の法を採用せずに，世界の国家を上下関係で把握する「一統垂裳」の法をおこなっていることだ．

光緒帝（清徳宗）は次第に康有為らの見解を採用するようになり，1898年6月11日には「国是の詔」を発して，いま戊戌変法と呼んでいる新たな政治を始めた．しかし，この変法も「百日維新」と呼ばれるように，わずか3ヵ月で幕を閉じた．西太后（慈禧太后）や袁世凱らによって，若手官僚らが弾劾されたのである．康有為ら死を免れたものは日本に亡命した．日清戦争後から日露戦争後にかけて，日本はこのようなアジア各国の政治亡命者の集まる場所になっていった．そのなかには，フランスによる植民地化に抵抗するベトナムの活動家ファン・ボイチャウなども含まれていた[12]．

戊戌変法は，国際関係という面から見れば，列強の支持を受けていたわけではなかった．だが，変法で提起された明治日本型の近代国家の追求という方向性は，1900年の義和団事件後に始まった光緒新政に持ち越され，その際には欧米や日本もそれを支持することとなる．

1899年の中国は戊戌変法の反動できわめて保守化したとする見方がある．しかし，外交面から見ると，中国は第1回ハーグ平和会議に参加し，また前述のように清韓修好通商条約を締結した．ここには保守化したという傾向は見出しにくい．いずれにせよ，義和団事件後，清朝の保守派と見なされた政治家たちも，戊戌変法で提起された近代国家化政策の多くを自ら実行に移す方針を打ち出し，日本にも中国人留学生がまさにその「近代」を学ぶために大量に訪れることになったのである．

（川島　真，櫻井良樹，月脚達彦）

コメント・1　台湾統治と衛生行政

　台湾は，日本の統治者にとって「瘴癘の地」であった．1874年の台湾出兵の際，当時「弛張熱」と称されたマラリアにより甚大な犠牲者を出したことは記憶に新しかったに違いない．このように島内に「土着」している伝染病に加えて，台湾に上陸した近衛師団には，軍医森林太郎から軍医総監石黒忠悳への報告にあるように，島外から持ち込まれたコレラ・赤痢などの患者が続出していた．台湾統治は，伝染病との戦いであった．

　しかし，そのことは，有効な伝染病対策が，「頑迷固陋」な住民をまつろわしむる捷径であるということを新たな統治者に自覚させた．衛生行政が台湾統治において有した重要性はこのような事情を背景としていた．

　総督府はすでに内地で確立しつつあった衛生行政を台湾に実施するために，内地から西洋医を招聘し，島内各地に担当地域を指定して有給で配置した．これを台湾公医という．これら公医は，無償で種痘を実施し，公園や街路の清潔を維持し，コレラ・ペストなどの発生時には公医の報告により，警察は強権を発動して患者の隔離，消毒，家屋の焼却などを実施した．

　また，総督府は地域の有力者を役員とする「衛生組合」を設立させて補助機関とした．衛生行政は，社会的指導層を「上意下達」「下情上達」の末端に組み込み，統治政策を住民に浸透せしめる梃子でもあった．　　　（栗原　純）

コメント●2 | 19世紀東アジアにおける「独立」

　日清戦争は朝鮮の「独立」を唱えて行われた．このことについて，もう少し考えてみよう．幕末・明治初の征韓論は，1876年の日清修好条規の締結によって実現性を失った．それに代わって，日本は朝鮮が「自主」ないし「独立」，あるいは「独立自主」であると唱えながら，朝鮮に対する介入を図り，ついには清を排除して支配するに至ったわけである．日本では，福沢諭吉の「一身独立して一国独立す」（『学問のすすめ』）のように，「独立」は一つの価値として意味を持っていたが，そもそも中朝の宗属関係が強化されていた日清戦争以前に日本人が朝鮮は「独立」であるということ自体が，清にとっては重大な挑戦であったはずである．また，朝鮮でも，朝鮮は「独立国」でなく清の「属邦」であることを当然視する者の方がむしろ多かった．第21章で見た金允植（キムユンシク）がよい例である．金允植と同じような立場にいた魚允中（オユンジュン）も，日本人が朝鮮が「独立」せよということに反対し，朝鮮は「自主」ではあるが「独立」であってはならないと主張している．

　一方，やはり第23章で見た金玉均（キムオクキュン）や俞吉濬（ユギルチュン）のように，清との宗属関係を破棄して朝鮮を「独立国」とし，明治維新以降の日本に倣（なら）って近代化しなければならないと考える人物もいた．ところが，彼らは朝鮮においては少数派であり，さらに清と一戦を交えるための物理的条件も備えていない．そこで日本と結んで朝鮮の「独立」を果たそうとするのであるが，彼らが朝鮮の「独立」や近代化に強い意志を持てば持つほど，日本の朝鮮侵略の論理に絡（から）めとられてしまうのである．いわゆる「親日派」の問題は，今日の韓国においてもデリケートな問題であるが，その根は，日清戦争前夜にあったといえよう．

　日清戦争ののち，朝鮮（1897年からは韓国）は日本とロシアの角逐（かくちく）の場になるが，日本はロシアの脅威から韓国の「独立」を保全して「東洋平和」を守るという名分で日露戦争を戦った．ところが日露戦後，日本は保全すべき韓国から外交権を接収して保護国とし（1905年），さらには1910年には滅亡させてしまうのである．日本の朝鮮植民地化過程は，論理的矛盾に満ちたものだったのである．この矛盾を受けて，朝鮮側の日本に対する対応も錯綜（さくそう）したものにならざるをえない．義兵のように，武力で日本に抵抗した人々がいた一方，自力で

清やロシアからの「独立」を達成できなかった以上，日本による主権の制約は仕方ないと考える人々もいた．しかし，そのような人々を「親日派」としてしまうわけにもいかないのである．たとえば，併合による滅亡を避けるために，保護国の状態を維持したまま近代化に励み，実力を養成した上で「独立」を回復しなければならないと考える人もいた．また，「親日」団体として知られる一進会の「合邦声明」は，日本による吸収合併という最悪のシナリオを回避するために，自らすすんで日本との「合邦」を唱えて，日本とより対等な形で合併するべきだという考えから出たものである．いずれも「独立」の余地を残すために「親日」を行ったといえる．

　19世紀末の東アジアにおいて，「独立」という言葉がどのような脈略で使われ，どのような現実を生んだのかということを熟考してみる必要があろう．

（月脚達彦）

●より深く知るために

浅野豊美・松田利彦編『植民地帝国日本の法的構造』信山社，2004年
植田捷雄『支那に於ける租界の研究』巌松堂書店，1941年
生方敏郎『明治大正見聞史』改版，中公文庫，2005年
大里浩秋・孫安石編『中国における日本租界』御茶の水書房，2006年
大濱徹也『庶民のみた日清・日露戦争——帝国への歩み』刀水書房，2003年
小風秀雅編『アジアの帝国国家』吉川弘文館，2004年
岡本隆司『世界のなかの日清韓関係史——交隣と属国，自主と独立』講談社，2008年
天津地域史研究会編『天津史』東方書店，1999年
徳富猪一郎『蘇峰自伝』中央公論社，1935年（日本図書センター，1997年復刻）
坂野正高『近代中国政治外交史——ヴァスコ・ダ・ガマから五四運動まで』東京大学出版会，1973年
三好行雄編『漱石文明論集』岩波文庫，1986年
柳永益，秋月望・広瀬貞三訳『日清戦争期の韓国改革運動』法政大学出版局，2000年

第27章 国際公共財の形成

　本書では，いままで，19世紀に西洋諸国が東アジアにグローバリゼーションの第二波とでもいうべき変化をもたらしたとき，主に日本・朝鮮・中国の3国がどのような国際関係の変化を経験したかという問題を眺めてきた．この時期のグローバリゼーションは，現在のような，ヒトを巻き込んだ面的なグローバリゼーションというよりも，制度面や決済網を中心にした，点と線のグローバリゼーションであったということもできる．そのような19世紀のグローバリゼーションは，東アジアに新たな帝国と国民国家の形成への動きをもたらした．そうした動きが共振し，かつせめぎ合うことにより，結果的には，島国日本が激変して帝国に変貌（へんぼう）する一方，朝鮮・中国（ジョングオ）は改革への動きの途中で西洋と日本の帝国主義の侵略に晒（さら）されることになった．

　19世紀以前の東アジアの国際関係は，近代以後に比べれば決して濃密ではなかったが，西洋の進出に伴って関係が深まり始めたとき，まずは西洋との間で，ついで域内各国間に，数々の対立や戦争が発生したのである．東アジアの近世では，国家どうしの関係がそれほど濃密でなく，また対馬や琉球，あるいは中国沿海部の官僚たちのように，国家の中枢とは異なる論理で外の世界と関わる緩衝帯が存在していた．境界が面的だったのである．しかし，近代主権国家は，国境を線として明確にし，国と国との間のクッションを取り去っていった．また，国民国家が形成される過程で，周囲の国々を否定的にとらえながら，自己正当化を図ることが広く見られるようになった．そして，東アジアも世界的な国際政治の一角に組み込まれたのである．こうした状況を背景として，19世紀後半から20世紀の半ば過ぎまで，多くの争いや戦争が発生することになった．

　しかし，19世紀の東アジアに生まれた変化は，対立と戦争のみに尽きるも

のではない．19世紀末以来の激動の中で，東アジアの各国・地域やそこに生きた人々は共通の体験もしてきた．それは鉄道という乗り物であったり，ラジオというメディアであったり，そして社会主義という思想でもあった．歴史を描くときに，国単位の対立や戦争の歴史を描くだけでなく，このような東アジアの共通体験を中心に叙述するような試みもまた必要であると考える．ここでは，このような共通の歴史の一つとして，経済や社会をめぐる共通の制度について見てみよう．このグローバリゼーションのもう一つの側面，国際関係の共通のコードが東アジアでいかに創られていったかという面を見て，本書の締めくくりとしよう．

アヘン貿易と自由貿易——ロンドンシティを中心とする決済網とアメリカ手形

　昨今，アヘン戦争はかつてほどその歴史的な重要性が指摘されなくなってきている．時代の画期というよりも，その前後の連続性が強調されるようになっているのである．しかし，このアヘン戦争によって，それまでは比較的独自の存在だった中国市場が，ロンドンのシティを中心とするグローバルな決済網に決定的にリンクされるようになったことは看過できない．また，これをきっかけに，自由貿易という経済活動の上でのソフトウェアが中国市場，東アジア市場にも，いっそう深く浸透していくことになったことも同様である．この自由貿易という考え方，それにまつわる諸ルール，制度や技術インフラなどは，イギリスの軍事力を背景にしながら世界に拡大し，しだいに国際公共財とでも言うべきものとなった．東アジアでも，世界の他の地域と同様，おもにイギリスがそれを提供することになった．

　18世紀の中国および東アジアは世界のGDPの3割前後を占める経済大国／地域であり，多くの国際交易物資（とくに綿，砂糖，茶など）を事実上自給できていたため，必ずしも自ら自由貿易を主張して世界に物資を求めていく必要はなかった．だからこそ，海外渡航を制限し，管理貿易をおこなうという通商政策が可能だったのである．また，海外渡航を制限することには，国内の敵対勢力が海外に出て強大になるのを防ぐという意味もあった．他方，欧米ではこうした国際物資は自給できなかったし，また自国の産品を売り込む市場も必要であった．中国や東アジア諸国が採用していたのは，自国産業を保護するための

重商主義的な保護貿易とは異なるもの，すなわち管理貿易であった．その管理貿易では，経済の論理よりも政治行政的な意味合いが優先されていた．欧米諸国の商人たちは，自らの経済の論理が通じないことや，各地で異なる商業慣習があったことに困惑した[1]．

19世紀前半のアヘン貿易は密貿易であり，この管理貿易の網を潜り抜けて行われた．したがって，その量や金額が増えるにつれて，貿易の管理は崩れていった．このアヘン貿易がインドとイギリスのとの三角貿易であったことは周知のとおりであったが，ここにアメリカの手形が深く関与していたことはあまり知られていない[2]．アメリカ商人は，イギリスに棉花を売って得た代金を手形で得ていた．その手形は，ロンドンのシティで直ちに換金されず，アメリカと中国の間の茶貿易だけでなく，すでにアヘン貿易に参入していたアメリカ商人によってインドから中国に持込まれたアヘン貿易の受け取りにも利用された．そして，イギリスとインドの間の綿製品貿易によって，アメリカ人のふり出した手形は，インドからイギリスにわたってシティで決済された．アヘン貿易はロンドンの金融市場と深く結びついていたのである．

一方，アメリカのアヘン貿易への参入はイギリスの東インド会社による対中貿易の独占体制にもインパクトを与えた．イギリスのカントリー・トレーダー[i]のみならず，アメリカ，最終的には中国商人までもがアヘンの密貿易に関与することで，中国の管理貿易のみならず，東インド会社の貿易独占をも打破していくことになった．そして，このような過程において「自由貿易」が東アジアにも広まり始めたと見ることができるだろう．アヘン戦争は，アヘンという麻薬をめぐって起きながら，このような東アジアにおける自由貿易への方向性を決定づけ，ロンドンのシティを中心とする決済網と東アジアを結びつけた．手形決済をはじめ，新たなルールやソフトウェアが東アジアにいっそう広まっていくきっかけを作った面があったのである．

開港場ネットワークと「標準」の共有

アヘン戦争と南京条約などの諸条約，そして琉球・日本の対欧米諸条約の締

---

i) 19世紀にインド洋から南シナ海海域などで活躍していた，スコットランド系を中心とするイギリス商人．東インド会社の役割を補完すると同時に，対立することもあった．

図1　中国東北部，営口での検疫

結によって，東アジア各地には開港場が開設された．欧米人の生活空間は開港場とその周辺に限定されたが，その東アジア各地の開港場の間を，欧米人とともに，商品，そして新聞などの印刷物や書籍も行き来した．もともと漢字という共通の書き言葉を有していた東アジアでは，世界情勢を知らせる地理書や欧米言語を翻訳した辞書が広まっていった．魏源の『海国図志』がその代表であるii)．他方で，ホィートンの International Law を翻訳した『万国公法』iii) のように，国家間交渉における約束事をめぐる知識もまた漢文訳を通じて流通していくことになった．その後，日本人が多くの外国語書籍を直接日本語に翻訳するようになり，それが東アジア各地に広がっていくことになった．「経済」や「社会」など，現在でも漢字文化圏で広く使用されている用語は日本から広まったのである．東アジアの開港場では，このような情報やテキストが共有され，それぞれの地域の知的な蓄積や諸情況に応じて個別に解釈，利用されていった．それは，中国の古典とは異なる新たなテキストの共有という側面も有していた．

　また，多元的な商業慣習を有していた東アジアにおいて，開港場には一つの「標準」が移植・形成された．それは自由貿易という考え方であり，またその貿易を実際に行う過程での海事・関税・防疫（図1）・会計・為替（通貨の交換）・決済などさまざまな面における規範であった．さらに，そうした貿易活動を行うに必要な海図・灯台・記録管理・郵便・通信などといった実務技術や物品も広められ，共有されていった．その背景には，1830年代のモールスによる電信の発明，1869年のスエズ運河開通などといった技術革新や交通革命があった．

---

ii) 　魏源により執筆・編集された世界事情書．1843年から公刊が始まり，以後10年近くかけて増補された．アヘン戦争後には東アジア全体で広く読まれ，特に日本ではペリー来航後にアメリカに関する部分が多く翻刻された．

iii) 　第4章図1を参照．『万国公法』は，中国では一つの思想体系を示すものとして受容された．また，実定法的というよりも自然法的に理解されていた．佐藤慎一『近代中国の知識人と文明』（東京大学出版会，1996年）．

これらの「標準」は世界の諸地域にとっては，多様な規範の一つにすぎなかったと思われるが，欧米諸国にも通じる規範として，従来の域内規範とともに機能していくことになった．こうして，東アジア全体が，世界史と向き合いつつ，一つの歴史を共有するようになったのである．これは「帝国主義の時代」という19世紀から翌世紀にかけての世界史や東アジア史に冠せられる象徴的表現と矛盾するわけではない．欧米列強や日本による侵略，アジアの植民地化とそれへの抵抗というコンテキストとともに，帝国が情報・モノ・ヒトをより速く効率的に拡散させるという役割を，グローバルな空間において担ったという側面もあったのである．帝国主義による植民地の拡大はグローバル・ネットワークの拡大と結びついており，また植民地とならず，国民国家として存続しえた諸国も，列強の提供する通信などのインフラ公共財に依存するか，あるいは自らが列強となってその提供者となることを志すようになった．このような現象は，ひるがえって規範・標準の拡散も促した．
　1艘(そう)の西洋船が東アジアの諸港に入港する場合，こうしたアイテムがそろい，また一定程度の約束ごとが共有されていなければ，円滑な貿易活動はできなかった．そして，近代的な衛生や法制の整備などを相手国に促していった．これは欧米諸国の利益獲得と結びつく行為であり，それを確実にするために通商条約や協定が締結された面もあるのだが，それは同時に，西洋近代的な規範の拡大という側面も伴っていたのである．この観点を強調することは，欧米列強の侵略性を淡化する可能性があることは否めない．しかし，東アジア共通の体験を描くことはこれまた必要であり，以下では，その試みとして，侵略性の問題を留保しつつ話を進めたい．
　他方，東アジアの域内をみると，たとえば日中の間には相違点も見られた．中国では，開港場に設けられた海関が通信と公共財提供の拠点となった[iv]．1850年代から外国人の管理下に置かれた海関は中国内部における通信拠点になっただけでなく，海外との通信の起点となった．また，関税などの貿易管理のみならず，測量を伴う海図の作成や港湾管理・気象情報の提供・衛生管理などに至るまで，多くの国際標準や規準を提供する場となった．中国の締結した

---

iv）　海関とは中国語で税関をさす．

諸条約は，こうした西洋諸国の中国における活動を保障するものであり，中国もまたある程度そうした貿易管理・港湾管理・衛生管理や通信・鉄道などの業務などに対応することが求められた．「洋務」という言葉は，武器購入や軍事技術の吸収とともに，これらの活動を総称するものだったと考えられる．そして，これらの多くを担った海関は，イギリス人を中心とする外国人によって管理されていたのである．

　他方，明治日本では，当初は御雇い外国人の力を借りたものの，貿易実務をめぐるさまざまな規範や諸ツールを日本の役所が主導して担い，防疫・臨検・倉庫管理の方法などを吸収し，欧米諸国が条約外特権として得ていた諸利権を回収していった．日本では，条約改正の過程でこのような「標準」を開港場以外にも拡大していく試みがなされている．その一方，19世紀末の中国では，自開商埠のように，中国側が主導する開港場を設けることによって「標準」を自らに有利に解釈できるような場所を設ける試みもなされた．このような「標準」は，東アジアに面的に広がったわけではなく，都市を中心とした点と線によって構成されていたが，ある程度は面的な拡大も伴ったと考えられる．

19世紀後半のグローバリゼーション

　このような「標準」が欧米起源であることに鑑み，19世紀後半は，しばしばグローバリゼーションの第二波が生じた時代と言われる[3]．グローバリゼーションの起源にはさまざまな説があり，経済学的な観点から地球規模で価格が揃ってゆく現象が起きた時点を目安とする1820年起源説や，地政学的な観点から16世紀に起点を求める説などがあるが，19世紀後半をグローバリゼーションが進んだ時代として見ることに異説はない．帝国主義と呼ばれるレジームに代表されるこの時代には，技術革新が移動と通信の速度を大幅に向上させ，それまでほとんど交流のなかった地域を，現在ほどの面的，また人的なものではないとしても，少なくとも点や線として，結びつけていったのである．

　東アジアは，グローバリゼーションの起源を16世紀に求めるにせよ，19世紀初頭に求めるにせよ，この潮流に深く結び付けられていた．近世中国の人口増加は南米産のトウモロコシや唐辛子などの農産物があってこそありえたのだし，近世日本の産出した銀は，メキシコ銀と共に世界貿易の重要な一角を占め

た．また，東アジアでは相当詳細な海外情報と技術が共有されていた．したがって，19世紀での東アジアの変化は，鎖国から開国へというイメージではなく，既存の国内体制や正統性が，軍事力を背景にした通信や諸規範の急速なグローバリゼーションにさらされて，維持できなくなったものという見方をすることもできる[4]．

しかし，他方でグローバリゼーションの第二の波は，主権国家，さらに国民国家という体制を伝播させていくことも含んでいた．近代国家は，国境を重んじ，国内の規範を重視するために，グローバリゼーションと矛盾する側面も持っているが，しかしそのような国家モデルの拡大こそがグローバリゼーションの一環でもあった．そうした国家やそれが転化した近代帝国は，国内における通信システムなどの推進主体になり，そのようなインフラ整備をむしろ国家の正統性として利用しつつ，さらに国家どうしの条約などによって，互いに規範を共有しあった．しばしば，日本を近代に向かって驀進した存在，中国を伝統にこだわった存在として描く図式があるが，このような解釈はいくつかの点で批判的に検討されなければならない．第一に，中国もまた西洋的規範を取り入れながら，主権国家になろうとしていたこと．第二に，日本は，しばしば西洋近代が「伝統」を創り出したように，自らの否定すべき鏡としての「伝統」を中国の中に見出し，そこに西洋起源のオリエンタリズムを加えることで中国蔑視を生み出したこと．すなわち，中国を伝統として見るまなざしそれ自体が，グローバリゼーションのなかで形成された面があるということ．第三に，中国もまた近代国家を形成していく過程で，日本から多くの近代的知識を摂取しながら，日露戦争や対華二十一カ条要求を契機として帝国への道を歩む日本を批判的にとらえるようになっていったこと，などである．中国も日本もともに，「西洋近代」を自らのものにするために周辺国を否定的に捉える対象を見出す，というソフトウェアを受容したとも見うるし，そのような日本の近代のあり方を中国も重視したために，逆に日本を否定的にとらえるようになったと見ることもできるだろう．

19世紀後半の第二のグローバリゼーションの過程において，ある国家は国民国家となる道を選択し，中にはそこから「帝国」となるものもあった．他方，その帝国の支配下に置かれて植民地となった地域もあった．そのような植民地

の側から見ると，帝国の侵略性は批判的にとらえられてしかるべきである．しかし，植民地とされた地域が，植民地の境遇から脱するとき，結果的に近代的な主権国家，あるいは国民国家として独立する方法が採られたことに注目すれば，19世紀以後の主権国家システムの世界的な拡大は，それを受容した側の抵抗の論理にも利用されたと見ることもできよう．

共通体験と規範形成——歴史叙述の第三の道

　以上のような点をふまえると，「近代東アジア史」を描く上での一つの問題提起が可能となる．すなわち，一国史を可能な範囲で乗り越えていく方法として，19世紀後半の東アジアにおける共通体験を描くということがあるのではないだろうか．共通体験には風俗や文化面での西洋化といった側面もあったが，これまで述べてきたような「標準」，共通の規範の受容や形成に向かう面もあった．このような叙述は，これまで描かれてきた，日本，中国，あるいは朝鮮半島それぞれにとって「心地よい」国家史，あるいはある国家史を軸とした東アジア史とはいささか異なるものである．これまで，日本では日本史に親和性のある東アジア史を，中国では中国史に親和性のある東アジア史を描いてきた．それぞれが，自らの「国民」史と調和するような東アジア史を描いてきたのである．そこには，自国史を肯定的に描くだけでなく，自国史を支えるため，隣接諸国の歴史を否定的に，少なくとも自国史に有利になるように描こうとする傾向があった．しかし，これでは歴史認識をめぐる対立が不可避的に生じてしまう．

　そこで，たとえば以下のような諸点から東アジアの近代史を描けないであろうか．まず，貿易活動を行うには，船舶の航行・港湾利用・税関・検疫・荷物の積み下ろし・気象・海図そのほかの規範が必要であり，それをある程度共有しなければ，東アジア域内での国際貿易ができなくなったこと．もちろん，近世社会にもそうした規範はあったし，欧米社会も東アジアの規範の枠内で交易を行ってきた．しかし，19世紀後半には，各国が条約を締結し，全面的ではないにせよ西欧起源のルールを受容した点に以前とは相違が生じたのである．

　このような観点は，結局そのような規範を生み出したのがイギリスであり，あるいはまた，日本による植民地化による強制であったので，結果的に帝国主

義的なまなざしを反映し,「侵略」への批判を弱めてしまうのではないかという批判があるだろう.たしかに,国家史を克服すると銘打たれることの多いグローバル・ヒストリーに対しては,結局のところ,規範や標準を作り上げるパワー（19世紀的にはイギリス）を肯定しているのではないかという懸念がつきまとう.しかし,このような規範や技術,あるいは決済網といった国際公共財,あるいはその拡大に伴う歴史的な体験の共有に注目することは,必ずしも東アジア地域の内的なコンテキストや主体性を削ぐことにはならないのではなかろうか.

たとえば,国家間の関係が条約により規定されていくなかで形成されていった制度に,人の移動を管理する規範と華人の関係がある[5].近世に中国南部から東南アジアその他に移住し,現地社会の中国への朝貢に関わりつつ,現地社会と共生していた華人（ホアレン）たちは,19世紀になって朝貢関係が不安定となると,その地位が動揺しはじめた.彼らは当該地域の欧米公使館・領事館でその登録民となったり,また中国側が設けた会館などを通じて地位の保障を得たりした.籍牌（せきはい）制度・登録民制度,そしてパスポートなどといった新たなルールが華人社会に広がるなかで,華人たちは選択的に,自らに有利になるようにそのルールを利用していたとも見ることができるだろう.

さらに,通信網の生成も重要である.まず電信のネットワークが,1871年に世界と日中を結びつけたのを初めに,主に海底ケーブルを通じて,次第に東アジア全域に拡大した.南回りのシンガポール・香港・上海・長崎というライン,いま一つが長崎・ヴラジヴァストーク・シベリアという経路である.その後,長崎とソウルが結びつき,また上海と天津・北京が繋（つな）がるなどして,東アジア中に電信ネットワークが形成され,情報を交換し合う時代が到来したのである.こうしたネットワークに投資していたのは欧米資本であるが,それによって東アジアに世界の情報が迅速（じんそく）に入るようになり,同時に東アジアの情報も世界中に発信されることになった.これにともなって,貿易面では利益のマージンが下がり,外交面でも現地の外交官の裁量（さいりょう）枠が小さくなった.また,日本や中国は国際世論を相手に自らの外交政策の正当性を強調する必要にも迫られることになった.東アジアの経済や政治の全体が,新たな通信ネットワークに対応して変化していったのである[6].

さらに，安価な通信メディアとしては，郵便の制度的拡大も見逃せない．日本が 1877 年に万国郵便連合に加盟する一方，中国も海関ネットワークを中心に郵便制度を整え，19 世紀末には万国郵便連合に加盟する準備に入った．1899 年，中国はハーグ平和会議に参加しv)，その後の 1914 年に郵便連合にも加盟したが，国際郵便はそれ以前から取り扱っていた（韓国は 1900 年，タイは 1885 年に加盟）．郵便は電信とあいまって通信制度に大きな変化をもたらし，東アジア全体の情報の交換に迅速性と確実性，そして広がりをもたらした．

なお，港湾それ自体の問題も重要である．ジャンク貿易が蒸気船の貿易に次第に切り替えられていくなか，その喫水にあわせて，遠浅の港ではなく，岸壁の切り立った港が好まれるようになり，東アジア各地で近代港湾の建設が進んだ．マカオに代わる香港，淡水（ダンシュイ）に代わる基隆（キールン）というように，近代港湾の建設は，中心となる貿易港の移動をもたらしたが，これは日本における横浜，神戸の出現と軌を一にする．こうした港湾では，船舶の修繕設備，積み卸しのための器具・設備などが整えられた．そして，気象情報だけでなく，船舶の誘導などに必要な特別の記号や身体動作が共通の規範として普及していった．また，灯台の建設，海図の作成も進められた．

なお，このような技術に関するの変容は，確かにイギリスなどによってもたらされ，軍事面でも活用されたのだが，それは東アジア域内の秩序や社会的な結合と完全に敵対的であったというわけではない．華人たちも移民先と故郷の間の連絡に西洋からもたらされた技術を使用するなど，東アジアの域内の秩序や社会的な結合に利用されていく面もあったのである．そうした意味で，19 世紀のグローバリゼーションに伴う規範や技術の拡大は，摩擦を伴いながらも，東アジア地域の多様性や既存の秩序と相互補完的な面もあったと考えられるのである．

このほか，経済行為それ自体にまつわる規範の共通化も重要であったと思われる．会計処理・決済・為替，そういった部分の規範が共有できなければ商取引は成立しない[7]．それは当初は国際決済に限られ，国内まですべてが変わったわけではない．しかし，外国人商人が開港場を出て国内各地に活動の場を広

---

v) 中国が最初に参加した国際会議として知られる．この会議は世界全体で戦争や紛争をめぐるルールや司法制度を設けようとするもので，国際連盟，国際連合の起源ともされる．

げると，次第に国内にも広がっていった．また，他方では地域ごとの商業慣行を紹介する書籍・ガイドブックが数多く公刊された．日本の『支那省別全誌』などもそうした役割を担っていた[8]．人の移動については，元々は国籍法が世界的に未整備だったので，各種の登録やパスポートの発給といった最低限の身分証明によって移動が保証されていた．しかし，領事裁判の管轄権の問題もあって，こうした登録については，より厳密な制度化が求められるようになった．1896年に日本，20世紀初頭に中国が国籍法を制定したのはこのような事情を背景としていた[9]．こうしたヒトやモノの移動，通信の発達にあわせるように，メディアも急速に展開した．無論，新聞や雑誌には地域性があったが，開港場では外国語新聞が発行され，それらが相互に引用されると同時に，特派員らによるニュース発信も行われるようになった．これは各地のジャーナリズムの間に相違点とともに共通点，さらに情報の共有化ももたらしたと思われる．

　このほか，政治外交，軍事の面での規範の共有も重要である．国家間の接点をなした外交官や文書の往来では儀礼や文言が大事だが，たとえば，中国と西洋・日本さらに大韓などとの対等関係に見られるように，そこにも大きな変化が生じた[10]．軍人間の関係も重要で，第24章で見た清国長崎水兵事件のように，外国軍艦が寄港する際には，港湾利用や軍事交流をめぐる規範の共有がなされないと寄港そのものが実現しないこともあった．

　このほか，法，経済，価値にまつわる基本的な概念の翻訳と受容なども，この観点から議論ができると思われる．

　さらに，19世紀のグローバリゼーションは東アジアに共通体験，共有される風景ももたらした．それは政治の場や西洋諸国がもたらした開港場だけに生じたのではない．それと並んで，たとえば中国の沿海部に海外の華人社会からの投資によって多くの洋館が建てられたり，村と海外の移民先を結ぶ新聞が刊行されたりしたように，民間主導の共通体験も無数に存在したはずである．こうした多様な担い手によって，東アジア「近代」の風景は描かれていったのである．

（川島　真）

コメント・1 感染症への国際的対処

　本章が言及している国際公共財，そのうち，標準化された感染症対策としての検疫が開始されるのは 19 世紀半ばのことであった．そのきっかけは，1817 年にインドで感染爆発を起こした致死率の高いアジア型コレラが世界各地に広がったことである．その意味で，19 世紀における世界のグローバリゼーションを象徴する感染症はコレラであった．もっとも，コレラが日本に入ってきたのは「鎖国」時代の 1822 年だから（バタヴィア経由および朝鮮経由の 2 説がある），コレラの世界的な流行を「西力東漸（とうぜん）」だけから説明することはできない．

　感染症の伝播は，「細菌による世界の統一」（ラデュリ）であり，グローバル・ヒストリーの文脈では，クロスビーが指摘した 15 世紀以来のヨーロッパから新大陸への天然痘（てんねんとう）の伝播（でんぱ）＝「コロンブスの交換（Columbian Exchange）」や，それより以前，モンゴル帝国軍が雲南（ウィンナン）のペストをヨーロッパに媒介したというマクニールの大胆な問題提起が想起される．

　19 世紀という時代がそれ以前と明確に異なるのは，感染症の原因である細菌の存在が確認され（細菌学説），市民生活にも介入する公衆衛生的な施策が行われるようになったことである．ペストやマラリアなどの感染症研究の多くが植民地で進められたことも見逃せない（植民地医学）．また，公衆衛生的な施策は，科学技術の発達に支えられていた．グローバリゼーションは経済社会の一体化から論じられることが多いが，技術史家のヘッドリクが指摘するように，歴史家はいま少し技術のはたした役割に注意を払うべきであろう．

　20 世紀になると感染症対策の国際公共財は，国際連盟保健機関（League of Nations, Health Organization）から国際連合国際保健機関（United Nations, World Health Organization）へと発展した．21 世紀の今日，HIV や SARS のような新興感染症，さらに，マラリアや結核などのリバイバル（再興感染症）への対応が緊急の課題となるなかで，問題となっているのは，国際機関は主権国家が進める公衆衛生事業に介入することが許されるか否かということである．このことは，衛生事業がもつ高度な政治性を反映しており，歴史における国際公共財を議論するための評価軸でもある．

（飯島　渉）

コメント・2 「国際公共財」研究の発展のために

　グローバル・ヒストリーで「国際公共財」といえば，19世紀にイギリスが世界の海で提供した海軍による「抑止力」を強調したオブライエンの議論が頭に浮かぶ．その背後には，戦後のアメリカの覇権を同様の文脈で論じたキンドルバーガーの有名な論文がある．これに対し，アジア経済史では，華僑ネットワークのような，国境を越えた地域ネットワークを「地域公共財」と呼び，両者の補完と対抗を問題にしてきた．

　本章は，世界経済への東アジアの統合と，主権国家システムの伝播という二つの契機を「グローバリゼーションの第二の波」としてとりあげ，この両面で，地域に共通の体験が見られたとしている．地域大での経験の共有，「規範」の共有が進んだことを多面的に明らかにし，そこから東アジアの近代を描こうとする視角は共感できる．華僑ネットワークのような権力の後ろ盾から相対的に独立した力，近代国家・帝国主義を目指した日本，制度的には地域公共財の提供者でありながら近代化を求めた清，欧米列強などによる，公共財提供の動機や目的の多面性，重層性，矛盾をさらに明確にすることによって，国際公共財の概念が鍛えられていくことが期待される．　　　　　　　（杉原　薫）

●より深く知るために
石井寛治『情報・通信の社会史――近代日本の情報化と市場化』有斐閣，1994年
上田信『海の帝国』講談社，2005年
遠藤乾『グローバル・ガバナンスの最前線――現在と過去のあいだ』東信堂，2008年
千葉正史『近代交通体系と清帝国の変貌――電信・鉄道ネットワークの形成と中国国家統合の変容』日本経済評論社，2006年

注

[第1章]
1) 東京帝国大学『大日本古文書　幕末外国関係文書之十五』(復刻，東京大学出版会，1985年) 256号.

[第2章]
1) 古代の冊封体制については，西嶋定生『古代東アジア世界と日本』岩波現代文庫，2000年，が主要論文を収録している．朝貢体制については，濱下武志『朝貢システムと近代アジア』岩波書店，1997年，また，冊封体制や朝貢体制などの概念や研究史とその背景については，猪口孝ほか編『国際政治事典』弘文堂，2005年所収の「朝貢」(茂木敏夫執筆)が参考になるだろう．英語圏での研究には次があって，大きな影響を与えている．Fairbank, J. K. ed., *The Chinese World Order: Traditional China's Foreign Relations* (Cambridge, MA: Harvard University Press, 1968).
2) 田代和生『倭館』文春新書，2002年．
3) 申維翰(姜在彦訳注)『海游録』平凡社東洋文庫，1974年，仲尾宏『朝鮮通信使』岩波新書，2007年．
4) さねとうけいしゅう編『大河内文書　明治日中文化人の交流』平凡社東洋文庫，1964年．
5) ロナルド・トビ(速水融ほか訳)『近世日本の国家形成と外交』創文社，1990年，荒野泰典『近世日本と東アジア』東京大学出版会，1988年，古田元夫『ベトナムの世界史』東京大学出版会，1995年，山内弘一『朝鮮からみた華夷思想』(世界史リブレット67)山川出版社，2003年．
6) 南龍翼『扶桑録』「見聞別録」(吉田光男編『日韓中の交流』山川出版社，2004年，第9章より).
7) 頼山陽『日本外史』下，岩波文庫，1981年．
8) 『星湖僿説』「日本忠義」(吉田光男編『日韓中の交流』山川出版社，2004年，第9章より).
9) マカートニー(坂野正高訳注)『中国訪問使節日記』平凡社東洋文庫，1975年，176-177頁．
10) 「アマースト使節中国訪問日記(抄)」ベイジル・ホール(春名徹訳)『琉球・朝鮮航海記』岩波文庫，303-304頁．
11) 茂木敏夫「中国の海認識」尾本惠一ほか編『海のアジア5　越境するネットワーク』岩波書店，2001年．

[第3章]
1) 小島毅『中国思想と宗教の奔流　宋朝』(中国の歴史7)講談社，2005年．
2) 水林彪『日本通史II』山川出版社，1987年，第10章．従来，近世日本の国家は「幕藩制国家」とか「幕藩体制」と呼ばれてきたが，適切ではない．19世紀におきた変化を理解するには京都の朝廷を視野に入れねばならず，近世の日本人自身，「藩」とか「幕府」とか「朝廷」といった言葉をめったに使わなかったからである．ここでは，彼らの日常語に従い，大名の統治組織を「国家」，江戸の王権を「公儀」，京都の王権を「禁裏」と呼ぶことにする．渡辺浩「序　いくつかの日本史用語について」『東アジアの王権と思想』東京大学出版会，1997年．
3) 奈良本辰也校注『近世政道論』(日本思想大系38)，岩波書店，1976年．
4) 幕末の井伊直弼は，大老就任の際，例外的に，将軍から決定を主宰するようにとの特別の辞令を下されていた．

[第4章]
1) ベイジル・ホール（春名徹訳）『琉球・朝鮮航海記』岩波文庫，1986年，221-224頁
2) 安里進ほか『沖縄県の歴史』山川出版社，2004年，108頁．
3) 豊見山和行『琉球王国の外交と王権』吉川弘文館，2004年．
4) 高良倉吉，「琉球王国の展開」『岩波講座　世界歴史』13，岩波書店，1998年，82頁．
5) 高良倉吉，同上，89頁．
6) 安里進ほか『沖縄県の歴史』，176頁．
7) 赤嶺守『琉球王国——東アジアのコーナーストーン』講談社，2004年，5章．
8) 高良倉吉，「琉球王国の展開」，93頁．

[第5章]
1) 以下の引用は，韓国の茶山研究会による現代朝鮮語訳から，日本語に意訳したもの（〔　〕内は引用者注）．

[第6章]
1) 山田賢『移住民の秩序——清代四川地域社会史研究』名古屋大学出版会，1995年．
2) 「経世致用の学」溝口雄三・丸山松幸・池田知久編『中国思想文化事典』東京大学出版会，2001年．
3) 馮桂芬『校邠廬抗議』巻下所収「西学を採るの議」（訳文には野村浩一訳がある．西順蔵編『原典中国近代思想史』第2冊，岩波書店，1977年，55，58頁参照）．
4) 曾国藩『曾文正公全集』「文集」巻二所収「粤匪を討つの檄」（訳文には小島晋治訳がある．『原典中国近代思想史』第1冊，岩波書店，1976年，332-336頁参照）
5) 曾聶紀芬『崇徳老人八十自訂年譜』上海聶氏出版，1933年．

[第7章]
1) 吉田金一『ロシアと中国の東部国境をめぐる諸問題——ネルチンスク条約の研究』環翠堂，1992年．Stephan, John, *The Russian Far East : A History* (Stanford U. P., 1994). Paine, Sarah, *Imperial Rivals : China, Russia and Their Disputed Frontier* (M. E. Sharpe, 1996)．Lensen, George, *The Russian Push Toward Japan : Russo-Japanese Relations, 1697-1875* (Princeton U. P., 1959).
2) レザーノフ著（大島幹雄訳）『日本滞在日記』岩波文庫，2000年．クルウゼンシュテルン著（羽仁五郎訳）『クルウゼンシュテルン日本紀行』上・下（改訂復刻版，異国叢書8），雄松堂書店，1966年．
3) ゴロヴニン著（吉田満訳）『日本幽囚記』上，岩波文庫，1943年，144頁．引用部は原文より訳出．
4) ゴローヴニン著（馬場佐十郎ほか訳，高橋景保校訂）『遭厄日本紀事』，寺島一ほか責任編集『北方未公開古文書集成』第6巻，叢文社，1979年．

[第8章]
1) 水戸市史編さん委員会『水戸市史』中巻（二）水戸市役所，1973年，498頁．
2) 今井宇三郎・瀬谷義彦・尾藤正英校注『水戸学』（日本思想大系53）岩波書店，1973年，31，43頁．
3) 羽太正養『休明記』，『新撰北海道史』五，北海道庁，1936年，326頁．
4) 松平定信『宇下之人言』（『日本人の自伝』別巻1）平凡社，1982年．藤田覚『松平定信』中公新書，1993年．
5) 井野邊茂雄『新訂増補　維新前史の研究』中文館書店，1942年，325頁（一部訂正）．
6) 林子平『海国兵談』，山岸徳平・佐野正巳編『新編　林子平全集』第一書房，1978年，88頁．
7) 日蘭学会・法政蘭学研究会編『和蘭風説書集成』下，吉川弘文館，1979年，133頁．

［第9章］
1) マカートニー（坂野正高訳注）『中国訪問使節日記』平凡社，1975年．
2) 柳父章『ゴッドは神か上帝か』岩波現代文庫，2001年．
3) 容閎『西学東漸記——容閎自伝』平凡社東洋文庫，1969年．
4) 『黄爵滋奏議・許乃済奏議合刊』中華書局，1959年，216-219頁．
5) 坂野正高『近代中国政治外交史』東京大学出版会，1973年．
6) 「密訪問答」1863年，『籌辦夷務始末』同治朝，巻12，33頁．
7) 梁廷枏『夷氛聞記』（清代史料筆記），中華書局，1985年，16-17頁．
8) James M. Polachek, *The Inner Opium War,* Harvard University Press, 1992.

［第10章］
1) John Ledyard, *A Journal of Captain Cook's Last Voyages to the Pacific Ocean, and in Quest of a North-West Passage between Asia and America, Performed in the Years 1776, 1777, and 1779,* Connecticut, 1783.
2) ジョン・C・ペリー著（北太平洋国際関係史研究会訳）『西へ——アメリカ人の太平洋開拓史』PHP研究所，1998年，第3章．
3) Alexander Starbuck, *History of American Whale Fishery* (1877), Castle Books, 1989.
4) Arthur Power Dudden, *The American Pacific: From the Old China Trade to the Present,* Oxford University Press, 1992, Chapter 3.
5) Kenneth J. Hagan, *This People's Navy: The Making of American Sea Power,* Free Press, 1991, Chapter 4 & 5.
6) Charles Wilkes, *Narrative of the United States Exploring Expedition, During the Years 1838, 1839, 1840, 1841, 1842* (1845), Ingram Cook and Co., 1852.
7) Commodore M. C. Perry, *Narrative of the Expedition of an American Squadron to the China Seas and Japan, Performed in the Years 1852, 1853, and 1854* (1854), AMS Press and ARNO Press, 1967.（日本語版は（オフィス宮崎編訳）『ペリー艦隊日本遠征記』上・下，万来舎，2009年）
8) Henry Nash Smith, *Virgin Land: The American West as Symbol and Myth, New Edition,* Harvard University Press, 1974, Chapter 2.
9) 小島敦夫『ペリー提督　海洋人の肖像』講談社現代新書，2005年，第3章．

［第11章］
1) 『茨城県史料　幕末編I』茨城県，1971年，59頁．
2) 老中申し達し（安政3年8月4日），東京帝国大学文科大学史料編纂掛編『大日本古文書　幕末外国関係文書之十四』1922年（復刻，東京大学出版会）653頁．

［第12章］
1) 佐藤誠三郎『「死の跳躍」を越えて——西洋の衝撃と日本』新版，千倉書房，2009年，第3章
2) 吉田松陰「周布公輔（政之輔）に与ふる書」，廣瀬豊・玖村敏雄・西村平吉編『吉田松陰全集』（定本版）第4巻，岩波書店，1938年，38頁．
3) 玖村敏雄『吉田松陰』岩波書店，1936年，161頁．文久2年9月の周布政之輔・小幡彦七らの発言，村田氏寿ほか編『続再夢紀事』（続日本史籍協会叢書）第1，東京大学出版会（もと1921年刊），94，97-98頁．翌年，長州藩は下関で西洋艦船を砲撃したと同じ時期に井上馨や伊藤博文らをイギリス留学に送った．阪谷芳郎ほか編『世外井上公伝』第1巻，内外書籍，1933年，81頁以下を参照．
4) 宮地佐一郎編『中岡慎太郎全集』頸草書房，1991年，198頁．
5) 三寺三作あて横井小楠書翰（嘉永3年5月13日），『横井小楠関係史料』一（続日本史籍協会叢書），東京大学出版会（もと1933年刊），135頁．

6) 横井小楠「夷虜応接大意」，同上，11-14 頁.
  7) 村田氏寿「関西巡回記」，山崎正董『横井小楠　伝記編』明治書院，1938 年，381 頁.

[第13章]
  1) Bassin, Mark. *Imperial Visions : Nationalist imagination and Geographical Expansion in the Russian Far East, 1840-1865* (Cambridge University Press, 1999), p. 81.
  2) Paine, Sarah. *Imperial Rivals : China, Russia and Their Disputed Frontier* (M. E. Sharpe : Armonk, NY, 1996), p. 39.
  3) Bassin, *op. cit.*, pp. 117-118.
  4) Paine, *op. cit.*, p. 49.
  5) 和田春樹『開国——日露国境交渉』日本放送出版協会，1991 年.
  6) 日野清三郎著・長正統編『幕末における対馬と英露』東京大学出版会，1968 年.

[第14章]
  1) 夫馬進『中国東アジア外交交流史の研究』京都大学学術出版会，2007 年.
  2) 領事裁判については，第１章も参照．これは法律面での不平等条項の一つで，治外法権とよく混同されてきた．治外法権とは元来は国家元首や外交官に与えられる滞在国の法権に服さない権利で，いまも適用されているが，19 世紀にはそれが国民全体に拡大適用される傾向が生じた．欧米の領事が自国民に対して自国の法律を適用した裁判を行うという領事裁判権はその代表例と考えられていた．協定関税とは，関税を自国の主権の下に決定することができず，条約締結国と協議のうえ決定するということである．最恵国条款は，第三国に対して与えられる特権や優待が他の国にも適用されることである．しかし，不平等条約の不平等性は，これらの内容が条約締結国の一方にだけ適用されることにあった．また，内容は平等であっても，最恵国条款が相互に認められている場合，当事国の一方が他国と不平等条約を結んでいる場合には，実質的には不平等関係になった．
  3) 三谷博『ペリー来航』吉川弘文館，2003 年，むすび.
  4) 川島真『中国近代外交の形成』名古屋大学出版会，2004 年.
  5) 岡本隆司『属国と自主のあいだ』名古屋大学出版会，2004 年.
  6) 藩属国とは，元来，中国の周辺に位置し，中国から冊封を受けた国のことである．これは近代における保護国などとは異なるもので，中国は藩属国の対外関係や内政には原則として干渉しなかった．しかし，19 世紀後半には，欧州諸国がその藩属国との交渉を中国とも行おうとしたため，中国が宗主国として藩属国の外交権をもつ存在であるかのように読みかえられていった．そして，20 世紀にはその藩属を中国自身が喪失した勢力圏，あるいは国土であるとする言説も見られるようになった．
  7) 藤原明久『日本条約改正史の研究——井上・大隈の改正交渉と欧米列国』雄松堂出版，2004 年.
  8) 五百旗頭薫「開国と不平等条約改正」，川島真・服部龍二編『東アジア国際政治史』名古屋大学出版会，2007 年.
  9) 佐藤慎一『近代中国の知識人と文明』東京大学出版会，1996 年.

[第15章]
  1) Griffis, William Elliot, *Corea : the hermit nation* (London, W. H. Allen, 1882).
  2) 李元淳『朝鮮西学史研究』一志社，ソウル，1986 年.
  3) 山口正之『朝鮮キリスト教の文化史的研究』御茶ノ水書房，1985 年（再版）.
  4) 楠田斧三郎『朝鮮天主教小史』博文堂書店，釜山，1933 年.
  5) 最近の大院君政権に関する研究として，연갑수『대원군집권기　부국강병정책　연구』(延甲洙『大院君執権期の富国強兵政策の研究』) ソウル大学校出版部，ソウル，2001 年がある．
  6) 楠田斧三郎『朝鮮天主教小史』.

7)　渡辺勝美『朝鮮開国外交史研究』東光堂書店，京城，1941 年．

［第16章］
　1)　1868 年 2 月 10 日．宮内庁『明治天皇記』第 1，吉川弘文館，1968 年，596 頁．
　2)　田保橋潔『近代日鮮関係史の研究』上，朝鮮総督府中枢院，1940 年，154 頁．
　3)　田保橋潔『近代日鮮関係史の研究』上，234 頁．
　4)　田保橋潔『近代日鮮関係史の研究』上，293 頁．

［第17章］
　1)　坂野正高『近代中国政治外交史』東京大学出版会，1973 年．
　2)　小島晋治『洪秀全と太平天国』岩波現代文庫，2001 年．
　3)　「総理衙門の創設などを提案する上奏　欽差大臣奕訢・大学士桂良・戸部左侍郎文祥」，咸豊十年十二月初一日（1861 年 1 月 11 日）（『籌辦夷務始末　咸豊朝』巻 71，所収）．

［第18章］
　1)　互市については昨今多くの議論がなされており，今後多くの議論が展開される可能性がある．岡本隆司「「朝貢」と「互市」と海関」『史林』90 巻 5 号（465 号），2007 年 9 月）等を参照．
　2)　川島真『中国近代外交の形成』名古屋大学出版会，2004 年．
　3)　川島真・服部龍二編『東アジア国際政治史』名古屋大学出版会，2007 年．
　4)　名倉信敦の議論については，森田吉彦「名倉信敦と日清「新関係」の模索──幕末維新期の華夷思想的日中提携論」『東アジア近代史』4 号，2001 年 3 月など，森田の一連の業績を参照．
　5)　19 世紀後半の日中間の相互認識については，佐々木揚『清末中国における日本観と西洋観』東京大学出版会，2000 年参照．
　6)　清に派遣された柳原前光の交渉に関する新たな業績として，李啓彰「日清修好条規成立過程の再検討──明治五年柳原前光の清国派遣問題を中心に」『史学雑誌』11 巻 7 号，2006 年を参照．
　7)　信夫清三郎『近代日本外交史』中央公論社，1942 年，33 頁．
　8)　森田吉彦「日清関係の転換と日清修好条規」岡本隆司・川島真編『中国近代外交の胎動』東京大学出版会，2009 年．
　9)　清の公使館における黄遵憲と大河内輝声らの交流を示す史料として，大河内輝声・実藤恵秀『大河内文書──明治日中文化人の交遊』平凡社東洋文庫，1964 年がある．
　10)　坂野正高『近代中国政治外交史』東京大学出版会，1973 年，281 頁．
　11)　天津条約第 9 条では，領事が発行し，中国側が副署する旅券を携行することを条件として認められた．また，開港場の周辺 33 マイル（約 50 キロ）でかつ 5 日以内で旅行できる範囲内では旅券は不要とされた．ただし，船員には内地旅行は認められず，また北京地区には一般外国人は立ち入れなかった．
　12)　一般に，領事裁判権は内地旅行権・通商権の不承認（外国人は居留地および周辺でのみ活動）とセットになっており，領事裁判権の撤廃に際して内地旅行権・通商権をその引き換えに承認することになるのだが，中国の場合，内地通商権が領事裁判権の撤廃以前に承認されてしまっていた．この点，日本とは事情が異なる．
　13)　日本の条約改正と日清修好条規の関係については，五百旗頭薫「隣国日本の近代化──日本の条約改正と日清関係」岡本隆司・川島真編『中国近代外交の胎動』東京大学出版会，2009 年参照．
　14)　牡丹社事件については，昨今，パイワン族の目線に即した研究が生まれてきている．「小特集「牡丹社事件」をめぐって」『台湾原住民研究』11 号，2007 年，特に笠原政治による「はじめに」を参照．
　15)　茂木敏夫『変容する近代東アジアの国際秩序』山川出版社，1997 年参照．
　16)　琉球をめぐる日中そして琉球との関係については，西里喜行『清末中琉日関係史の研究』京都

大学学術出版会，2005年を参照．
17) 赤嶺守「脱清人」川島真・服部龍二編『東アジア国際政治史』参照．

[第19章]
1) 板垣退助あて西郷隆盛書翰（1873年8月17日）『西郷隆盛全集』第3巻，大和書房，1878年，386頁．
2) 大久保利通「征韓論に関する意見書」『大久保利通文書』第五，日本史籍協会叢書32，東京大学出版会，1968年，53-56頁．
3) 小風秀雅「華夷秩序と日本外交——琉球・朝鮮をめぐって」明治維新史学会『明治維新とアジア』吉川弘文館，2001年．
4) 鈴木淳「「雲揚」艦長井上良馨の明治8年9月29日付け江華島事件報告書」『史学雑誌』第111編第12号，2002年．
5) 田保橋潔『近代日鮮関係史の研究』上，朝鮮総督府中枢院，1940年，424頁．
6) 原田環『朝鮮の開国と近代化』渓水社，1997年，139頁．
7) 田保橋潔『近代日鮮関係史の研究』上，第24-28．

[第20章]
1) 荒野泰典『近世日本と東アジア』東京大学出版会，1988年，鶴田啓「近世日本の四つの『口』」荒野泰典ほか編『アジアのなかの日本史2 外交と戦争』東京大学出版会，1992年，木村直也「近世中・後期の国家と対外関係」曽根勇二・木村直也編『新しい近世史2 国家と対外関係』新人物往来社，1996年．
2) 小風秀雅「華夷秩序と日本外交——琉球・朝鮮をめぐって」明治維新史学会編『明治維新とアジア』吉川弘文館，2001年，5-7頁．毛利敏彦「副島種臣の対清外交」『法学雑誌』（大阪市立大）41-4，1995年．
3) 秋月俊幸『日露関係とサハリン島——幕末明治初年の領土問題』筑摩書房，1994年，188-194頁．
4) 秋月俊幸『日露関係とサハリン島』，197-198頁．
5) 麓慎一「樺太・千島交換条約の締結と国際情勢」明治維新史学会編『明治維新とアジア』吉川弘文館，2001年，犬飼ほなみ「樺太・千島交換条約の締結交渉——大久保利通の東アジア外交の展開との関係」『明治維新史研究』2，2005年．
6) 小風秀雅「華夷秩序と日本外交——琉球・朝鮮をめぐって」明治維新史学会編『明治維新とアジア』吉川弘文館，2001年，14頁．
7) 真栄平房昭「幕末・維新期における琉球の位置」明治維新史学会編『明治維新とアジア』吉川弘文館，2001年，197-198頁．
8) 我部政男「日本の近代化と沖縄」大江志乃夫ほか編『岩波講座 近代日本と植民地1』岩波書店，1992年．
9) 西里喜行「琉球処分と樺太・千島交換条約」荒野泰典ほか編『地域と民族』（アジアのなかの日本史4）東京大学出版会，1992年．
10) 田村貞雄「内国植民地としての北海道」大江志乃夫ほか編『岩波講座 近代日本と植民地1』岩波書店，1992年．
11) キム・ウォンモ，チョン・ソンギル編『写真で見た100年前の韓国』カトリック出版社，1997年改訂版より．
12) 平野健一郎「黄遵憲『朝鮮策略』異本校合」，日本国際政治学会編『国際政治』129，2002年，並木頼寿「明治初期の興亜論と曽根俊虎について」『中国研究月報』総544号，1993年，三谷博「「アジア」概念の受容と変容」朴忠錫・渡辺浩編『韓国・日本・「西洋」』慶應義塾大学出版会，2005年．

[第21章]
1) 第2章，および茂木敏夫『変容する近代東アジアの国際秩序』山川出版社，1997年，佐藤慎一『近代中国の知識人と文明』東京大学出版会，1996年などを参照．
2) 19世紀後半の新疆史については，著作として佐口透『18-19世紀東トルキスタン社会史研究』吉川弘文館，1963年などが知られていたが，それ以後はウイグル語など現地語を用いた研究が行われている．新免康，菅原純らの業績を参照されたい．新免康「ヤークーブ・ベグ政権の性格に関する一考察」『史学雑誌』第96編4号，1987年，菅原純「クーチャー・ホージャの「聖戦」とムスリム諸勢力（1864-65）」『内陸アジア史研究』11号，1996年など．
3) 片岡一忠『清朝新疆統治史研究』雄山閣出版，1991年参照．
4) 平野聡『清帝国とチベット問題』名古屋大学出版会，2004年参照．
5) 周婉窈著（濱島敦俊監訳，石川豪・中西美貴訳）『図説 台湾の歴史』平凡社，2007年参照．
6) 山東や華北からの移民は，満洲からシベリアにも展開した．また，朝鮮半島には19世紀後半に多くの山東商人が展開した．こうした移民については，上田貴子の諸研究を参照のこと．たとえば，上田貴子「東北における商会——奉天総商会を中心に」『現代中国研究』23号，[小特集　近代中国における都市と商会]，2008年など．また，左近幸村編著『近代東北アジアの誕生——跨境史への試み』北海道大学スラブ研究センター　スラブ・ユーラシア叢書4，北海道大学出版会，2008年は移民を吸収するフロンティアとしての東北アジアの誕生を描いている．
7) 間島問題とは，中朝間の国境問題について総称的に用いられる呼称．当初は豆満江の間島という島のことを間島といったが，次第に朝鮮人移住地全体を間島と呼ぶようになったという．また，19世紀後半には中朝間で国境線の協議を行った際，発音の似た豆満江か（清朝側），その支流の土門江かで取り決めの解釈をめぐる国境線問題が発生し，1903年には大韓帝国が役人を同地に派遣したほど緊張した．日本が朝鮮の外交権を奪取してからも，この問題は継続して外交問題となった．間島はほぼ現在の延辺朝鮮族自治区に相当する．
8) 日露戦争における満洲の状況については，川島真「日露戦争における中国外交——満洲における局外中立」東アジア近代史学会編『日露戦争と東アジア世界』ゆまに書房，2008年を参照．
9) 清の西南地域には土司が置かれ，間接統治が行われていたが，こういった地域でも統治の変容が顕著にみられるようになった．武内房司「清末土司システムの解体と民族問題」『歴史学研究』民族と地域社会——東アジアの場合（2），700号，1997年参照．
10) 小泉順子『歴史叙述とナショナリズム——タイ近代史批判序説』東京大学出版会，2006年参照．
11) 東南アジアだけでなく，アメリカにも多くの中国人が移住した．園田節子『南北アメリカ華民と近代中国——19世紀トランスナショナル・マイグレーション』東京大学出版会，2009年参照．
12) 青山治世「在外領事像の模索——領事派遣開始前後の設置論」，箱田恵子「在外公館の伝統と近代——洋務時期の在外公館とその人材」，ともに岡本隆司・川島真編『中国近代外交の胎動』東京大学出版会，2009年所収．
13) もともとイギリスなどの海外植民地に住んでいた華僑は植民地臣民の身分を得，また人によってはその地位を購入して中国に帰国したこともあった．中国に帰国すると，彼らの地位は西洋人同様に治外法権の下に置かれイギリスなどの領事の保護を受け，また外見が外国人とはわからないので，内地旅行が認められていない時代でも，堂々と開港場およびその周辺を超えて内地に入り込むことができ，少なからぬ問題を起こすことになった．これを帰国華僑問題という．村上衛「五港開港期厦門における帰国華僑」『東アジア近代史』第三号，2000年参照．
14) 清末に展開する海外の商会ネットワークについては，陳来幸「中華総商会ネットワークの起点とその役割」『商大論集』兵庫県立大学経済学部，57巻2号，2005年などを参照．
15) 濱下武志『香港——アジアのネットワーク都市』ちくま新書，1996年参照．
16) 茂木敏夫・岡本隆司「中華帝国の近代的再編——在外華人保護論の台頭をめぐって」岡本隆司・川島真編『中国近代外交の胎動』東京大学出版会，2009年を参照．
17) 小泉順子『歴史叙述とナショナリズム』，および川島真『中国近代外交の形成』名古屋大学出版

会，2004 年参照．

[第22章]
1) Black, Cyril E, and Marius B. Jansen. *The Modernization of Japan and Russia : A Comparative Study.* Perspectives on Modernization (New York : Free Press, 1975).
2) Paine, Sarah. *Imperial Rivals : China, Russia and Their Disputed Frontier* (Armonk, NY : M. E. Sharpe 1996), note74, p. 102.
3) 土肥恒之・倉持俊一・鈴木健夫・佐々木照央・和田春樹・高田和夫『ロシア史』第 2 巻，山川出版社，1994 年．
4) Wolff, David. *To The Harbin Station : The Liberal Alternative in Russian Manchuria, 1898-1914* (Stanford University Press, 1999).
5) ルスカヤ・アブズカ／Ivan Makhova『ろしあのいろは』1861 年（復刻版，市立箱館図書館）．
6) ニコライ（中村健之介訳）『ニコライの見た幕末日本』講談社学術文庫，1979 年，中村健之介『宣教師ニコライと明治日本』岩波新書，1996 年．
7) レフ・イリッチ・メーチニコフ（渡辺雅司訳）『亡命ロシア人の見た明治維新』講談社学術文庫，1982 年．
8) 原暉之『ウラジオストク物語──ロシアとアジアが交わる街』三省堂，1998 年．
9) Bassin, Mark. *Imperial Visions : nationalist imagination and geographical expansion in the Russian Far East 1840-1865* (Cambridge : Cambridge University Press, 1999). pp. 262-263.
10) Wolff. *To The Harbin Station : The Liberal Alternative in Russian Manchuria, 1898-1914*

[第23章]
1) 岡本隆司『属国と自主のあいだ──近代清韓関係と東アジアの命運』名古屋大学出版会，2004 年，同『馬建忠と中国近代』京都大学学術出版会，2007 年．
2) 岡本隆司『馬建忠の中国近代』京都大学学術出版会，2007 年．
3) 姜在彦『朝鮮の開化思想』岩波書店，1980 年，194-213 頁．
4) 田保橋潔『近代日鮮関係の研究』上，朝鮮総督府中枢院，1940 年，1066-1133 頁．
5) 朝鮮国王・政府のロシアへの接近と清の対応については，田保橋潔『近代日鮮関係の研究』下，朝鮮総督府中枢院，1940 年参照．
6) 高橋秀直『日清戦争への道』東京創元社，1995 年．
7) 月脚達彦『朝鮮開化思想とナショナリズム』東京大学出版会，2009 年，第 2 章．
8) 檀君（紀元前 2333 年に朝鮮という国を開いたとされる）と並ぶ朝鮮の建国神話上の人物．中国の殷が滅亡した後，朝鮮に行って国を開き（箕子朝鮮），犯禁八条という教えによって民を教化したとされる．
9) 長谷川直子「壬午軍乱後の日本の朝鮮中立化構想」『朝鮮史研究会論文集』32，1994 年．大澤博明「朝鮮永世中立化構想と近代日本外交」『青丘学術論叢』12，1998 年．

[第24章]
1) 日清戦争勃発時の日中の戦力は，陸海軍ともに，見かけ上は清国が日本を圧倒していた．しかし陸軍においては，近代化と組織化の点において日本がまさっており，海軍においても，清国の定遠・鎮遠に対抗できる日本の戦艦があったわけではないが，それを除けば近代化の程度において互角であった（原剛「軍事的観点からみた日清戦争」東アジア近代史学会編『日清戦争と東アジア世界の変容』下巻，ゆまに書房，1997 年，檜山幸夫『日清戦争』講談社，1997 年）．
2) 大山梓編『山県有朋意見書』原書房，1966 年．
3) 1888 年浄書，1890 年に「外交政略論」と共に内閣に提出．大山梓編『山県有朋意見書』．
4) 大山梓編『山県有朋意見書』．

5) 大山梓編『山県有朋意見書』.
6) 岸本美緒・宮嶋博史『明清と李朝の時代』(世界の歴史 12) 中央公論社, 1998 年.
7) 坂野正高『中国近代化と馬建忠』東京大学出版会, 1985 年, 岡本隆司『馬建忠の中国近代』京都大学学術出版会, 2007 年.
8) 坂野正高『近代中国政治外交史』東京大学出版会, 1873 年, 第 10 章.
9) 「元在清公使館書記官中島雄ヨリ引継ノ清韓両国ニ関スル書類」(「随使述作存稿」, 日本外務省保存記録, 1.1.2, アジア歴史資料センターレファレンスコード, B03030249100).
10) 横山宏章『長崎が出会った近代中国』(海鳥ブックス) 海鳥社, 2006 年.
11) 「在京清国全権公使李経方丁憂帰国ニ付汪鳳藻臨時代理公使任命幷清国北洋水師ニ於テ我国艦隊ヲ優待セントスル挙アル件」(国立公文書館所蔵, 公文雑纂・明治二十四年・第九巻・外務省三・在外公館報告二 (清国・朝鮮国), アジア歴史資料センターレファレンスコード, A04010004100).
12) Denby, Charles, *China and her People: Being the Observations, Reminiscences, and Conclusions of an American Diplomat*. Vol. I; pp. 122-126, L. C. Page & Co., 1906.
13) 明治天皇自身は当初, 日清開戦に消極的だった. 宣戦の詔書を発した後にも, 側近に不本意だと漏らしている (『明治天皇記』第 8, 481-482 頁). その事情とその後の変化については, 檜山幸夫『日清戦争 秘蔵写真が明かす真実』講談社, 1997 年, 第 2 章.
14) 本コメントは, 竹内好『アジア主義』(現代日本思想大系 9) 筑摩書房, 1963 年, 坂野潤治『明治・思想の実像』創文社, 1977 年を参照しながら考え直したものである.
15) 山本達郎編『ベトナム中国関係史』山川出版社, 1975 年, 後藤均平『日本のなかのベトナム』三省堂, 1979 年, 坪井善明『近代ヴェトナム政治社会史』東京大学出版会, 1991 年参照.

[第25章]
1) 宮内庁編『明治天皇記』第 8 巻, 吉川弘文館, 1973 年, 472-474 頁.
2) 「上諭」(『清光緒朝中日交渉史料』, 1289, 第 16 巻).
3) 大澤博明『近代日本の東アジア政策と軍事』成文堂, 2001 年, 84 頁. 壬午事変の起きた 1882 年時点において, 日本陸軍は常備兵数 1 万 8600 名・戦時定員 4 万 2030 名, 日本海軍は軍艦 24 隻排水量総計 2 万 7000 トン (うち排水量 1000 トン以上の軍艦はたった 11 隻) であり, 対清戦争遂行は困難であった (同 26, 33-34 頁).
4) 斎藤聖二『日清戦争の軍事戦略』芙蓉書房出版, 2003 年, 第 1 章.
5) 趙景達『異端の民衆反乱』岩波書店, 1998 年, 第 4 章.
6) 陸奥宗光著 (中塚明校注)『新訂 蹇蹇録 日清戦争外交秘録』岩波書店, 1983 年, 32 頁, 藤村道生『日清戦争 東アジア近代史の転換点』岩波新書, 1973 年, 61 頁.
7) 檜山幸夫「日清戦争における外交政策」東アジア近代史学会編『日清戦争と東アジア世界の変容』下巻, ゆまに書房, 1997 年, 49-54 頁.
8) 中塚明『歴史の偽造をただす——戦史から消された日本軍の「朝鮮王宮占領」』高文研, 1997 年.
9) 藤村道生『日清戦争 東アジア近代史の転換点』岩波新書, 1973 年, 109 頁.
10) 斎藤聖二『日清戦争の軍事戦略』芙蓉書房出版, 2003 年, 第 5 章.
11) 趙景達『異端の民衆反乱』岩波書店, 1998 年, 第 9 章.
12) この条約で「大清帝国」という呼称が用いられるが, これは極めて稀である. 「清国」という呼称も日本的で清側はあまり用いていない. 「大清帝国」は日本側の提示した呼称だろう. 清が自らこれを用いるのは辛亥革命直前のことである.
13) 坂野正高『近代中国政治外交史』東京大学出版会, 1973 年, 414 頁.
14) 「江督劉坤一奏請筋密商俄国促日還遼予以新疆数城為謝片」(光緒二十一年閏五月十六日,『清季外交史料』115 巻, 21), 許公使の動向は, 許同莘『許文蕭公 (景澄) 遺集』(民国七年鉛印版) を参照.

15) 陸奥宗光著（中塚明校注）『新訂 蹇蹇録 日清戦争外交秘録』岩波書店，1983 年，第 19 章.
16) 藤村道生『日清戦争 東アジア近代史の転換点』岩波新書，1973 年.
17) 佐々木揚「最近 10 年間の中国における日清戦争史研究」『東アジア近代史』第 11 号，2008 年参照.
18) たとえば高等学校の教科書，人民教育出版社歴史室編著『中国近現代史』（人民教育出版社，2003 年，第 2 章第 5 節）には，明白にこうした叙述があらわれている．

[第26章]
1) 「第 6 条」，竹内実編『日中国交基本文献集』上巻 53 頁，蒼蒼社，1993 年.
2) 上海には専管租界は設けられず，共同租界に含められた．また，沙市・厦門には開かれなかった．
3) 生方敏郎『明治大正見聞史』改版，中公文庫，2005 年（1926 年執筆），25-26, 34, 38-39, 61-62 頁.
4) 坂野潤治『明治憲法体制の確立』東京大学出版会，1971 年．伊藤之雄『立憲国家と日露戦争』木鐸社，2000 年.
5) 1901 年 3 月 15 日付日記．三好行雄編『漱石文明論集』岩波文庫，1986 年，304-305 頁.
6) 徳富猪一郎『蘇峰自伝』中央公論社，1935 年（日本図書センター，1997 年復刻）225-226 頁.
7) 前章に見たように，この語が流行する発端を作った三宅雪嶺が使ったのは「嘗胆臥薪」という語だったが，後には中国の故事で名高い「臥薪嘗胆」という表現が使われるようになった.
8) 柳永益（秋月望・広瀬貞三訳）『日清戦争期の韓国改革運動』法政大学出版局，2000 年．なお，この本の原書名は『甲午更張研究』である．
9) 外務省編『日本外交年表竝主要文書』上，原書房，1965 年，165 頁.
10) 岡本隆司『世界のなかの日清韓関係史』講談社，2008 年，172-181 頁.
11) 康有為「応詔統籌全局摺」＝第六上書，1898 年 1 月 29 日 『知新報』（第 78 冊，光緒 24 年 12 月 11 日）．
12) 白石昌也『ベトナム民族運動と日本・アジア――ファン・ボイ・チャウの革命思想と対外認識』厳南堂書店，1993 年.

[第27章]
1) マカートニー著（坂野正高訳注）『中国訪問使節日記』平凡社東洋文庫，1975 年，アンドレ・ギュンター・フランク著（山下範久訳）『リオリエント――アジア時代のグローバル・エコノミー』藤原書店，2000 年.
2) 籠谷直人「東アジアの公共財」川島真・服部龍二編『東アジア国際政治史』名古屋大学出版会，2007 年.
3) マーク・カプリオ編（中西恭子訳）『近代東アジアのグローバリゼーション』明石書店，2006 年.
4) Prasenjit Duara, *Sovereignty and Authenticity Sovereignty and authenticity: Manchukuo and the East Asian Modern*, Lanham, Md.; Oxford: Rowman & Littlefield, 2003.
5) パスポート（渡航証明書）の制度は比較的早い時期に広がった．しかし，不平等条約体制下の領事裁判権の関係もあって，渡航前よりは，むしろ到着以後に自国の総領事館や相手国の役所などで遊歴証明を発行してもらうことも多かった．ただし，日中の本土間ではパスポートなしで渡航することができた．
6) 籠谷直人『アジア通商国際秩序と近代日本』名古屋大学出版会，2000 年.
7) 本野英一『伝統中国商業秩序の崩壊――不平等条約体制と「英語を話す中国人」』名古屋大学出版会，2004 年.
8) 浜下武志『近代中国の国際的契機――朝貢貿易システムと近代アジア』東京大学出版会，1990 年.

9) 川島真『中国近代外交の形成』名古屋大学出版会，2004 年.
10) Hiroshi Mitani, "The Transformation of Diplomatic Norms in East Asia during Nineteenth Century: from Ambiguity to Singularity," *ACTA ASIATICA* 93 (2007): 89-105.

年表

西暦	欧米	ロシア・中央アジア・東南アジア	中国
10世紀			宋, 建国
11世紀			
12世紀			金, 建国. 南宋
13世紀		モンゴル, 世界帝国	元, 建国. 高麗・ベトナム・日本などへ遠征
14世紀	イタリア・ルネサンス		明, 建国
15世紀	コロンブス, アメリカへ		
16世紀			
17世紀	清教徒, 北米移住開始	ロシア人, 太平洋岸到達	清, 建国
	ウエストファリア条約(1648)		
		ピョートル大帝(1682-1725)	康熙帝(1661-1722)
		ネルチンスク条約(1689)	遷海令廃止(1684)
18世紀		キャフタ条約(1727)	乾隆帝(1735-95)
	7年戦争(1756-63)	エカテリーナ二世(1762-96)	清, 東トルキスタンを新疆と命名(1759)
	アメリカ独立宣言(1776)	ラクスマン, 蝦夷地を訪問・通商打診(1792)	英使マカートニー, 北京で通商要求(1793)
	フランス革命(1789)		
19世紀	米英戦争(1812-14)	越南国, ベトナム統一(1806)	露使ゴロヴキンの謁見を拒否(1803)
		露, 蝦夷地で日本と衝突(1811-13)	英使アマーストの謁見を拒否(1816)
		イギリス, シンガポールを買収(1819)	
		ミデンドルフ, アムール川探検(1845)	アヘン戦争(1840-42)
			南京条約(1842)
	欧州国民革命, 米ゴールドラッシュ(1848)	クリミア戦争(1853-56)	太平天国の乱(1853-64)
		ムラヴィヨーフ, アムール探検(1854, 55, 57)	
	英, インド全体を支配(1858-)	清露アイグン条約(1858)	第2次アヘン戦争(1856-60), 天清条約(1858), 北京条約(1860)
		露, 北京条約で沿海州獲得	

朝鮮	日本・琉球	その他
		朱熹(1130-1200)
朝鮮, 建国(明より冊封)	室町幕府, 成立	
	琉球, 建国(明より冊封)	世宗『訓民正音』刊(1446)
日本, 侵略(二度)		
満洲族, 侵略(二度)	徳川幕府, 成立	リッチ『坤輿万国全図』刊 (1602)
日本へ回答兼刷還使派遣 (1607)	島津家, 琉球を支配下に置く (1609)	
清より冊封(1637)	日本人の出入国禁止(1635)	
		ニュートン『プリンキピア』刊(1687)
英粗, 蕩平策		
		クック, ラペルーズ, 太平洋探検
李承薫, 北京で受洗(1784)	松平定信, 異国船一般の来航を禁止(1791)	いわゆる産業革命, 始動
	藤田幽谷『丁巳封事』(1797)	
正祖没, 天主教徒・実学者への迫害(1801)	露使節レザーノフの通商要求を拒絶(1805)	
	蝦夷地と樺太で日露衝突 (1811-1813)	モリソン『漢英辞典』刊 (1821)
	英艦2隻, 琉球訪問(1816)	
フランス人宣教師潜入(1836)	異国船打払令(1825)	会沢正志斎『新論』(1825)
	米・日本に通商要求, 仏, 琉球に通商布教要求(1846)	マルクス・エンゲルス『共産党宣言』(1848)
	米使節ペリー, 浦賀に到来 (1853)	モールス符合, 国際標準規格 (1850)
	日米和親条約・日英協約・日露和親条約(1854)	
	五ヶ国修好通商条約(1858), 国内動乱開始	ダーウイン『種の起源』刊 (1859)
崔済愚, 東学を開教(1860)		

西暦	欧米	ロシア・中央アジア・東南アジア	中国
	アメリカ南北戦争 　　(1861-65)	露，中央アジアへの拡張政策開始(1863) ヤクーブ・ベク，東トルキスタンに建国	福建海軍など，洋務開始
	米大陸横断鉄道・スエズ運河開通(1869) 仏，第三共和制(1870-)	ヨーロッパ—インド，電信開通(1865)	
1871	ドイツ帝国成立	露，イリ地方占領(-81)	清日修好条規
1872			
1873			日本の台湾出兵，海防・塞防論争
1874			
1875		千島樺太交換条約	左宗棠をヤクーブ・ベク討伐に派遣(-78)．北洋海軍・南洋海軍の建設を着手
1876			
1877	英女王，インド皇帝に	露土戦争(-78)	
1878		ヤクーブ・ベク自死	
1879			
1880			
1881		イリ還付条約	イリ還付条約
1882	英，エジプト占領 　　(-1914)		新疆省を建省 中朝商民水陸貿易章程
1883			
1884		ベトナムをめぐり清仏戦争(-85)	清仏戦争(-85)
1885		ベトナム，フランスの保護国化	台湾省を建省，清日天津条約，清仏天津条約
1886		露，シベリア鉄道の着工を決定	長崎清国水兵事件
1887		仏領インドシナ連邦成立	
1888			北洋海軍，艦隊に再編成
1889		ヴラジヴァストーク要塞，使用開始	
1890			

朝鮮	日本・琉球	その他
高宗(1863-1907), 大院君政権掌握(1863-73) 天主教徒大弾圧, 仏艦隊報復攻撃(1866) 独人オッペルト, 大院君実父の墓を盗掘(1868)	長州藩, 関門海峡で西洋船砲撃(1863) 朝廷, 修好通商条約を勅許(1865) 王政復古(1868) 朝鮮に国交更新を申し込むも不調(1869-)	徳川幕府, 上海へ千歳丸派遣(1862) 漢訳『万国公法』刊(1864) 大西洋海底電信再開通(1866) ノーベル, ダイナマイト発明(1867)
米艦隊と江華島で交戦, 斥和碑建立	廃藩置県, 日清修好条規	欧州―ヴラジヴァストーク・中国―長崎の電信開通(1871) 福澤諭吉『学問のすすめ』 長崎―東京の電信開通
大院君失脚・閔氏政権成立	征韓論政変 台湾出兵 千島樺太交換条約	
朝日修好条規で日本と国交を更新	日朝修好条規で朝鮮との紛議解決 西南内乱	ベル, 電話機発明 コッホ, 細菌培養法発明
金弘集,『朝鮮策略』を高宗に奉呈	琉球併合 興亜会結成	黄遵憲, 東京で『朝鮮策略』執筆
朝米修好通商条約, 壬午軍乱	山県有朋「陸海軍拡張に関する財政上申」	
甲申政変, 中朝商民水陸貿易章程 袁世凱漢城常駐開始, 英・巨文島占領(-87) 朝露密約露見 高宗, 締約各国に弁理公使を派遣	日清天津条約(両国撤兵), 井上馨「弁法八ヵ条」 長崎清国水兵事件. 山県有朋「軍事意見書」	
	大日本帝国憲法公布 山県首相「外交政略論」. 陸海軍連合大演習	

西暦	欧米	ロシア・中央アジア・東南アジア	中国
1891		皇太子大津遭難事件, シベリア鉄道着工	北洋艦隊, 日本再訪
1892			
1893			
1894		露, アムール沿海地方総督兼司令官設置	朝鮮の要請により派兵, 日本と開戦
1895	仏・独・露, 日本に干渉	露・仏・独, 日本に遼東半島を還付させる	下関講和条約, 台湾割譲. 孫文, 日本亡命
1896		露清密約(東清鉄道敷設)	清露密約(東清鉄道敷設)・清日通商航海条約
1897	米西戦争. 米, フィリピン領有・ハワイ併合	露, ハルビンから大連への鉄道建設決定	
1898			戊戌変法失敗. 独・露・英, 各地租借(翌年仏)
1899			清韓修好通商条約. ハーグ平和会議に参加
1900	英・仏・米・独・伊など北京出兵	露・北京出兵	義和団事件(-01)

朝鮮	日本・琉球	その他
	ロシア皇太子，大津事件	康有為『大同書』刊
	天皇，海軍拡張に下賜，議会の協力を要請	
東学農民運動勃発．政府，甲午改革着手	日英通商航海条約．朝鮮に派兵，清と開戦	
三浦梧楼公使ら明成皇后殺害	下関講和条約，遼東還付条約，台湾領有	マルコーニ，無線電信発明
	日清通商航海条約	
高宗，ロシア公使館に退避．独立協会結成		
高宗，皇帝に即位し，国号を大韓帝国と改称		
大韓国制制定．韓清修好通商条約	対西洋改正条約発効	
	義和団事件で，北京出兵	

事項索引

●漢語については，日本語読みで配列し（一部慣用読み），
朝鮮地名については，朝鮮語音で配列した．

あ 行

アイグン(愛琿)条約　　117-119, 154, 199
アイヌ　　61, 66, 186-187, 190, 192
牙山　　245
アジ　　32
アジア(亜細亜)主義　　194, 212, 231, 238, 262
アフガニスタン　　229
アヘン　　50, 68, 74-75, 79, 114, 123, 152, 273
アヘン戦争　　1, 5, 49, 53, 55, 68-71, 78, 80, 91, 94-95, 97-98, 104, 114, 118, 120, 123, 125, 130, 135, 152, 154, 205, 256, 272-273
アホーツク　　56, 59, 67, 115
アマースト使節団　　77
アムール川(黒竜江)　　57-58, 114-118, 154, 199, 206, 212
アムール沿海地方総督兼司令官　　213
アメリカ　　3, 14, 48, 63, 65, 68, 81-82, 98-99, 102, 104, 115, 148, 178, 187, 193, 201, 215, 219, 223, 230, 237, 249, 264
アメリカ・メキシコ戦争　　89
アメリカ海軍　　86-88
アメリカ＝トルコ和親条約(1830年)　　88
廈門　　77, 164
アラスカ　　59, 84, 116, 212
アリューシャン列島　　59
アルバジン　　57
アロー戦争(第二次アヘン戦争)　　5, 78, 118, 120, 125, 130, 141, 152-153
安政5年政変(1858年)　　102-103
安政の五ヶ国条約　　7, 163
安南　　10, 240
イエズス会　　73, 132, 138
威海衛　　236, 258, 266
夷館　　72
イギリス　　12, 30, 50, 53, 58, 60, 68, 70, 74, 81, 85, 91, 98-100, 102, 114-115, 119, 153, 158, 160, 175, 197, 199, 206-207,

216, 222-223, 229-231, 234-235, 239, 242-243, 246-247, 249, 272, 278
育嬰堂　　79
異国船(異様船，夷船)　　66-68, 70, 140, 147
異国船打払令　　94-95, 97-98
イスラーム　　198
一進会　　270
一統垂裳　　267
乙未事変　　→閔妃殺害事件
夷狄　　3-4, 48, 59, 67
居貿易　　164
移民(移住)　　202, 208, 279
夷務　　155
イリ　　53, 193, 197, 207
夷虜応接大意　　109
イルクーツク　　59, 115, 118
頤和園　　237
岩倉使節団　　149, 173-174, 176
『隠者の国』　　132
仁川　　127, 216-217, 245-246, 249, 266
インド　　70, 74, 91, 230
ウェスタン・インパクト　　130
ウェストファリア条約　　123, 128, 185
元山　　217, 266
『浮雲』　　210
請負知行制　　187
ウスーリ川　　117, 154, 199, 206
浦賀奉行　　97, 100
ヴラジヴァストーク　　154, 206, 209, 211, 222, 243, 279
ウルップ島　　119
雲揚　　177, 180
英華書院　　15
衛生行政　　→防疫
衛正斥邪派　　140-141, 150, 216, 264
蝦夷地　　60, 64, 66-68, 118, 186-187, 189
江戸立　　34, 36
エトロフ島　　60, 62, 66, 119
沿海州　　135, 154, 211, 213
圜丘壇　　265

燕行使　133
縁坐法　262
捐納　157
円明園　11, 153
王政復古　111, 259
大津事件　211, 232
小笠原　192
沖縄県　169, 171
オスマン帝国　197
小田県　169
オホーツク　→アホーツク
オランダ　3, 12, 14-15, 61, 65, 67-68, 71, 97, 101-102, 187
オランダ開国勧告　5, 94
オランダ商館長　5-6, 120
オランダ風説書　68, 98-99
オリエンタリズム　277
オレゴン　89
穏健開化派　219

　　　か　行

海運　274
海外移民合法化　200
海外渡航　7, 124, 186, 272
開化派　218-220, 224, 249, 262-263
会館　202, 279
海関　75, 206, 275
海峡植民地　72
海禁　11, 32-33, 72, 122
海軍　86-88, 97, 115, 119, 158, 233
海軍衙門　159, 235-236
海軍伝習　101
外交儀礼　126, 174, 178
開港　99, 163
開港場　125-126, 152, 167, 181, 217-218, 235, 258, 274-276, 280-281
外交政略論(1890年)　231
開国　50, 54, 60, 216, 219, 262
開国紀年　262
『海国図志』　15, 69, 274
『海国兵談』　67
開国前攘夷論　106
開国論　62, 102, 107-108, 111
海産物　187
回賜　58
華夷思想　9, 48, 120, 122, 178
海上交易　32

海図　280
開拓使　176, 189, 208, 212
海底ケーブル　279
会党(秘密結社)　155
回避制　156
海防　66-67, 70, 96-100, 106, 234
海防・塞防論争　171, 197, 233
海防彙議　62
俄館播遷　264-265
科挙　19, 22, 29, 39-40, 42, 44, 47-51, 73, 137, 262, 267
華僑ネットワーク　283
格物　110
革命派　201
『学問のすすめ』　269
鹿児島戦争(1863年)　104
カシュガル　198, 207
華人　200-202, 279-281
臥薪嘗胆　261
『合衆国探検航海記』　87
カトリック　211
カナダ太平洋鉄道　230
瓜分の危機　267
神機営　234
カムチャツカ　59, 115
唐入り　34
漢意　10
樺太(サハリン)島　60, 62, 115-116, 119, 176, 187, 189-190, 212
樺太・千島交換条約　190, 192
カラフト島仮規則　189
カリフォルニア　84, 89, 116
為替　280
咸宜園　26
漢口　77
勘合　165
『関西巡回記』　110
漢字仮名交じり文　27, 36
漢字文化圏　10, 17
勘定方　97, 99
関税　125, 274
関税自主権　125, 128, 163, 257
『勧世良言』　78
感染症　268, 281
漢族　48, 199, 203
間島　199
カントリー・トレーダー　273

広東　16, 50, 75, 83, 200-201
カントン貿易　75
広東貿易　89
江華府　138
漢文　16, 122, 166-167, 194, 274
カンボジア　69
漢訳聖書　73
官督商辦　159
管理貿易　272-273
館倭欄出　149
気象情報　275
議政府　136, 146, 262-263, 265
北太平洋　83
吉林省　199, 208
絹　74, 83
義兵　269
棄民　199-201
キャフタ条約　58, 114, 197
キャラバン貿易　114
九江　77
牛荘　235
教案　79, 104
教化　198-200
郷紳　48, 50, 79, 156, 158
協定税率　124
郷約　40
郷吏　40, 42-44
極東　82, 212
居留地　257
景福宮　136, 141, 150, 254, 262, 264
キリスト教　→天主教
キリスト教禁教　11, 210
基隆　280
義和団事件(北清事変)　79, 104, 129, 199, 258, 267-268
銀　74-75, 276
均役法　41, 44
近世　19
近代　277
近代化　54-55, 205
禁中方御条目　24
金本位制　205, 257
禁裏　20, 23-24
広州　164
阮(グエン)朝　12, 239
公家　23
クシュンコタン　189

グスク　32
宮内府　262, 264
クナシリ島　61
国絵図　187
公方　23-24
久米村　36-37, 200
クリミア戦争　114, 116-117
グルカ　200
クルジャ条約　116
呉　229
グレイト・ゲイム　207, 213
グローバリゼーション　271-272, 276-277, 281-283
グローバル・ヒストリー　17, 130, 279, 282
軍国機務処　262-263
軍事意見書(1886年, 1893年)　229, 232
軍属(軍夫)　228, 252
軍閥　233
慶応義塾　223
慶賀使　34, 36, 186
経済成長　205
『経世遺表』　44
経世学　48-49
啓蒙哲学　114
化外の民　169, 196
毛皮　83
結核　282
血統主義　202
検疫　274, 278, 281
『甕甕録』　251
健順丸　164
憲政党　260
興亜会　194
黄海　213
黄海海戦　235-236, 249
航海条例　82
航海通市論　105, 106
江華条約　→日朝修好条規
江華島事件　177
江華府　180
公儀　1-2, 20, 23-25
公議(公論)　109, 111
甲午改革(更張)　262, 265
甲午農民戦争　244
郷士　106
公使館　167-168
公式帝国・非公式帝国　81

孔子廟　　36, 202
広州　　12, 73, 77, 235
公衆衛生　　282
膠州湾　　266
行商　　72, 75, 77, 152
光緒新政　　267
甲申政変　　230, 219-222, 229, 238, 244, 263
『甲申日録』　　220
江西省　　78
校正庁　　247
郷村社会　　79
郷団　　54
皇帝　　101, 127, 180, 290
講定使　　147
江南機器製造局　　158, 235
江南水師学堂　　236
工部局　　77
行文知照　　222, 247
神戸　　163
交隣　　182
抗礼関係　　12
コーカンド　　207
五箇条誓文　　109, 205
国王　　101, 127, 180
国学　　10, 24, 27, 29
国際公共財　　279, 281-283
国際標準　　275, 278
国際法　　124, 127, 129, 143, 170, 185, 188, 190, 201-202, 221, 223, 241, 253-254, 274
国際連合国際保健機関 (WHO)　　282
国際連盟保健機関　　282
国籍法　　202, 281
子口半税　　154
国民皆兵　　227
国民国家　　196, 259, 271, 275, 277
国民史　　278
国民新聞　　252
黒竜江　　→アムール川
黒竜江省　　199, 208
コサック (カザーク)　　56
互市　　122-123, 125-126, 131, 163, 165, 218
国家　　19-21
国境　　169
巨文島事件　　135, 222, 224, 229-230, 238
暦　　9
古琉球　　34
コレラ　　268, 282

公州　　249
坤輿図識　　68
坤輿万国全図　　11, 132

さ　行

細菌学説　　282
最恵国待遇　　88, 114, 120, 124, 126, 128, 168, 181, 192, 257
在地両班　　40
塞防論　　→海防・塞防論争
先島　　35, 171
冊封　　1, 9-10, 17, 34, 122-123, 126-127, 131, 145, 163, 165-166, 180, 191, 200, 217, 223, 238, 256, 265
冊封・朝貢　　126-127, 130, 154, 171, 196
冊封使　　31, 37
桜田門外の変　　104
鎖国　　2-3, 7, 11, 61, 68, 97, 186
佐世保　　229
薩長連合　　106-107
札幌農学校　　208
薩摩　　1, 11, 34, 36, 107, 186
サハリン　　→樺太島
サプライズ号　　140
三角貿易　　273
三跪九叩　　58, 72
参勤交代　　25
サンクトペテルブルク　　116-117
サンクトペテルブルク条約 (露清, 1881 年)　　207
三軍府　　136
三景艦　　243
三合会　　155
三国干渉　　249, 251, 258, 261, 263
三司官　　35
サンステファーノ条約　　207
三政の紊乱　　137
三奪法　　26
暫定合同条款　　248
三都　　25
サントゥ　　264
山東省　　213
参謀本部　　228
山陽線　　243
ジェネラル・シャーマン号　　139
ジェンダー　　45
賜額書院　　136

四国連合艦隊　107
『時事新報』　238, 240, 252
自主　9, 127, 182-183, 223, 225, 247, 256, 263, 269
市場経済　25, 45, 54
事大　216
師団　228, 230
実学派　41, 42
自強　193
シティ　272-273
支那　259
『支那省別全誌』　281
士林　41
シベリア（シビーリ）　60, 114-116, 119
シベリア鉄道　211, 213, 230-232, 242, 244
司法権の独立　263
シマ　32, 35
島津家　→薩摩
下田　99
下関　171, 250
下関戦争(1863-64 年)　104, 106
下関条約　199, 249-250
シャーマン号事件　139-140
謝恩使　34, 36, 186
社会主義　272
社会進化論　267
社倉制　137
シャム　202
ジャワ　71
上海　50, 53-54, 77, 127, 159, 164, 235, 244
上海機器織布局　159, 162
修信使　193
自由党　250, 260
自由貿易　72, 130, 272-274
自由貿易帝国主義　80
宗門人別帳　22
儒学　42, 49, 110
儒教　16, 52
塾　26
主権　2, 17, 72, 120, 123, 127-128, 185, 196, 253, 271, 277-278, 282-283
主権国家体制　241
主権線　231
朱子学　10, 13, 19, 29, 39-41, 109, 133, 140
主従制　20, 22
首里　169
ジュンガル王国　197

巡撫　198
書院（私塾）　26, 40, 136-137
攘夷　64, 137, 183
攘夷論　62, 99-100, 102, 104, 106, 111, 173
条規・条約　166
蒸気海軍　91, 94, 99, 280
湘軍　51, 156, 233
将軍継嗣問題　103
称号　166
彰考館　63
尚氏　32
嘗胆臥薪　251
小中華　10, 12, 36, 133, 140
小刀会　155
小農　45
商品経済化　42, 44
正文　167
常民　39, 41
条約改正　128-129, 174, 251, 257, 276
条約秩序　256
条約勅許問題　102
湘勇　51, 156
上陸対抗演習　243
初期議会　251, 260
初期近代　19
植民地　209, 239, 253, 256, 277
植民地医学　282
植民地臣民　201
植民地帝国　238, 241
書契　144-145, 178-179
女真族　→満洲族
士林派　39-41
清　56, 166, 230
新界　76, 266
シンガポール　15, 72, 279
清韓修好通商条約　266, 268
新疆　13, 57, 118, 197-198, 203, 207
壬午軍乱　215-216, 218-219, 228-229, 238, 247
進士　51
神州　64, 70
清朝考証学　49
親日派　270
清仏戦争　159, 208, 220, 233, 235, 239, 243
新聞（マスメディア）　252, 259, 281
親兵　227
進歩党　260

辛未洋擾　140, 148
瀋陽　→奉天
新論　70
スイス　224
垂簾聴政　134-136, 150
水原城　134
スエズ運河開通　274
鈴屋　26
スペイン領アメリカ　92
スミソニアン博物館　87
済物浦条約　219
スンガリ　117
西学　50, 132-134 (→蘭学)
征韓論　108, 147, 150, 182-183, 188-190, 269
征韓論政変　151, 173, 176, 190
盛京　→奉天
星湖学派　133
正朔　9
世道政治　45, 135
勢道政治　42, 44-45, 135-137
西南内乱　193, 228, 232
生蕃　169
済物浦条約　246
西洋化　278
西力東漸　114
世界政治　175-176
「世界の世話やき」論　108, 111
斥和碑　140-141, 148, 218
世襲身分制　19-20, 28
世論　251
専管租界　266
宣教師　15, 58, 73, 78, 138
全権公使巡遣問題　224
千歳丸　125, 164
泉州　32
全州和約　246, 249
川鼻仮条約　76
宋　19
宗氏　11-13, 143-144, 146, 149
壮士　250
宗主権　142, 216, 218-219, 221, 225, 232, 239
宗主国　182, 201, 223, 239, 246
宗属 (宗主-藩属) 関係　127, 182, 215, 218-219, 241, 246-247
総督府　268

双務主義　165
『遭厄日本紀事』　61
総理各国事務衙門 (総理衙門)　126, 140, 154, 158, 169, 192
草梁公館　→倭館
租界　50, 77, 127, 258, 266
ソサエティ諸島　85
租借地　258, 266-267
租税　25, 39, 42, 45, 97
属国・属邦　127, 166, 182-183, 194, 216, 218, 222, 224-225, 241, 269
属国・自主　127
尊攘主義者　7
尊王攘夷　24, 63-64, 70, 108

　　た　行

タイ　99, 202, 280
第一次長州征討　174
大英帝国　82
大王大妃　134-136
大改革　205
対外硬　248, 252
対外和親・国威宣揚の布告　143
大韓帝国　256, 265
大君　5, 94, 101, 151
対策一道　104
大修使　144, 146-147
大東合邦論　238-239
大南　12
第二次アヘン戦争　→アロー戦争
大日本帝国憲法　257
『大日本史』　63, 70
台場　99
大ハーン　197
太平天国　49, 51, 53, 55, 77-78, 80, 152-153, 155-159, 161, 233-235, 239
太平洋　82, 88, 206
太平洋横断航路　91, 94, 98
太平洋艦隊 (アメリカ)　87
太平洋探検　87
大本営　243, 245, 248-250
大名　20
大陸横断鉄道　89
大陸浪人　261-262
大連　213, 266
台湾　49, 241, 253, 256
台湾出兵　163, 169, 176, 197, 233-234,

250, 257, 268
台湾省　198
台湾総督　261
タシケント　207
タタール　16, 213
脱亜入欧　231-232, 238
脱清人　171
ダブル・スタンダード　165
俵物　187
淡水　280
断髪令　264
団練　156
地域公共財　283
治外法権　88
筑登之　35
知識人　47, 49, 63, 66, 219
千島　119
千島樺太交換条約　176, 211-212
地政学　82, 85, 116-117, 211-212, 276
地租改正　205
チベット　13, 16, 198-199, 203
地方軍事権力　19-20
地方自衛組織　156
地方分権　28
茶　71, 74, 83, 114
中央アジア　206-207, 212
中華　16, 48, 241
忠君愛国　260
中継貿易　201
中国　202, 205, 218
中国人　202
中国ブーム　73
駐箚朝鮮総理交渉通商事宜　222
中山王　186
中人　39
中朝商民水陸貿易商程　218, 247, 265
中立論　223
長江　76
朝貢　1, 9-10, 13-14, 16-17, 34, 36-37, 56, 58, 72, 122-123, 126, 131, 163, 165, 188, 191, 200, 218, 220, 223, 238-239, 250, 256, 263, 265, 279
朝貢・冊封関係　8, 11, 80, 145, 199
朝貢体制　10, 127
逃散　22
長州　104, 106, 108
朝鮮　19, 80, 120, 193, 231

『朝鮮・琉球航海記』　30
『朝鮮策略』　193, 215-216, 230, 258, 265
朝鮮朱子学　136
朝鮮出兵　5, 11, 34
朝鮮政略意見案　224
朝鮮族　199
朝鮮中立化政策　224, 231-232, 242
朝鮮通信使　145
朝鮮内政改革　245-247
朝廷　24, 102
朝廷直交論　145, 147
町人　22
朝米修好通商条約　8, 193, 223
徴兵制　205
徴兵令　227
朝露修好通商条約（1884年）　224
朝露密約　222
直隷作戦　213, 248-249
全州　244
鎮遠　229, 235, 243
鎮台　227
ツァーリ　116-117, 213
通航一覧　69
通商（交易）　5, 7, 65, 69, 94, 97, 99, 122, 163
通商論　99
通信（国交）　5, 7-8, 94, 99-100, 163
通信使　12-13
通信網　274-275, 279
対馬占領事件　208
対馬藩　11-12, 119-120, 143-150, 181, 185-186, 271
定遠　229, 235, 243
帝国　48, 54, 259, 271, 275, 277
帝国議会　242
帝国主義　253, 271, 275-276, 278, 283
丁巳封事　64
手形決済　273, 280
デカブリスト　114
適々斎塾　26
出島　1, 4
鉄道　206, 213, 243, 276
大同江　139
大韓　265, 280-281
出貿易　164
天演論　267
『天工開物』　17
『伝国の詞』　21

天主教　　11, 41-42, 52, 133-135, 137-141, 210
天主実義　　133
天津　　77, 234
電信　　211, 274, 279
天津機器局　　158
天津条約(1858年)　　117, 126, 153, 166, 168
天津条約(日清，1885年)　　222, 239, 242, 245-246
天津条約(中仏，1885年)　　239
天津水師学堂　　235
天津日本租界規則　　258
天津武備学堂　　234
伝染病　　→感染症
天地公共の理　　109-110
天皇　　127, 166
典礼　　11
ドイツ　　61, 139, 147, 216, 218, 228, 231, 234-235, 243, 250-251
同化　　192
東学農民運動　　44, 244, 249
陶器　　83
『東京朝日新聞』　　244
東京外国語学校　　210
同郷組織　　202
当五銭　　219
東三省　　199, 250
同治改革　　205
桐城派　　51
東清鉄道　　199, 213
統帥権　　228
同姓組織　　202
党争　　41, 45, 133, 136
灯台　　280
東南アジア　　200-201
同文館　　158
同文同種　　193-194
蕩平策　　41-42, 133
豆満江　　135
同盟会　　211
同盟関係　　168
トウモロコシ　　276
統理衙門　　218
統理機務衙門　　215, 218
統理軍国事務衙門　　218
統理交渉通商事務衙門　　218
統理内務衙門　　218

徳治　　185
読書人　　157
独立　　248, 256, 263, 269
独立党　　238
土佐勤王党　　106
都市化　　206
図書　　179
トルキスタン　　13
トルコ　　16, 88, 124, 197, 212, 223
屯田兵　　208
東萊府　　144-146, 149, 179

　　　　な　行

内閣制度　　230
内地河川航行権・通商権　　126, 168
長崎　　59, 69, 163, 186, 232, 235, 279
長崎海軍伝習　　105
長崎清国水兵事件　　235, 237, 281
ナショナリズム　　252
ナポレオン戦争　　71
生麦事件　　193
南京条約(1842年)　　76, 78, 114, 123, 152, 154
南洋海軍　　234
ニコライ堂　　211
西太平洋　　87
二十一カ条要求　　266, 277
二重朝貢　　122
日英清三国協調論　　231, 239
日米修好通商条約　　6-7, 102-104
日米和親条約　　5, 88, 99-100, 102, 104
日蘭条約　　5
日蘭追加条約　　6
日露修好通商条約　　120
日露戦争　　241, 266, 269, 277
日露追加条約　　6
日露和親条約　　120, 187
日韓併合　　266
日清講和条約　　257
日清修好条規　　126, 129, 143, 149, 163, 165-166, 168-169, 191, 212, 257, 269
日清戦争　　54, 128-129, 192, 222, 227, 236-237, 241-242, 248, 251-254, 256-261, 265, 267, 269
『日清戦争史』(参謀本部編)　　254
日清通商航海条約　　258
日清提携論　　163, 165, 171

日朝関係　175
日朝修好条規　8, 143, 181-183, 212, 241, 247, 262
日朝修好条規続約　217
日朝通商章程(1883年)　182
『日本国志』　258
日本国人民貿易規則　181
日本　124, 205, 251
『日本外史』　13
日本型華夷秩序　12
日本居留地取極書　258
日本人居住地　211
日本人顧問官　263
日本租界条款　258
ニューイングランド　84
ニュージーランド　85
寧波　77, 164
奴婢　39-40, 44, 262
熱河　72, 118, 141, 153, 160
ネットワーク　15, 19, 24, 26-28, 125, 273, 279, 283
ネルチンスク条約　57-58, 115, 197
捻軍　155, 159-161, 233
年号　262
『農業全書』　17
農奴解放　205

は 行

ハーグ平和会議(1899年)　268, 280
売官　157
賠償金　177, 221, 251, 254
拝上帝教　78
敗戦条約　124
廃藩置県　146, 148-149, 188, 205, 227
パイワン族　169-170
幕府　7, 24, 102
函館・箱館　99, 163, 209, 211
箱館奉行　62
パスポート　25, 185, 281
バタヴィア　15, 92
八旗　58, 233
法度　24
ハバーロフスク　213
馬尾船政局(船廠)　158-159, 234, 236
ハルビン　213
ハワイ　83, 85
漢江　138

ハングル　263
バンコク　202
万国公法　→国際法
万国郵便連合　280
版籍奉還　148, 188
漢城　138, 145, 147, 216
漢城条約(1885年)　221
審談　85
版図　177, 185, 196, 198, 203
万東廟　137, 141, 150
藩部　197
ヒヴァ　207
東アジア的近世　19, 28, 40
東アジアの共通体験　278
東インド会社(イギリス)　14, 60, 71-74, 82, 273
東インド会社(オランダ)　92
東インド艦隊(アメリカ)　87
東太平洋　87
東トルキスタン　197, 233
匪賊　155
必戦論　107
備辺使　136
百姓　22
白檀(サンダルウッド)　83
百日維新　267
白蓮教徒　233
漂流民　59, 69, 82, 88, 122, 169
平壌　139
ビルマ　127
広島　243, 245, 248
広島第五師団軍法会議　264
閩人三十六姓　37
閩浙総督　158
フィリピン　92, 266
フエ条約(1883年)　220, 239
布教　15, 126
福井　109
福州　32, 77, 158, 164, 169, 186
福州琉球館　11
福建　200
福建海軍　234
福建省　37, 49
福建船政学堂　234
福建船政局　158, 235

福建派　234
復古　24
無人島　192
ブハラ　207
不平等条約　120, 123-125, 128-129, 165, 181, 257
ブラジル艦隊（アメリカ）　87
フランス　14, 53, 57, 61, 68, 78, 85, 87, 91, 102, 104, 135, 137, 139, 153-154, 158, 178, 187, 220, 223, 227, 233-234, 239, 251
フランチェスコ会　73
ブルガリア　223
プロテスタント　78, 211
分島改約案　171
豊島沖海戦　248, 254
文明観　88
文明国標準　123-124, 128, 169, 241
丙寅洋擾　139-140, 147
米英戦争　84, 86
平壌　259
北京　16
北京条約（1860年）　76, 78, 124, 126, 135
北京条約（清英, 1860年）　154, 200
北京条約（清露, 1860年）　154, 199
北京宣教団　209
ペスト　1, 268
別技軍　215
ベトナム　10, 220, 239
ペトロパヴロフスク　59
ペナン　72
ペリー来航　62
ペルー　201
ベルギー　223
ベルリン条約（露土, 1878年）　207
辺境　203
変法　267
弁法八カ条　222, 224, 230
防疫　268, 274-275
望厦条約　91
砲艦外交　140, 153
防穀令　182
奉天　198, 213
奉天省　199
ポーランド　57
ホーン岬　83-84
北学派　133
北清事変　→義和団事件

北伐論　133
『牧民心書』　42
北洋海軍　158-159, 197, 229, 234-236, 243, 266
北洋軍　159, 234
北洋大臣　158-159
捕鯨船　84
保護　199, 201
保甲　156
保護国　269
戊戌変法　256, 267-268
戊辰内乱　108
ボストン　83
牡丹社　169-170
北海道　176, 189, 208
歩兵操典　243
ポルトガル　33-34, 57, 71, 73
本貫　135
香港　76, 279
香港返還　76
翻訳　274

　　　　ま　行

マカオ　12, 71-74
間切　32, 35
町方　35
松方デフレ　253
松前　66, 187
マニラ・ガレオン貿易　92
マラッカ　15, 32, 71-72, 74
マラリア　170, 172, 268, 282
マルケサス諸島　86
マレー半島　71, 73
満洲（マンチューリア）　47, 57, 117, 133, 135, 198, 233, 237, 249
満洲旗人　57
満洲族　47, 49, 132-133
水戸　63, 103-104, 108
水戸学　69-70, 110
南太平洋　84
苗族　155
宮古島　169, 171
民権論　229
閔氏政権　178, 180, 216-217, 219-220, 222, 224, 247
民党　251
閔妃殺害事件　259, 264

民乱　44
無主地　170
ムスリム　197-198
名教　50, 52-53
明治維新　143, 157, 205, 260, 269
明白なる運命(マニフェスト・デスティニー)　89
名分論　24
メキシコ　92
メディア　252
モリソン学校　74
門戸開放宣言　267
モンゴル　13, 16, 57, 198, 200
モンゴル族　47

や 行

八重山　171
野外要務令　243
野戦郵便　252
野蛮　241
両班　39-44, 133, 136-137, 140, 219, 262
勇軍　234
郵便　274, 280
郵便汽船　91
郵便連合　280
洋学　111
洋務　50, 53, 152, 155, 157-159, 161, 276
洋務企業　162
ヨーロッパ国際体系　185
横須賀　229
横浜　163
吉野　243
四つの口　186
永興　181

ら 行

ラテン語　58
蘭学　26-29, 65, 67-68
リヴァディア条約(露清、1878年)　207
利益線　231
釐金　157, 235
陸軍編成　243
理事官　167
立憲政体　174
立憲政友会　260
理藩院　16, 58, 154, 197
琉球　11, 95, 120, 122, 126-127, 129, 169, 177, 186, 191, 193, 238, 256, 271, 273
琉球王国　171, 188
琉球館　186
琉球帰属問題　170-171
琉球藩王　188
琉球分島案　191
琉球併合　129, 191-192, 212, 215
琉米修好条約　187
両広総督　152-153
両江総督　157-158
両国盟約(日朝)　248
領事　167
領事館　165, 201-202
領事裁判　7, 120, 124-125, 128, 163, 167-168, 181, 191, 236, 257
両属　12, 14, 34, 122, 185-186, 188, 191
領土　186, 203
遼東還付　→三国干渉
遼東半島　250, 258
緑営　233
旅順　213, 266
リンガ・フランカ　10, 167
輪船招商局　158, 162
留守政府　174
礼　16
礼曹　145, 149
礼曹判書　181
礼部　16, 126
路引(旅券)　179
老中　23
老中奉書　94
老論　135, 137
六曹　262
六部　126
ロシア　16, 53, 56-61, 64-70, 100, 102, 154, 171, 175, 187, 194, 197, 199, 205, 207, 210, 215, 222, 224, 227, 229-230, 232-233, 239, 242-243, 246-247, 250, 263, 266
ロシア外務省　207
ロシア皇太子　232
ロシア正教　209, 211
ロシア地理学協会　115
『ろしあのいろは』　209
ロシア文学　210
ロシア留学生　208
露清密約(1896年)　199, 213, 266

露土戦争 (1877 年)　207
露日辞書　209
露米会社 (RAC)　60
ロンドン伝道会　15, 73

　　わ　行

淮軍　159, 218, 233
倭館　12, 144, 149

倭寇　32
和人　187
ワシントン州　89

　　欧　文

HIV　282
SARS　282

人名索引

●中国人名については，日本語読みで配列し，朝鮮人名については朝鮮語音で配列し，（ ）内でカタカナで表記した．

あ 行

会沢正志斎　70
浅野長祥　97
足利義満　10, 39
アストリア，ジョン　83
アダム・シャール　133
阿部正弘　94-95, 97-100
アマースト　14, 30
荒尾精　54
アレクサンドル3世　250
アレクサンドル1世　58
安東晙(アン ドンジュン)　144-149, 180
李瀷(イ イク)　13, 133
井伊直弼　103
李耕稙(イ ギョンジク)　264
イグナティエフ　118, 207
李載先(イ ジェゾン)　216
石黒忠悳　268
李埈鎔(イ ジュニョン)　224
怡親王　160
李承薫(イ スンフン)　134
李成桂(イ ソンゲ)　262
板垣退助　173-174
李退渓(イ テゲ)　41
伊藤博文　221, 229, 245-246, 248-249, 251-252, 260
李東仁(イ ドンニン)　219
李徳懋(イ ドンム)　133-134
井上馨　177, 188, 191, 219, 221-222, 224, 229-230, 239, 242, 263-264
井上角五郎　220
井上毅　224
井上良馨　177
李恒老(イ ハンノ)　140, 150
李栗谷(イ ユルゴク)　41
岩倉具視　150, 173-174, 176-177, 179, 189
ヴァシリーエフ　117
ヴィシネグラツキー　205
ウィッテ　250

ウィルクス，チャールズ　87
ウェーバー　224
上杉鷹山　21
生方敏郎　259
浦瀬裕　146-147, 149
エカテリーナ2世　59-60
江藤新平　173-174
榎本武揚　176, 190
エリオット　76
袁世凱　217-218, 220, 222, 224-225, 245-246, 265, 267
応宝時　165
汪鳳藻　247
大久保利通　177, 148, 150, 173-176, 189-190
大河内輝声　167
大島義昌　248
大鳥圭介　246-247
大山巌　210
オールリック，ジョン　90
緒方洪庵　26
オッペルト　139
魚允中(オ ユンジュン)　216, 219, 264, 269

か 行

嘉慶帝　58
何如璋　193, 194
勝海舟　111
樺山資紀　257
ガルダン　57
咸豊帝　117, 153, 160-161, 206
耆英　76
魏源　15, 69, 274
琦善　76
木戸孝允　107, 147-148, 150, 173-174, 176
金玉均(キム オクキュン)　244, 269, 219-220, 223-224
金継運(キム ゲウン)　180
金祖淳(キム ジョスン)　135
金大建(キム デゴン)　135

金弘集(キム ホンジプ) 193, 215, 219, 221, 262-264
金冕浩(キム ミョンホ) 138
金允植(キム ユンシク) 216, 219, 222, 264, 269
経元善 162
恭親王奕訢 80, 153-154, 160-161, 220
許景澄 250
宮慕久 77
久坂玄瑞 105, 107
クック, ジェイムズ 82
久保田米僊 252
クラーク, ウィリアム 89
グラント 191
グリフィス, ウィリアム 132
黒田清隆 176-177, 180, 189-190, 212
桂良 160
厳復 267
乾隆帝 48, 58, 72, 74, 153
康熙帝 48, 56-57
洪秀全 51, 78
黄遵憲 167, 193, 215, 230, 258
光緒帝 161, 241, 267
孝明天皇 103
高在健(コ ジェゴン) 149
ゴシケーヴィッチ 209
高宗(コジョン) 224, 135-136, 150, 178-179, 193, 218, 222, 224, 246-247, 263-265
児玉源太郎 261
呉長慶 217
後藤新平 261
小村寿太郎 264
康有為 267
ゴロヴキン 58
ゴロヴニーン, V. M. 61, 118, 120, 209

さ 行

蔡温 35-37
西郷隆盛 107, 173-174, 183, 210
坂本龍馬 106
佐久間象山 104
左宗棠 157-159, 197, 206-207, 233
佐田白茅 146, 148
三条実美 174, 176, 179
ジーボルト, フランツ・フォン 6
ジェファソン, トマス 82, 88
ジケル, P. 158

沈相学(シム サンハク) 224
沈舜沢(シム スンテク) 220
シューフェルト 216
周文謨 134
粛順 160-161
醇親王 161
尚健 188
尚泰 188
尚寧 34
聶緝槼 53
邵友濂 249
ジョージ3世 58
徐潤 162
次郎吉 85
沈葆楨 78
申櫶(シン ホン) 180
崇禎帝 137
杉村濬 246
粛宗(スクチョン) 136
ストレモウホフ 190
スペンサー, H. 267
純祖(スンジョ) 134-135
西太后 53, 80, 160-161, 218, 220, 237, 267
戚其章 253
関捷 254
世宗(セジョン) 263
曾紀沢 53
曾紀芬 53
曾国藩 49-51, 53-55, 156-158, 168, 233
宗重正(義達) 144, 148-149
副島種臣 167, 169, 171, 173-174, 176, 188-190
徐光範(ソ グァンボム) 219
曽根俊虎 194
昭顕世子(ソヒョンセジャ) 133
宋時烈(ソン シヨル) 133
孫文(孫逸仙) 262

た 行

大黒屋光太夫 59
載淳 160
タイラー, ジョン 86
高杉晋作 105, 107, 125
高田屋嘉兵衛 61, 118, 120
竹添進一郎 219-220
武市瑞山 106
伊達宗城 165

田山花袋　248
樽井藤吉　238-239
崔益鉉(チェ　イクヒョン)　150
崔済愚(チェ　ジェウ)　244
崔時亨(チェ　シヒョン)　244
蔡済恭(チェ　ジェゴン)　134
張博(チャン　バク)　264
張蔭桓　249
張樹声　217
趙義淵(チョ　ヒヨン)　264
趙寧夏(チョ　ヨンハ)　178
哲宗(チョルチョン)　135
正祖(チョンジョ)　41-42, 133-134
鄭顕徳(チョン　ヒョンドク)　145
鄭秉夏(チョン　ビョンハ)　264
全琫準(チョン　ボンジュン)　244, 249
丁若鏞(チョン　ヤギョン)　42-44, 134
丁若鍾(チョン　ヤクチョン)　134
陳樹棠　218, 222
陳欽　165
慈禧太后　→西太后
ツルゲーネフ　210
鄭観応　162
程順則　37
丁汝昌　159
鄭親王　160
大院君(テウォングン)　132, 135-141, 146, 148, 150, 178, 216-218, 220, 222, 224, 247, 249, 262-264
寺島宗則　179, 194, 230
デンビー　237
道光帝　75-76
同治帝　161, 169, 206
唐廷枢　162
ドゥフ, ヘンドリック　67
遠山景晋　67-68
徳川家定　103
徳川斉昭　94-95, 100, 103
徳川光圀　63
徳川慶福　103
徳富蘇峰　252, 261
ドストエフスキー　212
戸田氏栄　97
豊臣秀吉　5, 11, 13, 34, 40, 132, 136

な 行

内藤湖南　54

中岡慎太郎　106, 108-109, 112
中浜万次郎　85
名倉信敦　165
夏目漱石　260-261
鍋島直彬　191
ナポレオン3世　153
ナポレオン, ボナパルテ　68
南延君(ナミョングン)　139
南鍾三(ナム　ジョンサム)　138
ニコライ大主教　209
ニコライ1世　115-116
ニコライ2世　211, 250
ネヴェルスコーイ　115-116, 119
ネッセルローデ　116

は 行

パークス　189
バーベル　60
朴珪寿(パク　キュス)　139, 178, 180, 219
朴趾源(パク　チウォン)　133
朴斉家(パク　チェガ)　133-134
朴定陽(パク　チョンヤン)　224-225
朴泳孝(パク　ヨンヒョ)　219, 221, 263
馬建常　218
馬建忠　216-218, 234
橋本左内　103
花房義質　149, 217
ハネケン　234
林子平　67
ハリス, タウンゼント　3-6, 105
バルフォア, G　77
バロソグロ　115-116
韓聖根(ハン　ソングン)　139
万暦帝　136
ビドゥル, ジェイムズ　88, 90, 95
一橋慶喜　103
ビュツォーフ　189
ピョートル大帝　57-58, 68
孝宗(ヒョジョン)　133
玄済舜(ヒョン　ジェスン)　178
玄昔運(ヒョン　ソグン)　178
広瀬淡窓　26
広津弘信　149
ファン・ボイチャウ　267
黄嗣永(ファン　サヨン)　134
フィルモア, ミラード　90
馮桂芬　50, 158

フォン・ブラント　250
フォン・メレンドルフ　218-219, 222
福沢諭吉　20, 26, 219-220, 232, 238, 240-241, 252, 269
藤田幽谷　63-66, 68-70
二葉亭四迷　210
プチャーチン　117-120, 135, 187, 211
ブラウン，S. R.　74, 158
興寅君最応（フンインクンチェウン）　180
文祥　160
興宣大院君　→大院君
ベーリング，ヴィトゥス　59
ペリー，M. C.　2, 62-63, 87-88, 90-91, 99, 104, 109, 119
ベルヌー　138
ベロネ　138, 142
ベントン，トマス　89
ヘンリー・ポッティンジャー　76
ホィートン　274
ポーク，ジェイムズ　90
ホープ，ジェイムス　119
ホール，ベイジル　30
堀田正睦　3-7, 101, 105
憲宗（ホンジョン）　135
ホンタイジ　132
洪大容（ホン デヨン）　133
鳳林大君（ポンニムデグン，後の孝宗）　133
洪鳳周（ホン ボンジュ）　138
洪英植（ホン ヨンシク）　219, 221

　　　ま 行

マカートニー，G.　14, 58, 72-73
松方正義　205, 228, 242, 257, 260
松平定信　65-66, 70
松平慶永　103
松田道之　191
マッテオ・リッチ　11, 132-133
マホーフ，イヴァン　209
間宮林蔵　60
丸山作楽　174
三浦梧楼　264
水野忠邦　94-95
水野忠徳　193
箕作省吾　68
ミデンドルフ　115-116
三宅雪嶺　251
宮崎滔天　262

明成皇后（ミョンソンファンフ）　150, 216, 259, 263-265
ミルン，ウィリアム　15, 78
閔致禄（ミン チロク）　150
閔妃　→明成皇后
閔泳翊（ミン ヨンイク）　220
陸奥宗光　245-246, 251-252, 254
ムラヴィヨーフ　115-119, 211-212
村田氏寿　110
明治天皇　188
メーチニコフ，レフ　210
真栄平房昭　30-31, 37
メドハースト　15
モールス　274
本居宣長　26
森有礼　210
モリソン，ロバート　15, 73
森山茂　146, 149, 178, 179
森林太郎　268

　　　や 行

ヤクーブ・ベグ　197
柳原前光　165, 169
山内豊信　103
山県有朋　178, 213, 217, 224, 228-229, 231-232, 242, 245, 249, 254
梁憲洙（ヤン ホンス）　139
兪吉濬（ユ ギルチュン）　223, 264, 269
尹持忠（ユン ジチュン）　134
尹滋承（ユン ジャスン）　180
容閎　74, 158, 201
楊秀清　51
雍正帝　48
葉名琛　153
横井小楠　108, 110
吉岡弘毅　148
吉田松陰　103-105, 109-110
英祖（ヨンジョ）　41, 133

　　　ら 行

頼山陽　13
ラクスマン，アダム　59, 65, 69, 120
ラクスマン，エリック　59
李鴻章　8, 50, 156-159, 162, 165, 171, 197, 201, 206, 215-216, 218-219, 221-222, 224, 229, 231, 233-234, 236, 239, 244, 249, 253

リコルド　61
李秀成　157
リデル　138
劉永福　240
劉銘伝　198
梁発　78
林則徐　15, 49, 75
レザーノフ，ニコライ　59, 60-62, 67, 120

ロウ　140
ローズ　138
ロジャーズ，ジョン　140, 148
魯迅　236

わ 行

ワシントン　68

執筆者紹介（所属は執筆時）

[編者]

三谷　博（みたに　ひろし）　東京大学大学院総合文化研究科教授

　（主著）『明治維新とナショナリズム――幕末の外交と政治変動』山川出版社，1997年．（関連文献）『東アジアの公論形成』編著，東京大学出版会，2004年．　※本文：第1・3・4・8・11・12・13・16・19・22章，コメント：第3・5・7・8・12・15・20章

並木　頼寿（なみき　よりひさ）　前東京大学大学院総合文化研究科教授

　（主著）『世界の歴史19　中華帝国の危機』井上裕正と共著，中央公論社，1997年．（関連文献）『日本人のアジア認識』山川出版社，2008年．　※本文：第6・9・17章

月脚　達彦（つきあし　たつひこ）　東京大学大学院総合文化研究科准教授

　（主著）『朝鮮開化思想とナショナリズム――近代朝鮮の形成』東京大学出版会，2009年．　※本文：第5・15・16・19・23・25・26章，コメント：第1・9・26章

[本文執筆者　50音順]

遠藤　泰生（えんどう　やすお）　東京大学大学院総合文化研究科教授

　（主著）『浸透するアメリカ，拒まれるアメリカ』共編，東京大学出版会，2003年．（関連文献）『太平洋世界の中のアメリカ』共編，彩流社，2004年．　※第10章

川島　真（かわしま　しん）　東京大学大学院総合文化研究科准教授

　（主著）『中国近代外交の形成』名古屋大学出版会，2004年．（関連文献）川島真・服部龍二編『東アジア国際政治史』名古屋大学出版会，2007年，『1945年の歴史認識』共編，東京大学出版会，2009年．　※第13・14・18・21・22・24・25・26・27章，コメント：第25章

櫻井　良樹（さくらい　りょうじゅ）　麗澤大学外国語学部教授

　（主著）『大正政治史の出発』山川出版社，1997年．（関連文献）『辛亥革命と日本政治の変動』岩波書店，2009年（近刊）．　※本文：第24・26章，コメント：第24・25章

千葉　功（ちば　いさお）　学習院大学文学部教授

　（主著）『旧外交の形成――日本外交一九〇〇～一九一九』勁草書房，2008年．（関連文献）川島真・服部龍二編『東アジア国際政治史』名古屋大学出版会，2007年．　※本文：第20・25・27章，コメント：第25章

デイヴィッド・ウルフ（David Wolff）　北海道大学スラブ研究センター教授

　（主著）*To the Harbin Station: The Liberal Alternative in Russian Manchuria, 1898-1914*, Stanford University Press, 1999.　※第7・13・22章

松本　武祝（まつもと　たけのり）　東京大学大学院農学生命科学研究科教授

　（主著）『朝鮮農村の〈植民地近代〉経験』社会評論社，2005年．　※第5章

茂木　敏夫（もてぎ　としお）東京女子大学現代教養学部教授
　（主著）『変容する近代東アジアの国際秩序』山川出版社，1997 年．（関連文献）飯島渉・久保亨・村田雄二郎編『シリーズ 20 世紀中国史 1　中華世界と近代』東京大学出版会，2009 年．　※第 2・18・20 章

[コメント執筆者　50音順]
飯島　　渉（いいじま　わたる）青山学院大学文学部教授　※第 27 章
生田美智子（いくた　みちこ）大阪大学言語文化研究科教授　※第 13 章
大谷　　正（おおたに　ただし）専修大学法学部教授　※第 25 章
岡本　隆司（おかもと　たかし）京都府立大学文学部准教授　※第 14・15・16・19・23 章
苅部　　直（かるべ　ただし）東京大学大学院法学政治学研究科教授　※第 12 章
岸本　美緒（きしもと　みお）お茶の水女子大学大学院人間文化創成科学研究科教授　※第 6 章
木畑　洋一（きばた　よういち）成城大学法学部教授　※第 9 章
栗原　　純（くりはら　じゅん）東京女子大学文理学部教授　※第 18・26 章
小島　　毅（こじま　つよし）東京大学大学院人文社会系研究科准教授　※第 8 章
斎藤　　修（さいとう　おさむ）一橋大学経済研究所教授　※第 5・6 章
塩出　浩之（しおで　ひろゆき）琉球大学法文学部准教授　※第 20 章
杉原　　薫（すぎはら　かおる）京都大学東南アジア研究所教授　※第 2・14・27 章
鈴木　智夫（すずき　ともお）もと愛知学院大学文学部教授　※第 17 章
高橋　　均（たかはし　ひとし）東京大学大学院総合文化研究科教授　※第 10 章
豊見山和行（とみやま　かずゆき）琉球大学教育学部教授　※第 4 章
中見　立夫（なかみ　たつお）東京外国語大学アジア・アフリカ言語文化研究所教授　※第 2 章
新村　容子（にいむら　ようこ）岡山大学文学部教授　※第 9 章
朴　　　薫（ぱく　ふん）ソウル国立大学校人文学部准教授　※第 12 章
古田　元夫（ふるた　もとお）東京大学大学院総合文化研究科教授　※第 24 章
松方　冬子（まつかた　ふゆこ）東京大学史料編纂所准教授　※第 7・8・11 章
宮崎ふみ子（みやざき　ふみこ）恵泉女学園大学人文学部教授　※第 3 章
吉野　　誠（よしの　まこと）東海大学文学部教授　※第 19 章

大人のための近現代史　19世紀編

2009年10月30日　初　版
2015年 2月27日　第 4 刷

［検印廃止］

編　者　三谷 博・並木頼寿・月脚達彦
　　　　みたにひろし　なみきよりひさ　つきあしたつひこ

発行所　一般財団法人　東京大学出版会
　　　代表者　古田元夫
　　153-0041 東京都目黒区駒場 4-5-29
　　　http://www.utp.or.jp/
　　　電話 03-6407-1069　Fax 03-6407-1991
　　　振替 00160-6-59964

印刷所　株式会社三陽社
製本所　牧製本印刷株式会社

© 2009 Hiroshi Mitani, Yorihisa Namiki, and Tatsuhiko Tsukiashi, editors
ISBN 978-4-13-023058-2　Printed in Japan

JCOPY 〈(社)出版者著作権管理機構 委託出版物〉
本書の無断複写は著作権法上での例外を除き禁じられています．複写される場合は，そのつど事前に，(社)出版者著作権管理機構（電話 03-3513-6969，FAX 03-3513-6979, e-mail: info@jcopy.or.jp）の許諾を得てください．

編著者	書名	判型	価格
劉傑・三谷博・楊大慶 編	国境を越える歴史認識	A5判	2800円
三谷博・金泰昌 編	東アジア歴史対話	A5判	4500円
劉傑・川島真 編	1945年の歴史認識	A5判	3200円
劉傑・川島真 編	対立と共存の歴史認識	A5判	3600円
川島真・清水麗・松田康博・楊永明 編	日台関係史 1945-2008	A5判	2800円
岡本隆司・川島真 編	中国近代外交の胎動	A5判	4000円
月脚達彦 著	朝鮮開化思想とナショナリズム	A5判	7200円
貴志俊彦・谷垣真理子・深町英夫 編	模索する近代日中関係	A5判	5800円
木畑洋一・車河淳 編	日韓歴史家の誕生	四六判	2400円

ここに表示された価格は本体価格です．御購入の際には消費税が加算されますので御了承下さい．